Arthur Zajonc

# Die gemeinsame Geschichte von Licht und Bewußtsein

Deutsch
von Hainer Kober

Rowohlt

Die Originalausgabe erschien 1993
unter dem Titel «Catching the Light:
The Entwined History of Light and Mind»
im Verlag Bantam Books, New York

Umschlaggestaltung Kathrin Kreitmeyer

1.–5. Tausend März 1994
6.–7. Tausend Dezember 1994

Satz aus der Iridium und Helvetica (Linotronic 500)
Jung Satzcentrum GmbH, Lahnau
Druck und Bindung Clausen & Bosse, Leck
Printed in Germany
ISBN 3 498 07658 2

Für meine Frau Heide

# Inhalt

Ich werde Ihnen erzählen, wie die Sonne Streifen um Streifen aufging.

Emily Dickinson

Ich bin der, der seine Augen öffnet, und es wird Licht; wenn sich seine Augen schließen, senkt sich Dunkelheit herab.

Der ägyptische Gott Ra, um 1300 v. Chr.

Wenn das Licht im Himmel des Herzens erstrahlt ... und der Mensch im Innern die Helle der Sonne oder vieler Sonnen erlangt ... dann ist sein Herz reines Licht, sein Körper ist Licht, was ihn bedeckt, ist Licht, sein Hören, sein Sehen, seine Hand, sein Äußeres, sein Inneres – alles ist Licht.

Najm Razi, 1256

Fünfzig Jahre intensiven Nachdenkens haben mich der Antwort auf die Frage ‹Was sind Lichtquanten?› nicht näher gebracht. Natürlich bildet sich heute jeder Wicht ein, er wisse die Antwort. Doch da täuscht er sich.

Albert Einstein, 1951

# 1 Das Licht der Natur und das Licht des Bewußtseins

> Das Kleinste sehen heißt klar sein.
> Die Weisheit wahren heißt stark sein.
> Wenn man sein Licht benutzt,
> um zu dieser Klarheit zurückzukehren,
> so bringt man seine Person nicht in Gefahr.[1]
>
> Laotse
> ‹*Tao te king*›

1910 berichteten die Chirurgen Moreau und LePrince über die erfolgreiche Operation an einem achtjährigen Jungen, der durch grauen Star von Geburt an blind war.[2] Nach dem Eingriff waren sie sehr gespannt, ob und wie das Kind sehen konnte. Als die Augen des Jungen geheilt waren, entfernten sie den Verband. Sie bewegten eine Hand vor den jetzt organisch intakten Augen des Kindes und fragten es, was es sehe. Kläglich antwortete der Junge: «Weiß nicht, ich...» – «Siehst du nicht, das bewegt sich?» fragten die Ärzte. «Weiß nicht», konnte ihr kleiner Patient immer nur wiederholen. Offenbar vermochten die Augen des Jungen nicht den langsamen Bewegungen der Hand zu folgen. Einzig wechselnde Helligkeitsstufen sah er vor sich. Dann durfte er die Hand berühren, während sie sich bewegte; «im Ton eines Siegers» rief er aus: «Das bewegt sich!» Er konnte ihre Bewegung fühlen und sogar, wie er sagte, hören, aber er mußte erst mühselig lernen, sie zu sehen. Licht und Augen reichten nicht aus, ihm das Sehvermögen zu schenken. Wenn das Licht durch die jetzt klare, schwarze Pupille des Kindes fiel, so löste es zunächst noch kein entsprechendes Bild in seinem Innern aus. Das Sehvermögen des Kindes begann als leere, stille, dunkle und erschreckende Form des Sehens. Das Tageslicht winkte, aber in den ängstlichen, aufgerissenen Augen des Jungen blieb das Licht des Bewußtseins die Antwort schuldig.

Das Licht der Natur und des Bewußtseins verschwistern sich im Auge und bringen das Sehvermögen zustande. Doch für sich genommen bleibt jedes dieser Lichter geheimnisvoll und dunkel. Selbst hellstes Licht kann sich unserer Sicht entziehen.

Für das «Projekt Heureka», wie wir es nannten, haben ein Freund und ich einen wissenschaftlichen Ausstellungsgegenstand entworfen und gebaut, in dem man ein mit Licht erfülltes Raumsegment erblickt. Die einfache, aber verblüffende Wirkung wird mittels eines leistungsfähigen Projektors erzielt, der sein Licht direkt in einen sorgfältig gefertigten Kasten wirft. Diesen haben wir so konstruiert, daß das Licht keine Objekte oder Wände in seinem Innern berührt. Innerhalb des Kastens gibt es nur reines Licht, dieses aber reichlich. Die Frage lautet: Was sieht man? Wie sieht Licht aus, wenn es *vollkommen* sich selbst überlassen ist?

Um das Ausstellungsstück in Betrieb zu nehmen, schalte ich den Projektor ein, dessen Glühlampen und Linsen durch ein Plexiglasfenster zu sehen sind. Nun schickt der Projektor helles Licht in den vor ihm stehenden Kasten. Durch eine Öffnung kann ich in den Kasten und in das Licht im Innern blicken. Und was sehe ich? Absolute Dunkelheit! Nichts ist wahrzunehmen als die Schwärze des leeren Raums.

An der Außenseite des Kastens befindet sich ein Griff, mit dessen Hilfe sich ein Stab ins Innere hinein- und aus ihm herausbewegen läßt. Zieht man an dem Griff, gleitet der Stab in den dunklen Raum vor mir, und ich sehe, daß er an einer Seite hell erleuchtet ist. Offenkundig ist also der Raum nicht leer, sondern mit Licht gefüllt. Doch ohne ein Objekt, auf welches das Licht fallen kann, erblickt man nur Dunkelheit. Licht selbst ist immer unsichtbar. Wir sehen nur Dinge, nur Objekte, kein Licht.

Unser Ausstellungsstück erinnert mich an ein Gespräch mit dem Apolloastronauten Rusty Schweickart. Ich fragte ihn nach seinem Ausflug ins All. Besonders interessierte mich, was er in der sonnenbeleuchteten Leere des Weltraums gesehen hatte. Er erwiderte, es sei zwar schwer gewesen, das hellerleuchtete Raumschiff und andere Teile der Ausrüstung aus dem Gesichtsfeld auszuschließen, aber wenn dies gelungen sei, habe man nur die dunklen Tiefen des Alls gesehen, übersät mit den Lichtern zahlloser Sterne. Das Sonnenlicht war zwar allgegenwärtig, fiel aber auf nichts, und deshalb war auch nichts zu sehen. Nur Dunkelheit.

## Innere Dunkelheit

Zwei Lichter erhellen unsere Welt. Eines liefert die Sonne, und ein anderes antwortet ihm – das Augenlicht. Nur dank ihrer Verschwisterung sehen wir: fehlt eines, sind wir blind.

Unter allen Fällen der Genesung von angeborener Blindheit ist wahrscheinlich der des Patienten S. B. am eingehendsten dokumentiert, was wir den Psychologen Gregory und Wallace verdanken.[3] Am 9. Dezember 1958 und am 1. Januar 1959 wurden einem blinden Engländer im Alter von fünfzig Jahren Hornhauttransplantate eingepflanzt. Zum erstenmal seit seinem zehnten Lebensmonat konnte er wieder uneingeschränkten Gebrauch von seinen Augen machen. Was sah er?

Seine Vormunde hatten ihn mit neun Jahren in die Birminghamer Blindenschule geschickt, wo er das Schusterhandwerk erlernte. Nachdem er so in die Lage versetzt war, für seinen Lebensunterhalt zu sorgen, führte er ein für einen Blinden ungewöhnlich unabhängiges Leben. Beispielsweise machte er lange Fahrradausflüge, indem er sich mit der Hand an der Schulter eines Freundes festhielt. Große Freude bereitete ihm auch die Gärtnerei und überhaupt jede Form von Handarbeit. So entwickelte er sich zu einem selbstbewußten, fröhlichen und offenkundig intelligenten Menschen.

Als Gregory und Wallace ihn einen Monat nach dem zweiten Eingriff untersuchten und ihn zu seinen ersten visuellen Erfahrungen nach der Operation befragten, erwiderte S. B., er habe eine Stimme gehört, die Stimme seines Chirurgen, und zwar seitlich vor ihm. Sich ihr zuwendend habe er einen verschwommenen «Fleck» gesehen. Allerdings sei er nicht sicher gewesen, worum es sich bei diesem Fleck handle, und nur aufgrund der Tatsache, daß er die Stimme seines Arztes gehört habe, sei er zu dem Schluß gekommen, der Fleck vor ihm müsse das Gesicht seines Arztes sein. Selbst lange nach der Operation berichtete S. B. noch, Gesichter seien «niemals leicht». Auch waren seine Sehprobleme nicht auf Gesichter beschränkt. Die Arbeit von Gregory und Wallace mit S. B. (ebenso wie ähnliche Untersuchungen zuvor und danach) hat deutlich gemacht, daß Sehenlernen für Erwachsene alles andere als leicht ist.

Nachdem S. B. aus dem Krankenhaus entlassen war, führten Gregory und Wallace ihn in ein naturwissenschaftlich-technisches Museum. S. B. interessierte sich sehr für Werkzeuge und freute sich darauf, all die Dinge zu sehen, mit denen er bislang nur hantiert oder die man ihm beschrieben hatte. Die Psychologen führten ihn zu einer prächtigen Leitspindeldrehbank und forderten ihn auf, ihnen mitzuteilen, vor was für einer Maschine sie stünden. Offenbar enttäuscht, sah sich S. B. zu keiner Auskunft imstande. Er klagte darüber, daß er nicht sehen könne, wie das Metall bearbeitet werde. Dann führte man ihn näher heran und gestattete ihm, die Drehbank anzufassen. Mit fest geschlossenen Augen führte er die Hände rasch über das Gerät. Dann trat er ein wenig zurück, öffnete die Augen und erklärte: «Jetzt, nachdem ich sie gefühlt habe, kann ich sie auch sehen.»

Für S. B. setzte sich dieser langsame Prozeß des Sehenlernens bis zu seinem Tod zwei Jahre später fort. Die langsamen Fortschritte und begrenzten Erfolge enttäuschten ihn tief – eine Reaktion, die man bei allen diesen Patienten beobachten kann. In zahlreichen Situationen machte S. B., wie viele seiner Leidensgenossen, von seiner Sehfähigkeit überhaupt keinen Gebrauch, indem er beispielsweise bei sich zu Hause die Lampen nicht einschaltete und sich in gewohnter Weise nach Blindenmanier orientierte. In anderen Fällen war die Mühe, die das Sehen bereitete, einfach zu groß. Gelegentlich verzichten die Betroffenen ganz auf das zurückgewonnene Sehvermögen, und manchmal setzen sie den mühseligen Versuchen, sehen zu lernen, ein tragisches Ende, indem sie sich das Leben nehmen.

In einer systematischen Untersuchung an sechsundsechzig Fallgeschichten von Patienten, die von angeborener Blindheit geheilt werden konnten, gelangte Marius von Senden zu dem Schluß, daß solche Menschen unzählige und enorme Schwierigkeiten überwinden müssen, um sehen zu lernen. Für sie ist die Welt beim Erwachen aus der Narkose nicht sogleich mit verständlichen Lichtern, Farben und Formen erfüllt. Der Versuch, sehen zu lernen, führt unausweichlich zu einer seelischen Krise im Leben des Patienten, einer Krise, die mit der vollkommenen Ablehnung des Sehvermögens enden kann. Neue Eindrücke bedrohen die Sicherheit der Welt, die er sich bisher aus den Sinneserfahrungen des Tastens und Hörens konstruiert hat. Einige dieser Patienten gelangen zu dem Schluß, es sei besser, blind in der eigenen Welt als sehend in einer fremden zu leben.[4]

Während der letzten Jahrzehnte haben sich die Ergebnisse der Untersuchungen von Fällen, in denen angeborene Blindheit behoben werden konnte, durch Forschungsarbeiten über das Sehvermögen von Tieren erhärten und erweitern lassen. So weiß man heute beispielsweise, daß eine Katze, wenn sie in einer entscheidenden Phase zwischen der vierten Woche und dem vierten Monat ihres Lebens keine Gelegenheit hat, Formen zu sehen, blind bleibt, auch wenn ihre Umgebung hell erleuchtet ist. Die organische Intaktheit des Auges allein genügt nicht, um sehen zu können. In den ersten Lebensmonaten werden durch den Akt des Sehens Muster im Auge oder Gehirn des Kätzchens ausgebildet. Werden diese Strukturen in dem betreffenden Zeitraum nicht durch Seherlebnisse gespeist, zerfallen sie oder bilden sich gar nicht erst aus. Nach dem vierten Monat ist die Schädigung irreversibel.[5]

Die natürliche Entwicklung des menschlichen Sehvermögens verläuft ganz ähnlich. Während einer sensiblen Phase in den ersten Lebensjahren bilden sich die visuellen wie auch viele andere sensorische und motorische Fähigkeiten, etwa Sprechen und Gehen, heraus. Bleibt diese Gelegenheit ungenutzt, so fällt es später außerordentlich schwer, die entsprechenden Lernprozesse nachzuholen, und meist bleiben solche Versuche erfolglos.

Nachdem Dr. Moreau mit seinem achtjährigen Patienten einige Monate lang gearbeitet hatte, zwangen die Eltern den Arzt, das Kind in ein Heim zu geben. Nach einem Jahr hatte der Junge alles wieder vergessen, was er unter der Anleitung Moreaus gelernt hatte. Dieser stellt etwas resigniert und enttäuscht fest, daß es ihm trotz größter Anstrengung nicht gelungen sei, bei dem Jungen dauerhafte Erfolge von Belang zu erzielen. Darin zeigt sich der nüchterne Umstand, daß zum Sehen weit mehr als ein funktionsfähiges Organ erforderlich ist. Ohne ein inneres Licht, ohne ein gestaltgebendes inneres Vorstellungsvermögen sind wir blind.

Dazu Moreau: «Man wäre im Irrtum, wenn man glaubte, daß ein Blindgeborener, dem man durch einen ärztlichen Eingriff die Sehfähigkeit wiedergegeben hat, nach beendeter Operation die Außenwelt sehen könne. Die Augen haben zwar die Möglichkeit zu sehen erlangt, aber die Ausnutzung dieser Möglichkeit, die insgesamt den Akt des Sehens konstituiert, bleibt noch vollkommen erst zu erwerben. Die Operation selbst hat keinen anderen Wert als den der okularen Vorbereitung, die Erziehung stellt das Hauptelement dar ... Einem Blindgeborenen das Sehen wiederzugeben, ist mehr die Arbeit eines Erziehers als die eines Arztes.»[6]

Moreaus junger Patient hielt sich an jene Wahrnehmungsweisen, die ihm vertraut waren und ihm keine Angst einflößten: tasten, hören, riechen. Die andere Möglichkeit – das

Sehen – hätte den Jungen übermenschliche Anstrengung gekostet. In mancherlei Hinsicht verhalten auch wir uns wie dieses Kind. Die kognitiven Fähigkeiten, über die wir heute verfügen, definieren unsere Welt, verleihen ihr Gestalt und Bedeutung. Die Aussicht auf Entfaltung und Fortentwicklung ist nicht nur ein Geschenk, sondern beinhaltet auch die Möglichkeit des Verlustes, der existentiellen Bedrohung. Wir müssen sterben, um zu werden. Neu erworbene Fähigkeiten stürzen uns in einen Aufruhr psychischer Geschehnisse, und wie Odysseus erleiden wir Schiffbruch in stürmischer See. Wie er klammern wir uns verzweifelt an den zerborstenen Kiel des Schiffes, mit dem wir einst wohlgemut in See stachen, und diese kläglichen Reste sind unsere einzige und letzte Verbindung zu einer vertrauten Wirklichkeit. Warum sollen wir ihr entsagen? Haben wir die Kraft, sie loszulassen und uns der Veränderung anheimzugeben? Vielleicht gehören die Stimmen, die uns auffordern, auf unsere Kraft und unseren Mut zu vertrauen, den grausamen Sirenen? Deshalb schließen wir die Augen und halten uns an das, was wir kennen.

Neben dem äußeren Licht und dem Auge ist das Sehvermögen auch auf ein «inneres Licht» angewiesen, ein Licht, welches das vertraute Außenlicht ergänzt und die rohen Sinnesdaten in bedeutungsvolle Wahrnehmung verwandelt. Das Licht des Bewußtseins muß sich mit dem Licht der Natur vereinen, um eine Welt hervorzubringen. Das führt uns zu einer zweiten Frage. Nachdem wir das Licht des Bewußtseins in unsere Betrachtungen eingeführt haben, möchten wir wissen: Was hat es denn eigentlich mit dem Licht der Natur auf sich?

## Die Dunkelheit, die wir Licht nennen

Mein Ausstellungsstück, der «Lichtkasten», veranlaßt den Betrachter zu der verwirrenden Frage: Wie ist dieses unsichtbare Phänomen beschaffen, das wir Licht nennen und dessen

Gegenwart alles sichtbar macht, nur sich selbst nicht? Im Laufe der Zeit hat unsere Kultur viele Antworten gefunden. Wir haben es mit den Namen von Göttern bezeichnet oder es als Objektivation göttlichen Handelns oder göttlicher Eigenschaften gedeutet. Und selbst als die Menschen das Licht dank der abendländischen Wissenschaft in konkreteren Begriffen erfassen konnten, blieb es ein Phänomen, das Anlaß zum Staunen gibt und unsere Vorstellungskraft bewegt. Anfang des 17. Jahrhunderts fragte sich Francis Bacon verwundert, warum «Form und Ursprung des Lichtes» so wenig erforscht worden seien.[7] Warum war das spezifische Wesen einer so wichtigen Erscheinung wie der des Lichts noch nicht ergründet worden? Fast vierhundert Jahre später sind wir noch immer genauso begierig wie Bacon, in Erfahrung zu bringen, woraus Licht besteht, wie groß es ist, wie es sich bewegt und so fort. Mit anderen Worten, uns interessiert seine physikalische Beschaffenheit.

Im Laufe meiner beruflichen Tätigkeit versuchte ich zunächst, dem Geheimnis des Lichts durch Laborversuche zur Quantenoptik auf die Spur zu kommen. In Laserexperimenten, die ich an Instituten in Boulder, Amherst, Paris, Hannover und München durchführte, habe ich untersucht, wie das Licht mit Materie in Berührung kommt. Je tiefer ich theoretisch und experimentell in die Quantentheorie des Lichts eindrang, desto wunderbarer erschien mir sein Charakter. Obwohl uns so hochentwickelte Theorien zur Verfügung stehen, habe ich nicht den Eindruck, daß unser Erkenntnisdrang in bezug auf das Wesen des Lichts in absehbarer Zukunft befriedigt sein wird. Ganz im Gegenteil – bisher hat das Licht von seinem Geheimnis noch nichts preisgegeben. So hat die Quantentheorie auf der verläßlichen Grundlage von Experimenten nachgewiesen, daß die vereinfachenden, mechanistischen Konzepte der Lichttheorien früherer wissenschaftlicher Denkrichtungen nicht haltbar sind. Statt dessen hat sie eine neue Theorie des Lichts entworfen, um deren Verständnis alle großen Physiker der Neuzeit, von Albert Einstein bis Richard Feynman, gerungen haben – vergeblich, wie sie schließlich selbst eingestanden.

Mich hat die Erkenntnis fasziniert, daß die ganze Leistungsfähigkeit, Präzision und Schönheit der Quantenoptik nicht ausreicht, um uns klarzumachen, was Licht ist. Die alten wissenschaftlichen Lichtkonzepte sind wie überlebte Götterbilder zerschlagen worden, und jeder Versuch, neue zu zimmern, ist fehlgeschlagen. Durch unsere technische Beherrschung des Lichts sind all die Türen wieder geöffnet worden, die wissenschaftlicher Hochmut vorschnell zugeschlagen hat. Ich konnte der Versuchung nicht widerstehen, die alten und neuen Flure in dem weitläufigen Gebäude des Lichts zu erkunden. In diesem Buch beschreibe ich, was ich dort entdeckt habe.

Als erstes habe ich festgestellt, daß das Licht in den Künsten und Religionen zahllose Gestalten von außerordentlicher Schönheit angenommen hat. Von Physikern ist es wissenschaftlich behandelt worden, von religiösen Denkern symbolisch, von Künstlern und Technikern praktisch. Jeder berichtet über einen Ausschnitt unserer Erfahrung mit dem Licht. Zusammengenommen sprechen sie alle von einem Phänomen, dessen Wesen und Bedeutung seit Jahrtausenden Gegenstand menschlicher Betrachtung und Verehrung ist. Während der letzten drei Jahrhunderte hat man die künstlerischen und religiösen Aspekte des Lichts streng von seiner wissenschaftlichen Untersuchung getrennt. Ich glaube, es ist an der Zeit, sie wieder zu berücksichtigen, damit wir ein vollständigeres Bild vom Licht gewinnen, als es eine einzelne Disziplin zu liefern vermag.

Das Licht berührt alle Aspekte unseres Daseins und offenbart in jeder Auseinandersetzung mit ihm einen Teil von sich. Eine Geschichte solcher Auseinandersetzungen kann uns tieferen Einblick in die Natur des Lichts geben. Lange bevor es zum Gegenstand wissenschaftlicher Forschung wurde, hat man das Licht und vor allem seinen Ursprung als göttlich verehrt. Die Mythen aller Kulturen sind reich an Geschichten über Sonne, Mond, Sterne, Feuer, Regenbogen und Morgenröte. Auch sie haben mit dem Wesen des Lichts zu tun, weil sie Teil der menschlichen Erfahrung mit ihm sind. Auf den folgenden Seiten werde ich keinen Unterschied machen zwischen der Quantentheorie des Lichts und etwa Ahura Masda, dem parsischen Lichtgott. Von vielen Seiten werde ich das Licht betrachten, unter mythischem und religiösem Blickwinkel ebenso wie unter historischem und technischem. Verschiedene Zeitalter und verschiedene Völker haben sich von unterschiedlichen Aspekten des Lichts angezogen gefühlt. Bei meiner Beschäftigung mit diesen Fragen habe ich den Eindruck gewonnen, daß sich die Besonderheit einer Kultur in dem Bild spiegelt, das sie sich vom Licht macht. Jede hat auf ihre Weise versucht, Wesen und Bedeutung dieses Phänomens zu erfassen, und so ihre eigene Geschichte des Lichts geschrieben. In der Art, wie eine Kultur diese Geschichte erzählt, offenbart sie ebensoviel über sich selbst – über das Licht im Bewußtsein der Menschen, die sie schaffen – wie über das Licht der Natur. Diese beiden verschwisterten Themen werden sich um die zentrale Argumentationslinie des Buches wie die Bänder um den Heroldsstab des Götterboten Hermes winden. Ich bin zu der Überzeugung gelangt, daß sie sich nicht trennen lassen.

Wenn wir also dem historischen Weg des Lichts folgen, werden wir auf beides zu achten haben – auf die Veränderung der Vorstellungen von Licht und die Veränderung des menschlichen Bewußtseins, das sich mit dem Licht befaßt. Wir haben dem natürlichen Licht viele, viele Jahre ins Antlitz geblickt und uns gefragt, wer oder was es ist. In den Jahrtausenden unseres Schauens ist das Licht alt geworden, seine Eigenschaften haben sich gründlich verändert, so daß sein zartes, kindliches Gesicht kaum noch zu erkennen ist. Heute präsentiert uns das Licht ein strengeres, nützlicheres und mathematischeres Aussehen, doch wird es auch jetzt noch durch andere Gesichter ergänzt – künstlerische, wissenschaftliche und geistige. Wie wird es morgen aussehen? Es war immer die gleiche Sonne – ungeachtet aller Bilder, die wir uns von ihr gemacht haben –, die die

Erde erwärmt und den Planeten beleuchtet hat. Vom ersten Menschen, der sich einen Begriff vom Licht gemacht hat, über die ausgefeilten Theorien unserer Tage bis zu seiner endgültigen Gestalt am Ende der Zeit – immer erhellt das Licht die Reiche der Menschen und speist die Lebewesen mit seiner Energie. Wie haben wir dieses Phänomen, das wir Licht nennen, durch das Licht unseres Bewußtseins verändert? In der Berührung von Natur und Bewußtsein läßt sich das Leben des Lichtes begreifen. Insofern ist das Buch eine Biographie dieses unsichtbaren Begleiters in unserem Innern ebenso wie in der Außenwelt.

# 2 Die Gabe des Lichts

Du Sonne, Aug' und Seele allzugleich
Von dieser großen Welt ...[1]

John Milton
*‹Das verlorene Paradies›*

Als die Tiere erschaffen wurden, übernahm der Titan Epimetheus (dessen Name «der zu spät Bedenkende» bedeutet) die Aufgabe, jeder Art eine Fähigkeit zu ihrem Schutz und Überleben zu geben.[2] Die Schildkröte versah er mit einer harten Schale, die Wespe mit einem Stachel, andere Tiere mit Schnelligkeit und List. Als schließlich die Reihe an den Menschen kam, waren alle Eigenschaften der Natur vergeben, so daß für ihn nichts mehr übrigblieb. In Platons Worten: Der Mensch war «nackt, unbeschuht, unbedeckt, unbewaffnet». Ratlos wendet sich der ungeschickte Epimetheus an seinen klugen Bruder Prometheus (dessen Name «der Vorausdenkende» bedeutet). Gerührt von der Schutzlosigkeit des Menschen stiehlt Prometheus dem Zeus die Gabe des Feuers und überbringt es der Menschheit, wie Seeleute früher häufig glühende Kohle in einem riesigen Fenchelstiel transportierten. Mit dem Licht des Prometheus hat der Mensch seine Zivilisationen, Kulturen und Technologien entfacht. Das Feuer und das Licht des Zeus wurden zum Besitz der Menschheit.

Für die Hilfe, die Prometheus uns zuteil werden ließ, wird er grausam bestraft: Er wird an einen Felsen im Kaukasus gekettet, wo ihm jeden Tag ein von Zeus gesandter Adler die Leber, das Organ des Lebens, herausreißt. Doch auch der Menschheit ist es nicht vergönnt, sich des prometheischen Geschenks in Frieden zu erfreuen. Der zornige und eifersüchtige Zeus befiehlt Hephaistos, dem lahmen Götterschmied, aus Erde die erste Frau, die betörende Pandora, zu erschaffen, deren schreckliche Büchse, gefüllt mit allen Übeln, Epimetheus bereitwillig entgegennimmt. Zu spät erkennt er, wie fürchterlich ihr Inhalt ist. Gegen seinen Willen öffnet Pandora den Deckel und bringt der Menschheit auf diese Weise Krankheit, Leid und Schmerz.[3] Die Gabe des Feuers und alles, was es symbolisiert, geben immer auch Anlaß zur Besorgnis. In der Hand des Menschen wärmt das Feuer der Götter nicht nur, sondern es zerstört auch, und es blendet ebenso, wie es erleuchtet.

Vor dreitausend Jahren begann die abendländische Kultur mit den Liedern eines blinden Sängers, der in der ‹*Ilias*› und der ‹*Odyssee*› der griechischen Vorstellungswelt eine Stimme verlieh und damit die abendländische Dichtkunst begründete. Durch Homers Blindheit gewannen seine Worte Reinheit und Kraft. Die dunkle Welt seiner Sinne ersetzte er durch eine Götterwelt, und seine Erinnerungen beschworen archetypische Taten und ein heroisches Zeitalter von ewiger Dauer.

Griechische Vasen zeigen den Sänger, wie er sich beim Vortrag seiner Verse hin- und herwiegt, beim Sprechen einer inneren Stimme lauschend, die in ihm singt. Wie Homer wiegten sich auch die wandernden Sänger in Südkarelien an den Ufern des Finnischen Meerbusens, die Augen geschlossen, eingehakt mit Bauern aus der Umgebung auf langen Bänken sitzend, um im Wechselgesang ihr altes Epos ‹*Kalevala*› anzustimmen.

Die Bhagavadgita, «der Gesang des Erhabenen», besteht aus den gesungenen Antworten des Ministers und Wagenlenkers Samjaya auf die Fragen des blinden Königs Dhritarashtra. Die höchste irdische Macht, der König, ist blind. Er sieht durch die Augen eines anderen, seines Wagenlenkers und Ratgebers, dessen geistige Fähigkeiten sein Sehvermögen erweitern. Als der König nach den Ereignissen auf einem fernen, geweihten Feld fragt, wo sich die Menschen, die er liebt, auf eine Schlacht vorbereiten, erzählt Samjaya von dem vertraulichen Gespräch zwischen dem edlen Prinzen Arjuna und dem göttlichen Krishna, der wie er selbst die Gestalt eines Wagenlenkers angenommen hat. Hier ist die seelisch-geistige Fähigkeit des höheren Sehvermögens in die Person des Wagenlenkers ausgelagert. Er wird zum Sänger, der einem blinden und weltlichen König seine Lieder vorträgt. Der Wagenlenker muß wie der Dichter weiter sehen als andere und, in Übereinstimmung mit dem, was er sieht, sprechen und steuern.

Ist es bloßer Zufall, daß der bekannteste Seher der antiken Mythologie, Teiresias, von seinem siebten Lebensjahr an blind war? Er hat sein Augenlicht verloren, weil er die Göttin Athene nackt baden sah, das heißt, weil er eine Gottheit unverschleiert erblickte.

Das Motiv ist unvergänglich. Das Tageslicht weicht dem Nachtlicht, der Blindheit, der inneren Sicht. Wie Platon schreibt: «Das Auge des Geistes fängt erst an scharf zu sehen, wenn das leibliche von seiner Schärfe schon verlieren will...»[4] Der romantische Dichter Novalis hatte ein inniges Verhältnis zu den Kräften der Dunkelheit. Seine ‹*Hymnen an die Nacht*› beginnen mit einer feinsinnigen Antithese: «Welcher Lebendige, Sinnbegabte liebt nicht von allen Wundererscheinungen des verbreiteten Raums um ihn das allerfreuliche Licht...» Und doch, so erfahren wir von Novalis, wende er sich vom Tage fort «zu der heiligen, unaussprechlichen, geheimnisvollen Nacht...»[5] Aus der dunklen Einsamkeit des Verlustes kommt des Dichters Licht und Stimme. Inmitten der äußeren Dunkelheit, der Blindheit, erleuchtet ein inneres Licht die imaginäre Landschaft voller Schönheit und Wirklichkeit. Der blinde Sänger bringt in seinen Liedern die Welt, die er sieht, den Herzen seiner Zuhörer nahe, so daß auch sie vielleicht die Sorgen ihrer Welt einen Abend lang über der Schönheit der seinen vergessen.

Welchen Ursprungs ist das poetische Licht, das die Nacht der homerischen Blindheit erleuchtet? Erwächst es aus der Vorstellungskraft, die auch für das herkömmliche Sehvermögen so wichtig ist? Dem Licht der Imagination wird die Hälfte meiner Darstellung gewidmet sein, weil sie für die antike Welt und Dichtkunst ebenso bedeutsam ist wie für die heutige Welt und

Wissenschaft. Mag der Tag noch so strahlend sein: wenn uns die gestaltgebende, künstlerische Kraft der Vorstellung fehlt, werden wir blind, im übertragenen wie im wirklichen Sinne. Um sehen zu können, brauchen wir beides, das Licht in unserem Innern und das Tageslicht draußen – poetisch und wissenschaftlich, in einem höheren und im gewöhnlichen Sinne.

Wie ich noch zeigen werde, ist unser Innenleben gewöhnlich auch unbewußt am Sehen beteiligt, wobei es die Welt, die wir erblicken, ständig bildet und umbildet. Insofern wirken wir am Sehvermögen mit. Die habituellen Muster, in denen wir sehen, werden in den ersten Lebensjahren angelegt. Selbst die einfachsten, «objektivsten» Wahrnehmungsakte sind auf unsere Beteiligung angewiesen. Mehr noch, jede Kultur und historische Epoche hat eine eigene Form dieser Beteiligung. Eine Coca-Cola-Flasche, die aus einem Flugzeug in eine Gruppe von Buschmännern fällt, kann für diese vielerlei bedeuten, eines aber auf keinen Fall: einen Behälter für ein kohlesäurehaltiges Erfrischungsgetränk. Das menschliche Bewußtsein hat sich im Laufe der Zeit verändert und ist von Kultur zu Kultur verschieden.

In der Antike empfand man deutlicher als heute, welche Rolle wir selbst bei unserem Sehen spielen und wie sehr es unser Verdienst ist, daß die Welt der Sinnesdaten Bedeutung erhält. Die Menschen der Antike waren sich des inneren Lichts bewußter. Wir hingegen stehen unter dem Einfluß eines wissenschaftlichen Weltbildes, das unsere Beteiligung an den Wahrnehmungsprozessen zu häufig als unwesentlich oder illusorisch abtut. Doch um zu sehen, zu hören, Mensch zu sein, bedarf es auch heute noch unserer Teilhabe, unserer unablässigen Mitwirkung. Erläutern wir das an einem Beispiel: dem verwirrenden Phänomen der Farbwahrnehmung in der griechischen Antike.

## Das weinfarbene Meer der Antike

> Da aber stieg Helios, die gar schöne See
> verlassend,
> zu dem vielehernen Himmel auf, daß er
> den Unsterblichen
> und den sterblichen Menschen leuchte auf
> das nahrunggebende Ackerland.[6]
>
> Homer
> *‹Odyssee›*

Die Atmosphäre und Landschaft des homerischen Griechenlands erscheint dem Heutigen zugleich vertraut und fremd. Noch immer geht die Sonne über nahrunggebenden Fluren auf, aber wenige von uns sehen über sich einen ehernen Himmel, der unsterblichen Göttern leuchtet.

Sich als Gefangener der schönen Nymphe Kalypso am Strand der Insel ergehend, blickt Odysseus schwermütig auf das «weinfarbene Meer»[7] und sehnt sich in sein Heimatland Ithaka und zu seiner geliebten Frau Penelope zurück. Wenn ich heute an einer Inselküste in der Ägäis stehe, sehe ich weder ein weinfarbenes Meer noch einen ehernen Himmel, sondern das tiefe Wasser- und Himmelblau, das ich so liebe.

Von den zahllosen Attributen, die Homer dem Himmel oder dem Meer gegeben hat, ist nach Auskunft von Sprachwissenschaftlern keines als «blau» zu verstehen. Der Himmel wird als «ehern» oder «bronzefarben» bezeichnet, das Meer als schwarz, weiß, grau, purpurfarben oder dunkel – aber niemals als blau. Kannten die alten Griechen kein Blau? Litten sie unter partieller Farbenblindheit? Oder sehen wir hier vielleicht ein weiteres Beispiel für das Wirken eines inneren Lichts, die besondere Tätigkeit des Sehvermögens? Seit dem Jahr 1810, als Goethe erstmals auf das merkwürdige Fehlen der Farbe Blau im griechischen Sprachgebrauch hinwies[8], zerbrechen sich die Gelehrten den Kopf über dieses Rätsel und ähnliche Lücken in den Farbbezeichnungen der frühen griechischen Dichtkunst.[9]

Aufgrund sorgfältiger Analysen der im Altgriechischen gebräuchlichen Farbbezeichnungen und unseres modernen Verständnisses der Farbenblindheit sind gegen die Hypothese, daß die Griechen einfach ein organisch anders strukturiertes Auge als wir gehabt haben, überzeugende Argumente vorgebracht worden. Weiter führt uns die Überlegung, daß zum Sehvermögen mehr als nur ein funktionierendes physisches Organ gehört. Bei den folgenden Beispielen für das Farbensehen im homerischen Griechenland möge der Leser in Erinnerung behalten, daß es diesen wichtigen inneren, psychischen Pol des Sehens gibt. Dann kann es uns vielleicht gelingen, das Rätsel zu lösen, das so viele Forscher beschäftigt hat.

Ungefähr fünfhundert Jahre nach Homer schrieb Theophrast, der große Schüler des Aristoteles, eine Abhandlung über Steine, in der er einen Schmuckstein schildert, der *kyanos* heißt und den wir heute zweifelsfrei als den blauen Halbedelstein Lapislazuli identifizieren können. Wenn wir nun dem Wort *kyanos* als Adjektiv begegnen, liegt die Annahme nahe, daß es «blau» bedeutet (verwandt mit der chemischen Bezeichnung «Cyan»). Obwohl die Zuordnung plausibel erscheint, widerlegen entsprechende Textstellen bei Homer diese Deutung.

Im Zorn und Kummer über den Verlust seines Freundes Patroklos erschlug Achill Hektor, durchbohrte die Fersen des edlen Sohnes des Priamos und entehrte seinen Leichnam, indem er ihn zwölf Tage über die Ebenen von Troja schleifte: «Da war um den Geschleiften ein Schwall von Staub, seine *[kyanos]* Haare fielen auseinander».[10] Sollen wir das so verstehen, daß Hektor blaues Haar hatte? Um dieser sinnlosen Entwürdigung eines edlen Prinzen und Kriegers Einhalt zu gebieten, schickt Zeus Iris zu Achills unsterblicher Mutter Thetis auf den Grund des Meeres. Die «windfüßige» Iris springt ins Meer, sucht Thetis auf und bittet sie, sich zu Zeus zu begeben. Diese, verlegen, sich unter die Götter zu mischen, nimmt einen *[kyanos]* Umhang – «kein schwärzeres Gewand gab es als dieses» – und folgt Iris zum Olymp.[11] Aus diesen und vielen anderen Beispielen ersehen wir, daß *kyanos* «dunkel» bedeutet und nicht «blau». Doch es gab kein anderes Wort für «blau» im homerischen Griechisch. Homer und anderen frühen Dichtern fehlte einfach eine entsprechende Bezeichnung. Für sie war Blau keine Farbe in unserem Sinne, sondern die Eigenschaft der Dunkelheit, gleichgültig ob sie Haar, Wolken oder die Erde beschrieben.

Ein ähnliches Rätsel gibt uns *chloros* auf, das Wort, das spätere griechische Farbtheoretiker mit «grün» gleichsetzten. In der ‹*Ilias*› wird Honig als *chloros* beschrieben; in der ‹*Odyssee*› ist es die Nachtigall; bei Pindar ist der Tau *chloros,* und bei Euripides sind es Tränen und Blut! Aus diesem Gebrauch können wir schließen, daß das Wort nicht «grün», sondern «feucht», «frisch» bedeutet – «lebendig». Auch wir bezeichnen junge, unerfahrene Menschen als «Grünschnäbel», die zudem noch «grün hinter den Ohren» sind. Bei den alten Griechen lagen in diesen Konnotationen die primären Bedeutungen. Die äußerliche Farbwahrnehmung war ihnen so unwichtig, daß die Qualitäten der «Frische» oder «Dunkelheit» zum wahrgenommenen Attribut wurden. Sie *sahen* die feuchte Frische der Tränen, und deshalb *sahen* sie grün. Auch wir «sehen rot», ein metaphorischer Ausdruck dafür, daß wir wütend sind. Ich möchte dafür plädieren, die Farbbezeichnungen der homerischen Welt nicht metaphorisch, sondern buchstäblich zu verstehen. Weder das Sonnenlicht noch das Auge der alten Griechen unterschied sich von dem unseren. Vielmehr veränderte sich das, was sie sahen, im deutenden Licht einer antiken Vorstellungskraft, und ein ähnliches Licht prägt noch heute unser Sehen.

Ein jüngeres Beispiel liefert uns die Fallstudie «Der farbenblinde Maler», über den Oliver Sacks und Robert Wasserman 1987 berichteten.[12] Jonathan I. war ein erfolgreicher Maler, bis er mit fünfundsechzig Jahren bei einem Autounfall eine Gehirnerschütterung und das in solchen Fällen übliche Trauma erlitt. Doch er trug keine dauerhaften physischen Schäden davon. Trotzdem wurde er vollständig farbenblind, ein chronischer Zustand, dessen plötzliches und unerklärliches Eintreten durch den Autounfall ausgelöst worden war. Wie er sagte, schien alles so, «als würde ich es auf einem Schwarz-Weiß-Fernseher sehen». Der Fall ist bewegend und tragisch. Ein Maler, dessen ganzes Leben von der Farbe bestimmt worden war, sah jetzt keine mehr. Augenärzte und Neurologen, unter ihnen auch Sacks und Wasserman, unterzogen I. den ganzen Batterien medizinischer Tests, doch ohne Erfolg. Die Ursache seiner Farbenblindheit ist nie aufgeklärt worden. Sacks und Wasserman fassen ihre Untersuchung mit den Worten zusammen: «Patienten wie I. machen uns deutlich, daß Farbe nicht etwas von vornherein Gegebenes ist, sondern nur dank eines außerordentlich komplexen und spezifisch zerebralen Prozesses wahrgenommen wird.» Während die physiologischen Rechenaktivitäten durchaus ungestört weiterlaufen können, ist Farbe zugleich «unendlich mehr. Sie dringt in immer höhere Schichten vor, wo sie unauflöslich mit unseren optischen Erinnerungen, Bildern, Wünschen und Erwartungen verknüpft wird, um ein integraler Bestandteil unserer selbst, unserer Lebenswelt zu werden.»

Homers «Lebenswelt» an der Küste von Troja weist gegenüber der unseren grundlegende Unterschiede auf. Seine Erinnerungen, Vorstellungsbilder, Wünsche und Erwartungen waren ganz andere als unsere. Das geistige Organ des Sehvermögens, dessen sich der blinde Sänger bediente, war zwar damals ein kultureller Gemeinplatz, aber doch völlig verschieden von der Geistesverfassung, mit der wir heute sehen. Wir müssen uns von der Vorstellung befreien, daß wir mit unveränderlichen, vidiconartigen Augen und einem statischen Computergehirn ausgestattet sind, die es uns ermöglichen, etwas zu erschaffen, was wir Bewußtsein nennen. Die farbige Welt der Wahrnehmung entfaltet sich in einem weit komplexeren Wechselspiel des geistigen und des natürlichen Lichts.

Im Falle von S. B. und I. haben wir es mit Situationen zu tun, in denen Menschen nicht das sehen können, was, wie wir alle übereinstimmend feststellen würden, tatsächlich «da», vor ihren Augen, ist. Ihnen fehlt das «innere Licht», und deshalb bleiben sie funktional blind. Die umgekehrte Situation liegt vor, wenn jemand etwas sieht, von dem wir sagen würden, es sei *nicht* «da». Gewöhnlich bezeichnen wir solche Erfahrungen als Halluzinationen. Sie treten auf, wenn der psychische Zustand eines Menschen so intensiv ist, daß er eine Erfahrung evoziert, die der von den Sinnen erzeugten Erfahrung gleicht. Haben die alten Griechen also ihr weinfarbenes Meer halluziniert? Die sprachwissenschaftlichen Befunde scheinen diese Annahme zu widerlegen, oder wir müßten annehmen, hier habe sich eine ganze Kultur kollektiven Halluzinationen hingegeben. Doch in gewissem Sinne haben die inneren Empfindungen der Griechen oder ihr Entwicklungsstand die Welt, die sie sahen, «gefärbt». Untersuchungen an anderen Sprachgruppen, etwa der Chinesen und nordamerikanischen Indianer, sprechen für die Auffassung, daß andere Kulturen die Welt, bis hin zu ihrer konkreten Beschaffenheit und ihren Farben, entschieden anders sehen als wir die unsere.[13]

Im Laufe der Jahrtausende haben das Licht der Natur und das Licht des Bewußtseins in ihrem Zusammenspiel verschiedenen Zeitaltern verschiedene Welten vermittelt. Wie ein blinder Sänger, dem das Sehvermögen geschenkt wird, werden wir zunächst Schwierigkeiten haben, uns eine Vorstellung von den antiken Konzeptionen des Sonnenlichts und des sehbegabten Auges zu machen. Sie werden uns anfangs unvertraut und sogar absurd erscheinen. Doch diese Fremdheit mag großenteils ein Ergebnis des modernen Bewußtseins sein, mit dem wir den antiken Erfahrungen begegnen. Zu jeder Phase der kulturellen Entwicklung müssen wir uns eine neue Vorstellung vom Universum machen, um jeweils verstehen zu können, welche Bedeutung das Licht hatte.

Die herrliche Bronzestatue des Poseidon, die aus dem Ägäischen Meer geborgen wurde und heute das Nationalmuseum in Athen schmückt, weist dort, wo einst die Augen saßen, nur

Poseidon

noch dunkle Löcher auf. 450 v. Chr. waren sie nicht leer, sondern gefüllt mit Edelsteinen. Sie waren der heilige Sitz jenes besonderen Glanzes, der die geschmeidige und kraftvolle Gestalt mit Erkenntnis und Leben erfüllte. Als die Statue von ihrem Sockel ins Meer gestürzt wurde, hat man die Edelsteine – Poseidons Augen – geraubt. Und der Gott, der einst das Meer beherrschte, wurde, erblindet, entthront. Unsere Geschichte des Lichts beginnt mit dem antiken und magischen Verständnis des Auges, das dem Licht so verwandt ist. Der Arzt und Halbgott Empedokles wird die Edelsteine wieder in Poseidons Gesicht setzen. Später werden sie andere wieder entfernen.

## Die Laterne und das Auge

> Das Auge ist des Leibes Licht. Wenn dein Auge lauter ist, so wird dein ganzer Leib licht sein. Wenn aber dein Auge böse ist, so wird dein ganzer Leib finster sein. Wenn nun das Licht, das in dir ist, Finsternis ist, wie groß wird dann die Finsternis sein!
>
> Matthäus 6, 22–23

In seinem Buch über die antiken Philosophen berichtet uns Diogenes Laertius von einer Seuche, die die sizilianische Stadt Selinus (Selinunte) Mitte des 5. Jahrhunderts v. Chr. heimsuchte.[14] Aus dem abgestandenen kloakenverseuchten Wasser des Flusses stiegen Krankheit und Tod empor, so daß viele «Bürger und Weiber» sterben mußten. Als der edle Arzt, Wissenschaftler, Staatsmann und Dichter Empedokles von der Not der Selintiner hörte, kam er aus der Nachbarstadt Akragas (Agrigento) herbei, im Purpurgewand des Wohlhabenden und mit einer goldenen Kopfbinde. Ferner trug er eherne Sandalen und einen delphischen Kranz; ihm folgte ein Zug von Knaben, die seinen Bedürfnissen dienten. Als Empedokles die Ursache der Seuche entdeckt hatte, ließ er den Lauf zweier nahegelegener Flüsse so verändern, daß sich ihr sauberes, fließendes Wasser mit dem stinkenden Flußwasser von Selinus vermischte und auf diese Weise die Selintiner von ihren Krankheiten befreite.

Die Geschichte ist durchaus glaubhaft, bedenkt man, in welch beklagenswertem Zustand sich die Flüsse auch heute noch in der Nähe von Ballungsgebieten befinden. Paris, auf der Ile de la Cité gelegen, war schon in römischer Zeit wegen des Gestanks der Seine berüchtigt. Die Ostsee, einst reich an natürlichen Ressourcen, ist zum giftigen Müllplatz der polnischen Industrie geworden. Die Maßnahmen des Empedokles verdienen größte Anerkennung. Nachdem er die Ursache der Krankheit erkannt hatte, entwarf er einen Plan und ließ auf eigene Kosten einen Kanal ausheben, der die übelriechenden Wasser von Selinus fortleitete. Kein Wunder also, daß der Wohltäter, als er sich später den Einwohnern von Selinus zeigte, wie ein Gott gepriesen und verehrt wurde. Verwunderlicher ist schon, daß sich Empedokles als Antwort auf die Lobpreisungen der Selintiner in ein Feuer warf, offenbar ohne den geringsten Schaden zu erleiden, um sie in ihrer Meinung, er sei göttlicher Natur, zu bestärken.

In Empedokles haben wir nicht nur einen eindrucksvollen Vertreter der frühesten Wissenschaft, dessen besondere Vorstellungen über das Sehvermögen uns noch beschäftigen werden, sondern auch den letzten Repräsentanten eines Typus, der sich mit dem bemerkenswerten Tod des Gelehrten – er verschwand mit Bronzesandalen und allem anderen im Krater des Ätna – aus der griechischen Geschichte verabschiedete. Empedokles war nicht nur Wissenschaftler und Arzt, sondern auch Dichter und Schamane, der neben seinem kenntnisreichen Lehrgedicht ‹*Über die Natur*› noch eine dunklere Schrift spirituell-religiösen Inhalts verfaßte, die ‹*Reinigungen*›.[15] Von beiden Werken besitzen wir nur Bruchstücke, aus denen sich aber ein Eindruck von der Bedeutung und dem Charakter seiner Person und seines Denkens gewinnen läßt.

In den ‹*Reinigungen*› teilt uns Empedokles mit, daß er «als ein unsterblicher Gott» daherwandle und Buße tun müsse, da er zu den Verdammten gehört: «die müssen dreimal zehntausend Horen [Jahreszeiten] fernab von den Seligen umherschweifen, wobei sie im Laufe der Zeit als alle möglichen Gestalten sterblicher Geschöpfe entstehen, die des Lebens mühselige Pfade wechseln».[16] Er ist ein Gott, dazu verurteilt, als Vogel, als Sterblicher und in zahllosen anderen Gestalten zu leben, weil er sich des abscheulichen Verbrechens schuldig gemacht hat, vom Fleisch eines Menschenopfers zu kosten. Wenn wir uns jetzt mit seiner Erklärung des Sehvermögens beschäftigen, müssen wir im Gedächtnis behalten, welch paradoxe Mischung Empedokles darstellt – Schamane und Wissenschaftler im Griechenland des 5. Jahrhunderts v. Chr., kaum hundert Jahre vor Platon. Die Welt des Homer, der Götter, die Mysterienzüge und die eifersüchtig gehüteten Initiationsriten sind in der Naturwissenschaft der frühen griechischen Kultur noch gegenwärtig. Ein mystischer Kosmos bildete den Schutzraum, in dem sich die Geburt der Naturwissenschaft vollziehen konnte.

Nach Empedokles hat Aphrodite, die Göttin der Liebe, unsere Augen aus den vier griechischen Elementen Erde, Wasser, Luft und Feuer gefertigt und sie mit «Liebesnägeln» zusammengefügt.[17] «Und wie wenn ein Mann, einen Ausgang im Sinne, sich dazu einen Leuchter rüstete durch die winterliche Nacht, des brennenden Feuers Glanz, wobei er entzündete vor allerlei Winden schirmende Laternen», so habe Aphrodite «das urewige Feuer» im Rund des Auges geborgen und «in Häute eingeschlossen». Dann habe sie das Auge «mit Kanälen gerade durchbohrt, göttlich-wunderbaren». Diese hielten zwar das Augenwasser zurück, «doch das Feuer ließen sie durch und hinaus, weil es soviel feiner war».[18] Danach gelangt das Sehen also vom Auge zum erblickten Objekt; die Augen strahlen ihr eigenes Licht aus.

Als ein paar hundert Jahre nach Empedokles der Evangelist Matthäus schrieb: «Das Auge ist des Leibes Licht», dachte er nicht nur metaphorisch, sondern auch wissenschaftlich. Das Bild des Auges als Licht, Laterne oder Leuchte war ein kultureller und wissenschaftlicher Gemeinplatz, als Matthäus sein Evangelium verfaßte.[19]

In diesem Bemühen, das Geheimnis des Sehvermögens zu lüften, spielte das Sonnenlicht eine geringere Rolle. Empedokles wußte um das Vorhandensein des Sonnenlichts; das geht aus anderen Fragmenten hervor, etwa dem folgenden: «Nacht aber die Erde schafft, indem sie sich den Sonnenstrahlen von unten entgegenstellt»[20], mit anderen Worten, die Erde bringt die Nacht dadurch hervor, daß sie den Sonnenstrahlen den Weg verstellt, eine scharfsinnige Beobachtung für die damalige

Zeit. Es scheint jedoch, als habe er das Sonnenlicht nur für einen Teil des Gesamtprozesses gehalten und erkannt, daß für das Sehen etwas Weiteres erforderlich ist, etwas Wesentliches, das der Mensch gibt: «des Leibes Licht».

## Platons Sicht

Platon durfte wie Empedokles die Geheimlehren des Pythagoras studieren, so lange zumindest, bis er sie (wiederum wie Empedokles) durch seine Schriften an Uneingeweihte verriet. Wie nicht anders zu erwarten, ähnelt Platons Erklärung des Sehens der des Empedokles, wenn sie auch vollständiger ist. Verwoben mit der später von Euklid begründeten Tradition des geometrischen Sehens und der medizinischen Tradition, die Galen kodifiziert hat, sollte Platons Abhandlung fast 1500 Jahre Bestand haben! Nach dieser Tradition ist das Licht des Auges genauso wichtig wie das Licht der Sonne.

Bei Platon erzeugt das Feuer des Auges ein mildes Licht, das von diesem ausgeht. Das innere Licht vermischt sich mit dem Tageslicht, das ihm ähnlich ist, und bildet so einen einzigen homogenen Lichtkörper. Dieser, eine Mischung aus innerem und äußerem Licht, stellt eine Verbindung zwischen den Objekten der Welt und der Seele her. Er wird zur Brücke, über die die unmerklichen Bewegungen der äußeren Objekte zur Seele gelangen und die Empfindungen des Sehens erzeugen.[21]

Nach dieser Auffassung kommen zwei Lichter – ein inneres und ein äußeres – zusammen und vermitteln zwischen dem Menschen und einer dunklen, höhlengleichen Außenwelt. Sobald die Verbindung hergestellt ist, kann die Nachricht, wie Iris, Homers göttliche Botin, von einer Welt zur anderen gelangen. Das Auge und die Sonne befinden sich bei Platon in tiefer Harmonie, die Goethe noch empfand, als er für die Einleitung zu seiner ‹*Farbenlehre*› (1810) das folgende Gedicht schrieb:

Wär' nicht das Auge sonnenhaft
Wie könnten wir das Licht erblicken?
Lobt' nicht in uns des Gottes eigene Kraft,
Wie könnt' uns Göttliches entzücken?[22]

Noch einmal, das geistige Auge ist nicht passiv, sondern spielt eine eigenständige, wichtige Rolle beim Sehen. Das Bild eines im Innern des Auges brennenden Feuers gibt die antike Vorstellung von dieser Wirkung sehr lebendig wieder, so überzeugend, daß sie die Philosophie 1500 Jahre lang beherrschte.

Wir lernen unsere Welt großenteils durch das Sehen kennen. So war es ganz natürlich, daß Platon das Sehen als Metapher für alle Erkenntnisprozesse benutzte. Er nannte das Wahrnehmungsorgan der Psyche das «Auge der Seele» oder das «Gesicht der Denkkraft».[23] Unser Wort «Theorie» hat seinen Ursprung in dem griechischen Wort *theoria,* «Betrachtung». Wissen heißt, gesehen zu haben, nicht passiv, sondern aktiv, durch die Wirkung des Augenlichts, das hinausgeht, um die Welt zu erfassen. Unsere im Sehen und Erkennen gegenwärtige Aktivität ist ein Element, das dem Platonschen Verständnis des Sehvermögens zugrunde liegt. Das Sehen umgreift den Sehenden im wesentlichen, formgebenden Akt der Bilderzeugung oder Vorstellung. Für Menschen wie Moreaus Kind oder S. B. waren die Mühen dieses konstruktiven Aktes eine ständige und deprimierende Erinnerung an ihre frühere Blindheit. Für uns, die wir sehen, ist die Welt auf Anhieb und ohne Mühe verständlich. Zumindest meistens.

Betrachten wir die Abbildung auf Seite 37. Es handelt sich nur um eine von vielen ähnlichen «mehrdeutigen Figuren». Nehmen Sie sich die Zeit, ein bißchen mit ihr zu spielen. Zunächst zeigt sich nur eine Figur, eine alte Frau oder ein junges Mädchen. Ohne die geringste Veränderung der «objektiven» Druckseite verwandelt sich die zarte Haut des jungen Mädchens in die klobige Nase einer alten Hexe. Lassen Sie den Übergang des einen Bildes in das andere auf sich wirken. Er

Alte Frau oder junges Mädchen?

findet ausschließlich in Ihnen statt. Mit ein bißchen Übung können Sie sogar bestimmen, was Sie sehen.

Einen materiellen Unterschied zwischen dem einen Bild und dem anderen gibt es nicht, während der «seelische Abstand» zwischen ihnen riesig ist. Was hat sich geändert? Ihre Aktivität, der Charakter Ihrer Beteiligung nimmt eine andere Gestalt an, und Sie können es spüren. Mit jedem Wahrnehmungsakt beteiligen wir uns unwissentlich an der Herstellung einer bedeutungsvollen Welt. In Reaktion auf ein äußeres Licht blitzt ein inneres auf, und dieses bringt die Einsicht. Es ist jenes Licht, das die neu geöffneten Augen des Moreauschen Kindes nicht erhellten, als sie zum erstenmal das Tageslicht erblickten.

## Übergangszeit

In der Bhagavadgita, bei Homer, Empedokles und Platon gehört zum Sehvermögen eine entscheidende menschliche Aktivität, eine Bewegung vom Auge aus in die Welt hinein. In den Jahrhunderten nach Platon fand ein allmählicher Denkwandel statt, der im 17. Jahrhundert mit René Descartes endete. Im Laufe dieser langen Zeit veränderte sich die Blickrichtung der Wissenschaft. Der Einfluß von Platon und Aristoteles reichte bis weit ins Mittelalter hinein, und so lange galt das Sehvermögen mehr als seelisch-geistiger Prozeß denn als physikalischer. Doch im 16. Jahrhundert präsentiert sich eine ganz andere Situation: Naturphilosophen wie Kepler und mehr noch Galilei sind weniger an der Frage interessiert, wie die Seele äußere Reize in sinnvolle Wahrnehmung umwandelt; ihnen geht es mehr um die Physik des Auges, betrachtet als unbelebtes physikalisches Instrument. Die Veränderung erfolgte nicht universell, rasch oder gleichförmig, trotzdem wurde eine entscheidende Grenze überquert, zuerst von den wenigen Wissenschaftlern, die, oft unter großen persönlichen Gefahren, die Vorhut der Forschung bildeten. Unter ihrem Einfluß wurde das Sehvermögen zu einer Frage der Mechanik.

Die Veränderung ist aufschlußreich und von zentraler Bedeutung. Wir begegnen ihr zunächst in der Evolution der menschlichen Seherfahrung. Später werden wir sie erneut beobachten, wenn wir das Licht selbst unter die Lupe nehmen. Was als lebendige, seelisch-geistige Erfahrung beginnt, ob Licht oder Sehvermögen, verliert an emotionaler Bedeutung, gewinnt an Klarheit und teilt sich auf in Optik und Psychologie. Die Veränderung unserer Auffassung vom Licht ist mehr als nur eine interessante historische Beobachtung, sie steht für eine entscheidende Veränderung unseres Bewußtseins, eine wichtige Schwelle, die das Denken in seiner Geschichte überschritten hat.

Wie die mehrdeutige Figur präsentiert sich die Natur in unbestimmten Verkleidungen. Wie wir sie sehen, hängt ebenso von uns wie von ihr ab. Nur im Zusammenwirken entstehen sinnvolle Bilder der Welt. Die Überquerung der Schwelle bedeutet deshalb nicht den Übergang von Unwissen zu Wissen, sondern eher den willkürlichen Wechsel vom jungen Mädchen zur alten Frau. Wenn wir also die Geschichte der Wissenschaft betrachten, müssen wir uns immer der Individuen bewußt sein, die sie inszeniert haben. Ihre Augen haben gesehen, ihre Herzen hat es nach Erkenntnis verlangt, und aus ihrem Sein sind unverwechselbare Weisen der Weltbetrachtung entstanden, erblüht und wieder vergangen. Eine bestimmte Sicht wurde zu einer bestimmten Zeit von vielen Menschen übernommen, bis eine unverbrauchtere, angemessenere Sicht aufkam.

Die zarten Anfänge des Übergangs zu einem mechanischen Konzept des Sehens sind schon 300 v. Chr. in den optischen Untersuchungen zu erkennen, die dem großen alexandrinischen Mathematiker Euklid zugeschrieben werden. In seinem Werk ‹*Optik*› liefert er eine glänzende geometrische Darstellung des Sehens. Doch auch Euklid glaubte noch, daß ein Sehstrahl für den gesamten Prozeß des Sehens von primärer Bedeutung sei, und brachte einige sehr einleuchtende Argumente für diese Auffassung vor.

Beispielsweise geschieht es oft, daß wir Dinge nicht sehen, obwohl wir nach ihnen suchen. Man lasse eine Nadel zu Boden fallen, so schlägt Euklid vor, und frage sich dann, warum man sie nicht sofort sieht, während man sie sucht. Sie befindet sich sicherlich in unserem Blickfeld. Modern ausgedrückt, das Bild der Nadel zeichnet sich bestimmt auf der Netzhaut ab, trotzdem entzieht sie sich unserem Blick. Dann plötzlich können wir sie sehen. Hinge das Sehvermögen nur vom Licht ab, das von außen auf die Objekte fällt und von dort ins Auge gelangt, müßte man, so Euklid, die Nadel sofort sehen. Denn das Licht wird natürlich während der ganzen Suche von der Nadel reflektiert und fällt ins Auge, deshalb könne das Sehen nicht in erster Linie vom Außenlicht abhängen. Das Rätsel läßt sich jedoch lösen, wenn wir die Lehre vom Sehstrahl akzeptieren, der, ausgehend vom Auge, bei der Suche nach der Nadel auf dem Boden hin- und herfährt. Erst wenn er die Nadel trifft, können wir sie sehen!

Allerdings unterscheidet sich der Sehstrahl des Euklid erheblich von der lichterfüllten, ätherischen Emanation des Platon und Empedokles. Bei Euklid ist die feurige Ausstrahlung des Auges zu einer geraden Linie, einem Sehstrahl geworden – einem Phänomen, das zum Gegenstand deduktiver Logik und geometrischer Beweisführung gemacht werden kann. Euklids umfangreiche mathematische Untersuchungen trugen viele Früchte, wurden zur Grundlage späterer arabischer Forschungsarbeiten und schufen die Voraussetzung für die Entdeckung der Zentralperspektive Jahrhunderte später durch Brunelleschi, Alberti und Dürer. Aber die Mathematisierung forderte ihren Preis. Sie entfremdete den Menschen der früheren, direkteren Erfahrung, wie sie im platonischen Verständnis des Sehens zum Ausdruck kommt.

Man darf die Bedeutung der Mathematisierung nicht unterschätzen. Ohne Abstraktion kann die Wissenschaft, wie wir sie verstehen, nicht existieren. Doch um zu analysieren, muß man den eigenen Erfahrungsprozeß unterbrechen und den Untersuchungsgegenstand in Gedanken von kristallener Klarheit darstellen, beispielsweise durch mathematische Begriffe. Genau das hat Euklid getan. Platons etwas unbestimmte, immaterielle Lichtbrücke zwischen dem Gegenstand und dem Auge wurde bei Euklid zur Geometrie von Sehstrahlen, Kegelschnitten und Winkelmessungen. So trat, während alles, was zur Ergründung der geometrischen Optik nötig war, entwickelt wurde, zugleich eine bedeutungsvolle Distanz zur subjektiven Seherfahrung ein. Euklids präzise mathematische Denkweise hat die poetischeren Vorstellungen von Empedokles und Platon verdrängt. Wie jeder Physiker weiß, können die eleganten mathematischen Formeln leicht die schwerfälligen Bewegungen der Erfahrung in Vergessenheit geraten lassen und schließlich jene Phänomene völlig ersetzen, deren Beschreibung sie ursprünglich dienten. Euklids Behandlung des Lichts läßt erste Anzeichen für die wachsende Loslösung des Sehens als lebendige Erfahrung vom Sehen als formalem Untersuchungsgegenstand erkennen. Die Geschichte des Lichts vollzog eine Wende, und mit ihr trat die Untersuchung des Sehens in eine neue Phase, die zunächst in den arabischen Ländern eine Blüte erlebte und schließlich in der Arbeit eines anderen großen Geometers und Mathematikers gipfelte – René Descartes.

## Arabisches Zwischenspiel

Im Verfall des Römischen Reiches wurde der Boden für weitere Entwicklungen in der Geschichte des Bewußtseins bereitet. Die Schließung der Platonischen Akademie im Jahre 529 durch Justinian war der endgültige Todesstoß für die griechische Philosophie im Westen und der Anbruch eines düsteren Zeitalters. Viele Jahrhunderte hindurch war die Akademie eine unantastbare Stätte gewesen, in der die Ideen von Platon und seinen Nachfolgern gepflegt wurden. Mit dem Aufstieg des Christentums begann jedoch die Jagd auf heidnisches Gedankengut. 389 n. Chr. wurde die große Bibliothek in Alexandria mit ihrer halben Million Schriftrollen von plündernden Christen zerstört. Sobald die römische Kirche zur Staatsreligion geworden war, verfolgte man die Platoniker, die noch immer ihre heidnischen Gottheiten verehrten, als gefährliche Ketzer. Als Justinians Soldaten in die Akademie eindrangen, mußten Platons letzte Schüler aus Athen fliehen. Die sieben großen Weisen der Akademie begaben sich mit ihren kostbaren Büchern nach Persien, wo der Herrscher Khosrow I. sie huldvoll in seinem herrlichen Sommerpalast in Gund-e-Shapur (nahe dem heutigen Dezful im Iran) aufnahm.[24]

Am Hofe Khosrows I. und an der berühmten Akademie von Gund-e-Shapur erlebten Literatur, Künste, Wissenschaft und Philosophie eine Blütezeit. Die Flüchtlinge aus Athen fanden dort eine kosmopolitische Atmosphäre von ungeahnter Toleranz. Die einheimischen Religionen des Parsismus und Manichäismus vermischten sich mit östlichen Religionseinflüssen, heidnischem, christlichem und jüdischem Gedankengut. Gegründet wurde Gund-e-Shapur als Gefangenenlager nach der

Niederlage des römischen Kaisers Valerianus im Kampf gegen Shapur I. im Jahre 260 n. Chr. Im 6. Jahrhundert war es zum größten Zentrum der Gelehrsamkeit in der Welt geworden, verfügte über eine hervorragende Sternwarte, eine medizinische Fakultät und das erste Hospital der Welt. Damals und noch Jahrhunderte danach war Gund-e-Shapur bekannt für seine Ärzte und Weisen. Der Aufstieg des Islam beschnitt den Einfluß von Gund-e-Shapur, doch die führenden Köpfe der Akademie von Gund-e-Shapur bildeten einen Kern, um den sich das islamische Wissen kristallisierte.

Mit dem Aufstieg des Islam im 7. Jahrhundert fand in der arabischen Welt ein kultureller Umbruch von nie erlebtem Ausmaß statt. Nachdem Mohammed die neue Religion eingeführt hatte und die Herrschaft über ein riesiges Reich durch eine Reihe heiliger Kriege gesichert war, machten die islamischen Gelehrten sich mit großem Eifer daran, griechische Manuskripte zu sammeln und zu übersetzen. Im 9. Jahrhundert wurde Bagdad unter dem Einfluß des Gelehrten und Übersetzers Hunain Ibn Ishak zum geistigen Zentrum, und die arabischen Wissenschaften und Wissenschaftler gewannen rasch an Bedeutung. Während die westlichen Denker die Belange des Hellenismus zugunsten religiöser Fragen, insbesondere der des Seelenheils, aufgaben, gelang es den Philosophen und Ärzten des Islam unter dem Einfluß von Gund-e-Shapur rasch, das Wissen der Antike zu erwerben, zu kommentieren und zu erweitern.

Der berühmte Philosoph, Mathematiker, Astronom und Optiker Ibn Al Haitham spielte eine wesentliche Rolle in dieser Entwicklung.[25] Unter seinem Einfluß entfernte sich die Geschichte des Sehens zunehmend von den früheren eher mystischen oder psychologischen Auffassungen und wurde zu einer mathematischen und physikalischen Theorie des Sehens.

965 in Basra (Irak) geboren, wurde Ibn Al Haitham oder Alhazen, wie er im Westen genannt wurde, zum wichtigsten Vertreter der Optik seiner Zeit. Als Kind und junger Mann hatte

Alhazen versucht, die Wahrheit in den religiösen Lehren des Islam zu finden. Entsetzt über die Verschwommenheit dieser Lehren und über den Streit unter den konkurrierenden Sekten beschloß er, sich mit einer Wissenschaft zu beschäftigen, «deren Gegenstand vernünftig und deren Form logisch war».[26] Nach seiner Meinung gab es nur eine Wahrheit, und in den folgenden Jahrzehnten blieb er seinem ursprünglichen Entschluß treu, die Phantastereien der religiösen Naturlehren zu meiden. Statt dessen verfaßte er Dutzende von Abhandlungen über mathematische und wissenschaftliche Fragen, deren einflußreichste seine ‹*Große Optik*› war. Einhundertfünfzig Jahre nach seinem Tod – er starb 1040 – wurde die ‹*Große Optik*› ins Lateinische übersetzt und später zur Grundlage der weiterführenden optischen Forschung. Zwei Aspekte seines Werkes sind von besonderem Interesse für uns: die Tatsache, daß er das platonische Verständnis des Sehens durch eine eigene, ganz andere Theorie ersetzt hat, und seine Untersuchung der *camera obscura.* In beiden Aspekten kommt Alhazens neue Auffassung vom Licht zum Ausdruck.

Die wichtigsten griechischen Konzeptionen des Sehens hatten die innere Tätigkeit des Sehenden betont. Wie gezeigt, drückte sich diese Überzeugung in ihrer Vorstellung aus, daß ein reines Feuer, von entscheidender Bedeutung für das Sehen, im Auge wohne und wie die Sonne hinausstrahle, um die Welt zu erhellen. Im Abendland wurde diese Auffassung in verschiedenen Formen bis ins 12. Jahrhundert gelehrt, beispielsweise von dem berühmten Wilhelm von Conches in den Domschulen von Chartres und Paris. Dieser berief sich auf den von ihm hochgeschätzten Platon und übernahm außerdem von Galen die Auffassung, Nahrung werde stufenweise in geistiges Licht verwandelt. Die erste Transformation findet nach dieser Lehre in der Leber statt, wo die Nahrung zu «natürlicher Kraft» wird. Der Weg führt dann weiter durch das Herz, wo die natürliche sich in «geistige Kraft» umformt, bis sie schließlich im Gehirn zu luminösen Winden geläutert wird, welche die Sinnesorgane beseelen und den inneren Strahl des Auges liefern.[27]

Einer anderen einflußreichen griechischen Denkschule zufolge beruht das Sehen auf der Übertragung von Hüllen oder Formen (sogenannten *eidola* oder *simulacra*), die vom Gegenstand zum Auge gelangen. Die Atomisten der griechischen Welt glaubten, daß sich Häute oder Bilder von den Objekten abschälten oder von diesen der Luft aufgeprägt würden und dann zu den Beobachtern flössen, wo sie ins Auge drängen. Das winzige Spiegelbild der Welt, das wir erblicken, wenn wir in die dunkle Pupille eines anderen Menschen schauen, galt ihnen als Beweis für diese Hüllen. Natürlich stieß diese Theorie auf erhebliche Schwierigkeiten. Wie sollte zum Beispiel eine Hülle von der Größe eines Berges klein genug werden, um in das Auge gelangen zu können?[28] Auch diese Auffassung wurde im Mittelalter aufgegriffen, aber diesen Strang hier zu verfolgen würde uns zu weit von der arabischen Entwicklung fortführen.

Die im Nahen Osten entwickelte Konzeption des Sehens ergänzte die platonische Theorie, wie sie später in Chartres gelehrt wurde. Sie legte Nachdruck auf das Außenlicht und breitete sich in der arabischen Welt rasch aus. Die Auffassung, das Sehen beruhe nicht nur teilweise, sondern vollständig auf dem Licht, das von den Objekten in unserer Umgebung in das Auge fällt, stützte Alhazen durch eine Reihe logischer Argumente. Zum Beispiel ging er von folgender Situation aus: Man kann nicht lange in die Sonne blicken, ohne große Schmerzen zu empfinden. Wenn nach der alten Theorie das Licht vom Auge fortfließt, wie kann dann dieser Schmerz zustande kommen? Gibt es jedoch irgendeine Form der gegenläufigen Übertragung, so könnte die überwältigende Wirkung der Sonne auf das Auge die höchst unangenehme Empfindung erklären.

Ein anderes seiner Argumente betraf die Nachbilder. Wenn wir dreißig Sekunden lang in ein helles Licht oder ein Fenster blicken und dann die Augen schließen, so erkennen wir einen deutlichen Sinnesabdruck mit den gleichen Umrissen wie das

Original, wenn auch meist in Komplementärfarben. Auch in diesem Phänomen sah Alhazen einen Beweis: Etwas muß von außen auf die Augen wirken und sich ihnen so einprägen, daß die Wirkung auch dann noch bleibt, wenn das Licht erloschen ist. Diese und viele andere Erscheinungen bildeten die Grundlage einer sorgfältigen Argumentation, die darauf zielte, die von Platon und anderen Gelehrten entwickelten Theorien des Sehens zu widerlegen. Alhazen räumte ein, Mathematiker könnten es nach wie vor nützlich finden, «Sehstrahlen» vom Auge zum Gegenstand zu zeichnen, um das Licht geometrisch zu untersuchen, aber dabei «verwenden sie in ihren Beweisen lediglich imaginäre Linien... und die Auffassung derer, die annehmen, etwas strahle [tatsächlich] vom Auge aus, ist falsch».[29]

Damit waren die Strahlen des inneren Feuers von Empedokles erloschen. An ihre Stelle setzte Alhazen eine sorgfältig ausgearbeitete Theorie von äußeren, physikalischen Strahlen, die sich mit Euklids präziser mathematischer Sprache zu einer überzeugenden wissenschaftlichen Erklärung des Sehens verbanden. Das Auge, einst Sitz eines sonnenartigen göttlichen Feuers, wurde zu einer dunklen Kammer, die zu erhellen es einer äußeren Kraft bedurfte.

## Sehen in einer dunklen Kammer

Damals beschäftigte eine Apparatur, die man als *camera obscura* bezeichnete – wörtlich «dunkle Kammer» –, die wissenschaftliche Vorstellung so stark, daß sie im 17. Jahrhundert zu *dem* Modell für das Auge wurde. Zwar gibt es schon Vorläufer, doch die erste klare Beschreibung findet sich in den Werken von Alhazen.[30]

Stellen wir uns vor, wir stehen in einem abgedunkelten Zimmer. In einen Vorhang vor dem Fenster, durch den kein Licht dringen kann, schneiden wir ein kleines Loch von der Größe dieses «o». Draußen ist heller Tag, im Zimmer herrscht Dunkelheit; Außen und Innen sind nur durch das Licht verbunden, das durch die winzige Öffnung gelangt. In der abgedunkelten Kammer zeichnet sich auf der Wand gegenüber dem Loch ein auf dem Kopf stehendes, klares Bild der Außenwelt in allen Einzelheiten ab. Bei seinen Experimenten mit der *camera obscura* ordnete Alhazen auf der einen Seite mehrere Kerzen in einer Reihe an, woraufhin ihre flackernden Abbilder in der gleichen, aber nun auf dem Kopf stehenden und seitenverkehrten Reihe auf dem Schirm erschienen. Hält man an einer Theorie der «Hüllen» fest, müßten diese alle durch dieselbe kleine Öffnung gelangen, ohne sich gegenseitig in die Quere zu kommen. Irgendwie passieren die Lichter von allen Kerzen simultan denselben Punkt, ohne das Bild zu beeinträchtigen. Erstaunlicherweise kann das Abbild einer ganzen Landschaft, reich an Farben und Details, in vollkommener Schärfe durch ein einziges winziges Loch in eine *camera obscura* gelangen. Macht man hingegen das Loch zu groß, wird das Bild zwar heller, aber auch verschwommener.

Der besondere Zusammenhang zwischen diesem Experiment und dem Sehen wurde erst vierhundert Jahre später von dem Renaissancegenie Leonardo da Vinci aufgedeckt, der die frappierende Hypothese aufstellte, das Auge selbst sei eine *camera obscura.* Auch das Auge, so Leonardo, sei eine dunkle Kammer, in die die Welt ihre Bilder projiziere.

Anfang des 17. Jahrhunderts entwickelte der Mathematiker und Astronom Johannes Kepler eine vollständige geometrische Erklärung der *camera obscura* und beschrieb dann auf der Grundlage dieser Erklärung detailliert die Optik des Auges. Wie in der *camera obscura*, behauptete er, werde die Außenwelt auf eine innere Wand des Auges projiziert: «Das Sehen, wie ich es erkläre, kommt dadurch zustande, daß das Bild der gesamten Halbkugel der Welt, die vor dem Auge liegt ... auf die weißrötliche Wand der hohlen Oberfläche der Netzhaut gebracht wird».[31] Eines aber irritierte Kepler wie viele Wissenschaftler vor ihm aufs äußerste: Das Bild auf der Wand einer *camera obscura* steht auf dem Kopf! Wie können bei dem Bild auf der Netzhaut oben und unten vertauscht sein, wo wir doch die Welt richtig herum sehen? Zahllose phantastische Theorien wurden entworfen, die helfen sollten, das Bild auf die Füße zu stellen, doch Keplers geometrische Argumente waren so schlüssig, daß seine Überlegungen zwingend erschienen, auch wenn sie sich nicht durch direkte Beobachtungsdaten beweisen ließen: Das Bild auf der Netzhaut muß auf dem Kopf stehen. Kepler gab sich damit zufrieden. Sollten doch andere erklären, wie dieses Bild wieder in seine richtige Stellung gedreht wird.

Heute wissen wir, daß die Lösung des Problems im Gehirn selbst zu suchen ist und mit der Neurophysiologie des Sehens zusammenhängt. Dazu Kepler: «Ich muß den Physikern [Physiologen] die Entscheidung überlassen, auf welche Weise sich das Bild oder dieses Gemälde mit den geistigen Sehstoffen verbindet, die ihren Sitz in der Netzhaut und den Nerven haben, und ob es durch diesen geistigen Stoff nach innen in die Hohlräume des Gehirns zum eigentlichen Sitz der Seele oder der Sehfähigkeit gebracht wird, oder ob die Fähigkeit zu sehen von der Seele wie ein Quästor [öffentlicher Ankläger] bestellt wird, der aus dem Hauptsitz des Gehirns nach außen zu den Sehnerven und der Netzhaut wie zu den unteren Bänken herabsteigt und diesem Bilde entgegenschreitet. Denn das Rüstzeug der Optiker reicht nicht weiter als bis an diese dunkle Wand, die als erste im Auge auftritt.»[32]

An diesem Punkt endet die Optik, und «des Leibes Licht», die Tätigkeit der Seele, muß ins Spiel kommen, damit wir die Welt richtig herum sehen können.

## Descartes

Für die experimentelle Bestätigung der Keplerschen Überlegungen sorgte schließlich René Descartes. In seinen optischen Studien findet sich eine aufschlußreiche Abbildung des visuellen Systems, die unbeabsichtigt nicht nur das kartesische Verständnis des Auges und der geometrischen Optik, sondern auch die Wahrnehmungstheorie des Philosophen illustriert.[33] In einer bestimmten Entfernung sind über einem riesigen Auge drei geometrische Figuren angeordnet: ein Kreis, eine Raute und ein Dreieck. Von ihnen führen durch das unter ihnen liegende Auge Strahlen, deren Brennpunkte auf der Netzhaut liegen. Die rückwärtigen Häute des Auges sind entfernt worden, damit der Philosoph (Descartes selbst?) die drei auf die hintere Fläche projizierten Bilder sehen kann. Die im oberen Teil des Bildes abgebildete Außenwelt ist hell wiedergegeben; der untere Teil, der den Beobachter umgibt, ist dunkel. Mithin macht Descartes sich Alhazens Auffassung zu eigen: Die Welt ist hell und das Auge dunkel.

Der illuminierende innere Strahl, das Feuer, war erloschen. Allerdings gibt es in Descartes' Theorie des Sehens zwei Stadien: Im ersten wird das Licht (das er als materiell und mechanisch begreift) durch das physische Sehorgan an ein allgemeines Sensorium des Körpers übermittelt, im zweiten werden die mechanischen Reize nach Descartes' Auffassung von einem geistigen Prinzip im Menschen «wahrgenommen». Für Descartes reichte die Welt der Ausdehnung, der Substanz – *res extensa* – bis in den Körper hinein, war aber allein nicht imstande, den Prozeß des Sehens zu vollenden. Dazu war noch ein geistiges Prinzip, der Verstand oder die Seele – *res cogitans* –, erforderlich. Wie der Philosoph in der Abbildung die flackernden Netzhautbilder von seiner Position im Dunkeln aus beobachtet, registriert der immaterielle Geist die mechanischen Reize der Welt im Sensorium.

Obwohl sich das Augenlicht, das einst ausstrahlte und den

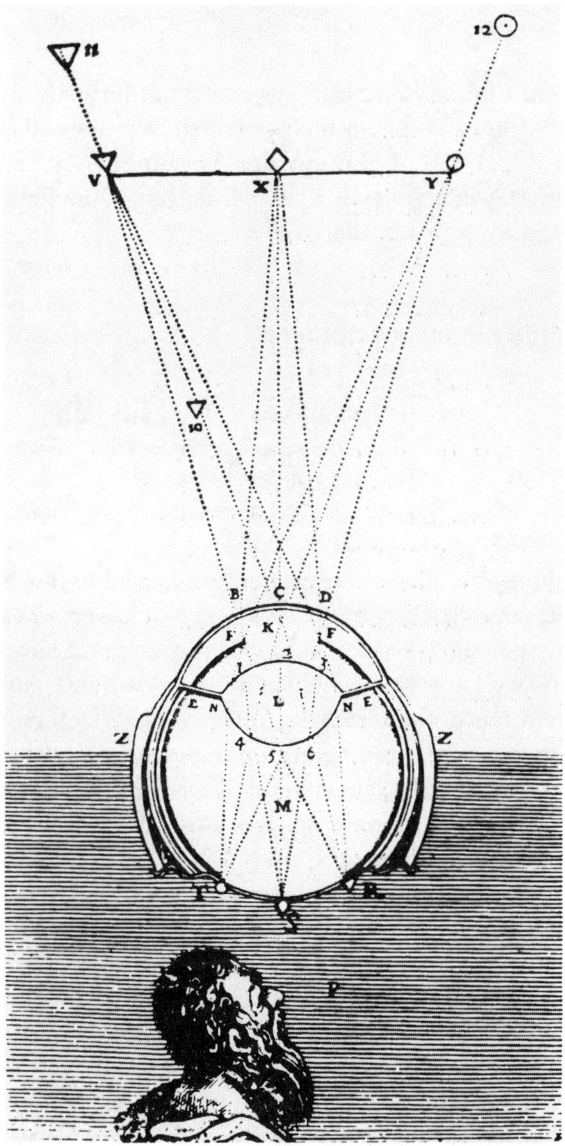


Optische Analyse Descartes'. Der Philosoph betrachtet die Welt durch ein Ochsenauge, dessen Rückseite abgetragen wurde, um es durchsichtig zu machen. Das Bild, das er erblickt, steht auf dem Kopf und ist seitenverkehrt.

rohen Sinnesdaten Bedeutung verlieh, mittlerweile aus dem Körper zurückgezogen hat, bleibt es nach Descartes als entkörperlichter Geist, als Rudiment der Vergangenheit, erhalten. Doch selbst dieses schwache Echo des griechischen Erbes sollte noch verstummen, zumindest vorübergehend.

## Die moderne Sinnesphysiologie

> Früher oder später werden wir zu einem mechanischen Äquivalent des Bewußtseins gelangen.
>
> Thomas Huxley

Das Schlußkapitel dieser Entwicklungsgeschichte der Sehkonzepte (vieles muß ich hier auslassen) spielt in unserer Zeit. Mitte des 19. Jahrhunderts waren Neurophysiologie und Psychologie des Sehens weit fortgeschritten, und die uns heute zur Verfügung stehenden detaillierten Kenntnisse über Gehirnstruktur und -funktion und die Neuroanatomie des Auges und der Sehbahnen sind wahrhaft verblüffend. Unter dem Eindruck jener freudigen Erregung, die ein solches Jahrhundert der Entdekkungen naturgemäß begleitet, sind viele der Meinung, sie seien jetzt auf das «mechanische Äquivalent des Bewußtseins» gestoßen, wie Thomas Huxley es nannte.

Der an der Harvard University lehrende Biologe und Nobelpreisträger David Hubel spricht für viele Wissenschaftler, wenn er erklärt, das Gehirn sei eine Maschine, die «Aufgaben auf eine Art und Weise erledigt, die mit den Gesetzen der Physik im Einklang steht, ein Objekt, das wir letzten Endes genauso verstehen können wie eine Druckerpresse».[34] Im Gegensatz zu Descartes müssen wir keine Zuflucht «zu mystischen Lebenskräften – oder zum Geist» nehmen, um Wahrnehmung, Denken oder Gefühl zu erklären. Sie sind einfach Zustände eines physischen Organs, des Gehirns.

Zu Recht betont Hubel, wie tiefgreifend sich diese Auffassung für all unser Tun auswirkt. Das Bild, das wir uns von unserer Psyche machen, legt das Programm für alles, von der Erziehung bis zu den Liebesbeziehungen, fest. Hubel meint, sobald wir verstanden haben, daß die Seele eine Illusion und das Gehirn die einzige Realität ist, können wir unsere Erziehungssysteme und unsere gesellschaftlichen Institutionen so umbilden, daß sie dem Gehirn dienen und nicht dem antiquierten Begriff eines «seelisch-geistigen Menschen».

Nach herkömmlicher Vorstellung ist es Götzendienst, wenn man eine geistige Wirklichkeit durch ein materielles und sinnlich faßbares Bild ersetzt. In seinem scharfsinnigen Büchlein ‹*Saving the Appearances*› stellt Owen Barfield einen Zusammenhang zwischen dem biblischen Verbot der Götzenanbetung und jener Ehrfurcht gegenüber Modellen her, die in der modernen wissenschaftlichen Praxis so verbreitet ist.[35] Sicherlich haben wissenschaftliche Modelle ihre Berechtigung. Nur, wann wird ein Modell zum Götzen, das heißt, wann wird es für etwas anderes als ein Modell gehalten? Wann wird es «Wirklichkeit»? Das Planetensystem als Modell für das Atom ist nur hilfreich, solange es nicht wörtlich genommen wird. Die Quantenphysik entdeckte schon vor langer Zeit die Gefahren des Götzendienstes. Neurophysiologen müssen das noch lernen. Für viele von ihnen ist das Gehirn zum Götzen geworden, zur Quintessenz des Menschen.

Eine solche Verherrlichung des physischen Gehirns birgt unzählige Gefahren. Das Bild, das wir uns von uns machen, ist außerordentlich wirksam: Es prägt unser Handeln und damit die Welt, die wir für uns und unsere Kinder schaffen. Deshalb müssen wir geduldig und sorgsam zwischen Götzenbild und Wirklichkeit unterscheiden.

Damit will ich nicht naiv einer romantischen Rückkehr zur Vergangenheit das Wort reden. Es gibt keinen Weg zurück. Aber haben Hubel und die unzähligen Wissenschaftler, die denken wie er, recht, wenn sie die menschliche Natur auf die bloße Hirnfunktion reduzieren? Die Antwort lautet unmißverständlich Nein. Das Gehirn, so wie es Hubel beschreibt, ist ein mit aller Sorgfalt entworfenes und höchst beeindruckendes Bild – zusammengesetzt aus den Ergebnissen wissenschaftlicher Forschung, voller kluger Einsichten, aber letztlich mißverstanden als etwas, das es nicht ist. Kann man die Ergebnisse der Wissenschaft akzeptieren, ohne solcher Götzenanbetung zu verfallen? Man kann, aber leicht ist es nicht – und doch vielleicht die wichtigste Aufgabe, vor der wir heute stehen. Für unsere Zukunft wird entscheidend sein, ob es uns gelingt, eine Wissenschaft zu entwickeln, die ohne Götzen auskommt.

## Das Feuer des Auges wieder entzünden

Die beiden Entwicklungsstränge, denen wir bis hierher gefolgt sind, verhalten sich wie eine kontrapunktische Harmonie, in der zu einer Melodie eine Gegenstimme erklingt. Während das Augenlicht schwächer wird, hellt sich das Licht der Welt auf. In dem Maße, wie das Signalfeuer des Auges abklingt, dringt die Helligkeit des Sonnenlichts immer tiefer und tiefer in den Menschen ein, bis sich Platons ätherische Emanationen und sogar der kartesische Betrachter aus dem Menschenbild der westlichen Wissenschaft vollständig verflüchtigt haben. Doch einige Daten und wissenschaftliche Entwicklungen deuten die Möglichkeit einer «postmodernen» Sicht des Selbst und des Sehens an, in der wieder Platz für das Licht des Auges wäre. In ihr könnte der innere Strahl wieder seine Berechtigung erlangen, wenn auch in veränderter Gestalt.

Wir haben gesehen, daß unser Bewußtsein nicht unwandelbar ist. Unsere Denkgewohnheiten werden zu Wahrnehmungen, die zwar einflußreich und weitverbreitet sind, aber nicht universell oder «wahr». Wir müssen lernen, Verantwortung für sie zu übernehmen. Stehen sie in Einklang mit unseren tiefsten Intentionen und sind sie dem Wohl unserer Gesellschaft und unseres Planeten zuträglich? Oder brauchen wir eine andere Vorstellung von uns und unserer Welt? Das will wohl, richtig verstanden, auch Matthäus sagen: «Wenn aber dein Auge böse ist, so wird dein ganzer Leib finster sein. Wenn nun das Licht, das in dir ist, Finsternis ist, wie groß wird dann die Finsternis sein!» Unser Licht, das Licht, das Bedeutung schafft, bringt eine Welt hervor, bildet sie aus Tageslicht. Wenn unser Licht finster, böse ist, dann lassen wir Finsternis und Böses in uns zu, individuell und gesellschaftlich. Ist dagegen das «Auge lauter», wird der «ganze Leib licht», gesund sein.

Platons Augenlicht war ein Licht der Deutung, der «Intentionalität», wie die modernen Phänomenologen sagen würden, ein Licht, das Sinn stiftet. Die Erkenntnis gliedert sich in zwei Vorgänge: Die Welt präsentiert sich, und wir müssen sie «repräsentieren». Wir bemächtigen uns mit allen unseren Möglichkeiten und Grenzen der Präsentation der Welt, um diesem Inhalt Gestalt und Bedeutung zu geben. Die schönen und nützlichen Bilder, die wir auf der Grundlage solcher Erfahrung herstellen, sind nur Bilder – Produkte unserer Einbildungskraft. In diesem Rahmen sind sie wahr. Wenn wir das in unserer Begeisterung vergessen, werden die Bilder zu Götzen, die nach Opfern auf ihren Hochaltären verlangen. Auch sollen diese Überlegungen keine Aufforderung sein, den Weg der wissenschaftlichen Erkenntnis zu verlassen. Denn sie ist eine Philosophie der Entwicklung und Entfaltung. Die Organe der Einsicht, über die wir verfügen, sind weder festgelegt noch begrenzt, sondern form- und erweiterbar. Deshalb ist es wichtig, die Dinge, die wir aus Kunst und Mythos über das Licht wissen, mit den wissenschaftlichen Erkenntnissen zu vergleichen.

# 3 Geteiltes Licht – göttliches Licht und optische Wissenschaft

Unsere Ausgangsfrage – Welcher Natur ist das Licht? – ist von verschiedenen Menschen unterschiedlich beantwortet worden. Für die Ägypter betraf sie die Beziehung zwischen den Menschen und dem Gott Ra. Sie suchten in erster Linie nach einer moralischen oder religiösen Antwort, nicht nach einer mechanistischen. Dagegen versuchen wir, die Natur des Lichts zu erklären, indem wir dem Weg von Lichtstrahlen durch komplizierte optische Systeme folgen. Wir suchen nach der mathematischen und physikalischen Gesetzmäßigkeit des Lichts. Die Wortfolge – Was ist Licht? – hat mehr als eine Bedeutung. Die ägyptische Antwort unterscheidet sich grundlegend von der der Quantenoptik, aber müssen sie sich deswegen unbedingt ausschließen? Oder ging es den Ägyptern nur darum, einen anderen Teil vom vielfältigen Wesen des Lichts zu erfassen?

Wir sollten uns bewußt machen, daß die wesentlichen Fragen über die Natur in vergangenen oder künftigen Epochen ganz anders lauten könnten als die, die wir uns heute stellen. Wie C. S. Lewis in seinem schönen Buch ‹*The Discarded Image*› schreibt, ist unser heutiges Verständnis zwar nicht unbegründet, aber wir dürfen dabei nicht vergessen, daß «die Natur die meisten ihrer Geheimnisse in Form von Antworten auf die Fragen preisgibt, die wir ihr stellen».[1] Die Fragen, die wir stellen, und die Antworten, die wir bereit sind zu akzeptieren, sind Ausdruck unserer Geisteshaltung. Unter Umständen werden die Bilder eines Zeitalters von einem anderen weniger deshalb verworfen, weil neue Entdeckungen gemacht worden sind, als vielmehr aufgrund der Tatsache, daß es neue Prioritäten und neue Fragen gibt, die alle eine veränderte Gemütsverfassung widerspiegeln.

Wenn wir für die einander widersprechenden Hypothesen über die Natur des Lichts offenbleiben, dann geben wir dem handlungsreichen Drama der Vergangenheit den Raum, den es braucht, um sich zu entfalten, dann können wir die gesamte Biographie des Lichts lesen, statt nur das Fragment, das wir selbst geschrieben haben. Wir sollten auch unser heutiges Verständnis des Lichts in Frage stellen und erkennen, daß die Zukunft noch offen ist. Bevor wir uns mit dem Lichtverständnis vergangener Kulturen beschäftigen, sollten wir unsere eigenen, mühsam erworbenen Begriffe ablegen, um zu sehen, was die anderen gesehen haben.

## Das verlorene Auge

> Ich bin der, der seine Augen öffnet, und es wird Licht; wenn sich seine Augen schließen, senkt sich Dunkelheit herab.
>
> Worte des ägyptischen Gottes Ra im Turiner Papyrus, 1300 v. Chr.

Zwei Augen sahen herab auf die alte ägyptische Welt, die «beiden Augen des Horus», die Sonne und der Mond. Es gab in dieser Kultur kein bedeutsameres Symbol als das Auge des Sonnengottes Ra. Sein Auge, die Sonne, war schöpferisch, sein Blick war das Leben selbst. Es heißt, die Menschheit sei aus den Tränen seiner Augen entstanden. In Ägypten hörten sich die Wörter für Tränen und Menschen sehr ähnlich an.

An der Natur des Lichts gab es für die Ägypter keinen Zweifel. Wenn Ra «seine Augen öffnet... wird [es] Licht», verkündeten die schriftkundigen Priester vor 3300 Jahren im oben zitierten Fragment; «wenn sich seine Augen schließen, senkt sich Dunkelheit herab.» Ras Blick war das Tageslicht. Für die Männer und Frauen dieser Kultur hieß im Tageslicht zu stehen immer auch, daß der Blick ihres Sonnengottes auf ihnen ruht. Die Macht des Sehens, die Fähigkeit, die Welt zu erhellen, war zu

Dieses ägyptische Sonnenauge stammt von einem etwa dreitausend Jahre alten Grabpapyrus.

einer universellen Kraft geworden, in den größten Maßstab projiziert: Sie wurde zur Helligkeit des Tages. Gottes Blick war Licht. *Licht war das Sehen Gottes.*

Wir sind an die Griechen erinnert, die die Macht ihres Sehens, das «Licht» des eigenen Auges empfanden und eine Theorie des Sehens entwickelten, die teilweise auf diese Erfahrung zurückging. Aus der Mythologie der ägyptischen Welt mit ihren vielen Geschichten über die Augen von Horus oder Ra ersehen wir, daß vor dem individualisierten Licht der griechischen Sehtheorie das Sonnenlicht als Emanation eines Auges empfunden wurde, das des Sonnengottes Ra. In keinem Falle war Licht eine Substanz oder ein Ding – es wurde als die Macht des Sehens erlebt. Sehen war erleuchten. Für Empedokles ist das menschliche Auge die Laterne, entzündet am Urfeuer der Schöpfung. Wenn es sich öffnet, sendet es seine Strahlen in die Welt, die der Mensch sieht. Für den ägyptischen Priester ist die Sonne selbst ein Auge, das, wenn es sich öffnet, den Tag bringt, und wenn es sich schließt, die Nacht hereinbrechen läßt. Die Verwandtschaft zwischen Auge und Sonne wurde viele Jahrhunderte lang intensiv empfunden, von den alten Ägyptern bis hin zu den mittelalterlichen Mystikern. In der persischen und griechischen Mythologie tauchen identische Bilder auf – Sonne und Mond als in den Himmel gesetzte Götteraugen.[2]

Die erste Antwort auf unsere Frage – Welcher Natur ist das Licht? – muß also lauten: Es ist das Sehen Gottes. Der Mensch, aus Ras Tränen oder seinem Blick gebildet, hat bis zu einem gewissen Grade an der Natur des Gottes teil – ist gewissermaßen ein unvollkommener Gott.[3] Zur Zeit der griechischen Philosophen illuminieren die Menschen, wie die Götter, die Welt durch ihr Sehen. Ras Blick bringt Licht in den Kosmos, der des Menschen Licht in seine persönliche Welt.

Wunderschön wird die Wandlung von der universellen Erhellung und dem Auge Gottes zu menschlichen Verhältnissen in der Geschichte von Horus' oder Ras «verlorenem Auge» erzählt, die in der ägyptischen Mythologie in vielen Spielarten vorkommt.[4] Das Auge des höchsten ägyptischen Gottes weicht von seiner vorherbestimmten Bahn als Sonne ab, verirrt sich in den Wassertiefen dieser Welt und lebt als Löwin in den östlichen Bergen des Sonnenaufgangs. Ra schickt Schu und Tefnut, das Auge zu suchen, doch als sie es gefunden haben und vor Ras Angesicht bringen, hat dieser bereits ein neues Auge erschaffen und an die Stelle des alten gesetzt. Das ursprüngliche Auge ist erzürnt, doch der Gott Thot besänftigt und versöhnt es. Ra geht noch weiter, gibt ihm einen Platz in der geschlossenen Form der *Uräusschlange* und setzt es in die Mitte seiner Stirn, «von wo aus es die ganze Welt beherrschen konnte». In künstlerischen Darstellungen tragen die Pharaonen dieses Zeichen auf ihrem Kopf. Nun konnte Ras Auge, die Sonne, nicht mehr frei umherstreifen, sondern war auf ewig eingeschlossen in das Symbol der Uräusschlange. Begrenzt und individualisiert durch die Macht der Schlange, wurde es zum Herrscher *dieser* Welt. Deshalb wird der allmächtige Pharao mit der Krone der Uräusschlange abgebildet. Ras Auge wird zum Auge des Menschen; das Licht Gottes zum Licht des Menschen.

Das Licht war und blieb ein Aspekt Gottes. In zahllosen Vorstellungsbildern – als Augenlicht, Engel oder in tausend anderen Gestalten – war es untrennbar mit den tastenden Versuchen des Menschen verbunden, sich Geist vorzustellen. Von

Ägypten wenden wir uns dem alten Persien zu, wo das Licht, die Dunkelheit und die göttliche Einheit ein großes religiöses Universum bilden.

## Licht in einer dunklen Welt

Was erzählt die Legende? Zarathustra, der sein Leben dem Ziel verschrieben hat, dem Pfad der Tugend zu folgen, steht mit dreißig Jahren am Ufer des Daiti, um aus ihm Wasser für die rituellen Trankopfer zu schöpfen. Dabei blickt er auf und sieht einen Mann, blond, hell und glänzend, dessen Seidengewand aus himmlischem Licht gewoben ist. Der göttliche Bote führt ihn zum großen Gott der Schöpfung, dem Gott des Lichts, Ahura Masda, dem Zarathustras Sehnsucht seit langem galt. So beginnen die Visionen und das geistliche Amt des persischen Propheten Zarathustra im zweiten Jahrtausend v. Chr.[5] Die ägyptischen Mythen hatten die Verwandtschaft zwischen Licht und Auge bei Göttern und Menschen erhellt. Die persischen dagegen beschäftigten sich mit dem Ursprung und der Bedeutung des Lichts – und seiner Negation, der Finsternis – in einem grandiosen kosmischen Schöpfungsmythos.

In der dualistischen Religion des Parsismus ist der Gegensatz zwischen Licht und Dunkelheit in geistigen Mächten verkörpert, die sich bekämpfen. Ahura Masda, der nicht erschaffene Schöpfer alles Guten im Himmel und auf Erden, steht seinem Widersacher Angra Manju oder Ahriman gegenüber, ebenfalls nicht erschaffen, aber durch und durch verdorben, der «böse Geist».[6] Der extreme Gegensatz von Gut und Böse, von Licht und Dunkelheit, drückt sich im Kampf dieser beiden Wesen und ihrer Gefolge von erschaffenen Geistern aus. Zunächst erschafft Ahura Masda die Welt in einem rein geistigen, unkörperlichen Zustand, dem Zugriff von Angra Manju entzogen. Darauf folgt eine zweite Schöpfung der Welt, nun in ihrer materiellen Form, die Angra Manju mit seinen Devas (Dämonen) sofort angreift, wobei er seine eigene Dunkelheit mit der unbewegten, lichterfüllten Vollkommenheit der ursprünglichen Schöpfung vermischt. Infolgedessen werden die Meere salzig, wird das Feuer von Rauch verunreinigt, bilden sich Wüsten, und alle physische Existenz wird eine Mischung aus Gut und Böse, Licht und Dunkel.

Die früheste irdische Lichtquelle, das Feuer, hat immer eine wichtige Rolle in den kultischen Praktiken der indo-iranischen Kultur gespielt. Unter dem Einfluß des Parsismus gewann es in den Tempel- und Hausriten allmählich immer größere Bedeutung, bis es im 6. Jahrhundert v. Chr. schließlich eine große Zahl von Feuertempeln gab. Ihre heiligen Feuer wurden rituell von Priestern, die es nie erlöschen ließen, auf dreierlei Weise genährt – mit trockenem Brennstoff, Weihrauch und Tierfett. Vermutlich sahen die Gläubigen in den Feuern ein Symbol für die Erlösung der Erde. Das Salz, selbst eine Mischung aus Licht und Dunkelheit, wurde durch die alchimistische Wirkung des Feuers, wie durch das Feuer des allmächtigen Ahura Masda selbst, wieder in strahlendes Licht verwandelt. Der Rauch und die zurückbleibende Asche waren die Dunkelheit, die von Angra Manju unauflöslich in die Schöpfung gewoben und die jetzt durch das göttliche Feuer ausgeschieden worden war.

In den Feuerritualen war die Mission des Menschen als Geschöpf Ahura Masdas symbolisiert. Wie die Menschen hatten auch Ahura Masda und seine Jasatas (guten Geister) die Welt zu erlösen, indem sie das Gute vom Bösen, das Licht vom Dunkel trennten.

Nach Zarathustra leben wir in einer Zeit voller Leiden, Trauer, Krankheit und Tod, in einer Zeit, in der die Welten von Licht und Finsternis gemischt sind. Aber er wollte, daß der Mensch sich vom Leiden der Welt nicht zurückzieht, sondern die Verantwortung übernimmt, die ihm von Ahura Masda auferlegt worden ist. Ein drittes Zeitalter wird vorhergesagt, in dem nach dem endgültigen Sieg Ahura Masdas, der Jasatas und der Menschen über Angra Manju und seine Legionen der

Urzustand der ersten Schöpfung wiederhergestellt sein wird. Dann wird das Gute vom Bösen, das Licht von der Dunkelheit geschieden sein, und die Erlösung ist vollbracht. Nach der persischen Kosmogonie leben wir heute in der mittleren der «drei Zeiten» – Schöpfung, Mischung, Trennung. Die Rolle, die Zarathustra dem Menschen in der Entwicklung der Welt zuweist, ist sehr verantwortungsvoll und entscheidend für die Zukunft. Er lebt in einer kultischen Vorstellungswelt, deren Schlüsselmetaphern Licht und Finsternis sind.

## Himmlisches Licht – menschliches Licht

> Wie bist du vom Himmel gefallen, du schöner Morgenstern! Wie wurdest du zu Boden geschlagen.
>
> Jesaja 14, 12–15

Am ersten Tag schuf Gott das Licht; am vierten machte er «zwei große Lichter: ein großes Licht, das den Tag regiere, und ein kleines, das die Nacht regiere». Am Anfang der Zeit ins Himmelsgewölbe gesetzt, geben Sonne, Mond und Sterne auch heute noch der Erde Licht, regieren den Tag und die Nacht und scheiden das Licht von der Dunkelheit.[7] So heißt es im Alten Testament.

Die Schöpfungsgeschichte der Bibel ist eine Neuerung in der Geschichte der Mythen. Wir finden in ihr keine Erzählung über einen Kampf zwischen Göttern. Kein übernatürlicher Krieg von der Art, wie er in der babylonischen, griechischen oder nordischen Mythologie stattfindet. Die unzähligen Götter, die in den Mythen aller Kulturen vorkommen, werden von den Juden auf ein einziges Wesen reduziert: Jahwe. Allein erschafft Gott in sieben Tagen Himmel und Erde, Mann und Frau. Ihr Naturzustand ist paradiesisch, bis sie göttliches Wissen erwerben, ein Gewinn, der wiederum mit Not und Entbehrung bezahlt wird. Das Essen der verbotenen Frucht vom Baum der Erkenntnis von Gut und Böse bedeutet für Adam und Eva den Verlust des Paradieses und den Anfang der Not. Zur Frau spricht Jahwe: «Unter Mühen sollst du Kinder gebären», zum Mann: «Im Schweiße deines Angesichts sollst du dein Brot essen.»[8]

Nach christlicher Vorstellung haben Luzifers Einflüsterungen zum Sündenfall des Menschen geführt, und die endgültige Erlösung der Menschheit soll der auferstandene Christus verkünden. Nach einer apokryphen Überlieferung waren diese beiden Wesen, Luzifer und Christus, ursprünglich Brüder, beide hochgestellte Engel des Lichts. Ein mittelalterlicher Spruch lautet *Christus verus Lucifer,* Christus ist der wahre Luzifer, was insofern nicht abwegig ist, als Luzifers Name eigentlich «Lichtbringer» bedeutet. Anders als Ahriman, der dunkle Geist der Verneinung im Parsismus, ist Luzifer ein Wesen von strahlender Schönheit, das durch die Sünde des Hochmuts aus den Höhen des Himmels herabgeschleudert wurde. Bei Jesaja heißt es, er sei der «schöne Morgenstern», der in seinem Herzen gedacht habe: «Ich will in den Himmel steigen und meinen Thron über die Sterne Gottes erhöhen»[9] und deshalb aus dem Himmel verstoßen worden sei. Die Geschichte erfahren wir in den jüdischen Büchern von Adam und Eva.[10]

Gott erschafft den Menschen nach seinem Bilde und bläst ihm den Odem des Lebens ein. Dann erscheint der Erzengel Michael und führt Adam vor die Schar der Engel, um sie zu bitten, den Menschen im Angesicht Gottes zu verehren, wie der Herr es wünsche. Luzifer verweigert das und erwidert: «Niemals werde ich jemanden verehren, der niedriger und jünger ist als ich. Vor ihm kam ich in der Schöpfung. Bevor er gebildet wurde, war ich bereits erschaffen. An ihm ist es, mich zu verehren.»[11]

Weil er sich den Vorhaltungen Michaels und den Geboten Gottes widersetzt, wird Luzifer auf die Erde hinabgeschleudert. Dort erblickt er Adam und Eva, die immer noch im Paradies weilen. Unglücklich über seine Trennung von Gott und eifersüchtig auf das Glück des ersten Menschenpaares, verführt er Eva und durch sie Adam, vom verbotenen Baum zu essen.

Der Sündenfall des Menschen ist untrennbar mit dem Sturz des Lichtbringers Luzifer verbunden. Als himmlisches Licht auf die Erde fiel, aßen Mann und Frau vom Baum der Erkenntnis. Deshalb wurden sie aus dem Garten Eden vertrieben und mußten sich fortan «mit Mühsal» von der Feldarbeit ernähren.

Vertreibung und Sturz Luzifers und der damit verbundene Sündenfall des Menschen finden ihr Gegengewicht in der Menschwerdung Christi, dem Lichtwesen der Sonne. Nach dem Johannes-Evangelium ist Christus «das Licht der Welt», ein Licht, das in die Finsternis fällt. Noch deutlicher sagt es Johannes in seinem ersten Brief: «Und das ist die Botschaft, die wir von ihm gehört haben und euch verkündigen: Gott ist Licht, und in ihm ist keine Finsternis ... Wenn wir aber im Licht wandeln, wie er im Licht ist, so haben wir Gemeinschaft untereinander ...»[12]

Johannes der Täufer «kam zum Zeugnis, um von dem Licht zu zeugen ... Er war nicht das Licht, sondern er sollte zeugen von dem Licht. Das war das wahre Licht, das alle Menschen erleuchtet, die in diese Welt kommen.»[13] Christus ist also, wenn die Bibel recht hat, das «wahre Licht». Dieser Engel kommt ohne die Sündenlast, das heißt, ohne aus dem Himmel vertrieben worden zu sein, auf die Erde. Er widersteht Luzifers Versuchung zum Hochmut und ist bereit, die Schmach und Demütigung der Leidensgeschichte auf sich zu nehmen. Er wird verspottet und muß sich fragen lassen, wie er denn der Messias sein könne, wenn Gott der Herr zulasse, daß man ihn geißle, die Dornenkrone aufsetze und ihn zwischen zwei Verbrechern kreuzige. Doch nach christlicher Vorstellung ist diese Prüfung, dieses in höchster Demut und Liebe dargebrachte Opfer, erforderlich, um das Licht der Auferstehung zum Leuchten zu bringen. Und könnte die Rettung des Menschen aus seinen Sünden nicht auch die Erlösung Luzifers einschließen – des gefallenen Lichts?

Auch Prometheus wird schließlich von seinen Leiden in den Felsen des Kaukasus erlöst, und zwar durch den Helden Herakles. Nachdem er zehn seiner zwölf Arbeiten vollbracht hat, überquert Herakles auf der Suche nach den goldenen Äpfeln der Hesperiden den Kaukasus, findet Prometheus und erlöst ihn von seinen Leiden. So kann der größte Heros der griechischen Mythologie den ersten Wohltäter der Menschheit befreien.

Die vielen Kulturen gemeinsame Vorstellung, der Mensch bewohne eine finstere, gefallene Welt, in die Licht gemischt ist, bietet Menschen, ob sie nun Anhänger von Zarathustra oder Christus sind, die herakleische Aufgabe, die Welt zu erlösen. Ihren radikalsten Ausdruck fand diese Auffassung in den Lehren des Gnostikers Mani, der im Persien des 3. Jahrhunderts lebte.

## Manichäismus – Religion des Lichts

> Reicher Freund der Lichtwesen! Gnädig gewähre mir Stärke und lasse mir alle Gaben zukommen.[14]
>
> Manichäischer Hymnus

Im Hauptraum eines ländlichen, auf einem Hügel erbauten Heiligtums, fünfzig Kilometer südlich von Tschüantschu an der Ostküste Chinas gelegen, steht eine an Buddha erinnernde Statue.[15] Die Gliedmaßen sind kunstfertig aus Steinen von verschiedenen Farbtönen gemeißelt, so daß das gesamte Standbild zu leuchten scheint. Viele seiner Merkmale sind uns von anderen Buddhastatuen bekannt. Der Dargestellte sitzt in friedlicher Ruhe, hat die Beine zum Lotussitz gekreuzt, ist in einen Kasaja gekleidet und von einem Glorienschein umgeben. Bei näherem Hinsehen bemerken wir allerdings, daß wir keinen gewöhnlichen Buddha vor uns haben. Statt der niedergeschlagenen Augen, dem lockigen Haar und dem glattrasierten Gesicht – Buddhas charakteristischen Attributen – erblicken wir langes glattes Haar, das ihm auf die Schultern fällt, und einen Bart, der sein Gesicht umrahmt. Direkt fällt sein durchdringender Blick auf den nähertretenden Pilger. Auf einem Schild lesen wir: «Mani, Buddha des Lichts.»

Weit getrennt in Zeit und Raum sind die Anfänge des Manichäismus von diesem merkwürdigen chinesischen Heiligtum. Als Mani gerade vierundzwanzig Jahre alt war, «floß dieses wunderschöne und gewaltige Spiegelbild meiner selbst herab und trat mir vor die Augen ... mein göttlicher Zwillingsbruder».[16] Dieser Tag Mitte April des Jahres 240 in der antiken Stadt Ktesiphon (nahe dem heutigen Bagdad) wurde zum Ursprung einer religiösen Bewegung, die das ganze Römische Reich, Persien und den Fernen Osten erfassen sollte. Mani, «der Bote des Lichts», lehrte seine Anhänger, was ihm sein Zwillingsbruder offenbart hatte. Heilend und lehrend zog er weit umher. Er verkündete eine Religion des Lichts, die mit ihrem zentralen Schöpfungsmythos und ihren asketischen Praktiken so nachhaltig auf die menschliche Vorstellungskraft einwirkte, daß sie sich auch ohne Krieg, Zwangsbekehrungen und aktive Unterstützung durch Fürsten und Könige ausbreitete. Von allen Orthodoxien als Bedrohung empfunden, blieb Mani der Märtyrertod nicht erspart, aber als er hingerichtet wurde, hatte er seine ketzerische Vision schon in die Welt gesetzt, die die Phantasie des Menschen so stark beschäftigen sollte wie kaum eine vor oder nach ihr. Ihre letzten Lobgesänge erklangen noch im 13. Jahrhundert unter den frommen Anhängern verschiedener «christlich-manichäischer» Sekten in Südeuropa, bis auch ihnen ein grausames Ende bereitet wurde.

Es ist nicht überraschend, daß der Manichäismus zuerst in den Regionen Fuß faßte, in denen der Parsismus zu Hause war, denn in vielen Punkten ähneln sich die beiden Lehren. Nach Mani sind Licht und Dunkel gleichberechtigte Mächte, die ursprünglich streng voneinander getrennt waren. Als Ahriman, der Fürst der Finsternis, und seine Heerscharen während des ersten Konflikts des Schöpfungsdramas die Möglichkeit dazu erhielten, eroberten sie das Lichtreich des Urmenschen Ohrmazd. Dadurch wurden Licht und Finsternis gemischt, und die Welt entstand, womit zugleich die Voraussetzung für alle künftigen Erlösungsversuche geschaffen ist. Um den Urmenschen zu befreien, erweckt der «Vater des Großen» den «Freund der Lichter», der seinerseits den «Lebendigen Geist» hervorbringt. Zusammen mit den «Elementen des Lichts» dringt der Lebendige Geist in das Reich der Finsternis ein und befreit Ohrmazd. Doch bei seiner Flucht muß dieser die fünf Lichtelemente zurücklassen. Aus den reinsten Lichtteilchen dieser Elemente bilden sich Sonne und Mond, die leicht verunreinigten Partikel formen die Sterne, und eine dritte Sorte bleibt, zutiefst verdorben, zurück, und aus ihr entsteht die Erde. Mit dem Ziel, die Erlösungsbestrebungen der Lichtwesen zu durchkreuzen, erschafft der Fürst der Finsternis (und nicht Jahwe) Adam und Eva nach dem Bild des dritten göttlichen Boten, des noch nicht menschgewordenen Christus (all das galt in der jungen orthodoxen Kirche als phantastische Ketzerlehre). Durch Adam und Eva und ihre Nachkommen wird das Licht auf immer in Ahrimans finsteres Reich eingeschlossen. Mani sah seine Mission darin, es zu befreien. Das Licht, seit Ahrimans Kriegen in der Grundsubstanz der Materie gefangen, sollte heimgeholt werden.

Im Manichäismus fiel den Erwählten (das heißt den Priestern) bei diesen Bemühungen um Erlösung eine besonders wichtige Rolle zu. Denn durch ihr Verhalten auf der Erde konnten sie es befreien und mit sich durch die Pforte des Todes nehmen. Selbst die Nahrung, die sie aßen, enthielt gefangenes Licht. Wenn sie durch die «Hörer» (diejenigen, die der Lehre folgten, aber nicht selbst Auserwählte waren) richtig zubereitet und von den Auserwählten gegessen wurde, entwich das darin enthaltene Licht in die Obhut der Priester. Nach ihrem Tod gelangen die Auserwählten mit ihrer Lichternte als Geister zum Mond. Dieser wächst mit dem Licht, das ihm gebracht wird, bis er, rund und voll geworden, eine Lichtsäule aussendet, die dann zu ihrer eigentlichen himmlischen Heimstatt, der Sonne, zurückströmt.

Wie erwähnt, unternahm Mani weite Reisen, verkündigte seine Botschaft von Licht und Finsternis, von Erkenntnis *(gnosis)* und Erlösung. Er entwarf eine Universalreligion, in der er das Erbe Buddhas, Christi und Zarathustras vereinigte. Der Einfluß des Manichäismus war enorm. Einer der wichtigsten Denker des frühen Christentums, Augustinus, war von 373 bis 382 selbst Manichäer, und obwohl er die Lehre später heftig bekämpfte, ist sein Denken niemals ganz frei von manichäischen Einflüssen gewesen. Indirekt fand durch seine Schriften eine von Mani geprägte Lichtmetaphysik Eingang in die christliche Orthodoxie.

Wie Christus, das inkarnierte Licht, von eifersüchtigen jüdischen Priestern an Pilatus ausgeliefert wurde, damit er hingerichtet werde, so erging es auch Mani, dem Sendboten oder Buddha des Lichts: Auf Betreiben des eifersüchtigen persischen Priesters Kirdir, der keine Rivalen duldete, wurde Mani dem persischen König Bahram I. zur Hinrichtung übergeben. Doch Mani vertraute darauf, daß seine Lehren weit über seinen Tod (im Jahre 277) hinaus Bestand haben würden. Und er sollte recht behalten.

Die ganze Geschichte der frühchristlichen Kirche hindurch bedeuteten Manis Lichtkosmogonie und die Überzeugungen vieler verwandter Ketzerlehren eine ständige Herausforderung für die orthodoxe Lehre. Das Leben zahlloser Gläubiger stand unter dem Eindruck dieser detaillierten Vorstellungswelt, nach der unser Universum in einen Kampf zwischen geistigem Licht und lähmender Finsternis verstrickt ist. Dem holländischen Theologen G. van Groningen zufolge gab es darüber hinaus einen weniger persönlichen, aber genauso wirksamen Einfluß des gnostischen Denkens. In Manis Gnostizismus und dem ähnlicher Sekten sieht van Groningen eine ernsthafte Auseinandersetzung mit den wissenschaftlichen und philosophischen Fragen, die den Menschen zum Ausgangspunkt wählen.[17] Diese Sekten strebten im Gegensatz zur frühen Kirche des Christentums nicht nach Glauben, sondern nach Erkenntnis, und durch diese Erkenntnis – *gnosis* – des geistigen Kosmos wollten sie nicht die Erde beherrschen, sondern die Seele befreien, damit sie in ihr angestammtes Lichtreich zurückkehren konnte. Trotz dieses metaphysischen Rahmens, meint van Groningen, seien die gnostischen Bestrebungen als Vorläufer wissenschaftlicher Forschung zu werten. Die frühe Kirche sah in solchen Ausrichtungen die luziferische Sünde des Hochmuts. Das Seelenheil wurde dem Menschen schließlich nur durch die Gnade, nicht durch Erkenntnis zuteil. Das ganze Mittelalter hindurch hat die römisch-katholische Kirche immer wieder alle Schäflein, deren heterodoxe Studien sich zu weit von der wahren Lehre entfernten (und davon gab es einige), in ihre Schranken verwiesen. Wissensdurstige, die nicht zu ihren Schäflein gehörten, wurden weit weniger nachsichtig behandelt. Doch Manis Gedanken lebten fort, wie er es prophezeit hatte. Das letzte dramatische Kapitel spielt im 13. Jahrhundert, als die Katharer, die «Reinen», in Südfrankreich viele Anhänger um sich scharten.

Zwischen den Ortschaften, Châteaus, Städten und Burgen des ländlichen Languedoc reisten hagere, fromme Männer umher, stets zu zweit, langhaarig und schwarz gekleidet. Sie waren vom langen Fasten abgemagert und sprachen ruhig, ohne Eifer und Eitelkeit von Christus und dem Weg des Lichts, dem Weg der Erlösung. Jungen und naiven Menschen erzählten sie Geschichten von außerordentlicher Schönheit[18]; den anderen erteilten sie religiöse Unterweisungen, entsprechend dem Rang, den ihre Zuhörer jeweils im Gemeinwesen einnahmen. Mit schlichter Frömmigkeit begingen sie die Rituale und Sakramente ihrer Kirche. Im Volk hießen sie *bons hommes,* «gute

Männer», innerhalb ihrer religiösen Gemeinschaft bezeichnete man sie als *perfecti.* Als der Graf von Toulouse an einem älteren *perfectus* vorbeikam, der schlecht gekleidet und verkrüppelt war, sagte er: «Lieber wäre ich dieser Mann als König oder Kaiser.»[19]

Obwohl keine Manichäer, teilten die Katharer (und die Anhänger verwandter Ketzerlehren jener Zeit) die manichäische Auffassung, die Welt sei Satans Schöpfung, aber durch rechtschaffenes Verhalten könne der Mensch das göttliche Licht in seinem Innern retten. Falls dies mißlänge, müßte er in Gestalt eines anderen fühlenden Wesens zurückkehren (Seelenwanderung), um einen neuen Versuch zu unternehmen.

Zunächst ignorierte die etablierte römische Kirche die Ausbreitung der Katharer in ihrem Herrschaftsbereich, begann sie dann aber immer erbitterter zu bekämpfen. Die Kirche schickte Vertreter ihrer eigenen neugegründeten Bettelorden, vor allem Bernhard von Clairvaux (1145) und den heiligen Dominikus (1205). Barfuß wanderte Dominikus durch brennende Hitze und Staub und bat um Almosen und Gehör. Verlacht und verspottet, wo immer er ging, brachte er den Menschen die Lehre der katholischen Kirche nicht nur durch Worte nahe, sondern auch durch ein Leben in Demut und Armut. Zwar beeindruckte das seine Zuhörer, doch hatten weder er noch Bernhard von Clairvaux großen Erfolg mit der Bekehrung der Katharer. Deshalb entschloß sich die Kirche zur gewaltsamen Unterdrückung der Ketzer. Während Franz von Assisi seinen herrlichen ‹*Sonnengesang*› schrieb, eine ekstatische Lobpreisung aller Daseinsformen, wurden in Südfrankreich die Katharer mit Feuer und Schwert ausgerottet.[20]

Der endgültige Todesstoß erfolgte 1238 mit dem Fall des Katharer-Zentrums, der Bergfestung von Montsegur. Zweihundert *perfecti,* die dort Zuflucht gefunden hatten, wurden ohne Prozeß verbrannt. Zwar war noch ein weiteres Jahrhundert systematischer Verfolgung, Unterdrückung und Brutalität erforderlich, um das Reinheitsideal der Katharer zu ersticken, doch

1330 gab es in Frankreich keine katharische Kirche mehr. Bernhard von Clairvaux, der die Katharer mit allem Nachdruck bekämpfte, sagte dennoch von ihnen: «Keine Gebete sind christlicher als die ihren, und rein ist ihre Moral.»[21] Im Abendland waren sie die letzten, die der Vorstellung von einem geistigen, spirituellen Licht anhingen. Mit der Ausrottung der manichäischen Ketzerlehre versiegte ein mächtiger Bilderstrom.

Doch die manichäische Lichtmetaphysik fand ein orthodoxeres Echo in den religiösen und wissenschaftlichen Überzeugungen eines Mannes, der im 13. Jahrhundert zum wichtigsten Protagonisten in der Biographie des Lichts wurde.

## Robert Grossetestes Lichtkosmogonie

1229, nur drei Jahre nach dem Tod ihres geliebten Franz von Assisi, luden die britischen Franziskaner den damals vierundfünfzigjährigen Theologen und Gelehrten Robert Grosseteste, Erzdiakon von Leicester, ein, die jüngeren Brüder an ihrer neu erbauten Oxford School zu unterrichten.[22] Sechs Jahre später, 1235, wurde er zum Bischof von Lincoln, der größten Diözese Englands, geweiht. In seiner Zeit als Lehrer wie als Bischof war Grosseteste berühmt wegen seiner aufrechten und moralischen Lebensführung in einem Alter, in dem sich die Vertreter des Klerus häufig mehr für weltliche Vergnügungen als für den ewigen Lohn im Jenseits interessierten. Eine besondere Vorliebe hatte Grosseteste für die armen Franziskaner, die die Reichtümer der Kirche zugunsten derer der Seele verschmähten, und die Mönche des Ordens erwiderten seine Zuneigung. Neben seinem aufrechten Charakter zeichneten ihn eine musikalische Neigung aus, ein scharfer Verstand, ein in Hingabe forschender Geist und ein an Besessenheit grenzendes Interesse an der Natur des Lichts.

Unter Grossetestes Büchern gibt es ein besonderes Juwel – ein schmales Bändchen mit dem Titel ‹*De luce*›, «Über das

Licht». Um es richtig zu würdigen, müssen wir uns an Platons Einfluß auf das wissenschaftliche Denken des Mittelalters erinnern. Kurz vor seinem Tod schrieb Platon den Dialog ‹*Timaios*›, der mit Kritias' Schilderung eines Gespräches zwischen einem ägyptischen Priester und dem griechischen Dichter Solon, einem der Sieben Weisen, in der heiligen Stadt Sais beginnt. Der Priester, der Zugang zu sehr alten Dokumenten hat, berichtet Solon von der Urgeschichte Griechenlands, lange vor der Sintflut. Timaios, dcr Sternkundige in Sokrates' Freundeskreis, setzt die Erzählung fort, indem er noch weiter zurückgeht und von der Entstehung des Universums berichtet. Nach der «wahrscheinlichen Geschichte», die Timaios wiedergibt, hat Gott die Welt durch seinen Demiurgen erschaffen lassen. Diese Geschichte hat jedoch weniger religiösen als wissenschaftlichen Charakter und beruft sich auf Vernunft, Beweise und Vermutungen, nicht auf göttliche Eingebung. Platon schreibt, die Welt sei aufgrund von Zahl, Ratio und Geometrie gebildet worden. Die fünf Elemente Erde, Wasser, Luft, Feuer und Äther oder Quintessenz seien aus Dreiecken zusammengesetzt, die schöne Körper bilden: die fünf regelmäßigen «platonischen Körper». Seine Kosmologie ist durch und durch mathematischer – und das bedeutete in altgriechischer Zeit vor allem geometrischer Natur. Im Mittelalter hat der ‹*Timaios*› vielleicht mehr als irgendeine andere Schrift die naturwissenschaftlichen Vorstellungen des Abendlandes geprägt und zusammen mit der Genesis die Denker jener Jahrhunderte veranlaßt, ihre eigene «wahrscheinliche Geschichte» vom Anfang der Welt zu entwerfen. Der ‹*Timaios*› ist eines der wenigen Dokumente griechischen Denkens, das, zumindest in Teilübersetzungen, Eingang in das frühe geistige Leben Westeuropas gefunden hat.

Grossetestes ‹*De luce*› ist die einzige wissenschaftliche Kosmogonie von Rang zwischen der Entstehung des ‹*Timaios*› und dem 18. Jahrhundert. Es ist zugleich das Dokument einer Zeitenwende. Auf der einen Seite erheben sich, von Dunst umhüllt, die gewaltigen Gipfel des vorwissenschaftlichen griechischen und christlichen Denkens, auf der anderen warten die noch zu vollbringenden Leistungen der modernen Wissenschaft und Technik. Vor einigen Jahren hat der bedeutende französische Historiker Alexandre Koyré die verblüffende Auffassung geäußert, ‹*De luce*› sei der ersten Stein im Fundament einer modernen mathematischen Naturwissenschaft gewesen.[23] Folglich müßten wir dicht mit mathematischen Formeln, Berechnungen und geometrischen Figuren bedeckte Seiten erwarten. Statt dessen begegnen wir einer Schöpfungsgeschichte, einer neuplatonischen Genesis, nach der das gesamte Universum durch Ausbreitung und Veränderung des Lichts entsteht.

Licht war nach Grosseteste die erste Form der Körperlichkeit, aus der alles andere entstand. Aus einem einzigen Punkt vervielfältigte es sich unendlich und gleichmäßig nach allen Seiten, bildete eine Kugel, und bei diesem Vorgang entstand die Materie. Nach der endgültigen Expansion des Lichts trat durch Kondensation und Verdünnung eine Phase der Differenzierung ein, die ihrerseits zur Scheidung von Himmel und Erde und zur Entstehung der dreizehn Sphären führte, neun himmlischen und vier irdischen. Wir müssen Grossetestes Gedanken nicht in allen Einzelheiten folgen, ich möchte hier nur auf das Doppelthema von Licht und Maß (oder Geometrie) hinweisen, das sein Werk durchzieht.[24] Wie bei Platon tritt Gott in seiner Kosmogonie als Geometer und Mathematiker auf, der «alles nach Maß und Zahl und Gewicht geordnet» hat.[25] Als Medium für seine Schöpfung hat er das Licht gewählt. Gewiß, ‹*De luce*› zeigt die zögernden Anfänge der mathematischen Wissenschaft, doch alles ist noch implizit, in der Struktur, im Stil, in Grossetestes Fragestellungen enthalten.

Die gesamte materielle Schöpfung ist also kondensiertes Licht. Ohne es zu wissen, umschrieb der moderne Architekt Louis Kahn Grossetestes Ansichten, als er in einem Interview des *Time Magazine* erklärte: «Man könnte sagen, wir sind aus

Licht geboren. Ich glaube, das Licht ist der Ursprung aller materiellen Dinge. Materie ist verbrauchtes Licht.»[26] Doch nach Grosseteste ist die Lichtkondensation nur ein Pol von Gottes schöpferischer Aktivität, der Pol, der zur sinnlichen Schöpfung führt. Andererseits glaubt Grosseteste aber auch fest an den geistigen Pol der Schöpfung, das himmlische Licht. Danach sind wir auf Erden umgeben von den vier sichtbaren Reichen der Natur (Mineral, Pflanze, Tier und Mensch). Doch über dem Menschen erheben sich die neun Hierarchien der himmlischen Wesen: Engel, Erzengel, Archaei, Exusiai, Kyriotetes, Dynameis, Throne, Cherubim und Seraphim.

Neben den erkennbaren wissenschaftlichen Elementen seiner Lichtkosmogonie entwickelte Grosseteste auch eine explizite geistige Lichtmetaphysik. Für ihn umfaßt Gottes Befehl «Es werde Licht» zwei Aspekte. Der eine wurde am Ende zum Licht unserer physischen Existenz und kondensierte zu Materie. Der andere hingegen enthielt das Licht der Erkenntnis, verkörpert in den rein geistigen, himmlischen Geschöpfen Gottes. In seinem Kommentar zu den Eröffnungskapiteln der Genesis und speziell in seinen eingehenden Studien zu den vier Hauptschriften des Dionysios Areopagita (Pseudo-Dionysios) offenbarte Grosseteste sein intensives Interesse an der geistigen Ordnung unseres Kosmos, und abermals war dieser für ihn am besten als ein Kosmos aus Licht symbolisiert, nur daß es sich jetzt um das himmlische Licht handelte.

Grosseteste vertrat auch als erster die Auffassung, die Mathematik sei ein Schlüsselelement der neuen Wissenschaft. In den Wissenschaften, schrieb er, lasse sich «ohne die Mathematik nichts Erhabenes erkennen».[27] So hat man Grosseteste den ersten Vertreter der Experimentalwissenschaft genannt. Zumindest theoretisch hat er die beiden wichtigsten Voraussetzungen für die Entwicklung der modernen Naturwissenschaft geliefert: die Mathematik und das Experiment. A. C. Crombie meint, Grosseteste habe «als erster eine systematische und schlüssige Theorie der experimentellen Forschung und der rationalen Erklärung geliefert, durch die die geometrische Methode der Griechen in die moderne Experimentalwissenschaft verwandelt wurde».[28] Andere folgten und haben das von Grosseteste entworfene Programm in die Tat umgesetzt, aber er hat schon mit aller Klarheit die Thesen formuliert, die in den folgenden Jahrhunderten grundlegend für die neue Wissenschaft werden sollten. In seinem Denken hat er die Metaphysik und die Physik des Lichts mit der gleichen Unbefangenheit und Unbestechlichkeit durchgespielt. Alles, ob materiell oder spirituell, gehört für ihn zum gottgeschaffenen Universum, und der Mensch als Bewohner beider Reiche kann folglich auch beide erkennen – durch Offenbarung, Vernunft oder Experiment.

Grossetestes Denken war nicht nur vom Platonismus und der christlichen Theologie beeinflußt, sondern auch von Al Kindi, dem ersten großen Philosophen der islamischen Welt. Im 9. Jahrhundert hatte Al Kindi sich nicht nur nachdrücklich für eine verbesserte Version von Euklids Theorie der Sehstrahlen eingesetzt, sondern diese auch in seine spirituelle Naturphilosophie zu integrieren versucht. Danach sendet nicht nur das Auge Strahlen aus, sondern es ist «offenkundig, daß alle Dinge dieser Welt ... auf ihre eigene Art Strahlen wie ein Stern erzeugen ... Alles, was in der Welt der Elemente wirklich existiert, sendet in alle Richtungen Strahlen aus, die die gesamte Welt erfüllen.»[29] Das Universum des Al Kindi durchzieht ein riesiges Gewebe lichtartiger Strahlen, die die Sterne mit der Erde, mit Magneten, Feuer, Geräuschen und so fort verbinden. So wurde die Optik zum archetypischen Bild eines universellen Prozesses: einer Art Energiestrahlung. In Anlehnung an Al Kindis Kosmologie sah Grosseteste Sonne und Mond in den Augen des menschlichen Gesichts: «Denn der Kopf wird himmelwärts getragen und besitzt zwei Lichter, gleich der Sonne und dem Mond.»[30]

Robert Grosseteste ist für uns eine Erscheinung, die janusköpfig in zwei Richtungen blickt. Das eine Gesicht schaut nach oben und zurück, beschwört eine Metaphysik des Lichts, zu der Heerscharen von himmlischen Wesen und Lichtemanationen gehören, in Gottes Schöpfung tätig als Mittler und ausführende Organe seines Willens. Grossetestes anderes Gesicht blickt erdwärts, einer Zukunft entgegen, in der die Physik des Lichts sich vollständig entfalten wird – in Gestalt der modernen Optik und vor allem in der einer mathematischen Physik, die sich auf experimentelle Beobachtung gründet. Beide Gesichter, beide Leidenschaften Grossetestes sind zu berücksichtigen, wenn wir uns mit dem Licht beschäftigen.

Einst war in der Vorstellung der Menschen das Licht das Sehen Gottes. Wenn Ras Blick den Raum durchmaß, erstreckte sich das Licht von einem Ende des Universums zum anderen. Im Nachthimmel beherbergten Planeten und Sterne einmal Götter und Engel, die ihrerseits die Gabe des Lichts durch Unachtsamkeit oder List dem Menschen zukommen ließen. Nach christlicher Überlieferung stieg das größte kosmische Lichtwesen, Christus, Luzifers Bruder, auf die Erde herab. Es war, als hätte sich der parsische Sonnengott Ahura Masda ein Gewand aus Erde angelegt. Zur ausgeprägtesten Form entwickelte sich die kultische Lichtvorstellung in den gnostisch-manichäischen Sekten, in deren Glaubenssystem die Erlösung der Welt auf der Freisetzung des Lichts durch menschliches Handeln beruht. Die letzte große Blüte dieser religiösen Vorstellungen endete in den Feuern, in denen die katharischen *perfecti* verbrannten.

Fortan setzte sich ein wissenschaftliches Verständnis des Lichts durch. Beginnend mit der griechischen Philosophie, über das persische und arabische Denken bis hin zu den Lehren Grossetestes und seiner Zeitgenossen hatte die menschliche Vorstellung vom Licht eine tiefgreifende Wandlung erfahren und wurde schließlich zur konzeptuellen Grundlage der optischen Wissenschaften in der modernen Physik. Grosseteste stand in seinen Vorstellungen und Gefühlen noch unter dem Einfluß einer alten spirituellen Tradition. In seiner Lichtmetaphysik versuchte er die zarten Anfänge der Naturwissenschaft mit seinem religiösen Denken zu verbinden. Nach der Vernichtung der Katharer und nach Grossetestes Tod ging die religiöse Überlieferung des himmlischen Lichts allmählich verloren. Im Laufe der Zeit beseitigte das wissenschaftliche Denken alles spirituelle Beiwerk so gründlich, daß eine rein materielle und mathematische Vorstellung vom Licht übrigblieb. Dabei entstand zugleich ein neues Bild vom Menschen und vom Kosmos.

# 4 Die Anatomie des Lichts

Sei mir gegrüßet, heil'ges Licht! Dem Himmel
Zuerst Geborenes, oder mitverewigt
Dem Ewigen, wenn deinen Strahl ich so
Zu nennen wage ungescholten; Gott,
Der selber Licht ist und von Ewigkeit
In unnahbarem Lichte wohnte, war
Von Anbeginn in dir, du heller Fluß
Aus unerschaffnem hellem Grund fließend ...[1]

John Milton
*‹Das verlorene Paradies›*

## An der Schwelle zur wissenschaftlichen Sehweise

Über dem herrlichen Dom Santa Maria del Fiore in Florenz spannte sich ein tiefblauer Himmel, unter dessen Kuppel der leichte Wind weiße Kumuluswolken treiben ließ. Auf genau solch einen Tag hatte Filippo Brunelleschi gewartet, und so ließ er seine Freunde wissen, daß die lange versprochene Vorführung im Eingang des Doms nun stattfinden werde.[2]

Auf der Schwelle stehend, blickte Brunelleschi über die kopfsteingepflasterte Piazza zum prächtigen Baptisterium San Giovanni hinüber, das bereits dreihundert Jahre alt war. In seinem halbdunklen Innern befinden sich prächtige Mosaiken, am Gewölbe unter anderem die Darstellung des Jüngsten Gerichts mit einer riesigen Christusfigur. Dante Alighieri gehört zu den unzähligen Florentinern, die hier getauft worden sind. Doch in diesem Augenblick, am Portal des Doms stehend, sah Brunelleschi nicht die altehrwürdige Geschichte des Baptisteriums, sondern ein Netz von Linien, die sich zu einem unendlichen Horizont hin erstreckten. Er blickte auf die Piazza mit den Augen der großen Forscher, die nach ihm kommen sollten – Galilei, Descartes und Newton. Denn heute stand er hier nicht nur als Architekt und Bildhauer, sondern auch als Geometer und Physiker.

Die Freunde versammelten sich um den schmächtigen, jugendlichen Baumeister und lauschten seiner lebhaften Erläuterung der bevorstehenden Demonstration mit großem Interesse. In späteren Jahren sollte Brunelleschi den Dom hinter sich mit einer großen Kuppel versehen – eine enorme Aufgabe, der er sechzehn Jahre seines Lebens widmete und die Heerscharen von Handwerkern und Künstlern und riesige Summen Geldes erforderte. Dagegen war seine heutige Aufgabe weit bescheidener in Aufwand und Ausmaß. Es bedurfte dazu nur einer Holztafel von achtzig Quadratzentimetern, eines Spiegels, der Pinsel eines Miniaturenmalers, Farben und eines einzigen Mannes. Dennoch vollbrachte Brunelleschi an diesem Nachmittag ein Kunststück, das auf die Nachwelt viel stärker wirken sollte als die Kuppel des Doms oder ein anderes seiner Bauwerke. Er hat ganz einfach unsere Sehweise verändert.

Auf der Schwelle des Doms fertigte Brunelleschi die erste Zeichnung in Zentralperspektive an. Historiker vermuten, dies sei irgendwann zwischen 1412 und 1425 geschehen.[3] Zum erstenmal in seiner Geschichte hatte der Mensch damit ein so erscheinungsgetreues Bild geschaffen, daß der Betrachter, wenn er richtig stand, «das Gefühl hatte, er sähe die Wirklichkeit selbst», wie Brunelleschis Zeitgenosse Manetti berichtet.[4]

Um die Wirkung der perspektivischen Illusion vorzuführen, hatte sich Brunelleschi eine höchst geschickte Inszenierung ausgedacht. Die Freunde, die sich an diesem Tag versammelt hatten, sahen seine perspektivische Wiedergabe des Florentiner Baptisteriums auf eine seltsame, aber höchst wirksame Art, wie sie die Abbildung auf S. 78 veranschaulicht. Sie standen im Eingang der Kathedrale mit Blick auf das Baptisterium. Stellen wir uns Brunelleschis Freunde vor, wie sie das Bild hielten, einer nach dem anderen, die bemalte Fläche nach außen,

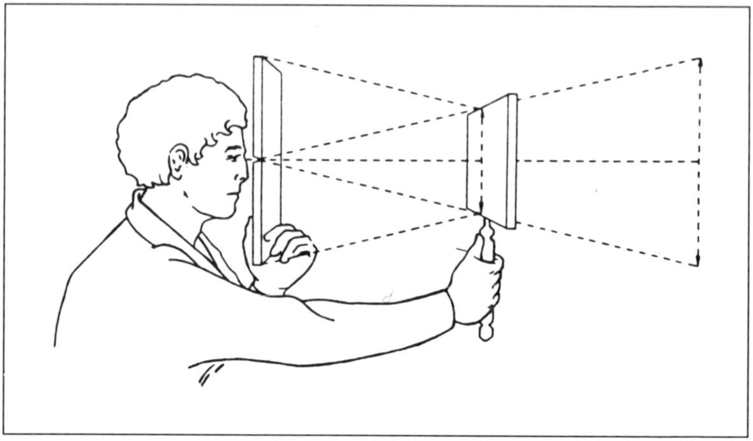

Brunelleschis Illusion der perfekten Perspektive. In der rechten Hand einen Spiegel und in der linken das Bild, blickte Brunelleschi durch ein Guckloch auf das Baptisterium. Mit oder ohne Spiegel – der Anblick war der gleiche.

und durch ein Loch in der Mitte der Bildtafel blickten. Durch das Loch sahen sie die Piazza und das Baptisterium. In Blickrichtung führten sie jetzt einen Spiegel ein, dessen Form und Größe so gewählt waren, daß die reflektierte Zeichnung die Spiegelfläche gerade ausfüllte. Das gemalte Bild, das sich im Spiegel zeigte, entsprach *exakt* dem Anblick, der sich den Freunden direkt bot. Mit anderen Worten, der Betrachter sah mit und ohne Spiegel das gleiche: eine vollkommene Illusion. Um diese noch zu verstärken, hatte Brunelleschi den Himmel der Zeichnung mit poliertem Silber ausgelegt und so blank geputzt, daß seine Oberfläche die im Wind ziehenden Wolken spiegelte. Die Illusion war atemberaubend.

So verblüffend war die Wirkung, daß ihre Konsequenzen die Malerei bis ins 20. Jahrhundert hinein maßgeblich bestimmten. Wie war ihm das gelungen? Warum war noch niemand vor ihm darauf gekommen? Mehr als Euklids Theorie des Sehens war dazu nicht erforderlich, und die war seit Jahrhunderten bekannt. Und dennoch hatte etwas gefehlt, nicht irgendeine neue Entdeckung, sondern ein neuer Geist, eine neue wissenschaftliche Art zu sehen.

## Geistige Geometrie

> Denn sichtbar ist für den Geist nur, was sich ihm in einer bestimmten Gestaltung darbietet; jede bestimmte Seinsgestalt aber entspringt erst in einer bestimmten Art und Weise des Sehens, in einer ideellen Form- und Sinngebung.[5]
>
> Ernst Cassirer

In einem kleinen Raum des Frick Mansion in New York hängt ein kleines Gemälde, nicht viel größer als jenes, das Brunelleschi vom Eingang des Doms aus malte. Es handelt sich um ein Werk von Duccio aus dem Jahre 1310, das die Versuchung Christi durch den Teufel darstellt. Zwei übergroße Figuren – Christus und der von ihm zurückgewiesene dunkle Widersacher – stehen auf einem stilisierten Berg inmitten einer – von wenigen Gebäudekomplexen abgesehen – leeren Landschaft. Aus dem Blickwinkel der Zentralperspektive oder einer Kamera, die ein solches Motiv einfinge, stimmt in diesem Gemälde nichts; doch im Hinblick auf die geistigen Beziehungen ist die Anordnung vollkommen. Der Himmel aus Blattgold läßt erkennen, daß wir nicht in einen materiellen, sondern in einen moralisch-geistigen Raum blicken. Alle Bildelemente – die Farben, die Gesten, die relative Größe und Position der Figuren, Gebäude und Berge – offenbaren eine heilige Ordnung, die zwar von den Gesetzmäßigkeiten des Sehens abweichen mag, sich aber in vollkommener Harmonie mit den im Italien des 14. Jahrhunderts herrschenden Werten befinden. Genau so sahen der Maler und die Betrachter des Bildes in Siena ihre Welt.

Entscheidend war für sie nicht die physische, sondern die geistige Geometrie des Raums. Das hatte schon für die ägyptischen Künstler gegolten, und bei Duccio war es nicht anders. Der Pharao und die Madonna mußten größer sein als alle, die ihr dienten, weil ihre geistige Bedeutung es verlangte. Die Malerei stellte die Wirklichkeit dar und entwickelte dabei eine Ausdruckssprache, die in tiefem Einklang mit der menschlichen Erfahrung, nicht mit den Gesetzen der Optik stand. Erst als «das, was war», sich veränderte, als Brunelleschi und seine Zeitgenossen ihre Welt aus dem Blickwinkel der euklidischen Geometrie wahrzunehmen begannen, ergab sich das Mittel, um die neue Sehweise darzustellen – die Zentralperspektive.

Wir haben große Schwierigkeiten – wenn es uns überhaupt gelingt –, uns eine Kultur vorzustellen, die Bilder anders sieht als wir. Vielleicht kann uns das Beispiel einer interkulturellen Studie helfen. Vor zwanzig Jahren arbeiteten zwei Bekannte von mir mit Eingeborenen in entlegenen Dörfern Afrikas. Sie wollten die Babypflege verbessern, um die schreckliche Säuglingssterblichkeit zu verringern. Einer der beiden war Berufsfotograf und stellte deshalb eine Diareihe zum Thema Säuglingspflege zusammen. Als er fertig war, packte er seine High-Tech-Ausrüstung in einen Lastwagen und fuhr zurück in den Busch zu seiner Kollegin, mit der er heute verheiratet ist. Nach einigen Schwierigkeiten fanden sie eine Möglichkeit, die Dias den Dorffrauen vorzuführen. Hinterher fragten sie diese, wie ihnen die Bilder gefallen hätten. Sehr hübsch, sagten die Frauen. Die Farben seien wunderschön gewesen und die Formen sehr interessant. Nach einer Weile wurde den beiden Entwicklungshelfern klar, daß bei der abendlichen Vorführung viele oder alle Dias von den Frauen *nicht so gesehen* worden waren, wie sie beide sie gesehen hatten. Die Farben waren hübsch, aber die Frauen hatten in den Bildern keine Säuglinge, keine Erwachsenen, keine Gegenstände erkannt. Der Kontext und die Größenverhältnisse der Bilder standen ihrer täglichen

*Versuchung Christi* von Duccio.

Erfahrung so fern, daß sie fast bedeutungslos waren. Man könnte unzählige ähnliche Beispiele aus den verblüffenden und merkwürdigen Anekdoten anführen, die uns von frühen Missionaren, Anthropologen und Forschungsreisenden überliefert worden sind.

In einer systematischeren interkulturellen Studie hat sich Jan Deregowski mit den Wahrnehmungsfähigkeiten sambischer Kinder und Erwachsener beschäftigt.[6] Unter anderem hat er getestet, wie die räumliche Anordnung und Tiefe in Bildern wahrgenommen wird. Aus seiner Arbeit und ähnlichen Untersuchungen geht hervor, daß in anderen Kulturen viele visuelle Hinweise übersehen oder (von unserem Standpunkt aus) falsch gedeutet werden. Nehmen wir beispielsweise das Phänomen der «aufgeschnittenen» Zeichnung. Als man afrikanischen Kindern und Erwachsenen die perspektivische Zeichnung eines von oben gesehenen Elefanten zeigte und daneben eine andere Zeichnung legte, die den Elefanten unnatürlich aufgeschnitten darstellte, ebenfalls von oben gesehen, bevorzugten sie fast alle die aufgeschnittene Darstellung.

Sie hatten den Eindruck, die «richtig» gezeichnete Aufsicht des Elefanten «springt gefährlich umher». Die Bevorzugung aufgeschnittener Zeichnungen ist erstaunlich verbreitet, wie anthropologische Studien zeigen. Wenn der afrikanische Künstler ein Tier oder ein Gesicht darstellt, kann er wie ein Kind oder ein Vorrenaissance-Künstler die «verborgene» Seite nicht fortlassen. Unser Empfinden, nach dem die Zentralperspektive ein Motiv erscheinungsgetreu wiedergibt, ist durch und durch kulturell geprägt. Es kann sich nur einstellen, wenn wir, als Kultur, das aktive Licht der Deutung hinreichend gedämpft haben. Dann können wir das Auge oder die Beine fortlassen, die verborgen sind, von denen wir aber wissen, daß sie da sind. Die relative Größe des Pharaos kann der des Dieners entsprechen oder noch geringer sein, obwohl wir wissen, daß er der Mächtigere ist. Fast kann man spüren, wie sich das deutende Licht mit der Geburt der Zentralperspektive zurückzieht. Doch auch so noch bleibt unser Bewußtsein aktiv, sonst würden wir, wie Moreaus Kind, Schwierigkeiten haben, die Welt zu sehen.

Aus diesen und früheren Überlegungen zum Sehen geht hervor, daß jede Epoche und Kultur ihre eigene Sinneswirklichkeit herstellt, ihr eigene Sehweise konstruiert. Dies gilt auch für die Entdeckung der Zentralperspektive.[7]

Die Geschichte der Perspektive vor der Renaissance ist komplex und kontrovers. «Jede Phase der westlichen Zivilisation», schreibt der renommierte Kunsthistoriker Erwin Panofsky, «hat ihre eigene ‹Perspektive›, eine bestimmte symbolische Form (wie Ernst Cassirer sie nannte), in der sich eine

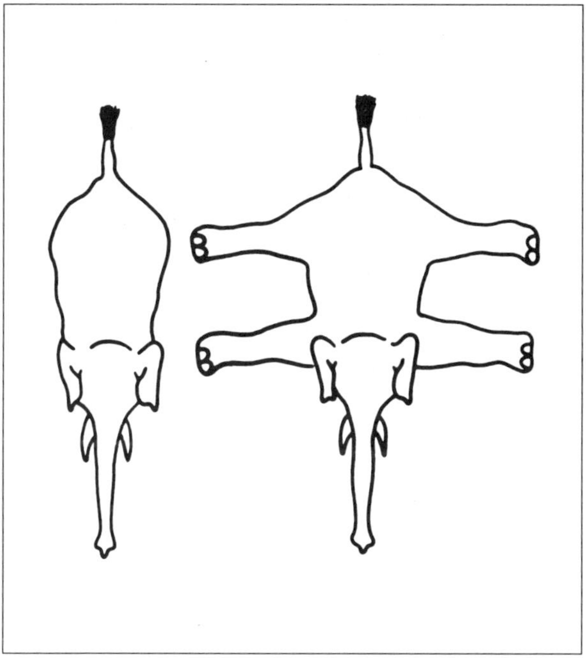

Der «aufgeschnittene» Elefant war den afrikanischen Kindern und Erwachsenen lieber als die perspektivische Aufsicht.

bestimmte Weltanschauung spiegelt.»[8] Elemente der Perspektive lassen sich schon bei den Griechen entdecken, doch erst 1425 zeigte sich ein kohärentes, klares Verständnis der Zentralperspektive. Brunelleschi und die Renaissance wollten die Welt in Einklang mit der «visuellen Wahrheit» sehen und darstellen, wie Lorenzo Ghiberti es genannt hatte.[9] Sie «waren bestrebt, die Natur nachzuahmen», ihre Sehweise an der mathematischen Gesetzmäßigkeit der Natur zu schulen. Sie verinnerlichten den geometrischen Geist, der das Zeitalter durchwehte, und halfen auf diese Weise, den Stil der wissenschaftlichen Forschung zu prägen, die folgen sollte.

1525 hatte sich der Geist künstlerisch-wissenschaftlicher Wahrnehmung so entwickelt, daß Albrecht Dürer sein einzigartiges Handbuch für Maler, *‹Unterweisung der Messung mit Zirkel und Richtscheit, in Linien und Ebenen und ganzen Körpern›*, veröffentlichen konnte. Dort findet man nicht einen einzigen Abschnitt über Farbe oder die Malerei als solche. Vielmehr beginnt es mit Anweisungen zur geometrischen Konstruktion von Spiralen und Kegelschnitten, wendet sich dann den Vielecken, dem Satz des Pythagoras, Türmen, Sonnenscheiben und den regelmäßigen wie unregelmäßigen Körpern zu. Es gibt sogar einen ausführlichen Abschnitt über die «Konstruktion des Alphabets» aus Kreisbögen, Kreisen und Linien. Doch nirgends zeigt sich der Geist des Handbuches – und damit der ganzen Epoche – so deutlich wie in dem Schlußkapitel über die Zentralperspektive.

Die Prinzipien der Zentralperspektive gehen zurück auf Euklids Konzept des Sehstrahls und des Sehkegels, wie er von Ptolemäus und Al Kindi entwickelt worden ist. Strahlen vom Auge erstrecken sich zu jedem Punkt des gesehenen Objekts und bilden so einen unregelmäßigen Kegel, dessen Spitze am Auge liegt. Stellen wir uns irgendwo zwischen dem Gegenstand und dem Auge eine ebene Fläche vor, beispielsweise die Leinwand des Malers. Jeder Strahl durchdringt die Leinwand an einem bestimmten Punkt. Entsprechende Markierungen an diesen Punkten auf der Leinwand müßten zu einer genauen Wiedergabe des Objekts in vollkommener Perspektive führen.

Dürers *‹Unterweisung›* enthält Beschreibungen und Zeichnungen verschiedener Geräte, die es dem Künstler erlauben, Euklids Theorie anzuwenden und genaue perspektivische Darstellungen anzufertigen. Am aufschlußreichsten ist der letzte dieser Apparate, der von Dürer selbst wunderbar abgebildet worden ist. Auf der linken Seite der Zeichnung ist eine Frau zu sehen, die bis auf ein sorgfältig drapiertes Tuch unbekleidet ist – vielleicht eine Göttin, auf Kissen gebettet, vielleicht Aphrodite, die schöne und wollüstige Göttin der Liebe, die seltsamerweise mit dem Feuergott Hephaistos, dem lahmen Gott des Handwerks, verheiratet ist. Doch etwas paßt nicht ins Bild. Die

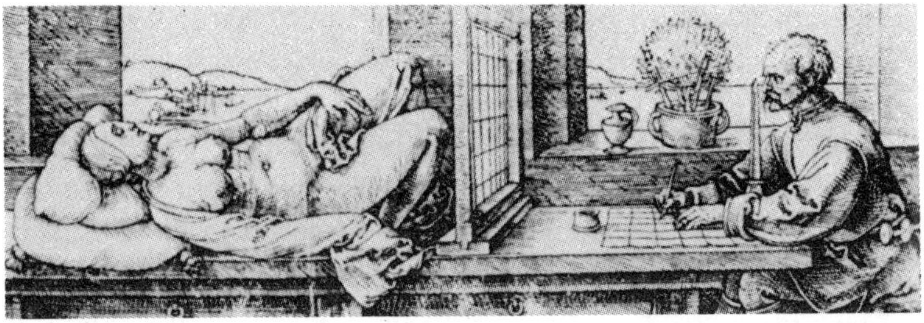

*Zeichner mit dem liegenden Weib.* Ein Apparat zur perspektivischen Zeichnung von Albrecht Dürer.

Figur liegt nicht auf einem Sofa, sondern auf einer optischen Bank, zur «Projektion und Sektion», wie man heute sagen würde. Auf der rechten Seite sitzt der Zeichner, dessen Auge starr über einen senkrecht gestellten Stab blickt. Von ihm führt die Blicklinie (Euklids Kegel der Sehstrahlen) durch einen Rahmen mit einem Gitter aus dicken schwarzen Fäden zum Objekt, der Frau. Dieses Raster dient als Koordinatensystem, das die sinnliche Figur der Nackten einfängt. Punkt für Punkt überträgt der Zeichner mit höchster Genauigkeit ihre Gestalt auf die entsprechenden Karos des vor ihm liegenden Papiers. Erinnern wir uns, der junge Teiresias wurde durch einen Anblick wie diesen mit Blindheit geschlagen. Rechts sehen wir jedoch kein jugendliches Geschöpf, sondern einen Nachkommen von Aphrodites Ehemann Hephaistos, dem göttlichen Handwerker.

Die Gegenüberstellung ist bemerkenswert. Auf der linken Seite eine Figur, deren Pose erotische Gefühle von höchster Sinnlichkeit hervorruft, Empfindungen, die seit jeher zur künstlerischen Tradition gehörten. Rechts das leidenschaftslose Auge des Zeichners, der jedes Merkmal des Körpers vor ihm in seinen Einzelheiten festhält. Hier treffen zwei Zeitströmungen aufeinander – eine aus der Vergangenheit, der es um sinnliche und geistige Schönheit geht, und eine zweite Strömung, die der Zukunft zugewandt ist und die sich um Klarheit und Beherrschung bemüht. Sie verweben sich auf der Bildebene, der Leinwand des Malers, wie sich Aphrodite mit Hephaistos vermählte.

Mit diesen Neigungen stand Albrecht Dürer beileibe nicht allein. Für mich drückt den grundlegenden Bewußtseinswandel am eindrucksvollsten ein Bild von Leonardo da Vinci aus, eine anatomische Studie aus dem frühen 16. Jahrhundert, die einen Mann und eine Frau beim Liebesakt, bei der Zeugung, zeigt.

Obduktionen am Menschen waren lange mit religiösen und weltlichen Verboten belegt und erst seit dem Jahrhundert vor Leonardo erlaubt. Die Geschichte von Michelangelos heimlichen anatomischen Studien ist allgemein bekannt. Im Schutze der Nacht mußte er sich in die Leichenhalle stehlen, um bei flackerndem Kerzenlicht die Körper von Bettlern zu sezieren, auf die niemand Anspruch erhob. Bis in Leonardos Zeit hatte es auf dem Gebiet der menschlichen Anatomie kaum erwähnenswerte neue Arbeiten gegeben. Die Texte des Altertums zog man eigenen anatomischen Untersuchungen und Abbildungen vor. Ohne Zweifel war Leonardo der glänzendste anatomische Zeichner seiner Zeit.

In der anatomischen Studie der körperlichen Liebe bildet Leonardo den höchsten Akt intimer menschlicher Zuneigung im anatomischen Querschnitt ab. Die Körper der beiden Liebenden sind vom Kopf bis zu den Leisten aufgeschnitten. Das forschende Auge des anatomischen Zeichners erfaßt diesen Vorgang wie einen beliebigen anderen und unterwirft ihn dem klaren, ruhigen Blick des neuen Geistes. Allerdings zeugen die Zeichnungen noch von einer künstlerischen Sensibilität, die man in modernen Lehrbüchern der Anatomie vergebens suchen wird. Wir dürfen uns Leonardo, Dürer und Brunelleschi nicht als Revolutionäre vorstellen, die es sich zum Ziel gesetzt hatten, das göttliche Universum zu stürzen. Sie verstanden ihre Bemühungen als gottgefällig, denn Er hatte ja, wie sie meinten, die Welt nach Zahl und Maß geschaffen. Hinter das äußere Er-

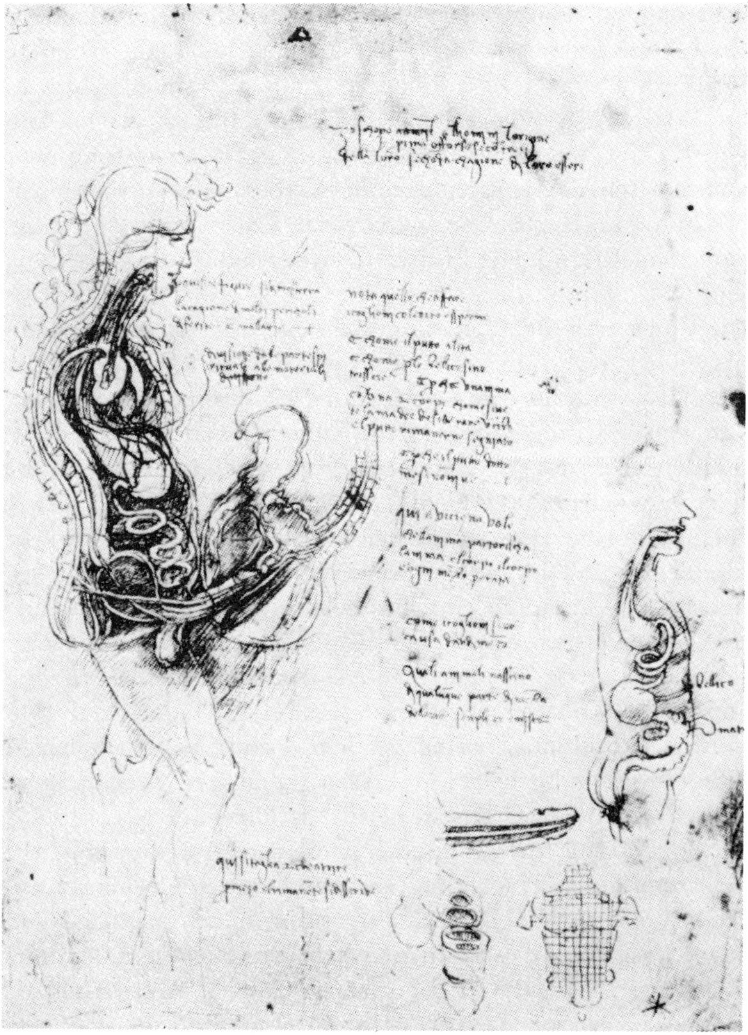

Anatomie der Liebe, aus den anatomischen Zeichnungen Leonardos.

scheinungsbild der Dinge wollte Leonardo gelangen: «Und unser Schöpfer gebe, daß ich auch die Natur der Menschen und ihre Gewohnheiten zu enthüllen vermag, während ich ihre Gestalt beschreibe.»[10] Auch die gotische Kathedrale war Ausdruck der Überzeugung, daß Gott in seiner Schöpfung nach geometrischen Gesetzen verfahren sei.[11] Als eine ähnliche Nachahmung göttlichen Schaffens begriffen die Renaissancemaler das perspektivische Zeichnen.

Die philosophischen Ursprünge der neuen Einstellung zur Natur lassen sich in den Gedanken des Kardinals und Mathematikers Nikolaus von Kues entdecken, der im 15. Jahrhundert wirkte.[12] Jahrhundertelang hatte man die Natur entweder als Folge des Sündenfalls, die Vertreibung aus dem Garten Eden, verdammt oder mystisch als das Werk des allmächtigen Schöpfers verehrt. Im 13. Jahrhundert wandelte sich das Bild. Man begann die Erde als herrlichen Beleg für Gottes Weisheit und Allmacht zu verstehen. Es hieß nun, der Herr habe dem Menschen zwei Bücher gegeben: die Bibel, die im «Licht der Offenbarung» geschrieben, und die Natur, die in einem zweiten Licht, dem «Licht der Erfahrung», entstanden sei. Beide seien Äußerungen derselben Herkunft. Das Studium der Heiligen Schrift und die philosophische Naturbetrachtung waren gewissermaßen zwei Wege, die zu einem gemeinsamen Ursprung zurückführten.

Nikolaus von Kues ging noch einen Schritt weiter, indem er Gott dem damals neuen mathematischen Begriff der Unendlichkeit gleichsetzte. Danach ist der Mensch ein endliches Geschöpf, und da die Multiplikation einer endlichen Zahl immer eine andere endliche Zahl ergibt, ist Gott (als Unendlichkeit) niemals zu erreichen. Das Verhältnis einer endlichen Zahl zur Unendlichkeit ist stets unendlich, ganz gleich, wie groß die endliche Zahl ist. Bis dahin war der Kosmos des mittelalterlichen Denkens eine kontinuierliche Kette von Wesen (Engel, Erzengel...), die vom Menschen auf der Erde bis in die höchsten Höhen des Himmels, bis zu Gott reichte; Grosseteste etwa hatte sich die Welt so vorgestellt. Nikolaus von Kues zerriß diese Kette. Wie durch einen zweiten Sündenfall wurden Mann und Frau noch weiter vom Göttlichen getrennt. Nikolaus zufolge kann der Mensch als endliches Wesen niemals am göttlichen Sein teilhaben, ganz gleich, wie viele Sprossen er auf der Leiter erklimmt, die zum Höchsten führt. Mit mathematischer Logik ließ sich beweisen, daß die geringste Unvollkommenheit uns in unendliche Entfernung von Gott bringt. So war es besser, die Erde zu untersuchen, die endliche Schöpfung Gottes, als um moralische Vollkommenheit und Gottähnlichkeit zu ringen. Seit Jahrhunderten hatten die Menschen den Blick auf die Sonne und die Sterne gerichtet und danach gestrebt, gottgleich zu werden. Nun war ihnen plötzlich die letzte Hoffnung auf einen direkten Aufstieg genommen, und sie mußten sich damit bescheiden, Gottes Abglanz in irdischer Erkenntnis zu erblicken.

So wurde das Licht der Natur zu einer immer vertrauenswürdigeren Quelle menschlicher Erkenntnis, und Renaissancekünstler wie Leonardo da Vinci, Brunelleschi und Albrecht Dürer machten sich auf den Weg, die Welt in diesem Licht zu sehen. Wenig galt das Bücherwissen: Es werde behauptet, schrieb Leonardo, «ich könne mangels Gelehrsamkeit das, was ich behandeln will, nicht richtig sagen. Nun wissen sie denn nicht, daß meine Lehren nicht so sehr aus den Worten anderer gezogen werden als aus der Erfahrung, die doch die Lehrmeisterin derer war, die gut geschrieben haben.»[13] Darüber hinaus verfügten laut Nikolaus von Kues die Mathematiker über jene Sicherheit, die man jetzt in der theologischen oder philologischen Analyse vermißte, und wiederum war Leonardo einer der ersten, der sich zu dieser Auffassung bekannte: «Es besteht keine Gewißheit, wofern man nicht eine der mathematischen Wissenschaften anwenden kann oder etwas, was mit diesen mathematischen Wissenschaften zusammenhängt.»[14]

Machen wir uns klar, wie tiefgreifend dieser Wandel war:

Wir erleben hier andere Erscheinungsformen jenes Paradigmenwechsels, den Thomas Kuhn in seinem Buch ‹*Die Struktur wissenschaftlicher Revolutionen*› beschreibt. Als Albrecht Dürer durch sein kartesisches Fadengitterwerk auf eine liegende Aphrodite blickte und als Leonardo da Vinci den Liebesakt im anatomischen Querschnitt darstellte, erfuhr ihre Art zu sehen eine grundlegende Wandlung: Sie überquerten die Schwelle zur wissenschaftlichen Betrachtungsweise. In den zweihundert Jahren von Duccio zu Dürer war aus der religiösen Perspektive des abendländischen Menschen eine wissenschaftliche geworden, hatte sich aus einem moralischen ein materielles Universum entwickelt. Brunelleschi war aus dem geheiligten Innenraum des Florentiner Doms in den Eingang getreten, an die Schwelle einer neuen Sehweise. Seine Nachfolger gingen aus dem Eingang hinaus in die mit Leben erfüllte, weltliche Sphäre der Piazza. Anfangs hing ihnen noch die Erinnerung an die Geräusche und Gerüche der Rituale nach, die im Innern des Doms zelebriert wurden, doch das Leben auf der Piazza hatte seine eigene Faszination. Die lärmenden Stimmen sangen keine Psalmen in Kirchenlatein, sondern ließen ihre Rufe in dem Italienisch ertönen, das auch Leonardo und Galilei verwendeten. Dargeboten wurde nicht der Leib Christi, sondern Ware, die weltlichen Bedürfnissen diente. Was in der einen Sphäre unerreichbar erschien, war in der anderen leicht zu bekommen, sofern man über die Währung des Marktplatzes verfügte.

Wenn man die Piazza von Santa Maria del Fiore überquert, gelangt man zur Ostpforte des Baptisteriums, der «Pforte des Paradieses», wie Michelangelo sie genannt hat. 1425, ungefähr zu der Zeit, als Brunelleschis Vorführung stattfand, von Lorenzo Ghiberti fertiggestellt, enthält sie jenes kunstvolle Relief, das den weisen König Salomo darstellt, wie er in seinem prachtvollen Tempel die schöne Königin von Saba empfängt – das Ganze kühn in der neuen Zentralperspektive ausgeführt. Seit jeher

Die Hochzeit der Königin von Saba und Salomos, ein Bronzerelief, das Ghiberti in kunstvoller Zentralperspektive ausgeführt hat.

war Salomos Tempel das biblische Vorbild der Kirchenarchitektur, eine Quelle der Inspiration für Architekten und Baumeister. Der wichtigste Baumeister des Tempels, Hiram von Tyrus, «Sohn einer Frau von den Töchtern Dans»[15], wird nicht in Gesellschaft des Priesterkönigs und der Königin gezeigt. Er bleibt, wie so viele andere großartige Handwerker, unsichtbar.[16] Doch die Zeiten ändern sich. Nicht die weltliche und die religiöse Macht gehen im 15. Jahrhundert in Florenz und anderen Orten eine Verbindung ein, sondern *techne* und *sophia,* Handwerk und Weisheit.

Bislang war zur Gelehrsamkeit Muße erforderlich gewesen und zur Muße die Sklaverei oder die Unterstützung der Kirche. Für die Gelehrten und Priester vertrugen sich die Handwerkskünste nicht mit der Würde ihrer edlen Strebungen. Aber, wie gesagt, der Zeitgeist wandelte sich. Schließlich hatte sogar Gott sechs Tage gearbeitet, um die Welt zu erschaffen, und Jesus war Zimmermann gewesen. Vielleicht war Arbeit mehr als Buße, vielleicht lag in ihr die Aufgabe, Gott nachzueifern.[17] Im Verlauf des Mittelalters änderte sich das mönchische Leben – die Arbeit wurde mehr und mehr als Gebet erachtet, was dazu beitrug, ein geistiges Klima zu schaffen, in dem Hiram an der Seite der Königin von Saba erscheinen durfte. Für mich ist sie eine Mittlerin zwischen der priesterlichen Weisheit des Salomo und den irdischen Kräften, über die Hiram meisterhaft waltet.

Die Vereinigung des Gelehrten und des Handwerkers ließ eine neue Zeitströmung entstehen, einen Fluß, der die Täler grub, in denen wir heute noch wohnen. Galilei hat als einer der ersten seine Wasser befahren, nicht zuletzt auf der Suche nach dem Körper des Lichts.

## Das vollkommene Argument

> SAGREDO: Ich kann nur mit größter Verwunderung ... anhören, daß die Eigenschaften des Unbeeinflußbaren, Unveränderlichen, Unwandelbaren usw. den Naturkörpern, welche das Weltall zusammensetzen, als etwas Vornehmes und Vollkommenes zugeschrieben werden ... Ich für meinen Teil halte die Erde für höchst vornehm und bewundernswert gerade wegen der vielen verschiedenartigen Wandelungen, Veränderungen, Erzeugungen usw., die ohne Unterlaß auf ihr sich abspielen.[18]
>
> Galileo Galilei, 1632

In den drei monumentalen Teilen seiner ‹*Göttlichen Komödie*› – *Paradiso, Purgatorio* und *Inferno* – beschreibt Dante in allen Einzelheiten die Beschaffenheit des Himmels, die Qual der Seelen im Fegefeuer und die ewige Verdammnis der Sünder. Bedenkt man, in welch bedrohlichen Konflikt Galileo Galilei am Ende seines Lebens mit der Inquisition geraten ist, die ihn verurteilte und dazu zwang, seiner Lehre abzuschwören, liegt eine merkwürdige Ironie in der Tatsache, daß die Florentiner Akademie 1588 den begabten jungen Gelehrten und Mathematiker, damals gerade vierundzwanzig Jahre alt, einlud, den erlauchten Mitgliedern einen Vortrag über den Ort, die Größe und die Topographie der Hölle zu halten, wie sie im *Inferno* beschrieben wird.[19] Aus der Rückschau scheint das ein recht fernliegendes Thema für einen jungen Mann zu sein, der die Welt später über ganz andere Themen belehren sollte – etwa die Flugbahn von Kanonenkugeln, die Konstruktion von Fernrohren und die revolutionären Beobachtungen, die er mit ihnen machte. Vielleicht wollte der Heilige Stuhl ja mit der späteren Verurteilung den gealterten und erblindeten Galilei zur Rehabilitierung für die Ewigkeit an einen Ort schicken, mit dessen Ausmaßen und Gegebenheiten dieser dank der Studien in seiner Jugend bestens vertraut war. Galilei selbst vertrat die Auffassung: «Die Heilige Schrift und die Naturerscheinungen ergeben sich gleichermaßen aus dem göttlichen Wort, erstere unter dem Diktat des Heiligen Geistes und letztere als gehorsame Ausführung von Gottes Befehlen.»[20] Folglich könne kein Widerspruch zwischen den beiden Büchern (der Bibel und der Natur) auftreten, wenn beide richtig gelesen würden, und es sei kein Vertrauensbruch gegenüber Gott, wenn man im Buch der Natur lese und experimentiere.

Worum ging es dann in dem Streit zwischen Galilei und seinen erbarmungslosen Gegnern? Im großen und ganzen um die Lokalisierung der Vollkommenheit. Aristoteles hatte in seiner Schrift *‹Über den Himmel›* klare Auskunft gegeben: Die Erde, unbeweglich und im Mittelpunkt des Universums, ist wie eine Zwiebel von verschiedenen Schichten umgeben, zunächst von den vier Elementen (Erde, Wasser, Luft und Feuer, in dieser Reihenfolge) und dann von den sieben Planetensphären:

Mond, Venus, Merkur, Sonne, Mars, Jupiter und Saturn. Vom Mond an besteht das Universum aus einer unzerstörbaren «Quintessenz», der fünften Substanz, die sich nur in vollkommenen Kreisen bewegen kann. Alle Himmelskörper müssen, da aus Quintessenz gemacht, eine perfekte und makellose Gestalt haben – die Kugelform. Man «sah» Mond, Sonne, Planeten und Sterne als glatte, transzendente, sphärische Objekte, unbeeinträchtigt von dem Schmutz, den Rissen und Bergen des «sublunaren» Bereiches, den wir bewohnen. Dante, Grosseteste, Dionysios und unzählige andere hatten sich vorgestellt, die Vollkommenheit erstrecke sich *nach oben,* Stufe um Stufe über den Menschen hinaus, in einer großen, himmlischen Seinskette, die sich verfestigt in den unzerstörbaren, kristallinen Sphären widerspiegelt.

Ferner meinte man, geistige Vollkommenheit äußere sich in der physischen. Odysseus, nackt und salzig an die phäakische Küste der Insel Scheria geworfen, gleicht nach einem raschen Bad «den Göttern, des weiten Himmels Bewohnern».[21] Obwohl von unbekannter Herkunft, erkannte man seine edle Abstammung an seiner Geschicklichkeit in den Spielen, schleuderte er doch den Diskus «weit über die Zeichen der andern» Phäaken.[22] Entsprechend findet die geistige Vollkommenheit von Sonne, Mond und Sternen eine genaue Entsprechung in ihren physischen Attributen: makellos, sphärisch und ewig.

1609 kam Galilei zu Ohren, daß die holländischen Brillenmacher in Middelburg «Perspektivgläser» – Fernrohre nach heutigem Sprachgebrauch – hergestellt hatten. Galilei beschäftigte sich mit den Eigenschaften verschiedener Linsenkombinationen und fertigte einige verbesserte Fernrohre für den eigenen Gebrauch an. Als er sein Gerät gen Himmel richtete, drang er mit seinem weltlichen und wissenschaftlichen Denken in geheiligte Räume ein. Im Gegensatz zu seinen Zeitgenossen gab Galilei sich nicht damit zufrieden, den heiligen Innenraum der Kirche mit der fröhlichen Belebtheit der Piazza zu vertauschen; vielmehr bestand er darauf, die Geldwechsler in den

Tempel zu führen. «Himmelwärts» blickend sah er anstelle von Engeln und Vollkommenheit Krater und Berge dort, wo nach Übereinkunft der Gelehrten die spiegelnde Oberfläche des Mondes zu erwarten war. Neue Planeten (Monde) umkreisten den fernen Jupiter, und selbst die Sonne, diesen reinen Quell göttlichen Lichts, verunstalteten häßliche Mängel – die Sonnenflecken. Die Vollkommenheit war dahin. Fortan ließ sich nicht mehr in sternenklarer Nacht zu ihr aufblicken, wurde das Universum nicht mehr von Gott oder Göttern wie Helios erhellt. Die Sonne erwies sich tatsächlich als «Feuerfelsen», wie Anaxagoras sie zweitausend Jahre zuvor prophetisch genannt hatte. Der analytische, irdische Blick – von Brunelleschi, Leonardo, Dürer und Galilei – hatte die Himmelssphären erreicht. Die kristalline Reinheit des Himmels verwandelte sich in gemeinen Stein, und das erschütterte die Grundfesten von Universität und Kirche, die stets die großen Bastionen konservativen Denkens waren. Wo konnte man angesichts der Entdeckungen Galileis jetzt noch Vollkommenheit erwarten?

Galilei konnte darauf antworten, er habe die Vollkommenheit nicht zerstört, sondern nur an den ihr gemäßen Ort verwiesen – als er den Mythos vom makellosen Himmel zerstörte, verlagerte er die Vollkommenheit in das Denken und das immaterielle Universum der reinen Mathematik. Die Erde und ihre vielen Geschöpfe galten schon immer als vergänglich und verderbt, nun teilte das gesamte Universum das Schicksal des Menschen – die Unvollkommenheit. Nur das reine Denken, die Mathematik, blieb davon ausgenommen. Durch einen unglaublichen Zufall verbarg diese unvollkommene Welt unter ihrer schuppigen Haut die Urformen der Mathematik als Naturgesetze. Wie Galileis Zeitgenosse Johannes Kepler erklärte: «Die geometrischen Urgründe sind von Gottes Ewigkeit.»[23] Seit Pythagoras und seinen Vorgängern, den Priester-Astronomen von Babylon, entdecken die Menschen Zahlen in der Welt. Von religiösen Einschränkungen befreit, bahnt sich diese mathematische Auffassung im 16. Jahrhundert machtvoll ihren Weg und wird zu einer der beiden Hauptrichtungen des wissenschaftlichen Denkens.

Während die Vollkommenheit immateriell wurde, entwikkelte sich in Galileis Denken eine zweite wichtige Strömung, gewissermaßen als Gegenkraft zur ersten. Die aristotelische Physik mit ihren vier Elementen, der Lehre von Stoff, Form, Potentialität, Aktualität und so fort wurde nicht mehr akzeptiert. An ihre Stelle traten eindeutige, kausale Erklärungen für jede Erscheinung, die materieller und mechanischer Art sein sollten.

Schon im Altertum waren solche Auffassungen von den griechischen Atomisten vorgebracht worden, doch hatte man sie als atheistisch und gefährlich denunziert. Wie in dem Werk *‹Nomoi› (‹Gesetze›)* dargelegt, sieht Platon in seinem idealen Staat eine besondere Bestrafung für Menschen vor, die derartige Ansichten vertreten und verbreiten.[24] Man soll sie in die Wüste bringen, in Einzelhaft bei Wasser und Brot halten und ihnen den Irrtum ihres Denkens klarmachen. Wenn sie uneinsichtig sind, sollen sie hingerichtet werden. Und all das fordert ein Philosoph, dessen geliebter Lehrer Sokrates zum Tode verurteilt worden war, weil man ihm vorgeworfen hatte, die Jugend von Athen zu verderben. Galilei blieb dieses Schicksal erspart, obwohl er die Vollkommenheit ins immaterielle Exil geschickt hatte. Er besaß mächtige Gönner und genügend politische Vernunft, um die Inquisition zu täuschen, während er insgeheim daran arbeitete, seine ketzerischen Auffassungen weiter zu veröffentlichen.

Worauf konnte sich sichere Erkenntnis aber stützen, wenn man Aristoteles verwarf? Wollte man mit Sinneseindrücken beginnen, welchen Weg gab es dann, über ihren häufig irreführenden Anschein hinauszugelangen? Früher hatte man sie als die indirekten Botschaften der Götter verstanden. Was verbarg sich jetzt hinter ihnen? Vor allem in seinen frühen Schriften vertrat Galilei die Auffassung, die Sinneseindrücke seien rein subjektiver Natur. «Geschmack, Gerüche, Farben und dergleichen sind nichts als Namen, soweit es den Gegenstand betrifft, dem wir sie zusprechen; vorhanden sind sie nur in unserem Bewußtsein.»[25] So sei etwas, das wir als heiß empfänden, in Wirklichkeit nur «eine Vielzahl winziger Korpuskeln von bestimmter Form, die sich mit bestimmten Geschwindigkeiten bewegen». So ist das mit der Wärme. Während Galilei sich in seinen Spekulationen über eine letztlich materielle, korpuskulare Beschaffenheit der Welt noch zurückhielt, zeigten die Philosophen und Wissenschaftler nach ihm keine derartigen Skrupel mehr. Wenn eine göttliche Welt existierte, war sie streng getrennt von der Welt der Sinneserfahrungen, und es gab wenig oder nichts, was sie verband.

In seinem kosmologischen Dialog ‹*Timaios*› vertritt Platon die Auffassung, zwischen zwei Zahlen gebe es stets ein Mittelglied, das eine Verbindung zwischen ihnen herstelle und dafür sorge, daß die von ihnen ausgedrückte Beziehung schöner werde. Sein Demiurg erschuf die Welt nach Maßgabe einer solchen Dreifachbeziehung. In dem hierarchischen Kosmos verbanden Ketten von Zwischengliedern Erde und Himmel, Mensch und Gott. Mit Cusanus und Galilei verschwanden die Mittelglieder, und ein gähnender Abgrund trennte fortan die materielle von der mathematischen Welt, die Wirklichkeit vom Ideal, den Menschen vom Schöpfer.

## Ein Körper namens Licht

Das Grimmsche Märchen «Die Bremer Stadtmusikanten» endet damit, daß ein Abgesandter der verstörten Räuber im Dunkel der Nacht vorsichtig in das Waldversteck der Bande zurückkehrt, aus dem sie am Abend von den vier unerschrockenen Tiermusikanten vertrieben worden sind. Der Späher schleicht auf Zehenspitzen in die dunkle Küche zum Herd, wo er zwei glühende Kugeln sieht, die er für Kohlestücke hält. Tatsächlich sind es die Augen der Katze, die ihm ins Gesicht springt und kratzt, als er ihr zu nahe kommt, woraufhin Esel, Hund und Hahn in den Kampf eingreifen, um den Eindringling zu vertreiben.

Das Glühen eines Katzenauges und seine Fähigkeit, bei Nacht zu sehen, überzeugte die ersten Optiker von der Wirklichkeit des Sehfeuers im Auge.* Doch es bleibt die Frage, wie das antike Denken, das die Lichtquelle in das Auge verlegte, den Umstand erklärte, daß man bei Nacht nicht sehen kann. Darauf wurden verschiedene Antworten gegeben, doch die des Aristoteles war am einleuchtendsten und einflußreichsten: Dunkle Luft ist undurchsichtig. Doch sobald man eine Lampe anzündet, wird sie durchsichtig. Licht ist für Aristoteles die Aktualisierung des potential Durchsichtigen.

Interessant in diesem Zusammenhang: Moderne Taschenrechner und Laptops haben häufig LCDs oder «Flüssigkristallanzeigen». Ihre Wirkung beruht darauf, daß Segmente des Anzeigenfeldes selektiv undurchsichtig gemacht werden. Das geschieht, indem man ein spezielles «Flüssigkristall» mit durchsichtigen Elektroden einfaßt und kleine Spannungen an die Elektroden der Regionen legt, die sich von klar zu schwarz verändern sollen, von durchsichtig zu undurchsichtig.[26] Hier wandelt die Wirkung der Elektrizität den Zustand der Flüssigkeit von undurchsichtig zu durchsichtig oder, wie Aristoteles sagen würde, vom potential Durchsichtigen zum aktual Durchsichtigen. In gleicher Weise kann Feuer den Zustand der Luft von dunkel zu «licht» verändern, vom potential durchsichtigen zum aktual durchsichtigen Zustand. Dann sehen wir mit unseren aktiven Augen durch das Zimmer. Für Aristoteles ist das Licht kein Ding, sondern eine Bedingung, der Zustand eines

* Heute wissen wir, daß es sich um den Widerschein schwachen Lichts im sphärischen Auge der Katze handelt, ein Effekt, den wir uns zunutze machen, indem wir winzige Glasperlen in die Buchstaben von Verkehrsschildern einsetzen, damit sie das Licht entgegenkommender Autos reflektieren.

Mediums. Aristoteles verstand Licht als immateriell – ein scharfsinniges Konzept, das die Unsichtbarkeit des Lichts zufriedenstellend erklärte. Danach besitzt Licht keine Substanz oder Struktur. Doch im 17. Jahrhundert veränderte sich die Situation.

1611 hatte Galilei bei seinem Eintreffen in Rom nicht nur das berühmte Fernrohr im Gepäck, sondern auch eine kleine Schachtel mit Proben eines eigenartigen Minerals, das sein Bologneser Entdecker *spongia solis,* Sonnenschwamm, nannte.[27] In einem dunklen Raum leuchteten diese *kalten* Gesteinsproben weiter, wenn man sie kurz zuvor dem Licht ausgesetzt hatte. Kaltes Licht! Dabei wird nach Aristoteles Luft unter dem Einfluß von Feuer, nicht von kalten Steinen, durchsichtig. Vielleicht hatte der Philosoph unrecht, und das Licht ließ sich, wie die Wärme, besser als eine korpuskulare und mechanische Wirkung verstehen. Also schlug Galilei die Hypothese vor, daß «Licht geschaffen wird», wenn Stofflichkeit auf «wahrhaft unteilbare Atome» reduziert werde.[28]

Ist Licht also möglicherweise ein Körper wie jeder andere, nur kleiner, vielleicht der kleinste von allen? Und auch das vollkommene, unvergängliche Licht, das Wahrzeichen, das Symbol und die wahre Natur Gottes oder Ahura Masdas in Wirklichkeit nur ein Körper wie jeder andere? Ist eine solche Behauptung weniger revolutionär als die Verlagerung der Vollkommenheit aus einem himmlischen Universum in die Abstraktion? Von der Milchstraße (die von Galilei neu erklärt worden war) bis zu den winzigsten Lichtatomen war nun alles gleichermaßen materiell und infolgedessen gleichermaßen den neuen Methoden wissenschaftlicher Analyse zu unterwerfen, die gerade entwickelt wurden. Ratio und Experiment waren die angemessenen Methoden, um die beiden Unendlichkeiten des Makro- und des Mikroskopischen zu erfassen.

Allerdings zögerte Galilei, sich eindeutig zur Natur des Lichts zu äußern, und erklärte noch zwei Jahre vor seinem Tod nachdrücklich, er habe in der Frage nach dem Wesen des Lichts stets im Dunkeln getappt. Nach Lektüre eines Angriffs auf seine materialistische Lichttheorie antwortete Galilei, er sei bereit, sich bei Wasser und Brot in einen stockdunklen Kerker einschließen zu lassen, wenn ihm garantiert wäre, daß er bei seiner Freilassung ins Licht wisse, was dieses wirklich sei. Sofern er das ehrlich gemeint hat, ist er unzufrieden gestorben, denn er hat nicht mehr in Erfahrung bringen können, was es mit der wahren Natur des Lichts auf sich hat.

Immerhin hatte Galilei eine Auffassung in die Welt gesetzt, die großen Einfluß entfalten und deren Begrifflichkeit erheblich präzisiert werden sollte. Danach war Licht nicht Gott, sondern ein Körper. Wenn es ein Körper war, mußte es den anatomischen Methoden unterworfen werden können. Dann konnte man es wie andere Körper sezieren und wissenschaftlich untersuchen. Niemand hat in dieser Hinsicht mehr geleistet als Sir Isaac Newton.

## Newton – auf den Schultern von Riesen

> Wir sind wie Zwerge, die auf den Schultern von Riesen sitzen; deshalb können wir mehr und weiter sehen, aber nicht dank der Schärfe unseres Blickes, sondern weil wir höher sitzen und von Männern von gewaltiger Statur getragen werden.
>
> Bernhard von Chartres, 1115

Isaac Newtons Ruhm begann 1669 wie der Galileis mit der Konstruktion eines Geräts, sogar des gleichen Geräts – eines Fernrohrs.[29] Ende Zwanzig, als Inhaber des Lukasischen Lehrstuhls für Mathematik an der Cambridge University, konnte Newton mehr oder weniger tun, wonach ihm der Sinn stand. Und der stand ihm danach, sich mit einer Vielzahl von Fragen zu befassen, die von der Alchimie und Theologie bis hin zur Mathematik und Optik reichten. Aus den Überlegungen, der Lektüre und den Experimenten über optische Phänomene entstand die Idee zu einem Fernrohr neuer Art, einem Fernrohr, dessen Konstruktion nicht auf der Wirkung von Glaslinsen* beruhte, sondern auf der eines gekrümmten Spiegels, der das Licht ferner Objekte einfing und bündelte. In seiner Werkstatt schliff der Lukasische Professor eine geeignete Spiegelfläche und fertigte das Rohr und die Fassung eines Geräts, das zum Prototyp aller größeren astronomischen Fernrohre bis auf den heutigen Tag werden sollte. Auf diese handwerkliche Leistung war er sehr stolz, und es dürfte ihm viel Vergnügen bereitet haben, daß die Berufsoptiker, die später mit dem Nachbau des Geräts beauftragt wurden, an dieser Aufgabe zunächst scheiterten.

Von ein paar Kollegen in Cambridge abgesehen wußte damals noch niemand von Newtons bemerkenswerten Fähigkeiten und Leistungen. Die Gerüchte über das von ihm entwickelte Instrument erreichten schließlich die kurz zuvor gegründete «Royal Society for the Improvement of Natural Knowledge», der es natürlich danach gelüstete, das Fernrohr in Augenschein zu nehmen. Newton kam der Bitte nach und schickte der Vereinigung eine sechzig Zentimeter lange Version seines Spiegelteleskops. Nachdem die Mitglieder der Royal Society das Instrument untersucht hatten, waren sie einhellig begeistert. Natürlich wollten sie mehr über Newton wissen und ihn in ihre Reihen aufnehmen. Ihre lobenden Äußerungen beantwortend, schrieb Newton am 6. Februar 1672 seinen berühmten Brief an Oldenburg, den damaligen Sekretär der Royal Society. Darin schilderte er die Ergebnisse seiner Experimente über die Beschaffenheit von Licht und Farbe und schuf die Grundlagen

* Die Refraktoren (Linsenfernrohre) der damaligen Zeit litten unter «chromatischen Aberrationen», das heißt, die Brennpunkte von Bildern verschiedener Farben lagen auf verschiedenen Ebenen.

für die Vorstellungen, die heute noch das populäre Verständnis vom Licht bestimmen.

Die Wurzeln der Newtonschen Lichttheorie reichen weit zurück: zur Bastelleidenschaft in der Knabenzeit und zu seiner natürlichen Neigung zu einer mechanistischen Naturphilosophie. Doch wir wollen im Jahre 1665 beginnen, als es «dem Allmächtigen in seiner gerechten Strenge gefiel, die Stadt Cambridge mit der Geißel der Pest heimzusuchen».[30] Jene zwei Jahre, in denen die Pest in Cambridge wütete, verbrachte Newton zurückgezogen bei seiner Mutter in Woolsthorpe. Diese beiden Jahre haben für die Wissenschaftsgeschichte legendäre Bedeutung gewonnen und werden manchmal die *anni mirabiles* genannt, weil Newton in diesen Monaten der Abgeschiedenheit eine schier unglaubliche Zahl höchst bedeutsamer wissenschaftlicher Ideen produziert hat. Natürlich hatten die intensiven Studien der vorangehenden Jahre die Voraussetzungen dafür geschaffen, doch das Ausmaß an Originalität, das er in dieser Zeit der Kontemplation bewies, war ohne Beispiel. Zu den Leistungen, die Newton jener Phase zuschrieb, gehören (neben anderen) die Erfindung der Infinitesimalrechnung, seine Theorie der Gravitation und der Planetenbewegungen und die Theorie des Lichts und der Farbe. Jede dieser Entdeckungen allein hätte seinen Namen der Nachwelt überliefert.

Das Element, das diese scheinbar so verschiedenen Gegenstände verband und das zunächst seinem eigenen und heute auch unserem Verständnis des Lichts auf die Sprünge half, war ein Grundprinzip, das Newton mit höchster Meisterschaft beherrschte – die Analysis. Er hat sie nicht erfunden, aber mit soviel praktischem Erfolg und so glänzend angewendet wie kein zweiter. Betrachten wir zum Beispiel eine wichtige Ableitung aus seiner Gravitationstheorie.

Alle materiellen Objekte ziehen einander an, aber wie geschieht das im einzelnen? Wie stark ist die Anziehungskraft, und inwiefern hängt sie vom Abstand oder der Größe der Objekte ab? Newton löste das Problem zweimal, einmal für sich selbst und einmal für uns. Im Jahre 1666 dachte er daheim im Garten über die Probleme der Bewegung nach. Wie allgemein bekannt, fiel ein Apfel herunter. Doch Newton sah in dieser Bewegung nicht nur das, was er und andere darin zuvor gesehen hatten. Im Fall des Apfels erblickte er außerdem die Bewegungen des Mondes. Es ist die gleiche Erscheinung! Wenn sich das Prinzip der Schwerkraft auf die Bewegungen des Mondes anwenden läßt (damals ein neuer Gedanke), dann muß auch der Mond fallen. Bewegt er sich ferner bei diesem Fall auch noch seitwärts, könnte er die Erde umkreisen, statt auf ihre Oberfläche zu stürzen. «Woraufhin», wie wir aus frühen Berichten erfahren, «er zu berechnen anhob, wie sich ein solcher mutmaßlicher Effekt auswirken würde.»[31] Seine Berechnungen zeigten, daß seine Vermutungen tatsächlich zutreffen könnten.

Zwanzig Jahre später mußte Newton seine erstaunten Leser in seinen ‹*Principia*› davon überzeugen, daß er keiner Halluzination aufgesessen war, als er die Bewegungen von Apfel und Mond der gleichen Wirkung zuschrieb, und dazu brauchte er die Analysis. Obwohl Newton erkannte, daß eine Ableitung des universellen Gravitationsgesetzes für große Körper wie die Erde leicht mit seiner neuerfundenen Infinitesimalrechnung geleistet werden konnte, entschloß er sich, die alten, wohlvertrauten Methoden der Geometrie zu verwenden, nicht ohne sie allerdings den modernen Erfordernissen anzupassen. Diese Erfordernisse waren keine anderen als die, welche die Infinitesimalrechnung implizierte, nämlich die Verwendung von Quotienten, deren Größen sich null annähern. Dazu meint Newtons Biograph Richard S. Westfall: «Euklid hätte seinen Nachfahren nicht anerkannt.»[32] Mit Newton wurde das Prinzip der Analysis in der Mathematik fest verankert. Damit wurde im Westen eine grundlegend neue Denk- und Sehweise heimisch, die die menschliche Vorstellungskraft zu neuen Gipfeln der Abstraktion führte.

Bis zum 17. Jahrhundert war die Mathematik von der ebenen Geometrie beherrscht worden. Obwohl die Elemente der Geometrie wie Linien, Dreiecke und so weiter rein ideell und ihrem Wesen nach nicht physikalisch sind, bleiben sie anschaulich. Nach neuplatonischer Ansicht ist die Geometrie auf halbem Wege zwischen der materiellen Welt der Sinne und der reinen, dimensions- und formlosen Welt der Ideen angesiedelt. Die indische Philosophie nimmt eine ähnliche Unterscheidung vor. Über der materiellen Ebene liegt das Reich der *rupa*, der «Form», darüber das Reich der *arupa*. Mit der Entwicklung der Infinitesimalrechnung überquerte die Mathematik die Grenze zur *arupa*, dem Gebiet bislang unvorstellbarer Größen.[33]

Während Mathematiker wie Newton und Leibniz sich mit infinitesimalen Größen auseinandersetzten, begannen sie und andere gleichzeitig, eine Theorie materieller Atome jener Art ins Auge zu fassen, wie sie Galilei vorgeschwebt hatte. Die Erde ist eine riesige Masse, aber man kann sie sich als nahezu unendliche Summe winziger Massen vorstellen. Das ist die Grundidee, die etlichen Beweisen Newtons in den ‹*Principia*› zugrunde liegt. Die Erde in ihrer Gesamtheit zieht den Mond und den Apfel auf gleiche Weise an, weil jedes Erdatom seine besondere Schwerkraftbeziehung zum Mond und zum Apfel hat. Der Gesamteffekt ergibt sich aus einer einfachen Addition (oder Integration, im stetigen Falle).

Läßt sich die Analysis, die sich beim Problem der materiellen Bewegung als so erfolgreich erwiesen hat, auch auf das Licht anwenden? Welches sind die kleinsten Teile, aus denen das Licht besteht? Lassen sie sich nicht nur in der Vorstellung zusammenfügen und trennen, sondern auch im Labor? Wiederum lieferte Newton die Antwort und zeigte darüber hinaus anderen die Mittel.[34]

In späteren Jahren hat man Newton immer wieder gemalt, wie er in einem abgedunkelten Zimmer steht, während durch die geschlossenen Fensterläden ein Lichtstrahl auf ein Prisma fällt, das er vor das ruhig prüfende Auge hält. Aus dem Prisma tritt ein Regenbogen von Farben hervor, der die Luft zum Leuchten bringt und auf die gegenüberliegende Wand des Zimmers fällt. Das war die Zerlegung, die Analyse des Lichts, der große Augenblick, in dem es Newton nach eigener Überzeugung gelang, das Licht in seine «kleinsten Teilchen» zu zerlegen.

Und Newton wird dem Bild der Künstler durchaus gerecht, wenn er seine *‹Optik›* mit einer Definition der fundamentalen Lichteinheit beginnen läßt, auf der er seine gesamte optische Lehre systematisch aufbauen wird. «1. Definition. Unter Lichtstrahlen verstehe ich die kleinsten Teilchen des Lichts, und zwar sowohl nach einander in denselben Linien als gleichzeitig in verschiedenen.»[35] Der «Lichtstrahl» ist die grundlegende Einheit, das begriffliche Atom seiner Theorie. Den Ursprung dieser Definition bildet sicherlich sein korpuskulares Lichtkonzept, zu dem er schon früh gelangte und an dem er fortan festhielt.[36] Doch die Analyse des Lichts vollzog sich auf zwei Ebenen: einer geistigen und der physikalischen. Wenn Newton angegriffen wurde, machte er sich diese Unterscheidung zunutze. Dann pflegte er stets zu antworten, daß seine «kleinsten Teilchen» oder Strahlen rein formale, theoretische Konstrukte seien, die ihn nicht zu einem bestimmten, physikalischen Lichtmodell verpflichteten.[37]

Lichtstrahlen entstehen nach Newton in der Sonne und gelangen durch das All zu uns, ohne daß sie durch Reflexion, Streuung oder Brechung verändert werden. Ferner ruft jede Strahlenart im Auge eine andere Farbempfindung hervor: Rot, Grün, Blau und so fort. Natürliches Sonnenlicht ist die Summe vieler solcher Strahlen und erscheint deshalb weiß. Läßt man weißes Licht auf ein Glasprisma fallen, werden die konstituierenden Strahlen in ihre ursprünglichen Klassen zerlegt, die als Spektralfarben sichtbar werden. Benutzt man nach dem ersten Prisma ein zweites, dann können die «Farbstrahlen» wieder zusammengeführt werden, so daß abermals weißes Licht entsteht. Bei Newton wurde weißes Licht durch die Analyse – nicht ohne Grund sprachlich verwandt mit der mathematischen Analysis – in seine «kleinsten Teilchen», die verschiedenen farberzeugenden Strahlen, zerlegt, und das Prisma war das Gerät, welches diese physikalische Analyse, die spektrale Zerlegung, ausführte.

Zwar war Newton vorsichtig genug, sein Lichtmodell hinter einer gewandten philosophischen Sprache zu verbergen, konnte aber doch nicht der Versuchung widerstehen, seine Auffassung über die Natur des Lichts zu formulieren, zumindest in Form von Fragen.[38] So heißt es beispielsweise in Frage 29 der ‹*Optik*›: «Sind nicht die Lichtstrahlen sehr kleine Körper, die von leuchtenden Substanzen emittiert werden?»[39] Die kleinsten Körper rufen nach seiner Auffassung violette und blaue Farbeindrücke hervor, während Korpuskeln wachsender Größe entsprechend Grün, Gelb, Orange und Rot erzeugen. Folglich sind unsere Farbempfindungen als subjektive Reaktionen auf die objektive Wirklichkeit der Korpuskulargröße zu verstehen.

Neben der Hypothese, daß Licht verschiedener Farben letztlich kleine Körper verschiedener Größe entsprechen, erklärte Newton auch fundamentale optische Phänomene, indem er Veränderungen in den Bahnen solcher Korpuskeln berechnete, beispielsweise die Brechung bei ihrem Übergang von der Luft ins Wasser. Überlegungen dieser Art übernahm er direkt aus seinen mechanischen Untersuchungen. Die ‹*Principia*›, sein Buch über die Mechanik, enthält sogar eine Ableitung des Brechungsgesetzes anhand des korpuskularen Lichtmodells.

Mithin geht Newton über die Auffassung hinaus, daß *Licht korpuskular* ist, daß es aus Körpern besteht; vielmehr unterscheiden sich auch seine Bewegungsgesetze nicht im geringsten von den Gesetzen, die Newton bereits für die Bewegungen von Planeten und Äpfeln entdeckt hatte. Anziehungs- und Abstoßungskräfte ziehen und stoßen Lichtprojektile durch die Welt. Sich selbst überlassen, würden sie sich nach dem Trägheitsgesetz in gerader Linie fortbewegen wie alle anderen materiellen Objekte. Die *Lichtbewegung* ist demnach mit der Planetenbewegung identisch.

Damit war der Kosmos vereinheitlicht – von den Erscheinungen im größten Maßstab bis hin zu denen im kleinsten, von den Sternen bis zu den Lichtteilchen, die sie emittieren. Es war ein einheitliches, geschlossenes Weltbild. Vorbei war es mit der Vielfalt des Kosmos, in der jeder himmlischen Sphäre eine eigene Geistigkeit zugeordnet war. Alles war auf Materie reduziert, die sich in Übereinstimmung mit den von Newton entdeckten Gesetzen bewegte. Eine beeindruckende, zwingende Vision.

Newton, der sich seiner Leistungen durchaus bewußt war, übte sich in falscher Bescheidenheit, indem er auf ein mittelalterliches Bild zurückgriff. In der Kathedrale von Chartres befinden sich über dem Südportal kunstvolle große Spitzbogenfenster aus Farbglas. Sie zeigen die Evangelisten des Neuen Testaments auf den Schultern der Propheten aus dem Alten Testament – ein Symbol für das Fundament, auf dem jene standen. Ihre Vision ergab sich aus der Vision der Propheten. Entsprechend beruhten Newtons Leistungen auf Veränderungen des Bewußtseins, die seine Vorgänger bewirkt hatten. So will er verstanden sein, wenn er schreibt: «Wenn ich weiter gesehen habe, dann nur, weil ich auf den Schultern von Riesen stehe.»[40]

Von vereinzelten Einwänden einiger Wissenschaftler, Theologen und Künstler abgesehen, wurden Newtons Ergebnisse mit allgemeiner Begeisterung aufgenommen. Die Wissenschaftler und Philosophen jener Zeit waren zutiefst beeindruckt, und die zeitgenössischen Dichter und Maler stimmten in das überschwengliche Lob ein.[41] Seit vielen Jahren hatten sie das Empfinden, daß auf die herkömmlichen Quellen dichterischer Inspiration kein Verlaß mehr war. Sie waren ausgetrocknet oder versiegten. Die Musen sangen nicht mehr wie einst. «Götterdämmerung» war hereingebrochen. Und wie die Feen der Märchen hatten sich die Götter vor dem Ansturm der groben Wirklichkeit in Gefilde zurückgezogen, die ihnen angemessener waren. Wenn es sich also ein Dichter zum Ziel gesetzt hatte, die Wahrheit zu verkünden, wo sollte er seine Inspiration noch suchen? Und dann gab es doch eine Lösung – Newton. So jedenfalls sah es John Hughes:

> The great Columbus of the skies I know!
> 'Tis Newton's soul, that daily travels here
> In search of knowledge for mankind below.
> O stay, thou happy Spirit, stay,
> And lead me on thro' all the unbeaten Wilds of Day.[42]*

Newton wurde zur Inspirationsquelle, zur Muse von Dichtern und Philosophen, und viele Lieder entstanden zu seinem Lob, viele Verse, in denen man sich mühte, seine wissenschaftlichen Abhandlungen in Poesie zu verwandeln.[43]

Ein Jahrhundert später sollten sich die Dichter gegen Newton und die Diktatur seines zergliedernden Blickes wenden, um die Zerlegung der Welt in ihre Bestandteile zu beklagen, weil dadurch das Wahre und Ganze verlorengehe. Doch vorerst hatte kaum jemand etwas daran auszusetzen.

In der Zeit nach der Veröffentlichung der ‹*Optik*› im Jahr 1704 wurde Newtons optische Theorie, von ihren schwierigen Aspekten bereinigt, einem breiten Publikum nahegebracht, und zwar auf drei verschiedenen Wegen: An den Universitäten akzeptierte man seine Theorie gewöhnlich unkritisch und ohne philosophische Spitzfindigkeiten als Grundlage der Lehre. Da die Wahrheit entdeckt war, sah man keine Notwendigkeit zu eigener optischer Forschung, die folglich unterblieb. Die konkurrierende Wellentheorie des holländischen Physikers Christian Huygens wurde in der allgemeinen Begeisterung für Newtons

* Wohlvertraut ist mir der große Kolumbus des Himmels!/Newtons Seele ist's, die täglich hier vorbeizieht,/Erkenntnis zu suchen für die Menschheit hienieden./O verweile, glücksel'ger Geist, verweile,/Und geleite mich durch all die unerforschten Wüsteneien dieser Zeit.

Optik nicht zur Kenntnis genommen, auch von Newton selbst nicht. So kann es nicht überraschen, daß aus Universitätskreisen wenig Kritik laut wurde.

Die Öffentlichkeit erfuhr von Newtons Gedanken durch die populärwissenschaftlichen Vorträge und Vorführungen von Reisenden. Sie besuchten die wissenschaftlichen Vereine für die Ober- und Mittelschicht, wo sie die neuesten wissenschaftlichen Entwicklungen, scheinbar dem Reich der Magie entstammend, demonstrierten und erläuterten. Der dritte Verbreitungsweg waren die populären Darstellungen aus der Feder von Literaten. Wohl der berühmteste Autor, der sich an dieser Aufgabe versuchte, war Voltaire, der glänzende Vertreter der französischen Aufklärung. Unter der Ägide seiner nicht minder brillanten Lehrerin, der «unsterblichen Emily», deren Liebe zur Mathematik und zu Mathematikern legendär war, schickte Voltaire sich an, «Newtons Schriften von den Dornen zu befreien, ohne sie mit Blumen zu überladen, die ihnen nicht zu Gesicht stehen». Nach der Veröffentlichung seiner ‹*Eléments de la philosophie de Newton*› mußten sogar seine jesuitischen Gegner anerkennen, daß «ganz Paris vom Namen Newtons widerhallt, ganz Paris Newton stammelt, ganz Paris Newton studiert und lernt».[44]

Diese vielfältigen Bemühungen bewirkten, daß sich in den literarischen Kreisen weithin eine neue Sehweise durchsetzte. Die Vorstellungen vom Licht wurden allmählich immer enger und populärer. Was zunächst Domäne einiger mathematisch ausgerichteter Wissenschaftler war, wurde nun wieder und wieder von Künstlern, Literaten und Akademiemitgliedern durchgekaut, und was sie in ihren Darstellungen an philosophischer Genauigkeit opferten, ersetzten sie durch materialistische Vereinfachung. Von Newtons oder Galileis Vorbehalten hinsichtlich der «wahren» Natur des Lichts war keine Rede mehr. Licht ist ein Körper, und seine Bewegungen sind wie die aller anderen Körper. So war es nun einmal.

In Frankreich hatte René Descartes einige Jahrzehnte zuvor einen ähnlichen, wenn auch nicht den gleichen Ansatz verfolgt. Wie Newton in seinem Lichtverständnis ging auch Descartes von einem rationalen und vorwiegend materiellen Bild des Universums aus. Die kartesische und die Newtonsche Physik kämpften mehr als ein Jahrhundert um die Vorherrschaft. Ironischerweise paßten die Ursprünge von Descartes' universeller mathematischer Wissenschaft überhaupt nicht zu seinem rationalistischen Vorgehen, denn sein Mandat empfing er nach klassischer Art aller biblischen Gestalten – durch ein Traumgesicht.

## Descartes' Traum

> Freimütig gestehe ich, daß ich in Hinblick auf körperhafte Dinge von keiner anderen Sache weiß als derjenigen, die Geometer als Quantität bezeichnen.
>
> René Descartes, 1644

In Cambridge kaufte sich der zweiundzwanzigjährige Newton ein Exemplar des Buches ‹*Geometrie*› von René Descartes. Nachdem er die ersten zwei, drei Seiten gelesen hatte, stellte er fest, daß er nichts mehr verstand. Also ging er zum Anfang zurück und begann erneut; diesmal gelang es ihm, weitere drei oder vier Seiten zu begreifen, und so fuhr er fort, bis er die mathematischen Ausführungen seines französischen Lehrmeisters zu seiner Zufriedenheit verarbeitet hatte. Hier war er auf ein Buch und einen Denker gestoßen, die es wert waren, sich an ihnen den Kopf zu zerbrechen.

Sechsundvierzig Jahre älter als Newton, hatte Descartes eine Naturphilosophie entwickelt, in der das Universum vom einfachsten Atom bis zu den kompliziertesten Aspekten der menschlichen Anatomie als Mechanismus erklärt war. Die

«Regeln der Mechanik», schrieb er, «welche dieselben sind wie die der Natur...»[45] Diese Maxime wurde von seinem Freund und Fürsprecher, dem französischen Mönch Marin Marsenne, aufgenommen und sehr wirksam verbreitet. Die «mechanistische Philosophie» des 17. Jahrhunderts war im wesentlichen das Verdienst dieser beiden von Jesuiten erzogenen Denker. Dabei nahmen die Gedanken in Descartes' einsamen Meditationen Gestalt an, während Mersenne sie dank seiner ausgedehnten Korrespondenz und seiner überaus einflußreichen Verbindungen in Umlauf bringen konnte. Durch das Wirken beider Männer – nicht weniger als durch die Schwerter der katholischen Heere unter Führung des Herzogs von Bayern im Dreißigjährigen Krieg – wurde die magische Philosophie des Renaissance-Animismus, der Kabbalistik und anderer Geheimwissenschaft nebst all ihrem schmückenden Beiwerk vernichtet. An ihre Stelle trat «Descartes' universelle und bewundernswerte Wissenschaft». Welch pikante Ironie liegt darin, daß Descartes den Entwurf zu seiner vollkommen rationalen Wissenschaft in einem Traum erblickte!

Im November 1619 zog sich Descartes, damals ein dreiundzwanzigjähriger Soldat und Philosoph, in ein bescheidenes Haus bei Ulm zurück.[46] Während der vorangegangenen zwanzig Monate war er durch Deutschland und Holland gereist und hatte mit Mathematikern und Philosophen korrespondiert, die zu ihren Interessen nicht nur die orthodoxen Wissenschaftsprobleme zählten, sondern auch die Verbindungen zwischen Wissenschaft und geistiger Welt. Einige von ihnen waren sicherlich mit den geistigen Bestrebungen der Rosenkreuzer vertraut, die in diesen Jahren große Aufmerksamkeit in der Öffentlichkeit fanden.[47] Zwei kurze Abhandlungen über Christian Rosenkreuz und seine Bruderschaft waren gerade veröffentlicht worden, ‹*Fama fraternitatis*› (1614) und ‹*Confessio*› (1615). In der ‹*Confessio*› standen die Lehren der Bruderschaft von Christian Rosenkreuz, unter anderem die Überzeugung, entscheidend seien Gottes Offenbarung und das Erfindungsvermögen, die Beobachtungsgabe sowie der Verstand des Menschen: «Wenn alle Bücher verlorengingen und nach Gottes allmächtigem Willen alle Schriften und Erkenntnisse in Vergessenheit gerieten, wäre die Nachwelt dennoch in der Lage, durch sie [die oben genannten Voraussetzungen] eine neue Grundlage zu schaffen und die Wahrheit wieder ans Licht zu bringen.» Das gefiel Descartes. Er suchte nach einem Mitglied der «unsichtbaren Loge», behauptete aber, keines gefunden zu haben. Durch Kontakte zu anderen Suchenden war jedoch der für solche Eindrücke empfängliche Franzose von der großen Bedeutung seiner Aufgabe durchdrungen: der Schaffung einer neuen Naturwissenschaft.

Unter dem Eindruck aller dieser Einflüsse und nach einer Zeit intensiver, einsamer Meditation berichtet Descartes, er habe am 10. November eine Vision gehabt: Ein Traum, aus drei Teilen bestehend, habe ihm seine Berufung verkündet und die Grundlagen der von ihm zu schaffenden Wissenschaft offenbart. Er war der festen Überzeugung, diese Episode sei das wichtigste Ereignis seines ganzen Lebens, und aus Dankbarkeit gelobte er, eine Pilgerreise zur heiligen Jungfrau von Loreto zu machen, ein Gelübde, das er fünf Jahre später einlöste, als er sich von Venedig aus zu Fuß dorthin begab. Leider ist Descartes' eigene detaillierte Schilderung seiner Vision und seines Traums verlorengegangen, aber wir haben eine zuverlässige, wenn auch unvollständige und blasse Zusammenfassung dieses Berichts von seinem frühen Biographen Baillet, dem das Originaldokument vorgelegen hat. Unserem profanen Gemüt mag diese Erfahrung nicht sehr bemerkenswert erscheinen, aber für Descartes war sie die Offenbarung seines Lebens.

Im ersten Teil des Traums kämpft Descartes gegen einen Sturm an, um zur Gebetsstunde in die Kirche des Collège La Flèche zu gelangen (wo er und Mercenne erzogen worden waren). Descartes macht eine Kehrtwendung, um einem Mann seine Ehrerbietung zu bezeugen, den zu grüßen er vergessen hat. In diesem Augenblick wird er vom Sturm heftig gegen die Kirche geschleudert. Alsbald erfährt er, daß jemand etwas für ihn hat – eine Melone. Descartes wacht mit Schmerzen auf, dreht sich auf die rechte Seite und empfiehlt sich Gottes Obhut. Als er wieder einschläft, hat er einen weiteren Traum. Von ihm wissen wir nur, daß er ihn mit Schrecken erfüllt. Von einem Geräusch, das wie Donner klingt, wird er wach und erblickt Tausende von glitzernden Funken in seinem Zimmer. Im letzten Teil seines Traums sieht Descartes ein Wörterbuch und einen *Corpus poetarum* auf seinem Tisch; es ist geöffnet, und er liest einen Vers des Dichters Ausonius: *quod vitae sectabo iter?* – «Welchem Weg soll ich im Leben folgen?» Ein unbekannter Mann erscheint und händigt ihm das Bruchstück eines Verses aus, auf dem Descartes die lateinischen Wörter *est et non,* «ja und nein», erkennt.

Baillet gibt nur einige karge Hinweise auf Descartes' eigene Deutung dieser folgenschweren Nacht. Bezeichnenderweise verstand er den Blitz als den «Geist der Wahrheit, der zu mir herabfuhr und von mir Besitz ergriff». Das Wörterbuch symbolisierte die verschiedenen Wissenschaften, und das *Corpus poetarum* «bezeichnet ausdrücklich und in sehr deutlicher Weise die Verbindung von Philosophie und Weisheit».

So erleben wir den jungen Descartes in Deutschland, wie er sich in einsamer Gedankenarbeit das Gehirn auf der Suche nach der Wahrheit zermartert. Er ist mit den Geheimwissenschaften in Kontakt getreten und in tiefe Meditationen über sein künftiges Leben versunken. Er selbst berichtet, so Baillet, «daß der Genius, der die Begeisterung in ihm geschürt hatte, welche schon seit einigen Tagen in ihm loderte, ihm diese Träume angekündigt hatte, bevor er ins Bett gegangen war». Folglich ahnte Descartes, daß die Nacht des 10. Novembers ihm das erfolgreiche Ende seiner leidenschaftlichen Suche bringen würde. Welche Antwort hat er bekommen? Es war, wie Jacques Maritain schreibt, das Pfingstfest der Vernunft.

In den folgenden Monaten schrieb Descartes sein wichtigstes, grundlegendstes Werk ‹*Abhandlung über die Methode*›, dessen ursprünglicher Titel gelautet haben soll: «Entwurf einer Universalwissenschaft, dazu bestimmt, unsere Natur zum höchsten Grade der Vollkommenheit zu läutern». «Bislang», schreibt Descartes, «mußten wir lange Zeit hindurch von unseren Trieben und Lehrern gelenkt werden». Dann «war ich überzeugt... daß aber, was meine persönlichen Ansichten sämtlich betrifft, die ich bis jetzt in meine Überzeugungen aufgenommen, ich nichts besseres tun könnte, als sie einmal abzulegen».[48] Seine ganz besondere Aufgabe war es, alles auf die «Ebene der Vernunft» zu heben. Diese bewundernswerte und universelle Wissenschaft war nicht das Werk einer Bruderschaft, einer geheimen oder öffentlichen, sondern das Produkt eines einzigen Intellekts, seines eigenen. Descartes wollte eine göttliche Wissenschaft schaffen, die sich mit Gewißheit zur einfachen, intuitiv erkannten Natur der Dinge erhebt. Nach Maritain ist eine solche Wissenschaft die «Mythologie der modernen Zeit, die alles versprochen und alles in Abrede gestellt hat, die die absolute Unabhängigkeit des menschlichen Geistes höher als alles andere bewertet». Descartes' Traum war also das Kind eines mutwilligen Genius, empfangen im Gehirn eines Philosophen. Und welche Rolle spielte das Licht in diesem Traum?

Raum läßt sich, so Descartes, unabhängig von Materie nicht vorstellen. Wo also Raum oder «Ausdehnung» ist, muß auch Materie sein. In einer Analogie, in der sich Descartes' Nationalität bemerkbar macht, vergleicht er den Raum unseres Universums mit dem Faß des Winzers nach der Weinlese. Es ist mit halb zerquetschten Trauben gefüllt, die völlig umgeben, ja durchdrungen sind von dem Saft, den sie abgegeben haben. Entsprechend tragen die Weiten des Alls Planeten, Sterne und Monde – sie umfangen diese wie der Saft die Trauben. Für Descartes ist der Raum mit einem atomistisch aufgefaßten *plenum* erfüllt, einer materiellen Flüssigkeit, die seine Tiefe ausfüllt und die Planeten auf ihren Bahnen bewegt wie Grashalme, die in die Strudel einer Strömung geraten sind. Deshalb konnte Descartes behaupten: «Gib mir Bewegung und Ausdehnung, und ich will die Welt errichten.»[49] Und das Licht?

Nach Descartes' Auffassung befindet sich zwischen dem Auge und jedem Gegenstand eine Säule aus *plenum,* die die Wirkung überträgt. Licht ist weder ein Projektil noch ein Flüssigkeitsstrom, sondern eine «Tendenz zur Bewegung» im *plenum,* die sich mit unendlicher Geschwindigkeit in der Säule entlangbewegt. Das Sehvermögen ist, schreibt Descartes, wie der Stock eines Blinden. Während er geht, tastet er mit dem Stock umher. Ein Gegenstand, der an das eine Ende stößt, erzeugt sofort einen Ruck am anderen Ende. Ebenso wirkt ein Objekt auf das *plenum* in seiner Umgebung ein und verursacht eine Erschütterung am Auge – und deshalb sehen wir. Sicht und Licht sind nach Descartes als reine Mechanismen zu verstehen. Mit dieser bahnbrechenden Analyse vermittelte er ein Naturbild und eine Grundlage für die Forschung, welche die Naturwissenschaften dreihundert Jahre lang prägen sollten. Wie der renommierte Wissenschaftshistoriker A. I. Sabra von der Harvard University schreibt, sind mechanische Analogien schon lange vor Descartes zur Erklärung bestimmter optischer Phänomene herangezogen worden, «aber in der kartesischen Theorie wurde zum erstenmal mit aller Deutlichkeit behauptet, das Licht sei lediglich eine Eigenschaft des leuchtenden Gegenstandes und des Übertragungsmediums. Aus diesem Grunde dürfen wir Descartes' Lichttheorie als den legitimen Ausgangspunkt der modernen physikalischen Optik betrachten.»[50]

Während die Wirkung des Descarteschen Natur- und Wissenschaftsbildes bahnbrechend war, erwiesen sich die Besonderheiten seiner Lichttheorie als recht kurzlebig. Jenseits des Ärmelkanals wies Newton an einigen Beispielen nach, zu welchen Absurditäten eine solche Auffassung des Lichts und des Kosmos führen muß. Dagegen fand Newtons dynamische

Formulierung der Optik nach mechanischen Grundsätzen weithin Anerkennung, obwohl auch sie unter erheblichen Mängeln litt. Ungeachtet des Triumphzuges der Newtonschen Korpuskulartheorie meldeten sich wiederholt und hartnäckig kritische Stimmen zu Wort. Von spezifischen Trugschlüssen der Theorie war die Rede.[51] Beispielsweise müßten sich nach dieser Auffassung bei zwei Menschen, die einander ansehen, die Lichtteilchen auf derselben Bahn gleichzeitig in verschiedene Richtungen bewegen. Ferner: Wenn die Sonne große Mengen von Teilchen emittiert, warum schwindet sie dann nicht im Laufe der Zeit allmählich dahin? Die Anhänger erwiderten, die Korpuskeln seien außerordentlich klein, so daß die Sonne im Laufe eines Tages nur einen oder zwei Tropfen ihrer Substanz verliere. Und was ist mit den zahllosen Korpuskeln, die durch das winzige Loch einer *camera obscura* gelangen, ohne das Bild zu beeinträchtigen? Abermals berief man sich auf die winzigen Ausmaße der Teilchen. Doch wenn sie so klein sind, wie können sie dann derart wirksam sein? Als John Michell in einem Experiment die Wirkung intensiven, fokussierten Lichts untersuchte, beobachtete er verblüfft, daß sein Kupferplattendetektor im Brennpunkt eines Reflektors von sechzig Zentimeter Durchmesser schmolz. Das Licht kann spektakuläre Wirkungen hervorrufen. Wenn die Lichtkörper klein sind, müssen sie, um solche Energien erzeugen zu können, in außerordentlich großen Mengen vorkommen.

1718 hatte Nieuwentijdt ausgerechnet, daß von einer Kerzenflamme pro Sekunde $4{,}1866 \times 10^{44}$ Teilchen emittiert werden.[52] Das entspricht fast der Protonenzahl der ganzen Erde. Das Ergebnis seiner Berechnung wertete Nieuwentijdt als Beweis für die ständige Aufmerksamkeit, die Gott seiner Schöpfung widmet, die «Richtung seiner Allmacht, welche ihre Fürsorge auf alle Dinge erstreckt, selbst die kleinsten der Körper». Wären Lichtkorpuskeln tatsächlich unwandelbar, wie Newton behauptet, warum scheint dann der Sonnenschwamm andersfarbiges Licht zu emittieren als dasjenige, welches ihn ursprünglich beleuchtet hat? Solcherart waren die ungelösten Probleme.

Diese Schwierigkeiten vermied Descartes in seiner Theorie, indem er erklärte, Licht sei nur eine «Tendenz zur Bewegung»; wirkliche Bewegung sei ihm nicht eigen. So versuchte der französische Philosoph, die absurde Schlußfolgerung zu vermeiden, daß ein Objekt (Lichtkorpuskel) sich gleichzeitig in zwei entgegengesetzte Richtungen bewegt. Die Teilchen des *plenum* kämen nicht wirklich von der Stelle, sondern «tendierten» nur dazu. Mithin sei ein Lichtstrahl «nichts anderes als die Linie, entlang derer die Wirkung tendiert».[53] Nach Descartes ist Licht nicht der Flug eines Geschosses, sondern die Ausbreitung dieser Wirkung.

In Descartes' recht unklarer Theorie des Lichts verbirgt sich dennoch eine Stärke. So verwirrend seine Auffassung auch erscheint, so enthält sie doch den Kern eines außerordentlich fruchtbaren Lichtkonzepts, der sogenannten Wellentheorie, die nicht nur Newtons Verständnis vom Licht verdrängte, sondern letztlich auch Descartes' Traum von einem mechanischen Universum durchkreuzen sollte.

Ungeachtet der populären und poetischen Lobesbezeugungen für die Korpuskulartheorie standen Wissenschaftler vom Format eines Huygens nicht an, die Theorie aus den oben genannten Gründen in Frage zu stellen. Sie entwickelten alternative Lichttheorien. Einigen zufolge ist Licht eine materielle Feuerflüssigkeit, die in der Sonne entspringt und wieder zu ihr zurückfließt. Nach anderen ist das Universum mit einer Substanz gefüllt, die weit dünner als Luft, aber unglaublich starr ist und deren Schwingungen das Licht hervorbringen. Allen diesen Ansätzen gemeinsam war ein materielles Konzept, doch die erfolgreichsten Theorien wiesen auch Elemente auf, die schließlich eben diese Position untergraben sollten.

Schwimmen wir hinaus aufs Meer und machen einige Beobachtungen. Die Dünung der offenen See wächst bei der Annäherung an die Küste langsam an. Wenn eine Woge auf uns zukommt, gibt es einen Augenblick, in dem wir, besonders wenn wir unerfahren sind, befürchten, sie werde uns mit sich reißen und am Strand zerschmettern. Sind die Wellen und die Angst vorüber, bemerken wir, daß das Wasser um uns herum nicht mit der Welle zum Strand gewandert ist, sondern sich nur gehoben und gesenkt hat. Kein Wasser ist vorübergeflossen, es hat sich nur auf- und abbewegt. Was ist an uns vorbeigezogen? Wir haben es herankommen sehen und können immer noch beobachten, wie es auf den Strand zustürzt. Was also ist diese Welle? Sie ist eine Form, eine Gestalt, eine bestimmte Verhaltensweise des Meeres.

Könnte nicht auch Licht, wie der Schall, eine Form, die Schwingung eines universellen Äthers sein? Nichts bewegt sich, oder wenn, dann nur leicht – ausgenommen die Form und Gestalt des Lichts. Licht wäre also nicht Substanz, sondern Form! Mit diesem Gedanken erwuchs der Korpuskulartheorie des Lichts ein kleiner, aber ernsthafter Konkurrent, ein Rivale, der nach und nach an Bedeutung gewann und einen überraschenden Bundesgenossen in den neuen Untersuchungen auf dem Gebiet der Elektrizität fand, mit denen sich Wissenschaftler gerade zu befassen begannen.

Was in der Vorstellung eines Gottes seinen Anfang nahm und bei den Griechen zu jenem leuchtenden inneren Feuer wurde, dessen ätherischer Ausfluß uns das Sehvermögen schenkt, bezeichnete Grosseteste im Mittelalter als «erste körperhafte Gestalt». Was er entwarf, war noch immer eine Metaphysik des Lichts, aber in dieser körperhaften Gestalt lag der Keim zum definitiven Konzept der materiellen Beschaffenheit von Licht: Newtons Korpuskularoptik. Im Zuge dieser Entwicklung wurde die ehemals angenommene Vollkommenheit von ihrem angestammten Platz vertrieben, und an ihrer Stelle regierte die abstrakte Mathematik in beeindruckender Formalität. Abstrakte Vollkommenheit und substantielle Wirklichkeit verdrängten die moralische Vollkommenheit und Macht unsterblicher Götter. Dies war weit mehr als nur eine Ablösung der Ideen; es bedeutete eine tiefgreifende Wandlung der abendländischen Wahrnehmungsweise. Ein materielles und mechanisches Auge ersetzte das moralische und geistige früherer Zeiten.

Mit der wissenschaftlichen Revolution des 16. und 17. Jahrhunderts trat die Menschheit in eine neue Epoche. Ihrem Selbstverständnis nach wurde sie jetzt erwachsen und bemühte sich, all das abzulegen, was sie für kindliche Eigenarten hielt. Das Licht wurde seines metaphysischen Gewands entkleidet, sein Körper nackt dargeboten wie Leonardos Leichname. Descartes' und Newtons Gedankenschärfe legten das Skelett des Lichts frei, so daß sich dem aufgeklärten wissenschaftlichen Blick seine Zusammensetzung und Bewegungsprinzipien erschlossen. Man meinte, wie Bernard de Fontenelle, Sekretär der Pariser Akademie der Wissenschaften, 1686 schrieb, die Welt sei nur ein Bühnenstück, eine Oper. Die Aufmerksamkeit der Wissenschaft gelte nicht der dramatischen Handlung, möge diese auch noch so opulent in Szene gesetzt oder leidenschaftlich gespielt sein. Der prüfende Blick des Wissenschaftlers gleiche dem eines Mannes, der während der Theateraufführung gewöhnlich unbemerkt bleibt – dem des Bühnentechnikers.[54]

Den Opernbesucher interessiert nicht, wie die Bühnentechnik funktioniert. Dagegen nimmt der Techniker hinter den Kulissen jeden Hinweis wahr, sieht die grelle Schminke der Schauspieler, bedient die Scheinwerfer, hebt die Vorhänge und setzt die Mechanik der Bühne in Bewegung. Die Schauspieler und Hilfskräfte arbeiten Hand in Hand, um eine große Illusion zu schaffen, die das zufriedene Publikum unterhält, doch nur der verantwortliche Bühnentechniker kennt die ganze unverhüllte Wahrheit.

Nach Fontenelle bemüht sich die Natur in ähnlicher Weise, den menschlichen Sinnen ein angenehmes Schauspiel zu bieten. Er könne sich an einem Sonnenuntergang erfreuen, dem

Gesang der Vögel lauschen oder sich durch seine Leidenschaften zu Liebe und Krieg aufstacheln lassen. Doch hinter diesen äußeren Geschehnissen sei die geheime Maschinerie der Natur verborgen, die Mittel, mit deren Hilfe sie einem ahnungslosen Publikum ihre Illusionen darböte. Im Unterschied zum Laien gebe sich der Wissenschaftler nicht mit dem Schauspiel, mit dem Anblick der oberflächlichen Erscheinungen, zufrieden, sondern suche unablässig nach dem wirklichen mechanischen Schalten und Walten der Natur: «Wer die Natur sehen wollte, wie sie wirklich ist, müßte hinter den Kulissen der Oper stehen.»

Wie Voltaire schrieb Fontenelle mit dem Ziel, das interessierte Publikum über die Mechanismen aufzuklären, die nach Meinung der Wissenschaftler hinter dem äußeren Schauspiel der Natur wirksam sind. Fontenelles Schriften haben wie die Marcennes dazu beigetragen, daß sich die Öffentlichkeit für einen mechanischen Kosmos zu begeistern begann. Descartes' Traum sollte der Traum eines ganzen Zeitalters werden. Häufig hält jedoch die Begeisterung der Jugend den Erkenntnissen und Überlegungen eines langen Lebens nicht stand. So erging es auch der Geschichte des Lichts und dem mechanischen Universum. Das Licht blieb seiner launischen Natur treu und fuhr fort, dem menschlichen Erkenntnisdrang immer neue Erscheinungsformen zu präsentieren.

# 5 Die singende Flamme – Licht als Ätherwelle

Man höhlet Ton und bildet ihn zu Töpfen: In ihrem Nichts besteht der Töpfe Werk.[1]

Laotse

Die ganze Geschichte hindurch war der Raum wie die Leere im Innern von Laotses Tontopf. Nicht der Topf, sondern die Leere darin enthält, was immer wir wünschen. Seit wir den Begriff des Raums geschaffen haben, hat er stets enthalten, was wir in ihn hineingelegt haben. Wir haben uns ihn in vielerlei Gestalt vorgestellt, und dieser Vorstellungsakt war entscheidend für das Bild, das wir uns vom Licht gemacht haben. Stattet man den Raum mit göttlichem Wesen aus, so ist das Licht gottähnlich; entdeckt man seine Form, wird das Licht geometrisch; füllt man ihn mit Materie, bekommt das Licht Substanz. Von Moses bis Einstein ist die Geschichte des Lichts auch die Geschichte des Raums.

Der Bibel zufolge hat Gott am ersten Schöpfungstag gesagt: «Es werde Licht.» Dieses erste Licht verstanden die frühen Kirchenväter als erhabene, geistige Wirklichkeit, die sie *lux* nannten und die für sie die Seele des Raums war. Sie, und nach ihnen die Gelehrten des Mittelalters, bemühten sich lange und eifrig, *lux* von seiner Emanation oder seinem körperhaften Pendant zu unterschieden, das sie *lumen* nannten. Für uns ist die Unterscheidung schwer zu fassen, doch für ihr Weltbild war sie wesentlich.[2]

*Lux* ist nach dieser Auffassung das gottgegebene Licht, die Essenz des Lichts und als solche ein Widerschein des Schöpfers. Laut Augustinus ist es das einfachste, erhabenste, beweglichste und vielfältigste aller Körperwesen. *Lumen* dagegen ist das materielle Medium, das es uns ermöglicht, das Wesen des Lichts (der *lux*) wahrzunehmen. Im Glanz der Sonne sehen wir ihre *lux,* doch dies gelingt uns nur mittels des unsichtbaren *lumen,* das jene mit uns verbindet. In der Zeit von Augustinus bis Galilei schwand das Licht, das den Raum beseelte *(lux),* allmählich aus den Erörterungen, so daß nur noch seine feste materielle Spur *(lumen)* als fossiles Zeugnis für den wißbegierigen Naturphilosophen zurückblieb.

Das Licht war und ist ein faszinierender Gegenstand, denn, wie Leonardo schreibt: «Unter allen natürlichen Ursachen und Gesetzen weiß das Licht den Lernbegierigen am meisten zu entzücken.»[3] Vom Leuchtkraft schenkenden Auge im alten Ägypten bis zu den Quantenfeldtheorien unserer Tage hat das Licht den Raum stets seinen Bedürfnissen angepaßt.

Nach Grossetestes Vorstellung ließ die Entfaltung des Lichts aus dem Urfeuer – seine Stufe um Stufe erfolgende Vervielfältigung – den Raum entstehen, bis es, verbraucht, am Rand des von ihm erschaffenen Universums erstarb.

Der Raum von Euklid und Brunelleschi ist reine Geometrie. Licht und Blick pflanzen sich in Form von Strahlen fort, als Geometrie empfindungsfähiger Linien, die die Seele mit der Welt verbinden.

Für Descartes besitzt der Raum Dimensionen, ist ausgedehnt und muß deshalb substantiell sein. Descartes konnte sich keinen ausgedehnten Raum getrennt von Substanz vorstellen. Wo eines ist, muß nach seiner Ansicht auch das andere sein. Wenn man bei Nacht oder tagsüber aufblicke, sehe man einen Himmel, der aus flüssigem Stoff gemacht sei, und die Planeten wirbelten in seiner Strömung wie Gras in den Strudeln eines Flusses.[4] Das Licht, wie auch immer es beschaffen sein mag, muß dieses Medium durchqueren. Ende des 18. Jahrhunderts gilt der Äther als das materielle Medium; seine Bewegungen sind das *lumen,* das es uns ermöglicht zu sehen, während *lux* kein Attribut Gottes mehr ist, sondern ein subjektives Phantom des Bewußtseins.

Unser Verständnis vom Licht ist also immer mit unserem Raumkonzept verknüpft. Beide haben sich in gegenseitiger

Abhängigkeit entwickelt. Moralischer Raum und geistiges Licht, perspektivischer Raum und geometrisches Licht, materieller Raum und substantielles Licht. Jedes Zeitalter hat einen Aspekt des Lichts betont und damit seine eigenen Vorlieben offenbart. Das korpuskulare Lichtkonzept legte Wert auf die substantielle Natur seines Gegenstands und litt dennoch unter empfindlichen Mängeln. Vielleicht war richtig, was einige behaupteten: daß das Licht nicht als materielle Substanz oder Flüssigkeit zu betrachten sei, sondern als reine Form, eine tanzende Figur. Schließlich habe sich ja auch die geheimnisvolle Beschaffenheit des Schalls am Ende aufgeklärt und als Schwingung der Luft erwiesen. Vielleicht stelle sich ja auch eine ähnliche Sicht des Lichts als nützlich heraus. Es ist nicht verwunderlich, daß ein Mathematiker, dessen Lebensarbeit ja die ständige Betrachtung des Immateriellen ist, als erster darauf verfiel, das Licht sei eine Figur, die durch den Äther tanzt.

Dreiundfünfzig Jahre alt und fast erblindet, kam Leonhard Euler, der bedeutendste Mathematiker des 18. Jahrhunderts, Autor unzähliger mathematischer und physikalischer Abhandlungen und das produktivste Mitglied der Preußischen wie der Russischen Akademie der Wissenschaften, der Bitte der wißbegierigen jungen Prinzessin von Anhalt-Dessau nach und erläuterte ihr seine Gedanken zur Wissenschaft. Die Briefe, die er der Prinzessin zwischen 1760 und 1762 schrieb, behandelten alle wissenschaftlichen Disziplinen und fanden rasch das Interesse ganz Europas, wo sie sechsunddreißig Auflagen in neun Sprachen erlebten. Nachdem er der Prinzessin vom Sonnenlicht berichtet hatte, sah er ihre nächste Frage (die auch unsere ist) voraus: «Da ich so viel von den Sonnenstrahlen geredet habe, die den Grund aller Wärme und alles Lichts, das wir genießen, enthalten: So werden Ew. H. ohne Zweifel fragen, was sind die Sonnenstrahlen. Unstreitig ist dies eine der wichtigsten Fragen in der Physik.»[5]

Die Antwort, die er zu einer Zeit gab, als allenthalben nur Newtons Ideen zu vernehmen waren, klang ausgesprochen ketzerisch. Die Lichtstrahlen der Sonne seien, so erklärte er, «in Ansehung des Äthers eben das, was der Schall in Ansehung der Luft» sei. Und die Sonne sei eine Glocke, die Licht erschallen lasse.[6] Mit diesen Worten wurde der erste bedeutsame Gegenentwurf zum Newtonschen Lichtkonzept vorgebracht. Die Antwort der Prinzessin: «Gewiß, mein Herr, aber was ist der Schall und was der Äther?» Wenn wir Licht in Analogie zum Schall verstehen wollten, müßten wir zunächst wissen, wie dieser beschaffen sei.

Es hatte lange gedauert, bis man sich Klarheit über den Schall verschafft hatte, doch zu Eulers Zeiten ließ sich die Frage der Prinzessin erschöpfend beantworten. Wie Euler müssen wir eine Zeitlang die Geschichte des Lichts verlassen, um uns mit der des Schalls zu beschäftigen. Sobald wir diesen verstanden haben, werden wir erkennen, wie elegant die Analogie war, die Euler vorgeschlagen hatte, um die Natur des Lichts zu veranschaulichen.

## Von Harmonien und dem Vakuum

Von der prächtigen Nordspitze der Kathedrale von Chartres, dem «Sonnenturm», rufen die Glocken die Gläubigen zum Gottesdienst. Fast hundert Meter darunter in den Bogen des Königsportals sieht man andere, stumme Glocken aus Stein. Sie gehören zu einer Darstellung aus dem 12. Jahrhundert, die ein christliches Gelehrtenleben zeigt, ein Leben, das der Wissenschaft und der Meditation, den sieben «freien Künsten», gewidmet ist. Diese sieben Disziplinen bildeten das, was Wilhelm von Conches «das naturgemäße und einzige Instrument jeglicher Philosophie» nannte. Vier von ihnen betrafen die Wissenschaft; diese vier, das Quadrivium, «erleuchteten den Geist», und eine unter ihnen war die Wissenschaft von der Musik.[7] Der mittelalterliche Schutzheilige der Musik, als Skulptur in der Kathedrale von Chartres verewigt, ist nicht etwa ein früher christlicher Komponist, sondern der heidnische Philosoph Pythagoras, der bei seiner Arbeit dem Klang von Glocken und einer Lyra lauscht, den Instrumenten, mit deren Hilfe er zuerst die Gegenwart der Zahl in allen Dingen entdeckte. Es mag den Anschein haben, als lausche er ausschließlich irdischen Tönen, doch die Baumeister von Chartres wußten sehr wohl, daß er auch den unhörbaren Wohlklang der Himmelsmusik vernahm, deren Harmonien das wissenschaftliche Denken von Pythagoras bis zu Johannes Kepler durchzogen. Der Schall hat wie das Licht nicht nur eine säkulare, sondern auch eine religiöse Geschichte, deren Verlauf dem ihres visuellen Pendants sehr ähnelt. Nach dem finnischen Volksepos ‹*Kalevala*› wurde die Welt ins Dasein gesungen. Bevor der Schall von Euler als Beleg für eine mechanische Konzeption des Lichts herangezogen werden konnte, mußte man ihn seines geistlichen Charakters entkleiden, mußte das, was ehemals als ewiger Widerhall des göttlichen Wortes galt, zum physikalischen Körper werden.

Der Übergang zu einer vollkommen mechanistischen Auffassung des Schalls vollzog sich im 17. Jahrhundert. Ein typischer Protagonist dieser Entwicklung war der gelehrte deutsche Jesuit Athanasius Kircher, der eine religiöse Geisteshaltung mit einer modernen Vorliebe für Experimentalwissenschaft und der Abneigung gegen die abergläubischen Vorstellungen des Heidentums verband. So verstand er einerseits die Stelle im Buch Hiob, die lautet: «Und da mich die Morgensterne miteinander lobten ...»[8], als einen Hinweis auf die pythagoreische Harmonie der Himmelssphären, einen Gegenstand, mit dem er sich in vielen Büchern ausführlich befaßte.[9] Doch während es ihn einerseits danach verlangte, den reinen Gesang des Herrn zu vernehmen, bastelte Kircher gleichzeitig in seinem Labor und Schallmuseum am Kolleg zu Rom neuartige akustische Instrumente, die er häufig dazu benutzte, Menschen von ihren abergläubischen Vorstellungen abzubringen. Zu Pfingsten beispielsweise – dem religiösen

Pythagoras lauscht den Sphärenklängen: Skulptur in der Kathedrale von Chartres.

Fest zum Gedenken an die Ausgießung des Heiligen Geistes, der Flammenzungen, die sich, vom Himmel herabfahrend, auf die Häupter der Apostel setzten – schleppten Kircher und seine Gehilfen riesige Schalltrichter auf den Berg St. Eustachius. Dort traten sie als Engelschor auf und sangen Litaneien, die noch in acht Kilometer entfernten Dörfern zu hören waren. Mehr als zweitausend Dorfbewohner folgten dem himmlischen Ruf und brachten den anmaßenden Engeln Gaben dar.

Doch Kircher war auch ein ernsthafter Forscher, dessen wichtigstes wissenschaftliches Experiment der erste Versuch war, die Ausbreitung des Schalls durch ein Vakuum zu untersuchen. Zu Kirchers Zeit war die Idee des Vakuums, eines Raums bar jeglicher Materie, ein heißumstrittenes philosophisches Thema. Lange zuvor hatte Aristoteles erklärt: «Die Natur scheut jedes Vakuum», und seine Worte hatten enormes Gewicht. Ungeachtet der Kontroverse wendete Kircher 1650 eine Quecksilbersäule um (wie es gewöhnlich in Quecksilberbarometern geschieht) und brachte eine kleine Glocke im leeren Raum über dem Quecksilber an. Mit Hilfe eines Magnetsteins versetzte er den eingeschlossenen Eisenklöppel in Bewegung, so daß die Glocke zu läuten begann. Als er den Klang durch das Vakuum hörte, gelangte er zu dem einleuchtenden Schluß, Luft sei *nicht* unbedingt zur Übertragung des Schalls erforderlich. Andere Mitglieder der Accademia del Cimento in Florenz wiederholten das Experiment mit gleichen Ergebnissen und Folgerungen. All das schien die Auffassung des französischen Philosophen und Atomisten Pierre Gassendi zu bestätigen, Schall werde durch die Emission eines feinen Stroms unsichtbarer Teilchen hervorgerufen, der von der Schallquelle zu unserem Ohr fließe. Erst zehn Jahre nach Kirchers Experiment gelang es Robert Boyle mit Hilfe einer erheblich verbesserten Von-Guericke-Vakuumpumpe nachzuweisen, daß man das Läuten einer Glocke *nicht* hören kann, wenn sie sorgsam in einem luftleeren Glasbehälter aufgehängt wird. Luft ist also doch für die Übertragung von Schall erforderlich.

Interessanterweise kann man aber durchs Vakuum hindurch sehen. Es ist nicht dunkel, was bedeutet, daß Licht im Gegensatz zum Schall keine Luft braucht, um sich fortzubewegen. Trotzdem konnte man damals natürlich nicht die Möglichkeit ausschließen, daß es eine weitaus feinere Substanz gab, die im Glasbehälter blieb – einen Stoff, der sich durch Boyles Vakuumpumpe nicht entfernen ließ.

Die Entdeckung, daß der Schall für seine Übertragung ein materielles Medium braucht, und andere Entdeckungen, die mit diesem Umstand zusammenhingen – zum Beispiel die genaue Messung und Vorhersage der Schallgeschwindigkeit –, trugen dazu bei, Schall als ein rein irdisches Phänomen zu verstehen. In der wissenschaftlichen Vorstellung wurde der Schall zu einer mechanischen und materiellen Erscheinung. Aber das besondere Wesen des Schalls blieb, wie Francis Bacon schrieb, «nur oberflächlich beobachtet» und war «eine der schwierigsten Fragen an die Natur».[10] Wie wird Schall physikalisch hervorgerufen, und welche spezifischen Eigenschaften zeigt er während seiner Reise durch die Luft?

Singen Sie eine kleine Melodie, und berühren Sie dabei Ihren Kehlkopf oder stecken Sie die Finger fest in die Ohren. Die Schwingungen, die Sie spüren, sind ein direkter Hinweis auf den Mechanismus, der mit Schallerzeugung zu tun hat. Betrachten Sie eine gezupfte Geigensaite oder die Zunge einer Maultrommel, so sehen Sie eine Vibration, die auf den Zusammenhang zwischen Schwingung und Schallentstehung verweist, einen Zusammenhang, den bereits Aristoteles erkannt hat.[11] Doch wie sieht die Verbindung zwischen solchen Schwingungen und dem Schall im einzelnen aus?

Die mathematische Beziehung zwischen der Tonhöhe und der Spannung oder Länge einer Saite hat Pythagoras entdeckt, aber die Verknüpfung mit einer spezifischen Schwingungsfrequenz nahm 1638 erstmals Galilei am Ende des «Ersten Tages» seiner *‹Unterredungen und mathematischen Demonstrationen über zwei neue Wissenszweige›* vor. Wenn Sie mit Ihrem Fingernagel über eine Tafel kratzen, so geht Ihnen das Geräusch nicht nur durch Mark und Bein, sondern Sie spüren auch eine Schwingung in Ihrer Fingerspitze. Versuchen Sie es mit einem Stück harter Kreide, und Sie werden feststellen, daß die vibrierende Kreide eine Spur von Punkten und Strichen auf der Tafelfläche zurückläßt, die je nach Tonhöhe kürzere oder weitere Abstände aufweisen. Das hatte Galilei zufällig festgestellt, als er mit einem harten Eisenmeißel über eine Messingplatte fuhr. Daraufhin führte er seinen Meißel unter verschiedenen Bedingungen wiederholt über das Messing. Wenn auch das Quietschen ohrenzerreißend gewesen sein muß, erwiesen sich die Ergebnisse als höchst erfreulich. Bei jeder Schwingung hinterließ der Meißel eine Spur auf der Platte. Indem Galilei die Zahl der Spuren pro Zentimeter zählte, konnte er die Tonhöhe mit den Schwingungen pro Sekunde korrelieren. Schall erwies sich somit als Schwingung, die sich durch das materielle Medium der Luft bewegt.

Erinnern wir uns an das Bild der Meereswelle, die sich auf den Strand zubewegt. Die vorüberziehende Welle hebt und senkt das Wasser, aber sie treibt es nicht zum Ufer. Alle Wellenbewegungen gleichen sich in dieser Hinsicht. Eine kleine Bewegung genügt, um eine solche «Form» rasch von der Quelle fortzuschikken. Das Medium, welches diese Form trägt, wird nur minimal erschüttert, und doch legt ein Donnerschlag achtzehn Kilometer in einer einzigen Minute zurück und ist mehr als dreißig Kilometer weit zu hören.

Zweihundert Jahre nach Galilei und lange nachdem der Schwingungscharakter des Schalls nachgewiesen worden war, fand dieser bei der Darbietung eines Beethoven-Trios noch einmal eine unerwartete visuelle Bestätigung. Dr. med. John Leconte berichtet, ihm seien, während er dem Streichtrio lauschte, zwei zu Fischschwänzen geformte Gasleuchter in der Nähe des Klaviers aufgefallen. Die Flamme des einen habe in «exakter Übereinstimmung» mit der Musik pulsiert. Sogar die Triller des Cellos hätten sich in feinen Wellen in der Flamme abgezeichnet, so daß «ein Gehörloser die Harmonie hätte sehen können».[12] Die verborgenen Schallschwingungen wurden durch eine für die Musik «empfängliche Flamme» sichtbar gemacht.

Das kalte, schwache Leuchten seines Sonnenschirms hat Galilei zu der Vermutung gebracht, Licht bestehe möglicherweise aus Körpern – den kleinsten, die es gibt. Vielleicht irrte er sich, vielleicht ließ sich seine leblose, materielle Vorstellung von Licht durch eine Auffassung ersetzen, nach der das Licht aus winzigen Wellen besteht, die sich in einem Äther ausbreiten, wie die Triller eines Cellos eine offene Flamme kräuseln. Vielleicht ist das Licht eine singende Flamme, eine feine Schwingung des lichttragenden Äthers.

## Die zwei Gesichter der Erkenntnis

Der Schall, um seine alten Verbindungen mit dem schöpferischen Wort Gottes gebracht, war für die aufgeklärten Intellektuellen des 18. Jahrhunderts eine Welle, die sich im unsichtbaren Medium der Luft wechselweise verdichtete und verdünnte. Nachdem sich diese Auffassung durchgesetzt hatte, lag es nahe, eine ähnliche Beschaffenheit des Lichts anzunehmen. Unser Denken, ob wissenschaftlich oder nicht, neigt dazu, das Unbekannte im Vertrauten zu suchen: Gott im Menschen, Licht im Schall.

Bevor wir fortfahren, sollten wir einen Moment lang innehalten, um uns die Unvollständigkeit des Bildes zu vergegenwärtigen, das wir uns vom Schall gemacht haben. Reine, unveränderliche Schwingung transportiert keine Bedeutung; so sagt es ein Theorem der mathematischen Physik. Man spiele *endlos* ein B auf der Geige, und nichts wird sich ereignen: keine Musik, keine Stimme. Die Übertragung eines «Signals» bleibt aus. Unserem Gehörsinn ist diese Erscheinung wohlvertraut – in der Regel wird er ein unveränderliches Hintergrundgeräusch, einen Wasserfall oder das Summen einer Leuchtstoffröhre mit defektem Vorschaltgerät, nicht vernehmen. Um zu sprechen, müssen wir die reinen Laute, die wir hervorbringen, modulieren, zu Worten formen. Bedeutung erwächst ebensosehr aus

Stille wie aus Schall. Dies wußte Graf Maurice Maeterlinck, als er schrieb: «Seelen werden in Schweigen gewogen wie Gold und Silber in reinem Wasser, und die Worte, die wir aussprechen, haben Bedeutung nur durch das Schweigen, in das sie getaucht sind.»[13]

Luftschwingungen sind wie der ungeformte Tonklumpen, bevor die Hände des Bildhauers ihn zu dem kunstvollen Gebilde gestaltet haben, das uns anrührt. Die gleiche Aufgabe nimmt der menschliche Kehlkopf wahr, wenn er die Gleichförmigkeit des physikalischen Tonoszillators in die gegliederte Form bedeutungsvoller Sprache bringt. Könnte dies auch für das Licht gelten? Adelard von Bath schrieb im 12. Jahrhundert, Sehen beruhe auf einem «sichtbaren Atem».[14] Er nahm an, wir würden äußeres Licht *(lumen)* «einatmen» und das Licht der Bedeutung *(lux)* «ausatmen», ein Vorgang, der uns an das Zusammenwirken von äußerem und innerem Licht in altgriechischer Zeit erinnert.

Wer Schall oder Licht nur als Schwingung betrachtet, reduziert Michelangelos ‹*David*› auf Marmorstaub. In gewissem Sinne mag eine solche Sehweise berechtigt sein, doch geht dabei die Wahrheit verloren, die die Plastik verkörpert. Der unberührte Marmor ist reine Potentialität. Wie der Gott Proteus kann er jede Form annehmen. Sich selbst überlassen, vermittelt er gar nichts. In der Sprache des Lichts: Es ist, als müsse *lux* auf *lumen* einwirken, damit Sprache, Musik oder Vogelgesang uns erreichen kann, physisch und psychisch. Wenn die Schwingung der Körper des artikulierten Lautes ist, so drückt sich sein Geist in der unendlich nuancenreichen Form aus. Wie Hören ist Sehen auf eine modulierte und gestaltete Form des Lichts angewiesen, um Bedeutung anzunehmen. Gelänge es uns, Bilder auf der Netzhaut vollkommen zu stabilisieren, so würden sie sich auflösen. Das ist eine gesicherte Erkenntnis der Sinnespsychologie. Sehen können wir nur Veränderung, Bewegung, Leben.

Die Besonderheiten des Sprechens und Hörens wurden im Laufe des 18. Jahrhunderts abgespalten und einer neuen Disziplin zugewiesen, der Sinnesphysiologie und -psychologie, während die «körperhaften Aspekte» den Physikern überlassen blieben. Unter ihnen hat Leonhard Euler 1746 mit seiner Schrift ‹*Neue Theorie des Lichtes und der Farbe*› als erster eine sorgfältig begründete Wellentheorie des Lichts vorgelegt. Leuchtende Objekte befänden sich in Schwingung, schrieb er, und der Äther befördere diese Schwingungen zum Auge, wie die Luft den Schall zum Ohr trage. Um der eigenen Schwingungstheorie Nachdruck zu verleihen, mußte er zunächst Newtons Korpuskularkonzept widerlegen, was er systematischer tat als irgend jemand vor ihm, wobei er viele der Einwände vorbrachte, die ich am Ende des vorigen Kapitels erwähnt habe. Doch auch Eulers Schwingungstheorie konnte nicht jede der vielen Manifestationen des Lichts erklären, vor allem nicht die Beugungsphänomene. Das Wort «Beugung» oder «Diffraktion» wurde von dem Jesuitenpater Francesco Maria Grimaldi aus Bologna geprägt, nachdem er 1665 verschiedene Lichtphänomene eingehend untersucht hatte. Beugungseffekte sind höchst alltägliche, wenn auch nicht sehr auffällige Erscheinungen, weshalb wir uns ihrer gewöhnlich nicht bewußt sind.

Nehmen Sie eine Kreditkarte aus Ihrer Brieftasche. Aller Wahrscheinlichkeit nach weist sie einen reflektierenden Abschnitt auf, in dem ein Bild schwebt. Solche dreidimensionalen, «holographischen» Bilder findet man gelegentlich auch auf den Titelseiten von Zeitschriften, in der Werbung und in jedem Wissenschaftsmuseum. Sie alle sind Beugungsphänomene. Schauen Sie an einem verregneten Abend durch Ihren Regenschirm auf eine Straßenlaterne. Das vielfältige, vielfarbig changierende Erscheinungsbild des Lichts ist ein Beugungsphänomen.

Halten Sie die Finger sehr eng zusammen, ohne daß sie sich ganz berühren, und blicken Sie durch den schmalen Spalt auf

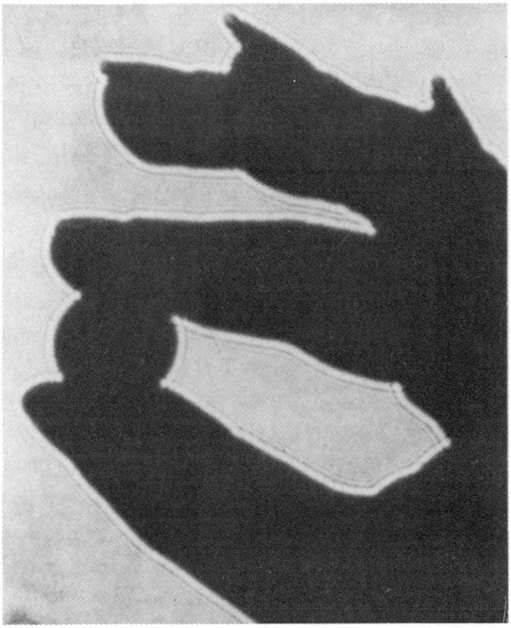

Die Beugung des Lichts als Rand um Hand und Münze. In diesem Fall wurde Laserlicht verwendet.

eine Lichtquelle. Das Muster aus dunklen Linien und Formen, das Sie sehen, ist ein Beugungseffekt.

Unter den zahllosen Bedingungen, die zur Lichtbeugung führen, ist die einfachste sicherlich die Erscheinung, die sich am Rand eines undurchsichtigen Gegenstandes zeigt. An einer fortlaufenden Kante trifft freies, weißes Licht unvermittelt auf Dunkelheit und macht ihr Platz. Die Folgen dieser Konfrontation sind unauffällig, aber eindeutig. Wo zuvor nur Licht und Dunkelheit wahrgenommen wurden, dringen farbige, parallele Lichtstreifen rhythmisch in jede Region ein. Dieses Phänomen, das bis ins 17. Jahrhundert unbemerkt blieb, bereichert die Lichtmetaphorik. Abermals liegt das Licht mit der Finsternis im Streit, aber diesmal wird aus ihrem Zusammentreffen Farbe geboren.

Keine dieser Erscheinungen ließ sich durch die Korpuskulartheorie des Lichts erklären, aber auch Eulers Wellentheorie scheiterte an dieser Aufgabe, weil ihr noch ein Schlüsselbegriff fehlte. Wenn das Licht wirklich dem Schall gliche, müßten solche Beugungseffekte auch bei diesem auftreten. Damals war dergleichen nicht bekannt. Später hat sich herausgestellt, daß der Schall tatsächlich solche Effekte zeigt, wenn sie auch schwerer zu beobachten sind. Singen Sie beispielsweise einen Ton im Badezimmer, modifizieren Sie nun langsam die Tonhöhe, und achten Sie auf die Veränderung in der Lautstärke. Wenn sich die Frequenz der Schwingung in Resonanz mit dem Raum befindet, wirken die Schallwellen in einer Weise zusammen, daß die Klangfülle deutlich zunimmt. Selbst dieses einfache akustische Phänomen vermochte man damals noch nicht zu verstehen. Zum Verständnis von Schall- oder Lichtwellen fehlte noch ein wichtiges Element, und das wurde erst später von dem englischen Wissenschaftler Young geliefert und von seinem Zeitgenossen Fresnel in Frankreich meisterhaft angewendet.

Thomas Young, der schon früh als Wunderkind gegolten hatte, war ein Universalgelehrter mit erstaunlichem Horizont.[15] Nachdem er mit zwei Jahren lesen konnte, hatte er sich bereits in jungen Jahren weitgehend als Autodidakt die Mathematik der Infinitesimalrechnung angeeignet und Grundkenntnisse in den Naturwissenschaften erworben (einschließlich der Konstruktion von Fernrohren und Mikroskopen). Schon als Kind zeigte er ein ausgeprägtes Interesse für Sprachen, eine Leidenschaft, der er sein Leben lang treu blieb, wobei er sich zunächst mit Latein, Griechisch, Französisch und Italienisch beschäftigte und sich dann dem Hebräischen, Aramäischen, Syrischen, Samaritanischen, Arabischen, Persischen, Türkischen und Äthiopischen zuwandte. Young gelang es sogar, unabhängig von Champollion Teile des berühmten Steins von Rosette zu entziffern und damit einen Beitrag zum Verständnis der altägyptischen Hieroglyphen zu liefern. In London, Edinburgh und Göttingen studierte er Medizin und promovierte 1796. Sein Interesse am Sehvermögen und seine Beschäftigung mit dem Auge führten ihn 1801 zu der bahnbrechenden Hypothese, das Farbensehen beruhe auf der Empfindlichkeit der Netzhaut für die drei Grundfarben Rot, Gelb und Blau. Später modifizierten und erweiterten James Clerk Maxwell und Hermann von Helmholtz Youngs Vorstellungen über das Dreifarbensehen und gaben der Theorie ihre heute allgemein akzeptierte Form. Young war ein eleganter Denker, dessen Bedeutung für uns heute vor allem in seinem revolutionären «Prinzip der Interferenz» liegt.

Stark von Euler beeinflußt, vertrat Young eine Schwingungstheorie des Lichts und glaubte an einen universellen lichttragenden Äther. Zusätzlich aber postulierte er ein Prinzip, von dem er meinte, es könne die Beugungsphänomene erklären, was eine kühne Behauptung war. Genauso wie einander überschneidende Wasserwellen sich verstärken oder aufheben, so könnten sich, meinte Young, die Wellen des Äthers durch einen ähnlichen Interferenzprozeß intensivieren oder bis zum völligen Verschwinden abschwächen. Heute werden wir schon im Physikunterricht mit solchen Gedanken vertraut gemacht, aber wir müssen uns vor Augen halten, wie abwegig Youngs Behauptung damals gewirkt haben dürfte. Nach seinem Prinzip kann man Teile eines gleichmäßig beleuchteten Schirms *verdunkeln,* indem man Licht *hinzufügt.* Licht plus Licht ergibt also Dunkelheit? Genau das war Youngs Idee.

Henry Brougham sprach vielen Zeitgenossen aus der Seele, als er erklärte, Youngs Interferenzprinzip sei «unseres Wissens eine der unverständlichsten Annahmen, die jemals in der Geschichte menschlichen Theoretisierens vorgebracht worden sind».[16] Zusammen mit dem Interferenzprinzip lehnten die Kritiker auch die Hypothese ab, Licht sei der sinnlich wahrnehmbare Effekt von Schwingungen in einem lichttragenden Äther. Zum Äther schrieb Lord Brougham: «Von einer solch glanzlosen Erfindung kann man nichts erwarten.» Young, der sich immer wieder mißverstanden sah, kam sich wie eine moderne Kassandra vor, die stets die Wahrheit sagte und die niemand verstand. Doch die Geister der Diffraktion und Polarisation ließen die Wissenschaftler, die sich das Licht als einen Strom winziger Projektile dachten, ihren Triumph nicht in Ruhe genießen, denn schon bald war der Zeitpunkt gekommen, da ihre geliebte Hypothese verworfen wurde und Youngs unverständliches Überlagerungsprinzip (eine Unverständlichkeit, die in der Quantenmechanik übrigens noch größer wird) rehabilitiert wurde.

Newtons, Descartes', Huygens', Youngs und Eulers Auffassungen über das Licht unterschieden sich zwar im einzelnen, hatten aber ein wichtiges Merkmal gemeinsam. Sie alle gingen von einem analogen Verständnis des Lichts aus – das heißt, sie sahen das Licht *wie* etwas anderes: wie ein Stück Materie oder wie die Wellen auf einer Teichoberfläche. Doch in Leonhard Eulers Arbeit entfaltete sich zudem ein paralleler Ansatz, nämlich die formale und mathematische Beschreibung der Natur.

Euler wählte den Schall zum Vorbild für das Licht und blieb damit in der bewährten Tradition, nach Analogien zu besser verstandenen Phänomenen zu suchen. Allerdings veranlaßte ihn seine mathematische Neigung, darüber hinaus eine alternative Beschreibung der Phänomene vorzunehmen, die durch die Anwendung moderner mathematischer Verfahren einschließlich der neu entwickelten Infinitesimalrechnung zu einem abstrakteren Naturverständnis führte.

Natürlich hat Euler die Mathematik nicht als erster auf die Natur angewendet. Wie Licht und Schall hat auch die mathematische Naturbeschreibung ihre eigene faszinierende Geschichte, die die Entwicklung des menschlichen Bewußtseins widerspiegelt. Im alten Babylonien standen die Priester-Astronomen auf ihren Stufenpyramiden und beobachteten die Bewegungen der Sonne, des Mondes, der Planeten und der

Sterne. Auf der Grundlage dieser Beobachtungen entwickelten sie eine rein arithmetische Astronomie von bewundernswerter Genauigkeit.[17] Interessanterweise bezogen sie ihre Vorstellungen über den Kosmos ausschließlich aus ihrer religiösen Mythologie. In den folgenden Jahrhunderten wandelte sich das Bewußtsein der Astronomen grundlegend. Die Planeten und Sterne waren nicht mehr Wohnsitz der Götter, sondern ferne Massen, die sich nach geometrischen Gesetzen um die Erde oder die Sonne verteilten. Auch die Mathematik veränderte sich. Sie beschränkte sich nicht mehr allein auf die Zahlen und Operationen der Arithmetik oder auf die Elemente und Beweise der euklidischen Geometrie, sondern umfaßte seit dem 18. Jahrhundert radikal neue und scheinbar unvorstellbare Elemente wie die unendlich kleinen Größen der Infinitesimalrechnung – gegen Ende des Jahrhunderts auch erste Ansätze zu nichteuklidischen Geometrien. Die Vollkommenheit, die Galilei vom Himmel herabgeholt und in der Mathematik angesiedelt hatte, entfaltete sich stetig, wenn auch manchmal auf beunruhigende Weise.

Euler und seine Zeitgenossen im 18. Jahrhundert erzielten große Fortschritte in der Anwendung der modernen mathematischen Analyseverfahren auf die Naturerscheinungen. Wie Sonnenlicht und Schatten einen Gegenstand umspielen, dienten Euler und jedem Physiker nach ihm zwei Sprachen zur Beschreibung unserer Welt. Die eine wendet sich an unsere sinnliche Erfahrung, die andere an das abstrakte Denken. Seither verwendet man bei dem Bemühen, das Wesen des Lichts zu ergründen, nicht nur die Netze der mechanischen Analogie, sondern auch das weit feinmaschigere und immaterielle Gewebe der Mathematik. Viele schlossen sich Fontenelle an, der die Abläufe in der Natur aus den Kulissen der Opernbühne beobachtete, wo sich Mechanik und Requisiten, Schminke und Beleuchtung aus der Nähe untersuchen ließen. Für ein paar andere jedoch war die Maschinerie der Natur zwar interessant, doch nicht annähernd so schön wie der Anblick der Formen und Muster, die sie durch das Okular der Mathematik erblickten.

In seinen vielen hundert Aufsätzen und Büchern wandte sich Euler nicht nur und noch nicht einmal in erster Linie an eine deutsche Prinzessin, sondern an eine ganz andere, ihm sehr viel näher stehende Zielgruppe. Er schrieb diese Arbeiten für eine winzige Elite, die für ihren Lebensunterhalt auf die Launen und Großzügigkeit von Despoten wie Katharina II. oder Friedrich dem Großen angewiesen waren. Im selben Jahr, in dem Euler seine ungeheuer populären *‹Briefe an eine deutsche Prinzessin›* veröffentlichte, brachte er auch ein gelehrtes Werk mit dem Titel *‹Strenge Mechanik›* heraus, von dem in den ersten zwei Jahren insgesamt zwölf Exemplare verkauft wurden. Erstaunlicherweise gehörten zur geistigen Nachkommenschaft dieser zwölf Leser, unter ihnen Lagrange, Laplace, Poisson, Fourier und Gauss, die ersten mathematischen Physiker. Sie sollten schließlich unserer gesamten wissenschaftlichen Kultur ihr besonderes Gesicht verleihen. Ihrer Arbeit, und nicht der deutschen Prinzessin, ist es zu verdanken, daß diese ersten Keime der modernen Wissenschaft zu sprießen begannen. Dabei entfernte sich die Sprache der wissenschaftlichen Gemeinschaft, insbesondere seit Erfindung der Analysis, immer weiter vom herkömmlichen Wissensstand der Gebildeten. Der stetig breiter werdende Graben zwischen der einschüchternden Sprache der Mathematiker und dem öffentlichen Bewußtsein zeigt sich vielleicht nirgends so deutlich wie in der Begegnung zwischen Euler und Denis Diderot, dem glänzenden Organisator und Mitgestalter der französischen *‹Encyclopédie›*, am Hofe Katharinas II. von Rußland.

1773 ging der respektlose *philosophe* als erster Bibliothekar an Katharinas neue Bibliothek nach Sankt Petersburg. Seine Kühnheit, Beredsamkeit und Gottlosigkeit drohten die jüngeren Mitglieder des Hofes zu verderben, so daß die älteren Höflinge die Zarin bestürmten, den ruchlosen Franzosen zum

Schweigen zu bringen. Widerstrebend kam Katharina ihrem Wunsch nach, wollte selbst aber nichts damit zu tun haben. Deshalb arrangierte man ein Treffen zwischen Diderot und einem «russischen Philosophen, einem gelehrten Mathematiker und ausgezeichneten Mitglied der Russischen Akademie, der in der Lage war, ihm vor dem versammelten Hofe algebraisch die Existenz Gottes zu beweisen».[18] (Ein Vorhaben, das übrigens der geniale Mathematiker Kurt Gödel weiterverfolgte.) Der große Tag kam, der Hof war vollzählig versammelt, der russische Philosoph (Euler!) trat würdevoll vor Diderot und erklärte in gesetztem Ton voll tiefer Überzeugung: «Mein Herr, $(a + b^n)/z = x$, folglich existiert Gott. Antworten Sie mir darauf!» Zwar hatte Diderot auf seinem Gebiet keinen Menschen zu fürchten, konnte aber Euler in der Mathematik nicht das Wasser reichen und mußte sich deshalb geschlagen geben. Kurz darauf besann er sich dann auch eines Besseren, gab seine Stellung am Hofe Katharinas auf und kehrte nach Frankreich zurück. Selbst der Enzyklopädist Diderot sah sich in die Situation der deutschen Prinzessin gedrängt, als er es mit den Behauptungen eines modernen mathematischen Physikers zu tun bekam.

Immaterielle Mathematik und materialistische Vorstellungen von der Welt, die mechanisch funktionierende Modelle für unsichtbare Wirklichkeiten erstrebten: das kennzeichnete die geistige Welt des 18. Jahrhunderts. Früher war das Licht in ganz anderen Vorstellungswelten zu Hause gewesen, doch nun mußte es in den geistigen Räumen heimisch werden, die ihm die besten Köpfe der Zeit boten. Und ist das nicht immer so? Formt nicht unsere Geistesverfassung die Welt, die wir sehen?

Aber der menschliche Geist ist ruhelos und die Natur stets willfährig, bereit, auf bislang nie gestellte Fragen zu antworten, fähig, neue Ausblicke zu eröffnen und bisher unentdeckte Bereiche ihres Wesens zu offenbaren. Immer wieder zeigte das Licht verwirrende Eigenschaften und unerklärte Erscheinungen, die weitere Forschungsarbeiten anregten. Unter ihrem

Einfluß entwickelte ein Franzose eine Theorie, die so erfolgreich war, daß sie Newtons Konzept verdrängte und das Wellenmodell als allgemein akzeptierte Theorie des Lichts etablierte.

## Licht am Straßenrand

Diffraktion, die Beugung, war ein widerspenstiges Phänomen, das unablässig auf eine Wellentheorie hindeutete. Doch das Rätsel des polarisierten Lichts entzog sich dem Verständnis ebenso hartnäckig und schien zunächst für eine korpuskulare Auffassung zu sprechen. Für die Vertreter des Wellenbildes stellte sich vor allem die Frage, was es denn nun mit dem alles durchdringenden Äther auf sich habe. Diese Probleme veranlaßten die Wellentheoretiker dazu, Eulers Anschauungen so zu modifizieren, daß das Wellenmodell des Lichts zu einem ernstzunehmenden Gegner der korpuskularen Auffassung wurde und schließlich den Sieg davontrug. Youngs Überlagerungsprinzip enthielt, so bizarr es anfangs auch anmuten mochte, ein entscheidendes Element. Allerdings wartete es noch auf einen begabten, mathematisch interessierten Wissenschaftler, der es elegant und überzeugend zu formalisieren verstand. Erstaunlicherweise fand sich dieser Mann am Straßenrand, wo er die Planung und den Bau von Straßen und Brücken beaufsichtigte – Augustin Fresnel vom *Corps des Ponts et Chaussées.*

Müßte man ein Ereignis nennen, das den Übergang zu einem neuen, mathematischen Verständnis des Lichts bezeichnet, fiele die Wahl wohl auf die Sitzung der Pariser Akademie der Wissenschaften vom März 1819. Zu den Mitgliedern des Ausschusses gehörten die größten mathematischen Physiker des Jahrhunderts, die in der Mehrzahl überzeugte Korpuskulartheoretiker waren. Sie hatten es sich zum Ziel gesetzt, die beste wissenschaftliche Behandlung des widerspenstigen Beugungsproblems zu bestimmen. Nur zwei Beiträge gingen ein, der eine absurd und der andere so scharfsinnig, gründlich und mathematisch ausgefeilt, daß sein Autor, ein relativ unbekannter französischer Ingenieur aus der Provinz, mit seiner Theorie sogleich in die vorderste Linie jener Forscher rückte, die sich mit dem Wesen des Lichts beschäftigten.[19]

Auf sich allein gestellt und in Unkenntnis der Arbeiten Thomas Youngs hatte der Tiefbauingenieur Augustin Fresnel begeistert phantasievoll angeordnete Beugungsexperimente durchgeführt (wobei ihm meist der örtliche Hufschmied als Feinmechaniker diente) und die mathematischen Grundlagen einer Wellentheorie des Lichts entwickelt, die erklären konnte, was er sah. Alle großen mathematischen Physiker seiner Zeit, zum Beispiel Poisson, Biot und Laplace, waren Anhänger der Newtonschen Theorie des Lichts und hatten deshalb erhebliche Einwände gegen die Wellentheorie. Diesen Männern mußte Fresnel seine später preisgekrönte Abhandlung zur Beurteilung vorlegen, und im Laufe der Jahre führte der unbekannte Ingenieur aus der Provinz seine Angriffe in verschiedenen Fachzeitschriften vor allem gegen diese Wissenschaftler. Durch seine scharfsinnige Anwendung des Interferenzprinzips und die meisterhafte Beherrschung der Analysis machte Fresnel neue, überraschende Vorhersagen, von denen sich viele bestätigten. Dennoch war seine Theorie nicht vollständig.

In seinem Wettbewerbsbeitrag entwickelte Fresnel formale Lösungen für Beugungsprobleme, die so schwierig waren, daß er sie nicht auf individuelle Fälle anwenden konnte. Mit anderen Worten, er untersuchte das Beugungsproblem abstrakt, konnte aber keine konkreten experimentellen Vorhersagen machen. Sein brillanter Gegner Siméon Denis Poisson löste eine der Gleichungen, mit denen Fresnel nicht fertig geworden war, und versuchte dann mit ihrer Hilfe, eine scheinbare Absurdität in dessen Theorie nachzuweisen. Poisson zeigte, daß Fresnels Theorie eindeutig einen Lichtfleck *unmittelbar hinter* einem kleinen, undurchsichtigen Hindernis vorhersagte. Danach müßte man beispielsweise, wenn man Licht auf eine Schrotpatrone fallen läßt, direkt hinter ihr, in der Mitte ihres Schattens, einen Lichtfleck sehen, so hell, als wäre die Patrone nicht da! Absurd, erklärte Poisson. Der Experimentalphysiker François Arago, ein Freund und Anhänger Fresnels, führte den Versuch durch und entdeckte tatsächlich einen Fleck von exakt der Art, wie ihn Poisson auf der Grundlage von Fresnels Theorie vorhergesagt hatte. Damit war die Fresnelsche Wellentheorie bestätigt. Ganz gegen seine Absicht hatte Poisson den letzten Nagel in den Sarg geschlagen, in dem die Newtonsche Korpuskulartheorie zu Grabe getragen wurde.

Wo zeigen sich im Alltag solche Beugungseffekte? Nicht selten läßt sich nachts in der Umgebung des Vollmondes das gleiche Phänomen beobachten, wie es Fresnel mit Hilfe spezieller Lichtquellen und Instrumente entdeckt hatte! Wenn leichte Wolken über den Mond ziehen, erscheinen in seiner unmittelbaren Nachbarschaft Farbringe, bläulich in seiner Nähe, weiter fort weiß, bis sie schließlich mit einem rötlichen Streifen enden. Diese reizvolle Erscheinung, Aureole oder Hof genannt, wird durch die Beugung des Mondlichts in Wassertropfen oder Eiskristallen auf genau die gleiche Weise bewirkt, wie sich Poissons Lichtfleck bildet, nur daß sie sich hier an jedem der vielen Millionen Tröpfchen in der Wolke wiederholt.[20] Statt das Licht nur zu verdunkeln, können die Tröpfchen und Kristalle der Wolke es an Orte verlagern, an denen man es nicht vermuten würde, sofern man es sich nur in Gestalt geometrischer oder korpuskularer Strahlen vorstellt. Die Aureole zeigt uns, daß Licht das scheinbar Unmögliche zu leisten vermag, und erinnert an seine unheimliche Fähigkeit, inmitten dunkelster Schatten zu erscheinen.

Fresnel und Young gelang es, noch ein anderes, bis dahin jedem Erklärungsversuch hartnäckig widerstehendes Experimentalergebnis zu erklären, nämlich die Polarisation. Ein bekanntes Phänomen, das mit Polarisation zusammenhängt, ist grelles, blendendes Licht. Reflexionen des Sonnenlichts können unangenehm oder sogar gefährlich sein, zum Beispiel wenn wir Auto fahren. Wie durch Zauberhand läßt sich dieser Blendeffekt durch sogenannte Polaroid-Sonnenbrillen verringern. Das Geheimnis dieser praktischen Erfindung beruht auf unserem Verständnis der Polarisation, das wir in erster Linie Fresnel verdanken.

Wenn man Licht durch einen klaren Kristall fallen läßt, so kann man beobachten, daß es sich in bestimmtem Sinne «orientiert» oder ausrichtet. Nachweisen läßt sich das, indem man das orientierte (oder polarisierte) Licht durch einen identischen zweiten Kristall lenkt. Auch er ist vollkommen klar, und doch gelangt bei bestimmten relativen Ausrichtungen der beiden Kristalle *kein* Licht durch den zweiten. Die Korpuskulartheoretiker hatten die Hypothese geäußert, Lichtteilchen würden beim Durchqueren des ersten Kristalls nach ihrer Form selektiert; deshalb könne Licht durch den zweiten Kristall nur hindurchgelangen, wenn er in der gleichen Weise ausgerichtet sei. Es sei, als versuche man, quadratische Stöpsel in quadratische Löcher zu stecken: Das gehe nur, wenn beide genau gleich orientiert seien. Die Wellentheoretiker andererseits hatten ihre Schwierigkeiten mit den Polarisationsphänomenen, weil der Schall solche Effekte nicht zeigt. Wäre das Licht eine Welle genauso wie der Schall, dann müßten beide die gleichen Effekte zeigen. Fresnel schlug eine Lösung vor: Verliefe die Schwingung im Äther (die für ihn das Licht war) «quer» zur Ausbreitungsrichtung, ließe sich das Problem der Orientierung mit der Wellentheorie vereinbaren.

Schall ist eine Welle von Verdichtungen und Verdünnungen in der Luft. Spricht man in das eine Ende eines Rohrs, dann breitet sich die Welle darin mit der Geschwindigkeit des Schalls in der Luft aus. Die Wellenbewegung verläuft *entlang* der Verdichtungsrichtung. Könnte man eine Dominokette mit Federn ausrüsten, die jedes gesetzte Steinchen gleich wieder aufrichten würden, gäbe die «Wellenfront» der gesetzten und wieder emporspringenden Dominosteine ein gutes Bild für den Schall ab.

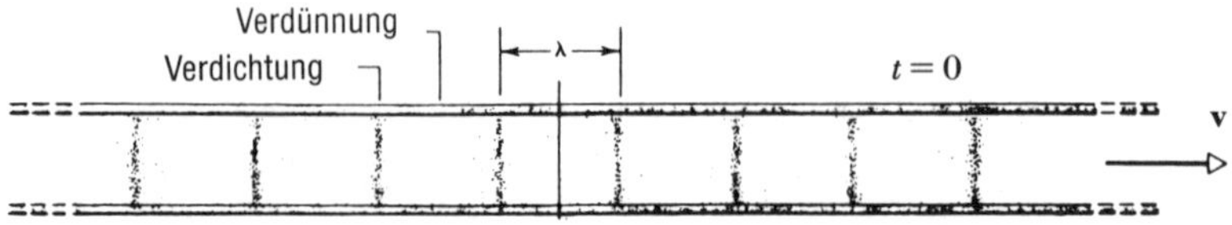


Darstellung einer Schallwelle in der Luft. Der Schall bewegt sich nach rechts und besteht, wie oben abgebildet, aus einer Folge von Verdichtungen und Verdünnungen.

Licht ähnelt mehr den Wellen auf einer Schnur oder einer Wasserfläche als denen des Schalls. Eine Schnur kann nach oben und unten oder von links nach rechts schwingen. Das entspricht zwei unterschiedlichen linearen Polarisationen der Lichtschwellen und kann deshalb die «Orientierung» des Lichts erklären.[21] Der Blendeffekt, der im wesentlichen durch horizontal polarisiertes Licht entsteht, läßt sich beheben, indem man Polarisationsfilter so ausrichtet, daß nur vertikal polarisiertes Licht hindurchgelangt.

Eines der überraschendsten und schönsten Polarisationsphänomene ist das der Polarisationsfarben. Dazu muß man nur ein Stück Zellophan oder ein durchsichtiges Bonbonpapier zwischen zwei Polaroidfilter klemmen (wenn eine alte Polaroidbrille vorhanden ist, kann man einfach die Gläser herausnehmen). Schlagartig entfalten sich herrliche Farbstreifen vor dem Auge, und die Farben verändern sich mit jeder Drehung der Polaroidlinsen! Die genaue Beobachtung zeigt, daß neue Farben auftreten, wenn sich die Zellophandicke verändert.

Wenn ich diese Farben sehe, bin ich stets an die «Synchromy»-Bilder des amerikanischen Malers Morgan Russell erinnert. In seinen Werken wird die Farbe zu einer Sprache, die sich von der Form emanzipiert. Unter einem dieser Bilder – ‹*Synchromy in Blue-Violet*› – heißt es im Katalog: «Und Gott sprach: ‹Es werde Licht!› Und es ward Licht...» Das Bild wird von einer gelben Fläche in seiner Mitte beherrscht, von der Russell meinte, sie symbolisiere das Licht und das erste Auge, das es wahrnahm. Er schreibt: «Der Ausbruch des zentralen Spektrums in meinem Bild... hat sicherlich eine entfernte Ähnlichkeit mit dem, was das erste Sehorgan erlebt haben muß.» Im zweiten Jahrzehnt unseres Jahrhunderts war Russell außerdem mit der Herstellung sogenannter «Lichtschachteln» beschäftigt. Das waren kleine Holzschachteln, denen die Längsseiten fehlten. Im Schachtelinnern brachte er Glühbirnen an, und die offenen Seiten bespannte er mit bemaltem, durchsichtigem Stoff. Wenn die Lichter eingeschaltet wurden, begannen Russells Werke buchstäblich zu glühen und sandten farbige Strahlen aus wie Sonnenlicht, das durch bunte Glasfenster fällt. Unzufrieden mit dem engen Raum in der Schachtel, dringt das Licht nach außen durch die Wände seines Gefängnisses und erweckt auf diese Weise die dunklen, stummen Farben des Stoffes oder Glases zum Leben.

Am 16. Mai 1832 hat der bedeutende britische Astronom John Herschel dem befreundeten Physiker Whewell etwas geschickt, was auch er «eine Schachtel voller Licht» nannte. Ihr fehlten zwar die fröhlich bemalten Seitenwände und der künstlerische Anspruch der Russellschen Lichtschachteln, aber der Karton war auch, wie Herschel erklärte, «keine *Instantanlicht*-Schachtel, sondern eine, die ihre Wirkung langsam entfaltet»: Sie enthielt die wissenschaftlichen Aufzeichnungen von Augustin Fresnel.

Zwischen 1820 und 1835 unterzogen britische Wissenschaftler Fresnels Ideen einer theoretischen und praktischen Prüfung. Dabei schien sich herauszustellen, daß die entscheidenden mathematischen Relationen, die zur Beschreibung des Lichts erforderlich sind, in Fresnels Papieren nun endlich erfaßt und festgehalten waren – Papieren, die sich bequem in einem kleinen Pappkarton unterbringen ließen. Galilei hätte sich sicherlich gern in diese dunkle Schachtel begeben, vielleicht mit einer Kerze ausgerüstet, um in dieser einsamen Zelle die mathematische Wahrheit über das Licht zu entdecken. Doch trotz des durchschlagenden Erfolgs der Fresnelschen

Theorie kam das Licht in Herschels Lichtschachtel nicht zur Ruhe. Zu ungestüm war sein wissenschaftlicher und geistiger Freiheitsdrang. Faradays elektrische Experimente und Maxwells dynamische Theorie rissen die Schachtel auf und verstreuten die Papiere. Ist das Licht eine Welle? Maxwell und Faraday hätten die Frage mit Ja beantwortet. Doch woraus besteht sie? Was ist das für eine Welle? Zeitgenossen von Young und Fresnel waren die Denker, Dichter und Künstler der Romantik und des amerikanischen Transzendentalismus, aus deren Sicht das Wesen des Lichts niemals in Gleichungen eingefangen oder in eine Schachtel gesperrt werden konnte. Ihre Korrektur der Lichtkonzeption war weit aggressiver und radikaler als die der Wissenschaftler, und auch diese Entwicklung gehört unbedingt zu unserer Geschichte des Lichts.

## Der Tod des materiellen Äthers

Alle unsere technischen und geistigen Mittel setzen wir ein, um das Wesen eines unsichtbaren alltäglichen Phänomens zu ergründen: des Lichts. Da wir es nicht sehen können, spekulieren wir. Vielleicht ist es, nicht anders als der Schall, eine fließende Gestalt, die in einem zitternden Medium durch den Raum eilt. Wie der Schall von der Luft transportiert wird, die Meereswogen vom Wasser, so ist das Licht vielleicht auch eine Welle in diesem angenommenen Äther. Da sich das Licht der direkten Beobachtung entzog, stellten es sich die meisten Physiker im 19. Jahrhundert als Schwingung eines ätherischen Stoffes vor, stießen mit dieser Auffassung aber auf erhebliche Probleme.

Luft und Wasser kennen wir. Aber wie ist dieser materielle Äther beschaffen? Es ist wenig befriedigend, ein unsichtbares Fluidum, das Licht, durch ein anderes, den Äther, zu erklären. Wie steht es mit seiner Dichte, Struktur, Konsistenz und anderen physikalischen Eigenschaften? Aus dem Umstand, daß wir und die Erde ohne erkennbaren Effekt durch den Raum und damit auch durch den Äther wirbeln, läßt sich schließen, daß er außerordentlich dünn sein muß. Doch die enorme Geschwindigkeit des Lichts – dreihunderttausend Kilometer pro Sekunde – setzt andere, offenbar gegensätzliche Eigenschaften voraus. Wieder hilft uns eine Analogie weiter, diesmal die der Wellen auf einer Schnur oder einem Seil.

Spannen wir ein langes Seil zwischen zwei Pfähle. Wenn wir am einen Ende zupfen, werden wir feststellen, daß die Störung rasch zum entgegengesetzten Ende gelangt, wo sie abprallt und zu ihrem Ursprung zurückkehrt, um abermals abzuprallen und wieder fortzueilen ... Spannen wir nun das Seil straffer und wiederholen das Experiment. Die Wellenform bewegt sich jetzt rascher. Lockern wir das Seil, bewegt sie sich langsamer. Offenbar hängt die Geschwindigkeit, mit der sich die Störung bewegt, von der Spannung des Seils ab. Die eigene Körpererfahrung sagt uns, daß diese Beziehung zutrifft. Je kräftiger wir mit den Fingern schnippen, um so rascher bewegen sich unsere Finger. Entsprechend ist die Spannung des Seils die Kraft, die darauf hinwirkt, die ursprüngliche Stellung des Seils wiederherzustellen. Je größer diese Rückstellkraft ist, desto rascher schnellt das Seil wieder zurück und desto rascher pflanzt sich die Störung auch fort.

Die Geschwindigkeit nimmt mit der Spannung zu. Doch noch eine zweite Eigenschaft des Seils wirkt sich auf die Geschwindigkeit aus, und das ist seine Masse. Bei gleicher Spannung läßt sich ein dünnes Seil leichter in Schwingung versetzen als ein dickes. Deshalb geht mit wachsender Masse (genauer: Masse pro Längeneinheit) die Geschwindigkeit zurück. Bei Klavieren, Gitarren oder Geigen machen sich Instrumentenbauer diese Beziehung zunutze, indem sie dicke Saiten für die Baßtöne und dünne für die hohen Töne verwenden. Sorgfältige Experimente und theoretische Analysen zeigen, daß die Geschwindigkeit der Störung durch die Formel $v = \sqrt{(T/m)}$ gegeben ist. Die Geschwindigkeit $v$ ist gleich der Quadratwurzel aus der mechanischen Spannung $T$ geteilt durch die Masse $m$. Wie aus der

Formel hervorgeht, wird die Störung schneller, wenn man die Spannung erhöht, und sie verlangsamt sich, wenn man die Masse erhöht.

Analog können wir hinsichtlich des Äthers fragen: Wenn das Licht eine Welle in diesem schwer faßbaren Medium ist, dann muß auch ihre Spannung irgendwo herkommen, und sie muß eine Massendichte besitzen. Von welcher Art? Erst die Antwort auf diese Frage kann dem vagen Begriff schärfere Konturen verleihen und uns eine konkrete Vorstellung vom Äther und damit auch vom Licht vermitteln. Überall, wohin das Licht reicht, gibt es ja auch den Äther, denn er trägt doch die Schwingungen, aus denen das Licht besteht. Er muß ein elastischer Körper von solcher Federkraft sein, daß eine Welle, die sich in ihm bewegt, die Erde mehr als siebenmal in einer einzigen Sekunde umkreisen kann. Doch gleichzeitig muß diese Erde in der Lage sein, ungehindert durch die Ätheratmosphäre des Universums zu dringen.

Bereits 1746 hatte Euler die Ausbreitungsgeschwindigkeiten von Schall und Licht miteinander verglichen und war aufgrund der Ergebnisse zu Schätzwerten für die physikalischen Eigenschaften des Äthers gelangt. Danach müßte die Dichte des Äthers mindestens hundertmillionenmal geringer sein als die der Luft und seine Elastizität tausendmal höher; nur so ließe sich die außerordentliche Geschwindigkeit des Lichts erklären. Der Äther hätte also eine größere Federkraft als Stahl, wäre aber millionenfach dünner als Luft.

Ein Jahrhundert später schlug Sir George Stokes am Ende eines wissenschaftlichen Aufsatzes ein anderes Äthermodell vor.[22] Leim und Wasser bildeten, schlug er vor, zusammen eine dicke Gallerte, die einerseits als Resonanzkörper für *rasche* Schwingungen dienen könne, andererseits von einem Körper in *langsamer* Bewegung leicht zu durchdringen sei. Vielleicht, so Stokes, sei der Äther von ähnlicher Konsistenz. Die außerordentlich raschen, kurzen Lichtschwingungen rasten mit dreihunderttausend Kilometern pro Sekunde durch das Medium, während die schwerfälligen Planeten es auf ihren Umlaufbahnen mit lediglich sechzehntausend Kilometern pro Stunde durchpflügten.

Im Anschluß an Fresnel entwickelten begabte französische und englische Mathematiker ähnliche dynamische Modelle wie Stokes, das heißt, sie berechneten in allen Einzelheiten die Bewegungen und Wechselwirkungen der «Äthermoleküle», wie sie nach den bekannten Eigenschaften des Lichts anzunehmen waren: Aufgrund der ungeheuren Lichtgeschwindigkeit waren an die Elastizität des Äthers bestimmte Anforderungen zu stellen; die Bewegungen der Planeten und Kometen setzten den Dichtewerten des Äthers gewisse Grenzen; und aus den Polarisationserscheinungen ließ sich auf die Struktur der Wechselwirkungen des Äthers schließen. Auf der Basis von vielen Untersuchungsdaten lieferte die Arbeit dieser großen mathematischen Physiker allmählich ein detailliertes materielles, mechanisches Modell des lichttragenden Äthers, das jedes einzelne Experimentalergebnis erklären konnte.

Ihre Vorstellung vom Licht wies nur eine grundlegende Schwäche auf, die nämlich, daß ihr Äther materiell war. Die meisten Wissenschaftler des 19. Jahrhunderts waren auf eine absolut materialistische Anschauung festgelegt. Mochte der Äther in seinen Eigenschaften noch so flüchtig und ungewöhnlich sein, wenn er *etwas* war, dann mußte dieses Etwas eine Substanz sein. Wenn nicht, konnte es einfach nicht existieren. Für diese Wissenschaftler war das Gegenteil von Materie Geist, und die Immaterialität des Lichts zuzugeben hätte bedeutet, der spekulativen Naturtheologie Tor und Tür zu öffnen.

Mitte des 18. Jahrhunderts hatten Bischof Berkeley und Chevalier Ramsay je eigene Auffassungen vom Äther entwickelt, die im wesentlichen spiritueller Natur waren und zurückgingen auf die Traditionen der *prisca sapientia* (Urweisheit) Ägyptens, Griechenlands, Persiens und der hermetischen Schriften, die wir bereits aus den vorhergehenden Kapiteln kennen. Ramsay nannte den Äther «den Leib des großen Oromases [Ahura

Masda], dessen Seele Wahrheit ist... Er durchdringt alles.»[23] Die Trinitarier verglichen den Heiligen Geist mit dem universellen Äther oder setzten die beiden sogar gleich. Nach 1875 fanden solche Tendenzen verstärkte Beachtung, da nämlich viele Wissenschaftler in spätviktorianischer Zeit von einer «Glaubenskrise» befallen wurden, unter deren Einfluß sie dann häufig Wissenschaft und Religion mit Hilfe des Spiritismus zu versöhnen suchten.[24]

Wer die materielle Natur des Lichts oder des Äthers leugnete, vollzog damit eine Kehrtwendung zu vorwissenschaftlichen, spirituellen Vorstellungen vom Licht, eine Haltung, die den führenden Wissenschaftlern jener Zeit ein Greuel war. Die Bedeutung religiöser Neigungen (oder Abneigungen) für die Entwicklung der Wissenschaft ist nicht zu unterschätzen, besonders soweit sie die Einstellung gegenüber schlecht belegten Hypothesen betrifft. So ist zu verstehen, warum die meisten Wissenschaftler hartnäckig darauf bestanden, daß Licht und Äther grundsätzlich von materieller Beschaffenheit sein müßten. Die detaillierten dynamischen Modelle ihrer Zeit boten ihnen ein im wahrsten Sinne des Wortes konkretes Verständnis des Lichts, das sie in ihren Vorbehalten gegen metaphysische Ideen bestätigte und darüber hinaus Vorhersagen erlaubte, wie sich der Äther manifestieren könnte, wenn auch nur auf höchst flüchtige Weise.

So entwickelte sich in zahlreichen Laboratorien und Observatorien in Europa und im aufblühenden Wissenschaftsbetrieb der USA eine systematische Suche nach dem Äther. Jedes vorgeschlagene Experiment wurde wieder und wieder durchgeführt, und selbst heute noch versucht man in Experimenten von bewundernswerter Exaktheit, den materiellen Äther nachzuweisen. Um 1900 wurden die Hinweise immer deutlicher, und 1990 sprechen die Fakten eine unmißverständliche Sprache: Den materiellen Äther gibt es nicht. Er war eine Fiktion, geboren aus einem materialistischen Denken.

Licht ist *kein* leuchtendes Kräuseln auf einem materiellen

Substrat – dem Äther. Und doch ist richtig, daß zwar zahllose Experimente den Äther widerlegen, aber eine ebenso große Zahl den Wellencharakter des Lichts zu bestätigen scheinen. Wenn wir beide Ergebnisse ernst nehmen und davon ausgehen, daß Licht in gewissem Sinne eine Welle ist, dann stellt sich die Frage: Was schwingt da als Welle? Im Falle von Wasserwellen, Schallwellen, vibrierenden Saiten ist immer *etwas* in Schwingung. Die Schallfigur wird von der Luft getragen. Doch was transportiert die fließende Figur, die wir Licht nennen? Eines ist deutlich geworden: Ganz gleich, um was es sich da handelt, es ist jedenfalls nicht materieller Natur!

# 6 Strahlungsfelder – Sehen mit dem Licht der Elektrizität

Denn Gottes unsichtbares Wesen, das ist seine ewige Kraft und Gottheit, wird ersehen seit der Schöpfung der Welt und wahrgenommen an seinen Werken.

Brief des Paulus an die Römer 1, 20

Kurz bevor das Scheitern der materiellen Lichtvorstellungen offenbar wurde, reifte von unerwarteter Seite eine andere und produktivere Auffassung heran.[1] Fern von den ehrwürdigen Stätten der Gelehrsamkeit in Oxford und Cambridge, und damit auch weitab von der aufgeblasenen Tyrannei akademischer Traditionen und Rivalitäten, kam als drittes von vier Kindern eines armen Handwerkers und seiner Frau ein Sohn zur Welt. Das war im Jahre 1791 in einer Umgebung, die wenig für die Zukunft dieses Kindes erhoffen ließ – einem Londoner Slum. Der kränkelnde Vater verdiente einen kärglichen Lebensunterhalt als Hufschmied, und die Familie hauste über einem Kutschenstall. Zu essen gab es selten genug. 1801, als die Lebensmittelpreise in die Höhe kletterten, mußte der Sohn die Woche über mit einem Laib Brot auskommen. Dürftigen Verhältnissen entwachsen jedoch manchmal außergewöhnliche Lebensschicksale.

Jedenfalls begann unter solchen Umständen das Leben von Michael Faraday, dem größten Experimentalwissenschaftler, den die Menschheit hervorgebracht hat. Als er mit sechsundsiebzig Jahren starb, war er unter anderem zum Ehrenmitglied der wissenschaftlichen Gesellschaften von Paris, Brüssel, Sankt Petersburg, Florenz, Kopenhagen, Stockholm, Berlin, München und Wien ernannt worden, und man hatte ihm den Adelsstand sowie den Vorsitz der Royal Society und der Royal Institution angetragen – Ehrungen, die er beharrlich ausschlug. Als ihn ein Kollege, an dem sein Herz hing, drängte, die Auszeichnungen anzunehmen, erwiderte Faraday: «Tyndall, ich muß der einfache Michael Faraday bleiben.»[2]

Dieser «einfache» Michael Faraday brachte eine revolutionäre Theorie des Lichts hervor, die die Fesseln des materialistischen Weltbildes seiner Zeit zerriß. Historiker haben auf diesen schlichten Sohn eines Hufschmieds die bahnbrechenden Ideen der modernen Feldtheorie zurückgeführt. Für mich ist er ein höchst ungewöhnlicher Mensch, dem die Wahrheit einfach zu wichtig war, als daß er sich von den modischen Modellen seiner Zeitgenossen hätte blenden lassen, und der genau wußte, daß über die Gültigkeit der Ideen stets die Natur entscheidet. Wie kam es, daß dieser einfache Mensch so tiefen Einblick in die Natur gewann? Was für einen Charakter hatte er, was für eine Ausbildung und welche besondere Gabe, die ihn für unsere Biographie des Lichts zur entscheidenden Figur des 19. Jahrhunderts werden läßt?

Betrachtet man seine Kindheit und Jugend, so war mit seiner Laufbahn als wissenschaftlicher Entdecker nicht im entferntesten zu rechnen. Er war ein Aschenputtel, das aus den ärmlichen Anfängen in der Schmiede seines Vaters zu einem Naturforscher von Weltruhm emporstieg. Die formale Schulbildung Michael Faradays wurde abgebrochen, nachdem er die Grundbegriffe im Schreiben, Lesen und Rechnen gelernt hatte. Seine sanftmütige Mutter nahm ihn von der Schule, nachdem er Schläge bekommen hatte, weil er den Buchstaben «R» falsch ausgesprochen hatte. Fortan wuchs er zu Hause und auf den Straßen Londons auf.

Obwohl nicht mit materiellen Reichtümern gesegnet, führte die Familie ein intensives religiöses Leben – ein wichtiger und bleibender Einfluß für Faraday. Er bewahrte den stillen, unerschütterlichen Glauben, wie ihn die kleine christliche Sekte praktizierte, in die er hineingeboren worden war – die Sandemanian Church. Sein ganzes Leben lang blieb sie Faradays religiöses Zuhause. Für ihn gab es keinen Gegensatz zwischen seiner Arbeit und seinem Gott. «Selbst in irdischen Dingen glaube ich, daß Gottes unsichtbares Wesen seit der Schöpfung der Welt ersehen wird», paraphrasiert er eine Passage aus dem Römerbrief, auf die sich Sandemanier gern beriefen.[3] Objektive wissenschaftliche Forschung und Glaube hingen für ihn auf höchst bedeutsame, wenn auch subtile Weise zusammen, so daß sein agnostischer Kollege Tyndall über seinen Mentor schreiben konnte: «Die Betrachtung der Natur und seine eigene Beziehung zu ihr rief in Faraday eine Art geistiger Exaltation hervor, welche hier zu Tage tritt. Sein religiöses Gefühl und seine wissenschaftliche Denkweise konnten nicht getrennt werden. Es fand ein beständiges gegenseitiges Überfließen beider bei ihm statt.»[4]

«Unsichtbares Wesen» war auch das Licht, das Faraday erforschte. Sich an Paulus haltend, versuchte er das Unsichtbare zu erkennen, indem er die «Werke» des Schöpfers untersuchte, das heißt, durch kontinuierliche unvoreingenommene Beobachtungen und Experimente. Nichts war für ihn so wichtig wie ein wirklich aufschlußreiches Phänomen. Mit unermüdlicher Energie und nie erlahmendem Einfallsreichtum gelang es Faraday, die archetypischen Wirkungen des Elektromagnetismus zu entdecken. Diese vor Faraday völlig unbekannten Erscheinungen vermittelten, sobald sie entdeckt waren, ein völlig neues Bild vom Licht.

## Elektrische Wellen

Mit dreizehn Jahren begann Michael Faraday seine Karriere als Laufbursche für G. Riebau, einen französischen Buchhändler und Buchbinder in der Blanford Street Nr. 2. Umgeben von den vielen Büchern und von Riebau wohlwollend gefördert, erwachte Faradays Wissensdrang. Innerhalb eines Jahres begann er eine Buchbinderlehre, ein Handwerk, das er in den nächsten sieben Jahren gründlich zu beherrschen lernte. Doch seine Ausbildung in der Buchhandlung ging weit über die Kunst des Buchbindens hinaus. Während seine Hände jene Geschicklichkeit erwarben, die ihm sein Leben lang Bewunderung eintrug, nutzte er jeden freien Augenblick zum Lesen. «Es gab dort viele Bücher, und ich habe sie gelesen», schreibt Faraday. Riebau erinnert sich auch, daß sein Famulus Zeichnungen von elektrischen Maschinen und dergleichen in eigens zu diesem Zweck gefertigte Bände übertrug und häufig frühmorgens Spaziergänge unternahm, «wobei er stets irgendein Bauwerk aufsuchte oder nach mineralischen oder pflanzlichen Kuriositäten Ausschau hielt – Holloway-Wasserwerke, Highgate Archway...»

Faradays Forschungsdrang erhielt eine spezifischere Ausrichtung, als er sich 1810 der City Philosophical Society anschloß, die erst zwei Jahre zuvor auf Betreiben von John Tatum ins Leben gerufen worden war, von dessen Haus, Bibliothek, wissenschaftlicher Ausrüstung und rednerischen Fähigkeiten die Gesellschaft vor allem lebte. Jeden Mittwochabend sprach Tatum oder ein anderes Klubmitglied über ein wissenschaftliches Thema seines Interesses. Die Übung, die Faraday darin hatte, sorgfältige Zusammenfassungen mit genauen Zeichnungen anzufertigen und zu binden, kam ihm bei diesen Vorträgen gut zustatten.

Hin und wieder zeigte Riebau die vier gebundenen Quartbände, die Faradays Aufzeichnungen enthielten, Freunden und Kunden, unter anderem auch einem gewissen Mr. Dance. Als dieser sie sah, verschaffte er dem jungen Faraday Zutritt zu den Vorträgen, die Sir Humphrey Davy, damals der berühmteste Wissenschaftler Englands und ein charismatischer Redner, an der Royal Institution hielt. Was Faraday dort hörte, ließ ihn zu einem begeisterten Anhänger des Elektrochemikers werden. Er hielt Davys vier Vorträge mit der gleichen Sorgfalt fest wie Tatums Ausführungen.

Kurz darauf, im Herbst 1812, endete Faradays Lehrzeit bei Monsieur Riebau, und der junge Mann war schon bald mit seiner Situation höchst unzufrieden. Er hatte den sehnlichen Wunsch, Wissenschaftler zu werden – aber wie sollte er ihn verwirklichen? In seiner Verzweiflung schrieb er an Sir Joseph Banks, den Präsidenten der Royal Society, und bewarb sich um einen wissenschaftlichen Posten gleich welcher Art, und mochte er noch so bescheiden sein. Banks antwortete nicht einmal auf Faradays wiederholte Anfragen. Doch das Schicksal geht seine eigenen Wege. Durch eine Laborexplosion zog sich Humphrey Davy eine Augenverletzung zu, und so konnte Faraday, wahrscheinlich dank Dances Fürsprache, Davy einige Tage als Sekretär dienen. Im Dezember bat er den verehrten Wissenschaftler (der ebenfalls von einfacher Herkunft war) schriftlich um eine Stellung und legte seinem Gesuch die gebundenen Aufzeichnungen der Vorträge bei, die Davy gehalten hatte. Doch obwohl sich dieser geschmeichelt fühlte, sah er keine Möglichkeit, ihm einen Posten zu verschaffen. Abermals kam Faraday der Zufall zu Hilfe. Davys Assistent wurde in einen Streit verwickelt und entlassen. Noch am selben Abend schreckte Faraday, der sich gerade ins Bett begeben wollte, ein herrisches Klopfen an der Tür auf. Ein Bediensteter, der einer Kutsche entstiegen war, brachte eine Nachricht von Sir Humphrey Davy – er möge ihn am nächsten Morgen in der Royal Institution aufsuchen. In diesem Gespräch offerierte Davy ihm die bescheidene Stelle eines Assistenten, eine Guinea pro Woche, zwei Mansardenzimmer über dem Institut, Brennstoff und Kerzen. Faraday war bereit; nur Schürzen forderte er zusätzlich und vor allem die Erlaubnis, die Geräte des Instituts zu benutzen. Davy und die Royal Institution waren einverstanden, und am 1. März 1813 begann Faradays wissenschaftliche Lehrzeit bei Englands größtem Chemiker.

Rasch sprach sich Faradays Geschicklichkeit und Arbeitseifer herum, woraufhin seine Assistentendienste von vielen Wissenschaftlern in Anspruch genommen wurden, die an der Royal Institution forschten und Vorträge hielten. In den ersten drei Jahren begleitete er Davy außerdem als Diener und Assi-

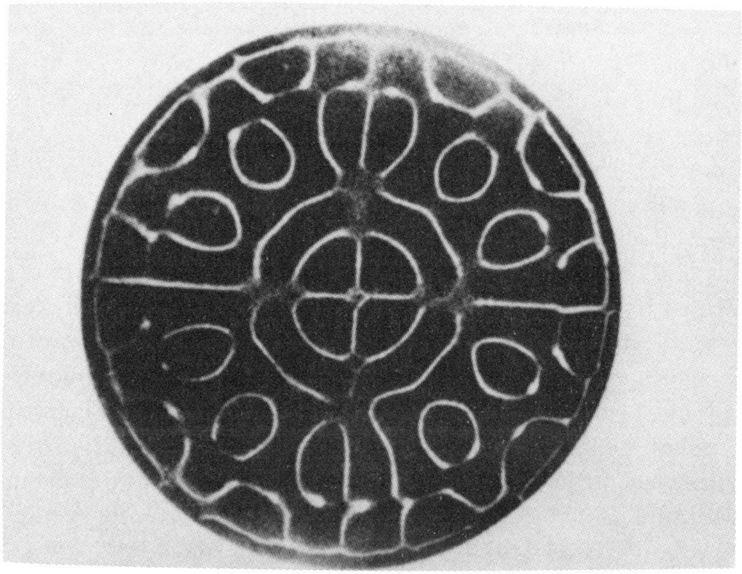

Eines der vielen schönen Chladni-Muster. Sand sammelt sich auf einer schwingenden Platte in den Bereichen, die sich in Ruhe befinden.

stent auf dessen Reisen zu vielen europäischen Labors, wo er die namhaftesten Wissenschaftler Frankreichs und Italiens kennenlernte. Nach kurzer Zeit zeigte sich Faradays eigene Begabung in einer Reihe von kleineren chemischen Veröffentlichungen und schließlich in der Entdeckung des Benzols. Doch uns interessiert Faraday hier, weil er ein neues Vorstellungsbild vom Wesen des Lichts entwickelte, das sich schließlich von den materialistischen Einschränkungen seiner Zeitgenossen lösen sollte.

Vielleicht war es kein Zufall, daß sich Faradays Interesse an der Natur des Lichts ausgerechnet in der Phase seines Lebens zeigte, in der er sich mit Schall, Musik und Musikinstrumenten beschäftigte (1828–1830), ein Interesse, das auf die Zeit in Riebaus Laden zurückging, wo gern und oft gesungen wurde. Besonders faszinierten Faraday die sogenannten Chladni-Figuren.

Einige Jahre zuvor, 1785, hatte der deutsche Physiker Ernst

Florens Friedrich Chladni entdeckt, daß er schöne Muster auf dünnen Metallplatten erzeugen konnte, wenn er Sand auf ihre Oberfläche streute und die Platten dann zum Erklingen brachte, indem er ihren Rand wie ein Saiteninstrument anstrich. Faraday untersuchte diese reizvollen Phänomene und führte sie seinen Zuhörern an der Royal Institution vor.

In dieser Zeit erschienen auch Fresnels wichtigste Artikel zur Wellentheorie des Lichts auf englisch. Sie waren so populär gehalten und setzten so geringe mathematische Kenntnisse voraus, daß Faraday sie, Fresnels Klarheit und Genauigkeit bewundernd, mit Gewinn und Vergnügen lesen konnte. Ebenso wies Herschel in seiner 1830 erschienenen Abhandlung über Naturphilosophie immer wieder auf die Ähnlichkeit zwischen Schall und Licht hin, wobei er seine Ideen mit den Chladni-Figuren veranschaulichte. Von Euler und anderen ein Jahrhundert zuvor erstmals vorgetragen, gehörte die Analogie von Licht und Schall jetzt zum gängigen Ideengut.

Faraday glaubte aufgrund seiner religiösen Überzeugung fest an die Einheit der Natur – daß an der Oberfläche disparate Erscheinungen in ihrem Grund ein und dasselbe seien. Vielleicht, so meinte er, sei die Schwingung solch eine vereinheitlichende Idee, unter der sich nicht nur Schall und Licht zusammenfassen ließen, sondern auch elektrische Effekte. Um dies zu zeigen, führte er eine Reihe von Untersuchungen durch, mit denen er irgendeine Form von elektrischen Wellen nachweisen wollte. Tatsächlich fand er – eine der wichtigsten Entdeckungen seines Lebens – einen solchen Effekt: die «elektromagnetische Induktion».

Unter dieser Bezeichnung ist sie den meisten Menschen, die nichts mit Physik und Elektrotechnik zu tun haben, nicht vertraut, doch in ihrer angewandten Form kennen wir sie alle. Fast in jedem Haushaltsgerät und auf Millionen von Telefonmasten befinden sich Transformatoren, deren Entwicklung zurückgeht auf jenen Augenblick im August des Jahres 1831, als Faraday das Prinzip entdeckte, das diesen elektrischen

Bauelementen zugrunde liegt. Die Bedeutung von Faradays Entdeckung – für die Praxis wie für unser Lichtkonzept – ist so groß, daß wir innehalten müssen, um uns eingehender mit ihr zu beschäftigen, denn bei dem Versuch, einen Effekt zu verstehen, der allem Anschein nach rein elektrischer Natur war, schuf Faraday unbeabsichtigt auch die Grundlagen zu einer neuen Auffassung des Lichts. Es gibt zwei wichtige Manifestationen des Effekts.

Beim ersten Experiment wickelte Faraday zwei getrennte isolierte Drahtspulen um einen Ring aus Eisen. Eine schloß er an ein empfindliches Meßgerät an, das anzeigen sollte, wenn ein schwacher Strom durch die Spule floß. An die zweite Spule schloß er über einen Schalter eine Batterie an. War der Schaltkreis geschlossen, floß der Strom durch die linke Spule. Nun schaltete Faraday den Strom an und aus, während er das Meßgerät beobachtete. Weder im an- noch im ausgeschalteten Zustand zeigte es einen Ausschlag. Das heißt, in beiden Fällen floß kein Strom durch die rechte Spule. Doch im Augenblick des An- und Abschaltens schlug der Zeiger des Galvanometers heftig aus, und zwar in entgegengesetzte Richtungen, je nachdem, ob der Strom aus- oder angeschaltet wurde. Es kam also zu einem kurzen Stromstoß in der rechten Spule, wenn Faraday den Stromkreis in der linken *schloß* oder *unterbrach.* Mit anderen Worten, Strom wurde in der rechten Spule nur dann induziert, wenn eine *Veränderung* des Stroms in der linken Spule eintrat. Veränderung in dem einen Stromkreis induzierte Veränderung im anderen. Blieb der Strom hingegen unverändert, so trat kein Effekt in benachbarten Spulen auf.

Noch ein letzter Hinweis zur Natur der Verbindung zwischen Spulen. Zwar wird das oben beschriebene «Induktionsphänomen» durch den Eisenringkern, der die beiden Spulen verbindet, verstärkt, doch ist er keineswegs notwendig für das Experiment. In ihm fließt kein elektrischer Strom. Wenn man den Eisenkern entfernt, so tritt noch immer ein kleiner, aber nachweisbarer Induktionseffekt auf. Eine Veränderung des

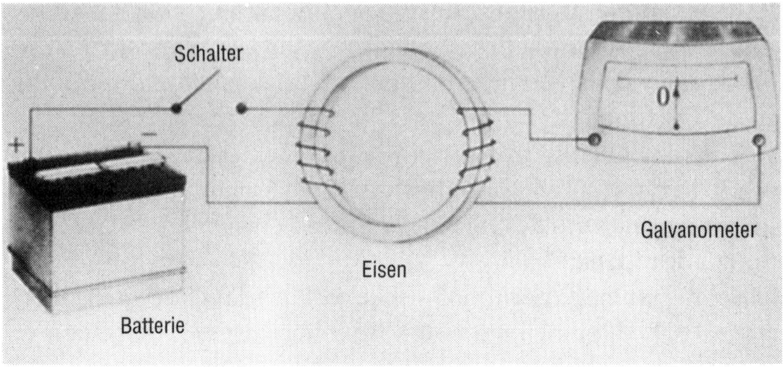


Faradays Originalexperiment zur elektromagnetischen Induktion. Wenn der Schaltkreis auf der linken Seite geschlossen wird, fließt ein Strom durch die linke Spule, wodurch in dem Moment ein Strom im rechten Stromkreis induziert wird, der zu einem Ausschlag des Galvanometerzeigers führt.

elektrischen Zustands in einer Spule induziert eine entsprechende Veränderung in der anderen.

Um die elektromagnetische Induktion zu erklären, entwikkelte Faraday folgende Hypothese: Durch plötzliche Veränderung im Strom des ersten oder «primären» Stromkreises werde eine *«Elektrizitätswelle»* erzeugt. Diese elektrische Welle bewege sich durch den Raum und induziere eine ähnliche Störung in der benachbarten «sekundären» Drahtspule. Daher die Ablenkung des Zeigers.

Klatschen Sie in die Hände, und der Laut hallt durch den Raum. Zünden Sie ein Streichholz an, und die Dunkelheit weicht dem flackernden Licht. Entsprechend verhält es sich, wenn Sie eine starke Stromquelle einschalten. Der resultierende Stromstoß bewirkt die Ausbreitung einer unsichtbaren elektrischen Störung im Raum, die sich noch in einer gewissen Entfernung in einem anderen Stromkreis einfangen läßt. In seiner technischen Weiterentwicklung führt Faradays erstes Experiment zum Funkverkehr zwischen einer Raumsonde und ihrer Erdstation, wobei über viele hundert Millionen Kilometer Bilder von Jupiter, Saturn und Uranus zur Erde gefunkt werden. Wenn man eine elektrische Störung in der Antenne des Raumschiffs hervorruft, so kann man drei Stunden später eine winzige, ihr aber genau entsprechende Störung mittels einer empfindlichen Erdantenne aufzeichnen. Die Untersuchungsergebnisse und Ideen dieses Sohns eines Hufschmieds bringen noch heute neue Technologien und Erkenntnisse hervor.

Doch was hat es mit dieser «elektrischen Welle» auf sich, die ferne Stromkreise ohne sichtbare materielle Verknüpfung irgendeiner Art miteinander verbinden kann? Michael Faradays Bemühungen, diese Frage durch weitere Experimente und vorsichtige Spekulationen zu beantworten, sollten ihn nahezu dreißig Jahre lang beschäftigen. Die Hypothese, die er schließlich aufstellte, veränderte unsere wissenschaftliche Vorstellung vom Licht von Grund auf.

In dem zweiten, mit dem ersten verwandten Experiment, das er unmittelbar darauf durchführte, ersetzte er eine Drahtspule (diejenige, die an die Batterie angeschlossen war) durch einen Magneten. So entdeckte er, daß sich ein schwacher Strom erzeugen ließ, indem er den Magneten in eine Drahtspule hinein- und aus ihr herausbewegte. Blieb der Magnet im Verhältnis zur Spule stationär, floß kein Strom; bewegte er sich, so entstand Strom. Es handelt sich um eines der archetypischen Phänomene des Elektromagnetismus, dessen praktische und theoretische Bedeutung sich kaum in angemessene Worte fassen läßt. In jedem Kraftwerk beruht die Erzeugung elektrischer Energie auf diesem Prinzip. Doch nicht nur die Industrie bediente sich Faradays Entdeckung mit großem Erfolg, sondern auch die reine Wissenschaft bis hin zu Albert Einstein, der an der Wende zum 20. Jahrhundert von Faradays Grunderkenntnis ausging, als er seine «Relativitätstheorie» entwickelte.

## Natürliche Wahrheiten und der Schatten einer Spekulation

> Die Ansicht, welche ich aufzustellen so kühn bin, betrachtet also die Strahlung als eine mächtige Art von Schwingung in den Kraftlinien ...[5]
>
> Michael Faraday

Anfang des 19. Jahrhunderts hatten die meisten Wissenschaftler ein einfaches Weltbild. Das Universum war mit materiellen Objekten gefüllt, zwischen denen sich schwer faßbare, aber materielle Äther erstreckten. Deren Bewegungen sorgten in dem Raum zwischen zwei Objekten für die Kräfte der Gravitation, des Lichts, der Wärme, der Elektrizität und des Magnetismus. Überall gab es Substanz: ponderable, massereiche Materie. Niemals vorher oder nachher hatte der Materialismus die Welt fester und vollständiger im Griff. Fest geschlossen waren die strahlenden Augen des ägyptischen Gottes Ra, die einst einer ganzen Kultur Licht gaben.

In diese Arena trat nun eine schmächtige Gestalt namens Michael Faraday mit Auffassungen, die die Grundbegriffe der von ihm so geschätzten *scientific community* auf den Kopf stellen sollten. Dieser freundliche, sanftmütige, gläubige Mann hatte so gar nichts von einem Revolutionär an sich. Er war jedoch ein beharrlicher Experimentator und Denker. Gegen den Strom der herrschenden wissenschaftlichen Meinung zu schwimmen, die Fresnels Lichttheorie des Schwingungsäthers favorisierte, mußte als Ketzerei gelten. Dennoch wagte es Faraday in zwei Reden an der Royal Institution, 1844 und 1846, derartige Ansichten zu äußern, und leitete damit eine Wende im wissenschaftlichen Denken und in den abendländischen Vorstellungen vom Licht ein.

Schon mit seinen ersten Forschungsarbeiten hatte sich Faraday jener Wahrheit verschrieben, die sich der direkten Erfahrung erschließt, und begegnete infolgedessen allen spekulativen Theorien, wie etwa der des damals populären Molekularäthers, mit Mißtrauen. Er war sich der Gefahr, solche Spekulationen in die eigene Arbeit einfließen zu lassen, stets bewußt und schrieb am 19. Dezember 1833, kurz nach der Entdeckung der elektromagnetischen Induktion, folgende Notiz in sein Tagebuch: «Ich muß dafür sorgen, daß meine Forschungsarbeiten wirklich *experimentell* bleiben, und mich davor hüten, daß sie auch nur im geringsten den Charakter *hypothetischer Vorstellungen* annehmen.»[6] Das entscheidende Wort in diesem Satz ist «hypothetisch». Immer wieder müssen neue Ideen und Vorstellungen auf objektiv ermittelte Experimentaldaten gegründet werden, sonst tritt die Phantasie an die Stelle vorsichtigen kreativen Denkens.

In den Reden aus den Jahren 1844 und 1846 trug Faraday seine Ansichten über die fundamentale Beschaffenheit von Materie, Elektrizität und Licht sehr behutsam vor. Sein erster Angriff galt der damals verbreiteten naiven Korpuskulartheorie des Atoms.[7] Gegen die Vorstellung von Atomen als kleinen «Klümpchen» aus undurchdringlicher Materie setzte Faraday die Auffassung, Atome seien reine «Kraftzentren». Da wir die Objekte an ihren Eigenschaften, ihren Attributen erkennen und diese nur durch Kräfte vermittelt würden, bräuchten wir nicht noch zusätzlich das überflüssige Konzept eines materiellen Ursprungs dieser Kräfte.

So würde sich vielleicht auch ein buddhistischer Denker ausdrücken. Kann man sich einen «Attribut-Träger» ohne alle Attribute wie Größe, Form, Ort und so weiter vorstellen? Nehmen Sie beispielsweise einen Pfennig. Er ist hart, rund, dünn, kupferfarben, etwa einen Zentimeter im Durchmesser und trägt auf beiden Seiten eine Prägung. Entfernen Sie nun diese Attribute eines nach dem anderen. Versuchen Sie es! Schleifen Sie zunächst die Bilder ab: Der Pfennig wird zur Metallscheibe. Stellen Sie sich nun vor, er hätte keine bestimmte Farbe, Größe oder Form. Können Sie das? Ich nicht. Wenn man sich aber ein Objekt nicht ohne seine Attribute vorstellen kann, warum soll man dann den Begriff des «Attribut-Trägers» überhaupt beibehalten? Entsprechend gilt: Wenn wir die Welt nur aufgrund verschiedener Kräfte erkennen, warum sollen wir dann die Existenz von Kraft-Trägern postulieren?

Da alle Eigenschaften wie Härte, Farbe und so fort sich als Wirkungen von Kräften verstehen lassen, sind Atome (die Faraday für notwendig hielt) also einfach die geometrischen Foki oder Zentren dieser Kräfte. Die substantiellen Atome, die man sich als winzige, dichte Materieteilchen vorstellte, verschwinden völlig, und dadurch bekommt die Atmosphäre der Kräfte, von der man die Atome dicht umgeben wähnte, entscheidende Bedeutung. Die physikalische Kraft oder Wechselwirkung ist das wahre Wesen der Welt und nicht die Substanz. Und sie, die Kraft, nicht der Äther, reicht von einem Ende des Universums zum anderen. Kräfte können in unzähligen Konfigurationen und Mustern zusammenfließen, um chemische Stoffe, eine visuelle, taktile und vollkommen sinnliche – «körperliche» – Welt zu erschaffen. Doch die Grundlage von allem bildet die Kraft, nicht die stoffliche Substanz. Faradays Ontologie unterschied sich grundlegend von der seiner Kollegen.

Erinnern wir uns an Decartes' Vorstellung von einem Kosmos, der mit Materie gefüllt ist, einem *plenum,* das wie ein Wasserstrom voller Strudel ist, in denen sich Planeten wie treibende Grashalme, Zweige und Blätter bewegen. Faraday meinte, Descartes' Strom sei in Wirklichkeit ein Meer reiner Kräfte. Materiepunkte – Atome – seien nur die sternförmigen Schnittpunkte ungezählter Kraftlinien, die von diesen Zentren ausgingen, um sich ihren Weg durchs Universum zu suchen.

In der zweiten Rede zwei Jahre später führte Faraday, offenbar unbeabsichtigt, seine Gedanken noch einen Schritt weiter.[8] Gewöhnlich wird die Geschichte so erzählt, daß Faraday und sein Mitarbeiter Wheatstone am 10. April 1846 vor dem Hörsaal der Royal Institution auf das Ertönen der Glocke warteten, die den Beginn des Vortrags anzeigen sollte. Faraday stand da in der Erwartung, daß Wheatstone den Vortrag halten werde, wie es verabredet war, doch unmittelbar vor der Veranstaltung flüchtete der überaus schüchterne Wheatstone die Treppe hinunter. Obwohl Faraday völlig unvorbereitet war, sprang er in die Bresche, indem er zunächst über das von Wheatstone vorgesehene Thema, das «elektromagnetische Chronoskop» sprach, fuhr dann aber mit einem Stegreifvortrag fort, den berühmten «Gedanken über Schwingungsstrahlen».[9] Aus Mangel an Redestoff gab Faraday Überlegungen preis, von denen er vorausschickend sagte, «daß es nur vage Vorstellungen, Spekulationen sind ...» Mochten diese vagen Spekulationen für andere neu sein, er selbst befaßte sich schon lange mit ihnen. Sie waren in seinen Forschungsarbeiten der letzten fünfzehn Jahre herangereift. Bereits im ersten seiner Berichte zu «Experimentaluntersuchungen über Elektrizität» vom November 1831 hatte Faraday das Konzept der «magnetischen Kraftlinien» benutzt, jene Idee, die in seinen Reden von 1844 und 1846 einen so zentralen Platz einnahm. Wenn man Eisenpulver auf einen Magneten und in seine Umgebung streut, ordnet es sich zu bestimmten Mustern an. Dieses Bild entwickelte Faraday zu einem Vorstellungsmodell von zwingender Kraft. Aus unzähligen Untersuchungen und behutsamen Schlußfolgerungen hatte er den Eindruck gewonnen, daß man sich das ganze Universum als durchzogen von einer unendlichen Zahl solcher «Kraftlinien» vorstellen könne. Wenn man seine Schriften chronologisch liest, kann man nachvollziehen, wie aus seinen Experimenten und Vorstellungen langsam ein neues wissenschaftliches Konzept von höchster Bedeutung entsteht – das des «Feldes».

Wie ist die Erde an die Sonne gebunden? Führen Sie folgendes Gedankenexperiment aus, schlägt Faraday vor. Stellen Sie sich einen Raum vor, in dem es nur die Sonne gibt. Einsam weilt sie in ihrem Universum. Nun fügen Sie von einem Augenblick zum anderen die Erde in einem Abstand von hundertfünfzig Millionen Kilometern hinzu. Könne man, fragt er, vernünftigerweise annehmen, die ferne Gegenwart der Erde erzeuge

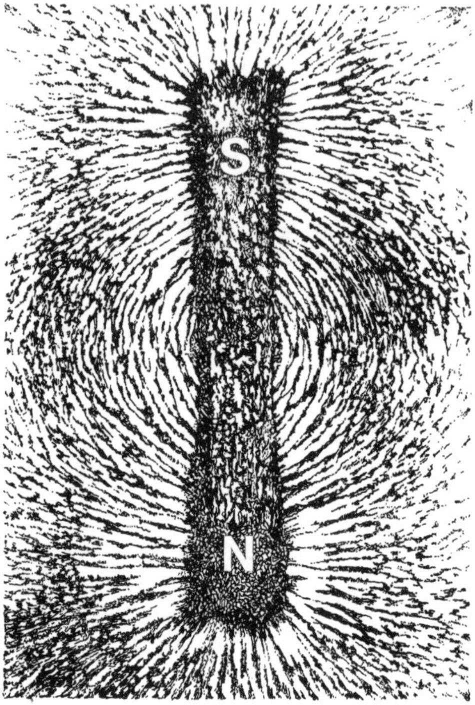


Magnetische Feldlinien, durch Eisenpulver sichtbar gemacht.

plötzlich in der Sonne eine Anziehungskraft? Woher solle eine solche Kraft kommen? Würde diese Vorstellung nicht gegen unsere Auffassung verstoßen, Kräfte müßten in einem bestimmten Sinne erhalten bleiben? Viel überzeugender sei doch der Gedanke, die isolierte Sonne habe schon vor Erscheinen der Erde ihre Gravitationswirkung ausgeübt, wie sie es mit dem Licht mache, wenn es auch keine Objekte gegeben habe, die sie hätten verspüren können. Scheine die Sonne etwa nur, wenn es Augen gebe, die sie sehen können? Genauso suchten sich die Kraftlinien der Gravitation ihren Weg durch den Raum, auch wenn die Erde nicht zugegen sei. Somit reagiere unser Planet also auf eine *lokale* und nicht auf eine ferne Kraft, das heißt auf die Kraft des Feldes dort, wo sie sich befinde.

Zu einer Zeit, da man sich allen Raum von Äthern durchdrungen dachte, konnte Faradays Hypothese so verstanden werden, daß im Äther Spannungen und Belastungen aufträten wie in den Trägern einer Brücke. Nach dieser Auffassung war das Feldkonzept nur die oberflächliche Erklärung dessen, was im Grunde eine mechanische und materielle Wechselwirkung blieb. Faraday wollte jedoch über die materialistischen Vorstellungen seiner Zeitgenossen hinausgelangen. Ursprünglich hatte er die Kraftlinien (sein Ausdruck für «Felder») nur für nützliche Konstrukte gehalten, doch je mehr er über sie nachdachte, desto realer erschienen sie ihm, bis sie für ihn wirklicher waren als die materiellen Atome, die man für den Ursprung der Kraftlinien hielt, oder der Äther, der sie angeblich trug.[10] Die Ergebnisse seiner Untersuchungen zur elektromagnetischen Induktion überzeugten ihn überdies von der Existenz elektrischer Wellen, das heißt von den Schwingungen solcher Kraftlinien. In Wirklichkeit war er also für Wheatstones Flucht recht gut gewappnet.

Der revolutionäre Schritt, den er in seinem Vortrag von 1846 vor Wheatstones Zuhörerschaft vollzog, war die Hypothese, daß die Schwingungen, die wir Licht nennen und die so elegant von Fresnel und anderen beschrieben worden waren, sich nicht in irgendeinem Äther vollzögen, sondern die Schwingungen von physikalischen Kraftlinien seien. Faradays Theorie «läßt den Äther entbehrlich erscheinen, aber nicht die Schwingungen».[11]

Die Schwingungen waren unverzichtbar, nicht der Äther. Faraday gab sich nicht damit zufrieden, die Atome in Kraftzentren umzuwandeln, sondern unterzog auch unsere Vorstellung von Raum und Licht einem radikalen Wandel. Laotses Topf wurde seiner ätherischen Stoffe entleert und mit Kraft gefüllt, einer Kraft, deren Bewegung Licht war. Descartes hätte die Royal Institution gestürmt, wenn er Lethe und den Ärmelkanal hätte durchqueren können, und selbst Faradays wohlwollendste Kritiker meinten, diesmal sei er zu weit gegangen. Etwas so

Immaterielles wie Kraftlinien zur ontologischen Grundlage der Welt zu machen schien aus der Sicht der materialistischen Vorstellungen jener Zeit absurd zu sein, und doch enthielt diese Auffassung den Keim zu der Feldtheorie, wie sie noch nicht einmal ein Jahrhundert später von den Physikern entwickelt wurde. In der klaren, wenn auch bescheidenen Stimme des Hufschmiedsohnes kündigt sich ein neues umfassendes Bild des Lichts an.[12]

Er wußte, daß seine Gedanken über die einfachen wissenschaftlichen Fakten hinausgingen, die er so sehr liebte, und doch schienen genau diese Fakten nach einer immateriellen Deutung des Lichts zu verlangen. Sanft und vorsichtig trug er seine Auffassung, sich für sie geradezu entschuldigend, vor und schloß seine Ausführungen mit den Worten: «Wahrscheinlich habe ich auf den vorstehenden Seiten manchen Mißgriff begangen, denn auch mir selbst erscheinen meine Gedanken über diesen Gegenstand bloß als der Schatten einer Spekulation... Wer experimentell arbeitet, weiß, wie zahlreich dieselben sind und wie oft ihre scheinbare Tauglichkeit und Schönheit vor der fortschreitenden Aufdeckung des wahren, natürlichen Sachverhaltes dahinschwindet.»[13] Die seinen schwanden nicht dahin.

## Geister der Philosophie

Glanz jedoch, der den Himmel lenkt und frischet,
flieht das Trümmerfeld einer dunklen Seele.
Wer dies Licht zu erkennen Macht hat, wird selbst
Phöbus' Strahlenglanz seine Helle leugnen.[14]

Boethius
‹*Trost der Philosophie*›

Im Jahre 524 n. Chr. wartet ein Philosoph und Weiser an Theoderichs Hof in Ravenna verlassen auf Folter und Tod, den Launen seines argwöhnischen Herrn preisgegeben. Seine Jahre hat er im Dienste des unberechenbaren Theoderich darauf verwandt, die großen griechischen Philosophen zu studieren und über den Nutzen des neuen christlichen Glaubens nachzusinnen; nun vermögen ihm seine Studien keinen Trost mehr zu spenden. Aus seinem Selbstmitleid schreckt ihn die Erscheinung einer Frau auf, deren Größe – «bald hielt sie sich in dem gewöhnlichen Maße der Menschen, bald aber schien sie mit dem Gipfel ihres Scheitels an den Himmel zu rühren»[15] – er nicht klar erkennen kann. Durch Tränenschleier sieht er ihre feurigen Augen, den durchdringenden Blick und die würdevolle Haltung. Das eigenhändig gewebte Gewand trägt Zeichen, die auf Weisheit und das Universum verweisen, und es ist zerrissen von den Händen jener, denen der Sinn nach ein bißchen Erkenntnis gestanden hat. In die dunkle, einsame Zelle ist die göttliche Sophia, die Philosophie, getreten, um den verurteilten Philosophen Boethius zu trösten.

Sie nennt Boethius die wirkliche Ursache seines Kummers: er hat sein wahres Selbst vergessen. Und sie kennt eine Arznei. Sie wolle, sagt sie, «ein wenig seine Augen abwischen, die von einer Wolke sterblicher Dinge beschattet sind». Das tut sie, und Boethius berichtet: «Da entließ mich des Schattens Gewalt, und die Nacht war zerschlagen; / wiederkehrte die Kraft meinem Augenlicht...»[16] In seinen letzten Tagen schrieb Boethius sein größtes Werk, ‹*Trost der Philosophie*›, das in den folgenden Jahrhunderten großen Einfluß entfaltete. Als das Buch beendet war, schlangen die Schergen ein Seil um Boethius' Kopf, hängten ihn daran auf und prügelten ihn mit Keulen zu Tode. Die letzte Äußerung der Philosophie im «Trostbuch» lautet: «Eine gewaltige Notwendigkeit zur Rechtschaffenheit ist euch, wenn ihr euch nicht verleugnen wollt, angezeigt, da ihr vor den Augen des allessehenden Richters lebt.»[17] Diese Worte sollten sich als prophetisch erweisen. Die Legende berichtet, daß nach der Hinrichtung des Boethius und seines Fürsprechers Symmachus Theoderich ein großer Fischkopf serviert wurde. In der Imagination seiner schuldbeladenen Seele nimmt der Kopf die Züge derer an, für deren Tod er verantwortlich ist. Er bricht in Tränen aus und bleibt untröstlich bis zu seinem Tod, der bald darauf eintrat.

Sechshundert Jahre später hatte Alain de Lille, Lehrer in Chartres, von Seelenqual heimgesucht, eine ähnliche Vision.[18] Seine Trösterin erscheint in der Gestalt einer edlen Frau, die sich als Natura zu erkennen gibt. In jedem ihrer Züge spiegelt sich das Universum, jedes ihrer Worte ist dazu angetan, in Alain jenes Wissen von der Natur wiederzuerwecken, das er und alle Welt verloren zu haben scheinen. Alain nannte ihr Lied «Klage der Natur», ein Klagelied, von der Menschheit ungehört, über die Sünden, die wir an ihr, der Natur, begehen.

Wiederum sechs Jahrhunderte später ließ Goethe seinen Faust in dessen hochgewölbtem gotischem Zimmer verzweifeln.[19] Nachdem er in einem langen Leben alle Wissenschaften studiert hat, fühlt er sich als armer Tor, «so klug als wie zuvor». In wütender Verzweiflung ruft er unsichtbare Kräfte herbei. «Ihr schwebt, ihr Geister, neben mir;/Antwortet mir, wenn ihr mich hört.» Er erblickt die Zeichen des Makrokosmos und des Erdgeistes.

Faust in seinem Arbeitszimmer (Rembrandt, 1652).

Dann ruft Faust den Erdgeist geradezu gebieterisch herbei. Ohne Anrufung hatte Natura Alain de Lille ermutigt und belehrt, hatte Sophia, lange zuvor, den verurteilten Boethius getröstet. Faust dagegen unterwirft den Erdgeist seinem Willen. «Du mußt, du mußt! Und koste es mein Leben!» ruft er. Als der Geist erscheint, weicht Faust vor seiner schrecklichen Flammengestalt zurück, wagt es aber dennoch, sich als mit diesem mächtigsten Geist der Natur verwandt zu erklären. Mit den Worten «Du gleichst dem Geist, den du begreifst, nicht mir» wird Fausts Hochmut vom Erdgeist schroff zurückgewiesen.

Daraufhin betritt der Geist, den Faust zu begreifen vermag, das Zimmer: der schwerfällige, pedantische Wagner, mit Schlafrock und Nachtmütze, eine flackernde Kerze in der Hand – ein trauriges Gegenbild zu der flammenden Erscheinung, die eben noch im Zimmer weilte.

Der Erdgeist scheint uns immer ferner zu rücken. Offenbar ist er in neuerer Zeit weit schwerer zu erreichen. Die einzige Möglichkeit, sich ihm zu nähern, die Gelehrsamkeit à la Wagner, führt meist nicht zu ihm, sondern zu einem schattenhaften, ja dämonischen Zerrbild seiner wahren Natur. Michael Faradays großer Nachfolger James Clerk Maxwell hatte als junger Mann ebenfalls einen faustischen Kampf zu bestehen, in dessen Verlauf er sich mit einem schrecklichen Gegenbild der göttlichen Sophia konfrontiert sah. Der Sohn einer angesehenen Edinburgher Familie war 1852 ein vielversprechender junger Mathematiker im dritten Studienjahr am Trinity College in Cambridge, als er von einer eigenen Erscheinung in gotischen Zimmern berichtete.[20]

Die Glocken hatten Mitternacht geschlagen, und Maxwell schob seine «verflixte Hydrostatik» beiseite, um ins Bett zu gehen, wobei er sich zweifelnd fragte «mit unsicherer Stimme, ob ich von all dem Zeug, das ich gelesen, je den geringsten Gebrauch machte». Er blickte in die Zukunft, sah ein Leben reich an äußeren Leistungen und Ehrungen vor sich und wußte, es würde nur ein Ergebnis der Vernunft sein, «weltlichem Stolz unterworfen». Auf seinen Papieren, die mit mathematischen Zeichen bedeckt waren, tauchten geisterhafte Schemen auf, die zu kleinen marschierenden Geschöpfen wurden, den «ruhmvollen Reihen» früherer und gegenwärtiger Professoren, «welche die zittrigen Zeilen prüften». Und als ob es damit nicht genug wäre, wuchs vor dem verzagten Studenten eine schreckliche Gestalt auf, ein Wesen, daß sich anschickte, die überlebten Haltungen der akademischen Welt zu verteidigen.

Angular in form and feature,
Unlike any earthly creature,
She had properties to meet your
  Eye whatever you might view.
Hair of pen and skin of paper;
Breath, not breath but chemical vapour;
Dress, – such dress as College Draper
  Fashions with precision due.

Eyes of glass, with optic axes
Twisting rays of light as flax is
Twisted, while the Parallax is
  Made to show the real size.
Primary and secondary
Focal lines in planes contrary,
Sum up all that's known to vary
  In those dull, unmeaning eyes.*

Als diese scheußliche mathematische «Hexe» im Begriff war, Maxwells Seele mit ihren dämonischen Gebeten und Anrufungen jedes Gefühl für Schönheit und Poesie auszutreiben, «erblickte ich plötzlich, als ich den Kopf neigte, eine schimmernde Lichtgestalt; und die vertrocknete Vettel sah greinend dasselbe und schlich davon». Statt der häßlichen Gestalt der Hexe wurde er nun «des Wesens, das sie nachäffte», ansichtig. Maxwell gab ihr keinen Namen, aber beschrieb sie wie Boethius

* Eckig von Gestalt und Art, unähnlich jedem irdischen Geschöpf, hatte sie Eigenschaften, in dem dein Auge erblicken konnte, was immer dir gefiel. Das Haar aus Schreibfedern und die Haut aus Papier; Atem, der nicht Atem, sondern chemischer Dampf; ein Gewand – wie das Gewand, das mit gebührender Pedanterie das Collegetuch bildet.

Augen aus Glas mit optischen Achsen, Lichtstrahlen, verflochten wie Flachs, während die Parallaxe gebildet wird, um die wirkliche Größe zu zeigen. Primäre und sekundäre Brenngeraden auf gegenüberliegenden Ebenen; nimm alles zusammen, was bekannt ist, um in diese stumpfen nichtssagenden Augen Abwechslung zu bringen.

seine Göttin Philosophia und Alain de Lille sein Wesen Natura. Ihre schlichte, ruhige Erscheinung überstrahlt den unkleidsamen Aufzug der Pedanterie, denn mag diese sich noch so pompös kleiden, stets wird sie verschleiern und niemals enthüllen.

Doch die Schöpfung kann, versichert Maxwell, Ratio und Berechnungen aushalten, solange man ihr in Ehrfurcht begegnet.

Worship? Yes, what worship better
Than when free'd from every fetter
That the uniforming letter
  Rivets on the tortured mind,
Man, with silent admiration
Sees the glories of Creation,
And, in holy contemplation,
  Leaves the learned crowd behind!*

Der junge Maxwell sehnte sich danach, die gelehrte Menge der Cambridger Pedanten hinter sich zu lassen, so wie sich Faust trotz aller Gelehrsamkeit danach sehnt, Wagner bei seinen staubigen Folianten zurückzulassen, um auf eigenen Wegen die Wahrheit zu finden. Das war schwieriger, als der junge Maxwell es sich vorgestellt hatte.

Wenn auch seine jugendliche Seelenpein angesichts der Spaltung zwischen Gott und Natur sicherlich noch Nachwirkungen in späteren Jahren gehabt hat, schien insgesamt der Graben zwischen Glauben und Wissenschaft immer deutlicher und breiter zu werden. Maxwell gelangte bald zu der Überzeugung, daß jeder Versuch, die beiden miteinander in Einklang zu bringen, «sinnlos bleiben muß, ausgenommen für den Menschen persönlich».[21] Das war eine sichere und konventionelle Auffas-

* Ehrfurcht? Ja, doch welche Ehrfurcht wäre besser als die befreit von jeder Fessel, mit der die nichtssagende Gelehrsamkeit den gequälten Geist einengt. Der Mensch schaut mit stiller Bewunderung die Herrlichkeit der Schöpfung und läßt in frommer Betrachtung die gelehrte Menge hinter sich.

sung, die, schon von Luther und Calvin empfohlen, in unseren Tagen der bedeutende deutsche Protestant Karl Barth in seiner Neoorthodoxie noch einmal bestätigt hat.

In den Jahrhunderten und Jahrtausenden, die das Leuchten der ägyptischen Augen von dem Äther trennen, dessen Schwingungen sich in Übereinstimmung mit jenen Differentialgleichungen verhalten, die Maxwell entdecken sollte, ging das ehemals als göttlich betrachtete Wesen der Natur wie das Wesen des Lichts dem Blick verloren. Immer häufiger wich Natura der mathematischen Hexe. Die Jahrhunderte zwischen Alain de Lille und Maxwell sind die Zeit der Götterdämmerung, so daß Hölderlin in den ersten Jahren des 19. Jahrhunderts schreiben konnte: «Zwar lebten die Götter, / Aber über dem Haupt droben in anderer Welt.»[22]

Nachdem Maxwell seine religiösen Interessen von seinen physikalischen geschieden hatte, begann er, Faradays Theorien eine mathematische Gestalt zu geben.

## Das elektromagnetische Universum

> Jedenfalls durfte man glauben, auf dem von Faraday und Maxwell so erfolgreich begonnenen Wege nach und nach eine neue, sichere Grundlage für die gesamte Physik zu finden.[23]
>
> Albert Einstein

Einsteins Worte bereiten uns auf das Kommende vor. Das Verständnis der Wirklichkeit durch die Wissenschaft und in zunehmendem Maße durch alle Welt seit Newton erlebte eine tiefgreifende Wandlung. Den Höhepunkt dieser Revolution bildet Maxwells hochentwickelte mathematische Behandlung des Lichts. Bis dahin war die wissenschaftliche Vorstellung von einem mechanischen Universum aus bewegter Materie ausgegangen, doch die Forschungsarbeiten von Faraday und Maxwell sollten dieses Weltbild schließlich von Grund auf verändern. In den vorangegangenen hundert Jahren hatte man neue Energien, elektrischer und mathematischer Natur, erforscht – und nun waren Sprache, Vorstellungskraft und mathematische Entwicklung reif für die größte Leistung: das elektromagnetische Bild vom Licht. Diese Revolution vollzog Maxwell ohne philosophischen Aufwand, allein durch das Instrument der mathematischen Physik.

Wenn Fahrräder zum Stillstand kommen, kippen sie um. Deshalb rüstet man die Räder von Kindern, die lernen, sie zu fahren, anfangs mit Stützrädern aus. Notwendig sind sie nicht, um diese Kunst zu lernen, und rasche Manöver mit dem Rad machen sie eher schwierig, aber sie nehmen dem Anfänger die Angst. Für die Physiker des 19. Jahrhunderts hatte der Äther die Funktion solcher Stützräder. Für jeden schien auf der Hand zu liegen, daß die Wellenbewegung von irgendeinem Medium getragen werden müsse, also erfand man eines. Maxwell war sich dieser Bedingung so sicher wie alle seine Kollegen. 1878 schrieb er unter dem Stichwort «Äther» für die ‹*Encyclopedia Britannica*›: «So schwer es uns auch fallen mag, eine schlüssige Vorstellung von der Beschaffenheit des Äthers zu gewinnen, so kann doch kein Zweifel daran bestehen, daß die interplanetaren und interstellaren Räume von einer materiellen Substanz oder einem solchen Körper erfüllt sind ...» Wie sonst sollte sich das Licht durch diese Region ausbreiten können? Doch schon knapp dreißig Jahre später war der Äther hinfällig geworden. Sobald die Theorie des Elektromagnetismus richtig in Schwung kam, konnte man auf die Stützräder verzichten, und das neue Gefährt ließ sich wunderbar ohne sie lenken.

Entscheidend war in dieser Entwicklung Maxwells Mathematisierung von Faradays wissenschaftlichen Vorstellungen. Immer wieder berichtete Maxwell, daß er in jungen Jahren bei der Lektüre von Faradays ‹*Experimental-Untersuchungen*› den

Entschluß gefaßt habe, alle bekannten Erscheinungen der Elektrizität und des Magnetismus zu verstehen, und sich erst anschließend gestattet habe, die herrschende Theorie der Zeit zu lesen. In Faradays Worten: Maxwell wollte zuerst das Buch der «natürlichen Wahrheit» lesen, bevor er sich auf die «Schatten einer Spekulation» einließ. Bei der Lektüre von Faradays Schriften entdeckte der Mathematiker Maxwell zu seiner Überraschung eine verwandte Seele, jemanden, der mathematisch dachte, obwohl er sich in Bildern ausdrückte. Mit der Entwicklung und Verwandlung «seiner Kraftlinien-Ideen zu dem Zwecke, die Phänomene der elektromagnetischen Induktion in Einklang zu bringen, offenbart er sich als Mathematiker von hohem Rang», schrieb Maxwell.

Nach der ersten Lektüre von Faradays Schriften beschloß Maxwell, Faradays Denken in die Sprache der Mathematik zu übersetzen. Mit diesem Vorhaben hatte er einzigartigen Erfolg. Seine Arbeit ‹*A Dynamical Theory of the Electromagnetic Field*›, die er 1864 abschloß, ist ein Meilenstein der Wissenschaftsgeschichte. Darin faßt er all die scheinbar weit auseinanderliegenden Daten über Elektrizität und Magnetismus zu einem einzigen System von vier Gleichungen zusammen, heute als Maxwellsche Gleichungen bezeichnet. Jedes elektrische, magnetische oder optische Experiment, das jemals durchgeführt worden ist oder werden wird (ausgenommen bestimmte Quanteneffekte), findet in diesen vier Gleichungen seine formale, theoretische Erklärung. Mit dieser «Übersetzung» belegte Maxwell die außerordentliche Kraft und mathematische Eleganz der Faradayschen Ideen. Über Maxwells Leistungen hat der Nobelpreisträger Richard Feynman einmal gesagt: «Wenn man die Entwicklung der Menschheit so betrachtet, wie man das in zehntausend Jahren tun wird, so besteht kein Zweifel, daß die Maxwellsche Entdeckung der elektrodynamischen Gesetze *das* Ereignis des 19. Jahrhunderts ist. Der amerikanische Bürgerkrieg erscheint provinziell, wenn man ihn mit diesem wissenschaftlichen Ereignis derselben Dekade vergleicht.»[24]

Für unseren Zusammenhang ist Maxwells große Synthese des Wissens über Elektrizität und Magnetismus relevant, weil sie einen völlig unerwarteten Nebeneffekt hatte. Von den allerersten Anfängen ernsthafter elektrischer und magnetischer Experimente bis hin zu Maxwell waren Licht und Elektrizität zwei völlig getrennte Untersuchungsgegenstände geblieben. Bestimmte Stoffe, wie etwa Bernstein, ziehen, wenn man sie reibt, Papierschnipsel an. Dieses Prinzip war bereits den alten Griechen bekannt, die es Elektron-Effekt nannten; daher hat das Elektron seinen Namen. Benjamin Franklin hatte nachgewiesen, daß der Blitz eine elektrische Erscheinung ist, woraufhin viele Forscher und Möchtegern-Forscher Blitze in Laboratorien und sogar Salons leiteten, um mit dem neu entdeckten Phänomen der Elektrizität zu spielen (ein lebensgefährlicher Zeitvertreib, wie ein paar Unglückliche, wenn sie dazu noch Zeit hatten, feststellen mußten). Zahllose Amateure und ernsthafte Wissenschaftler verschrieben sich eifrig dem faszinierenden Studium der elektrischen Effekte. Andere Forscher schliffen Linsen für Fernrohre und Mikroskope, um die interessanten Erscheinungen von Licht und Farbe zu untersuchen. Was konnten diese beiden Reiche der Natur miteinander zu tun haben? Alles! lautete die Antwort von Maxwell (und Faraday). Vor allem diese Vereinheitlichung brachte Einstein zu der Auffassung, der von Faraday und Maxwell eingeschlagene Weg werde zu einer neuen «Grundlage für die gesamte Physik» führen.

Bei der Lektüre des Artikels aus dem Jahre 1864 können wir den Augenblick der Offenbarung erahnen, den Moment, als Maxwell die neue Struktur der Wirklichkeit aufging. In ihm entwickelt sich eine Vorstellung, nach der jeder Körper nicht in einen materiellen Äther eingetaucht ist, sondern in das elektromagnetische Feld. Faradays Kraftlinien sind überall im Raum, alle Objekte umgebend und sogar durchdringend. Aus dieser Sicht lassen sich alle elektrischen und magnetischen Effekte (Anziehung, Abstoßung, Induktion und so fort) durch Maxwells Theorie elegant und exakt erklären. Obwohl diese Synthese aller elektrischen und magnetischen Effekte eine glänzende Leistung ist, war sie noch nicht die Revolution, von der Einstein gesprochen hat. Doch dann schlug Maxwell etwas völlig Unerwartetes vor.

Gegen Ende seines Artikels verließ er das Thema der elektrischen und magnetischen Lichteffekte, das des Bernsteins und Magnetsteins, um sich der Kerze zuzuwenden. Die komplizierten Gleichungen, mit denen er so geschickt jonglierte, daß sie den älteren Faraday völlig verwirrten, legten eine kühne Hypothese nahe. Denn im Zuge seiner Untersuchung entwickelte Maxwell eine Gleichung für das elektromagnetische Feld, die Eulers Gleichung für die Ausbreitung von Schallwellen völlig entsprach. Mehr noch, aus dieser Gleichung ließ sich eine Vorhersage für die Lichtgeschwindigkeit ableiten, und die stimmte mit den besten damals zur Verfügung stehenden Messungen weitgehend überein. In klassischem Understatement gelangte Maxwell zu dem Schluß: «Die Übereinstimmung der Ergebnisse scheint zu zeigen, daß Licht und Magnetismus Affektionen derselben Substanz sind und *daß Licht eine elektromagnetische Störung ist, die sich nach Gesetzen des Elektromagnetismus im Feld ausbreitet.*» Mit diesem einen Satz schlug Maxwell eine tiefgreifende Veränderung unseres Lichtkonzeptes vor, eine Veränderung, mit der Licht, Elektrizität und Magnetismus eine enge Verbindung eingingen. Zwei Bereiche der Physik, die allem Anschein nach nichts miteinander gemein hatten, waren damit vereinigt. Faradays schwingende Strahlen hatten in Maxwells mathematischer Vorstellung ihre endgültige Gestalt gefunden. Das Licht war zu einer elektromagnetischen Welle geworden, deren Schwingungen den Raum kräuseln.

Interessanterweise blieben in Maxwells Denken die Ideen der Vergangenheit noch erhalten, als er schrieb, daß Elektrizität, Magnetismus und Licht «Affektionen derselben Substanz» seien. Diese Substanz war der Äther. Wie alle anderen dachte Maxwell noch in den Begriffen der Äthertheorie, obwohl sie für seine mathematische Analyse keineswegs mehr erforderlich waren. Zum ersten Mal fand das Wellenkonzept des Lichts einen schlüssigen theoretischen Rahmen, das heißt eine Form, die auf den Äther verzichtete. Der Äther war tot, wenn es auch noch vier Jahrzehnte dauern sollte, bevor sich die wissenschaftliche Gemeinschaft richtig darüber klar wurde. Wie die Stützräder hatte der Äther einem guten Zweck gedient, konnte aber jetzt entfernt werden. Die auf den Elektromagnetismus gegründete Theorie des Lichts kam viel besser ohne ihn voran.

Einer derjenigen, die sich für die Entfernung der Stützräder aussprachen, war der deutsche Physiker Heinrich Hertz. 1887 hatte er experimentell nachgewiesen, daß die Reflexions- und Brechungsgesetze, die für das Licht seit langem bekannt waren, ebenfalls für die unsichtbaren elektrischen Störungen gelten, die durch Funken hervorgerufen werden. Das Licht schien in der Tat eine besondere Form der elektromagnetischen Strahlung zu sein. Hertz bewunderte die mathematischen Formeln, die Maxwell für sein Licht gefunden hatte, und warnte davor, die bunten Gewänder – das heißt, den Äther –, in die sie die Theorie früher gekleidet hätten, mit der schlichten Gestalt zu verwechseln, in der sich die wirkliche Theorie präsentiere.

Als das Feldkonzept sich durchsetzte, gelangten Maxwell und andere zu der Auffassung, das elektromagnetische Feld sei ein Energiereservoir. Maxwell hatte keinerlei Zweifel an diesem Zusammenhang zwischen Energie und elektromagnetischem Feld. «Was ich sage, meine ich wörtlich ... Nach unserer Theorie befindet sich die Energie im elektromagnetischen Feld, in dem Raum, der elektrifizierte und magnetische Körper umgibt, wie auch in diesen Körpern selbst.» Laut Maxwell besitzt das Feld Energie. Dank eines Theorems des britischen Physikers John Henry Poynting war man in der Lage, dem Fluß der elektromagnetischen Feldenergie explizit zu folgen. Die Ergebnisse waren sehr überraschend. Warum wird der Faden einer Lampe heiß und beginnt zu glühen? Nicht wegen des Stromflusses durch den Glühfaden, sondern weil Feldenergie aus dem umgebenden Raum in den Faden einströmt, wenn Strom fließt. Darüber schienen die Mathematiker Klarheit gewonnen zu haben. Energie fließt um Leiter herum und in Leiter hinein, aber nicht durch sie hindurch.

Könnte im Grunde genommen alles Feldenergie sein, die sich zu verschiedenen Formen organisiert? Diese Frage stellten sich Maxwell und andere «Energetiker». Man bemühte sich nach Kräften um eine Antwort, kam aber nicht recht voran.[25] Erst seit Einstein und der Entwicklung der Quantentheorie wissen wir, wie die Beziehung zwischen Energie und Materie aussieht.

Faraday hatte an die Mitteilungsbereitschaft der Phänomene geglaubt. Er war ein Meister im Fragenstellen, ein faszinierter Beobachter und einfallsreicher Experimentator, der den Dingen traute, die er sah. Die Sprache der Phänomene war nicht die einzige, die zur Verfügung stand, um die Natur darzustellen; neben ihr gab es noch zwei weitere, die eine von mathematischer, die andere von mechanischer Art. Erstere konnte Faraday nicht verstehen, der zweiten mißtraute er. Maxwell flehte er an, seine Theorie zu übersetzen und sie zu befreien «von ihren Hieroglyphen, damit ich experimentell nach ihr verfahren kann». Seine Bitte fand kein Gehör. Sein Mißtrauen gegenüber mechanischen Modellen und seine Vorliebe für greifbare Phänomene führten ihn in den folgenden Jahren ins Abseits.

Der Wissenschaftler, der vielleicht am längsten und intensivsten bemüht war, ein mechanisches Weltbild mit der Exaktheit der Mathematik zu verbinden, war William Thomson, der spätere Lord Kelvin. Seine Bemühungen konnten den Untergang der Theorie vom materiellen Äther und der mit ihm verknüpften Lichtvorstellung nicht aufhalten. In der Folge veranlaßten die «natürliche Wahrheit» der Experimente unvoreingenommene junge Wissenschaftler zu völlig neuen Hypothesen über das Wesen des Lichts, die über die Annahmen von Faraday und Maxwell hinausgingen.

## Das endgültige Scheitern

> Ein Wort charakterisiert die mühseligen Anstrengungen, die ich im Laufe von fünfundfünfzig Jahren beharrlich auf mich genommen habe: das Wort heißt FEHLSCHLAG
>
> William Thomson

1841, im zarten Alter von achtzehn Jahren, verschaffte sich William Thomson, damals bereits ein begeisterter Leser der Schriften Faradays, durch einen schwierigen mathematischen Vergleich zwischen Fouriers Wärmetheorie und der elektrischen Fernwirkung Eingang in die wissenschaftliche Gemeinschaft. Faraday, dreißig Jahre älter als Thomson, hätte diesen Aufsatz kaum verstanden.[26] Im Laufe der nächsten zehn Jahre erwarb sich Thomson durch seine theoretischen Wärmestudien wissenschaftliche Geltung und gewann die Überzeugung, daß *alle* physikalischen Erscheinungen, auch das Licht und die elektromagnetischen Kräfte, als Materie zu verstehen seien, die sich nach mechanischen Gesetzen bewege, und dazu müsse man die Beschaffenheit des Äthers ergründen. Dieser Überzeugung blieb er seine ganze wissenschaftliche Laufbahn hindurch treu und unternahm ungewöhnliche Anstrengungen, um sie zu beweisen.

Hätte er recht gehabt, müßte es überall Substanz geben. «Heute halten wir den Raum für angefüllt», schrieb Thomson, angefüllt mit einem Fluidum, dessen einzige Eigenschaften nach seiner Auffassung Ausdehnung, Nichtkomprimierbarkeit und Trägheit waren. Alles – Farben, Wärme, elektromagnetische Effekte und so weiter – sei nur ein Reflex der fundamentaleren gesetzmäßigen Bewegungen dieses Fluidums. Unter Berufung auf den Erfolg der Fresnelschen Wellentheorie des Lichts erklärte Thomson: «Seine [des Äthers] Existenz ist ein Faktum, das nicht in Frage gestellt werden kann», woraufhin er aus neueren Daten über die Sonnenenergie seine wahrscheinliche Dichte berechnete. Faradays Kraftlinien seien wunderbar, gewiß, doch man müsse sie anhand der mechanischen Eigenschaften des Äthers verstehen, wenn man die geringste Vorstellung von den Kräften der Elektrizität, des Magnetismus und der Gravitation gewinnen wolle. Deshalb begann Thomson den großangelegten Versuch, eine universelle Physik zu entwickeln, vereinigt in dem Prinzip einfacher, träger Materie, die sich nach mechanischen Gesetzen bewegt.

Wie üblich erwies sich auch für Thomson das Licht als die widerspenstigste Eigenschaft der Welt. Obwohl Maxwell Thomsons Vorhaben wohlwollend gegenüberstand, hatte er sich gezwungen gesehen, eine auf dem Äther basierende Theorie zumindest zeitweise aufzugeben. Statt dessen hatte er sich auf eine mathematische Behandlung des Problems beschränkt, für die es kein unmittelbar anschauliches Modell gab. Doch Thomson dachte nicht daran, aufzugeben. Durch Übernahme und Umwandlung der Theorien von hervorragenden Mathematikern wie Stokes und Green kämpfte er sein ganzes Leben lang darum, schlüssige mechanische Hypothesen für den Äther zu finden.

An der Glasgow University, wo er mehr als fünf Jahrzehnte lehrte, ist heute noch eine Demonstration zu bewundern, die von ihm vor einem Jahrhundert begonnen wurde und immer noch fortgeführt wird. Mit ihr wollte Thomson seine Auffassung vom Äther verdeutlichen. In der Mitte eines Wasserbehälters ist eine Wachsscheibe angebracht. Darauf hat man Bleikügelchen und darunter kleine Korken gesetzt. Im Laufe eines Jahres bahnen sich die Bleikügelchen langsam einen Weg abwärts durch das Wachs, während die schwimmfähigen Korken durch es hindurch nach oben wandern.

Entsprechend dachte man sich den Raum erfüllt von einer hochelastischen Substanz, die mit den von der Fresnelschen Theorie geforderten außerordentlich hohen Lichtfrequenzen schwingen kann und die es gleichzeitig Planeten und Sternen gestattet, sich ihren Weg langsam und gemächlich durch das Universum zu bahnen. Angeregt von der Arbeit seines deutschen Kollegen Hermann von Helmholtz über Strömungsmechanik, schlug Thomson die Hypothese vor, der Raum sei mit «Wirbelatomen» gefüllt, die sich in Strukturen ähnlich wie Rauchkringel durch den Äther bewegen. Das war eine sehr scharfsinnige Hypothese, die Phänomene der Reflexion, Brechung, Zerlegung und Polarisation erklären konnte. Bereits damals aber meinte der amerikanische Physiker Willard Gibbs, trotz all ihrer Erfolge und der genialen Kühnheit ihres Urhebers sollte Thomsons Theorie «uns nicht blind für den aktuellen Stand in dieser Frage machen. Für Maxwells Theorie der Elektrizität gilt noch immer, daß sie uns nicht dazu zwingt, Hypothesen zu erfinden, sondern nur die Gesetze anzuwenden, die die Wissenschaft der Elektrizität liefert.»[27] Thomson hatte nur einen neuen Götzen zur Erklärung des Lichts gebastelt, einen, der nicht mehr Wahrheitsgehalt hatte als seine Vorgänger. Seine hypothetischen Wirbelatome waren kurzlebig und ohne bleibenden Wert für die Entwicklung der Wissenschaft vom Licht. Es sei besser, meinte Gibbs, auf die Erfindung solcher Vorstellungen zu verzichten und sich statt dessen an die rein abstrakte mathematische Theorie von Maxwell zu halten. Wie die Muslime Bilder von Gott oder dem Propheten verbieten, war Gibbs besorgt, die Bilder von Wirbelatomen könnten den Wissenschaftler blind machen für die schlichten mathematischen Wahrheiten des Lichts.

Gibbs war durch ein Weltmeer von Thomson getrennt – ein sicherer Abstand. Denn Thomson, inzwischen Lord Kelvin, setzte sich unermüdlich für seine Ansichten ein, und seine Fähigkeit, andere einzuschüchtern, war legendär. Im Laufe der Jahre war er zum herrschenden Patriarchen der englischen Physik geworden.

Selbst als Achtzigjähriger blieb Lord Kelvin eine höchst herrische Erscheinung, wie aus der Geschichte zu ersehen ist, die uns Ernest Rutherford (der Entdecker des Atomkerns) anläßlich seines Vortrags über Radium an der Royal Institution berichtet: «Ich betrat den halbdunklen Raum, machte augenblicklich Lord Kelvin unter den Zuhörern aus und begriff, daß ich im letzten Teil meiner Ausführungen Probleme bekommen würde, denn er behandelte das Alter der Erde, einen Punkt, in dem unsere Auffassungen weit voneinander abwichen. Zu meiner Erleichterung fiel Kelvin rasch in Schlaf, doch als ich zu der entscheidenden Passage kam, sah ich, wie er sich aufrichtete, ein Auge öffnete und mir einen furchterregenden Blick zuwarf! Doch dann kam mir die Erleuchtung – ich sagte: ‹Lord Kelvin hat dem Alter der Erde eine bestimmte Grenze gesetzt, *unter der Voraussetzung, man würde keine neue [Wärme-]Quelle entdecken.* Diese prophetische Äußerung betrifft genau den Gegenstand, den wir heute abend erörtern – das Radium.› Grandios, wie der alte Knabe mich anstrahlte!»[28]

Rutherford erkannte, daß die «neue Wärmequelle», Ursache der hohen Temperatur der Erde selbst nach Millionen von Jahren, die Energie war, die durch den Zerfall von Radium erzeugt wird. Achtzehn Jahre lang hatte Kelvin gegen die Geologen gekämpft, indem er aufgrund der Sätze der Thermodynamik «bewies», daß die Erde viel jünger sei. Aus verständlichen Gründen hatte er natürlich versäumt, jene unentdeckte Wärme zu berücksichtigen, die durch den radioaktiven Zerfall im Erdkern entsteht, aber man tat trotzdem gut daran, den Zorn des Lords zu vermeiden.

Trotz all seines Einflusses konnte er nicht verhindern, daß viele seiner tiefsten Überzeugungen den einfachen Experimentaldaten, den von Faraday so geliebten «natürlichen Wahrheiten», nicht standzuhalten vermochten. Ein solches Resultat, das er noch erlebte, ergab sich aus dem Experiment, das Albert Michelson und Edward Morley 1887 entwickelt hatten, um nach dem Äther zu suchen. Unzweifelhaft erwies sich, daß es keinen Äther gibt. Trotz eingehender Analyse konnte Lord Kelvin keinen Fehler an diesem Experiment entdecken, und so charakterisierte er es in seiner berühmten Rede «Two Clouds» (Zwei Wolken) aus dem Jahre 1900 als eine sehr dichte Wolke, die sich über der von ihm befürworteten Äthertheorie des

Teil des Sonnenspektrums.

Lichts zusammenballe. Schon fünf Jahre später wurde die Wolke durch Einsteins spezielle Relativitätstheorie zerstreut, doch mit ihr verschwand auch die Äthertheorie des Lichts. Die zweite Wolke, die Kelvin sah, betraf die Spektralfarben des Lichts, die beim Glühen von Stoffen auftreten. Vor 1900 reichte das Verständnis der Wärme (Thermodynamik) und des Elektromagnetismus nicht aus, um die Farben zu erklären, die bei der Erwärmung sogenannter Schwarzkörper auftreten. Diese Diskrepanz ließ sich erst mit Hilfe der Quantenmechanik überwinden.

Lord Kelvin war ein weitsichtiger Denker. Aus diesen beiden Wolken über der Physik des 19. Jahrhunderts sollten sich die tiefgreifenden Veränderungen der Physik des 20. Jahrhunderts mit einer völlig neuen Vorstellung vom Licht ergeben. Es zog jedoch noch eine dritte Wolke auf, die ihren eigenen bedeutsamen Beitrag zur modernen Physik leisten sollte.

Erinnern wir uns, daß Galilei 1612 sein Fernrohr auf die Sonne richtete und dunkle Flecken über ihre Oberfläche wandern sah, was die zeitgenössischen Astronomen nicht glauben wollten. Joseph Fraunhofer (1787–1826), Autodidakt und Instrumentenbauer aus Bayern, beschäftigte sich noch etwas eingehender mit Galileis Sonnenflecken. 1814 verband er ein Fernrohr mit einem Prisma und untersuchte die Spektralfarben des Sonnenlichts sorgfältiger, als es Newton oder irgend jemand sonst vor ihm getan hatte. Die vollkommene Kontinuität der von Newton erblickten Farben, die unmerklich ineinander überzugehen schienen, war in Wirklichkeit durch schwarze Linien unterbrochen. Während Galilei dunkle Schönheitsflecken auf der strahlenden Oberfläche der Sonne entdeckt hatte, fand Fraunhofer störende Beeinträchtigungen in der sonst makellosen Erscheinung des Spektrums. Was hatte es mit diesen dunklen Linien auf sich, die den Regenbogen des Sonnenlichts verunstalteten?

Erst 1859 klärten die Heidelberger Professoren Gustav Kirchhoff und Robert Wilhelm Bunsen den Zusammenhang zwischen den Mustern aus dunklen Spektrallinien, die im Sonnenlicht sichtbar werden, und den hellen Sequenzen, die sich bei der Spektralanalyse des Lichts zeigen, wenn verdampfte Stoffe in die Flamme eines Bunsenbrenners gelangen. Jedes Element besitzt einen besonderen Lichtsteckbrief, ein unverwechselbares Spektrum diskreter Linien.

Nach dieser Entdeckung konnten Astronomen erstmals ihre Fernrohre auf die Sonne und Sterne richten und anhand der Spektren, die sie dabei erblickten, auf die Art und die Menge der Elemente schließen, die in diesen fernen Objekten vorhanden waren. Der irdischen Physik war durch die Spektralanalyse des Lichts der Sprung in den Kosmos gelungen. Man stellte fest, daß die Sonne und die Sterne die gleichen Spektren besitzen wie jene, die sich in Heidelberg erzeugen ließen, was zu der einfachen Schlußfolgerung führte, daß sich die Sterne (abgesehen von ihrer Durchschnittstemperatur) wenig von unserer vertrauten Welt unterscheiden.

So bildete die Spektralanalyse des Lichts am klaren und weiten Horizont der Physik, wie ihn Lord Kelvin wahrnahm, neben dem Michelson-Morley- und dem «Schwarzkörper»-Experiment die dritte Wolke. Die Physiker des 19. Jahrhunderts hatten auf fast jedem Gebiet glänzende Erfolge erzielt. Doch das Licht zeigte immer noch Erscheinungen, die sich nicht erklären ließen. Man brauchte Mut, um sich auf sie einzulassen. Doch die Forscher, die es wagten, wurden schließlich in einer Weise belohnt, die ihre kühnsten Erwartungen übertraf.

Angesichts dieser Erkenntnisse blieb Lord Kelvin trotz aller Einschüchterungsversuche in der Beurteilung seiner eigenen Leistungen aufrichtig. Bei einem Festbankett anläßlich des fünfzigjährigen Jubiläums seiner Professur in Glasgow antwortete er auf einen Toast, in dem er mit Lob überschüttet worden war: «Ein Wort charakterisiert die mühseligen Anstrengungen, die ich im Laufe von fünfundfünfzig Jahren beharrlich auf mich genommen habe, um die Wissenschaft voranzubringen: das Wort heißt FEHLSCHLAG. Ich weiß heute nicht mehr über elektrische und magnetische Kräfte, über die Beziehung zwischen Äther, Elektrizität und ponderabler Materie, als ich vor fünfzig Jahren in meiner ersten Vorlesung als Professor wußte und meinen Studenten nahezubringen suchte.»[29]

Hartnäckig hatte sich Lord Kelvin den Anfängen einer neuen Auffassung vom Licht widersetzt. Wenn man darauf bestand, das Licht als materiell anzusehen, war einem der Mißerfolg sicher. Kelvin und alle, die dachten wie er, mußten ihre Positionen aufgeben. Die Fäden, die Faraday gesponnen und Maxwell verwoben hatte, warteten noch darauf, daß unbefangene Forscher sie aufnahmen und in einer Weise verarbeiteten, die weniger an die Vorstellungen der Vergangenheit gebunden war. Durch Experiment und geniale Intuition vorangetrieben, brach 1900 ein neues Jahrhundert des Lichts an, dessen Implikationen zu verstehen wir uns noch immer mühen. Im Begriff, die Schwelle zum 20. Jahrhundert zu überschreiten, möche ich einen Moment lang innehalten, um genauer zu betrachten, was aus dem Licht geworden ist und welche Erscheinungen es uns darbietet.

## Unruhe des Herzens

Ist die Lampe zerschlagen
Liegt im Staub tot das Licht –
Ist die Wolke fortgetragen
Glänzt der Regenbogen nicht.
Ist die Laute zerbrochen
Weiß süßen Klang keiner mehr.
Haben die Lippen gesprochen
Sind geliebte Worte bald leer.[30]

Percy Bysshe Shelley

In seinen letzten Lebensjahren schwanden Faradays Verstandeskräfte allmählich und ließen ihn in sanfte Senilität versinken. Als sein einziger Schüler Tyndall, der schüchtern bemüht war, für Faraday das zu sein, was Schiller für Goethe gewesen ist, dem alten Naturforscher seinen letzten Besuch abstattete (Faraday verabscheute die neue Bezeichnung «Wissenschaftler»), stellte er fest: «Der strahlende Ausdruck, welcher zur Zeit seiner Kraft sein Antlitz auf so wunderbare Weise erhellte, leuchtete noch warm und still daraus hervor.» Und weiter erinnerte er sich: «Ich kniete eines Tages neben ihm nieder und legte meine Hand auf seine Knie; er streichelte sie liebevoll und murmelte mit leiser sanfter Stimme ...»[31]

Faradays letzte stumme Freuden waren die Sonnenuntergänge, die er vom Garten seines Alterssitzes aus betrachten konnte. Schon in früheren Jahren hatte der Anblick eines Regenbogens, eines Sturms oder Sonnenuntergangs seine Augen zum Leuchten gebracht, denn das waren «natürliche Wahrheiten» in großem Maßstab. Wahrheiten, die unsere Ehrfurcht und unser Nachfragen verdienen.

Doch im 19. Jahrhundert fragten sich viele, wie solche Erscheinungen wohl im Rahmen des Elektromagnetismus zu verstehen seien: War der Regenbogen nur ein System von Gleichungen, der Sonnenuntergang nur die Wirkung einer differentialen Lichtstreuung, der Blitz nur eine Ansammlung von

Abermillionen Elektronen? Hatte Maxwells mathematische Hexe am Ende die Oberhand gewonnen? War es genug, ein frommer Anglikaner zu sein, während die Gelehrten die Tempel der Natur plünderten?

John Stuart Mill vertrat beharrlich die Auffassung, die Liebe zur Schönheit der Natur sei kein Hindernis für die wissenschaftliche Erkenntnis: «Die heftigste Ergriffenheit angesichts der Schönheit einer Wolke, die von der untergehenden Sonne beleuchtet wird, hindert mich nicht daran, mir darüber klar zu sein, daß die Wolke Wasserdampf und damit all den Gesetzen unterworfen ist, die für Dämpfe im Schwebezustand gelten.»[32] Aber trifft auch das Umgekehrte zu? Trägt theoretische, wissenschaftliche Erkenntnis dazu bei, die Empfindungen, die uns beim Anblick des Erhabenen ergreifen, zu beeinträchtigen oder gar abzutöten? Eines anderen Sonnenuntergangs ansichtig, notiert Henry David Thoreau Weihnachten 1851: «Von einem Standpunkt fünfunddreißig Kilometer entfernt sah ich eine karminrote Wolke am Horizont. Du sagst mir, sie sei eine Masse aus Wasserdampf, die nur das Rot reflektiert, aber das trifft nicht den Kern... Was für eine Art von Wissenschaft ist das, die den Verstand bereichert, aber die Phantasie verarmen läßt? Wenn wir alle Dinge nur auf so mechanische Weise wüßten, würden wir dann irgend etwas wirklich wissen?»[33]

Für Thoreau schien der Glanz des weltlichen Lichts das geistige Licht der Phantasie in seiner Existenz zu bedrohen. Auf der anderen Seite der Erde wandte sich im 14. Jahrhundert der japanische Philosoph Keiji Nishitani an den buddhistischen Priester Musō Kokushi, der sich in seinem Buch ‹*Muchū mondō*› (Fragen und Antworten in einem Traum) ähnlich äußert. Musō erinnert an die alten Lehren, denen zufolge jedes fühlende Wesen ein geistiges Licht besitze, das aus dem «Samadhi des Vorratshauses des Großen Lichts» stamme. Das «Wunderlicht» aller Buddhas fließe aus der gleichen Quelle. In unserem Leben sei jeder Akt der Einsicht, selbst in so trivialen Fragen wie der Unterscheidung zwischen Ost und West oder Schwarz und

Weiß, «das wunderbare Werk dieses geistigen Lichts. Nur Narren vergessen das ursprüngliche Licht und wenden sich nach außen, um ein weltliches Licht zu suchen.»[34]

Auch zu Faradays Lebzeiten gab es noch die Auseinandersetzung zwischen denen, die sich mit dem weltlichen Licht zufriedengaben, und jenen anderen, die sich, wenn auch nur schwach, an das ursprüngliche Licht der alten Mythen erinnerten: Goethe und Novalis in Deutschland, Coleridge in England, Emerson und Thoreau in Amerika. Diese Dichter waren viel intensiver als die zeitgenössischen Naturforscher um ein anderes Wissenschaftsverständnis bemüht. Einige Romantiker sahen keine andere Möglichkeit, als die Wissenschaft in Bausch und Bogen abzulehnen. Weit interessanter sind diejenigen, die Goethes Beispiel folgten und versuchten, das Wesen der Wissenschaft neu zu bestimmen, um herauszufinden, ob in ihr für den Menschen wirklich kein Platz ist.

Das «Entweben des Regenbogens», um einen Ausdruck von Keats aufzugreifen, hatte viele Jahrhunderte gedauert. In der Bibel setzt Jahwe den ersten Regenbogen an den Himmel, als nach der Sintflut die Sonne über Noah aufgeht. Solange der Regenbogen am Himmel leuchtet, hat der Bund zwischen Gott und den Menschen Bestand: «Meinen Bogen habe ich in die Wolken gesetzt; der soll das Zeichen sein des Bundes zwischen mir und der Erde, daß hinfort keine Sintflut mehr komme, die alles Fleisch verderbe.»[35] Ein Schutzversprechen also war der Regenbogen. Im Laufe der Jahrhunderte wurde jede optische Entdeckung und jede neue Theorie des Lichts auf den Regenbogen angewendet. Für viele poetische Gemüter war dies das «Entweben des Regenbogens» durch die Hand der mathematischen Hexe, ein Akt, der Iris aus dem Himmel zu vertreiben und den Bund zwischen Gott und der Erde zu unterhöhlen drohte.

Ließe sich nicht, statt nur den Verlust von Iris zu beklagen, Wissenschaft auch in einer Weise verstehen, die der Natur ihre Seele und dem menschlichen Leben seinen Sinn erhielte? Um diese Frage beantworten zu können, werden wir uns nicht nur mit den entscheidenden wissenschaftlichen Ereignissen zu Beginn des 20. Jahrhunderts – der Quantenmechanik und der Relativitätstheorie – beschäftigen, sondern uns auch mit den Auffassungen jener Denker auseinandersetzen, die eine beseeltere Auffassung von Wissenschaft und Licht entwickelten und das Wesen Natura auch dann willkommen hießen, wenn es in einem neuen Gewand erschien.

Zunächst aber können wir viele Jahrhunderte in der Biographie des Lichts zusammenfassen, indem wir eine seiner schönsten Erscheinungsformen betrachten: den Regenbogen.

# 7 Das Tor des Regenbogens

> Und als wir gingen, türmte sich vor uns eine Wolke auf und verwandelte sich in einen Wigwam, und ein Regenbogen war sein offenes Tor.
>
> Schwarzer Elch[1]

Im Frühjahr 1988 sah ich einen uralten Regenbogen. Regenbogen aus heutiger Zeit habe ich schon oft erblickt, doch dies war meine erste Erfahrung mit einem Regenbogen, der bis zum Anfang der Dinge zurückreichte.

Im Rahmen einer Zeremonie, deren Ursprünge sich im Dunkel der Zeit verlieren, veranstalten die Bürger von Gubbio in Italien alljährlich einen Staffellauf zum Kloster San Ubaldo hoch oben auf dem Berg, an dessen Hängen sie leben. Am frühen Morgen schultern Mannschaften, bestehend aus Männern und Jungen, drei riesige, sechs Meter hohe phallische «Kerzen» aus Holz, *ceri* genannt, und tragen sie feierlich durch die verschiedenen Stadtviertel. Auf jeder Kerze ist in flammenartiger Gestalt ein Heiliger abgebildet, der dem heidnischen Ritual seinen christlichen Segen erteilt.

Vom Morgen bis zum Nachmittag bereiten sich alle mit Feiern und Lustbarkeiten auf das große Ereignis vor. Wenn dann die Sonne tief am westlichen Himmel steht, werden die *ceri* zum Stadttor gebracht, von dem aus die Straße zur Basilika von San Ubaldo auf den Gipfel führt. Von einem vor der Kirche gelegenen Hügel aus konnte ich das ganze Geschehen überblicken: die *ceri,* die vielen tausend Zuschauer entlang der gewundenen Straße und die einheitlich gekleideten Läufer, bereit, den riesigen «Stab» zu schultern, wenn ihr Abschnitt dieses urzeitlichen Staffellaufs an der Reihe war. Der Wettlauf begann mit einem Aufschrei aus tausend Kehlen, und erstaunlich rasch nahmen die riesigen, aufgerichteten *ceri* ihren Weg bergauf, in einer bizarren Prozession voller Anmut und Tempo.

Als die Läufer um die letzte Kurve bogen, sprangen alle Zuschauer rings um mich her auf und schrien aus voller Kehle. Die *ceri* kamen an uns vorüber, und wir wendeten uns um, um sie durch die offenen Kirchentore von San Ubaldo verschwinden zu sehen, wo sie den Sieg erringen wollten. Da erblickte ich über ihnen und der Kirche den Regenbogen, uralt und prächtig den Himmel überspannend, und blitzartig wurde mir klar: Das Rennen konnte nicht in dem dunklen Kirchenschiff enden, sondern würde fortdauern, bis eine Generation von Läufern unter dem farbig schillernden Bogen hindurchlief, der über ihren Köpfen hing. Die flammengleichen Heiligen waren heidnische Gottheiten, die im rötlichen Licht der Dämmerung glühten, und der Regenbogen war ihre Strahlenkrone. Das Rennen hatte nicht San Ubaldo zum Ziel, sondern ein zeitloses Heiligtum, «und ein Regenbogen war sein offenes Tor».

Es war ein uralter Ritus und ein uralter Regenbogen. Sie zeigen sich nicht mehr oft in unserer modernen Welt. Einst, vor langer Zeit, sah man sie öfter.

An einem tiefen Wasserloch in einem Wüstenstrich Australiens hockt ein Aborigine mit einem brennenden Holzscheit. Der Durst hat ihn zum Wasser getrieben, und er weiß, es ist riskant, sich hier aufzuhalten – ohne den mächtigen Zauber von Feuer und Rauch würde sich eine riesige vielfarbige Schlange aus den Tiefen des Wassers erheben, um ihn hinunterzuziehen und zu verschlingen. Doch vom Feuer in seiner Hand in Schach gehalten, wird das Wasserungeheuer den durstigen Besucher unbehelligt lassen. In ganz Australien trägt dieses Geschöpf der Wasserlöcher den Namen «Regenbogenschlange», weil sich ihr schöner, farbenfroher Körper gelegentlich über die Erde erhebt und bogenförmig über den Wolken steht. Dieses uralte, mächtige, magische Wesen beschäftigt die Phantasie der Aborigines seit unvordenklichen Zeiten.

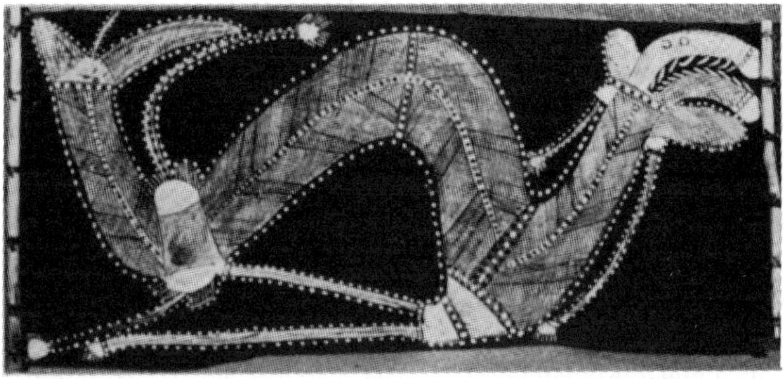

«Die Regenbogenschlange» von Namirrgi, Arnhemland (Nordaustralien), auf Baumrinde gemalt.

Wenn Navajo-Götter auf ihren Wanderungen an einen Canyon oder ein tiefes Flußtal kommen, spannt sich eine Regenbogenbrücke über den Abgrund, so daß sie ihren Weg fortsetzen können. In ihrem Gefolge spielt der heilige Coyote, entzückt über den neu entstandenen Regenbogenpfad. Einige der Regenbogenbrücken verfestigten sich zu Stein und wurden zu den natürlichen Felsbrücken, die im Südwesten der USA manche Schlucht überspannen.

«Doch zu den Troern entsandte die windbeflügelte Iris Zeus, der Aigiserschüttrer, hinab mit schmerzlicher Botschaft.»[2] Zeus, Herr über Sturm und Donner, bedient sich häufig der eilenden Iris, um seine Botschaften den Unsterblichen oder den Menschen zu übermitteln. Iris, die Göttin des Regenbogens, überbrückt den Abgrund des Himmels zwischen den Höhen des Olymps und den Schlachtfeldern vor den Mauern von Troia. Diese Göttin, «eilend auf dem stürmischen Regen», wie es bei Homer heißt, stelle ich mir als strahlenden Regenbogen vor, der sich ruhig vom sturmbewölkten Himmel auf eine von Schlachten erschütterte Ebene hinabwölbt und die Gedanken des Zeus den Archaiern und Argiven zuträgt. Der Regenbogen war nach der Vorstellung der archaischen Griechen eine Göttin und Botin, geschwind und veränderlich.

## Regenbogen – Tochter des Wunders

Seit Urzeiten beschäftigt der Himmelshalbkreis aus Spektralfarben, den wir Regenbogen nennen, die Phantasie des Menschen. Er ist zu einer Quelle des Mythos, des Staunens und des Aberglaubens geworden und war zugleich ein Phänomen, das der langsam entstehenden wissenschaftlichen Beschäftigung mit dem Licht eine Fülle von Anregungen bot.

Für die alten semitischen Völker des Nahen Ostens bezeichnete der Regenbogen den Übergang von einem fernen Zeitalter wachsender Verderbnis zu unserem eigenen, ein Motiv, das wir aus dem Ersten Buch Mose kennen. Das Erscheinen des Regenbogens vor Noahs Augen besiegelt den Bund zwischen Jahwe und «allem Fleisch, das auf Erden ist». Nie wieder wird Gott die Welt durch eine Sintflut zerstören, nie wieder wird eine sündige Menschheit untergehen.[3] In der heutigen, von vielen Gefahren bedrohten Welt kann der Anblick des Regenbogens an unserem schwach erleuchteten Himmel dem Gläubigen eine tröstliche Erinnerung an das Versprechen sein, das Gott dem Menschen gegeben hat.

Für Hesiod war der Regenbogen eine Manifestation der Göttin Iris; von ihm kennen wir ihre Herkunft. Thaumas, der Gott des Wunders, «führte heim / Des tiefströmenden Okeanos Tochter Elektra. / Sie gebar die schnelle Iris / Und die schönhaarigen Harpyien ...»[4] Nach altgriechischer Vorstellung vereint Iris, Regenbogen und Götterbotin, das tiefströmende äußere Meer, das die antike Welt umschließt, mit dem Wundergott Thaumas. *Thaumas* ist das altgriechische Wort für «Wunder». In dem Mythos von Iris' Ursprung gaben die Griechen ihrer Ehrfurcht vor dem vielfarbenen Regenbogen Ausdruck; er war ein Wunder, ein *thaumas,* vermählt mit dem Wasser, dem *okeanos.* Der Regenbogen ist geboren aus Wasser und Wunder; Iris ist die Tochter von Okeanos und Thaumas. Dazu Platon: «...wer gesagt hat, Iris sei die Tochter des Thaumas, scheint die Abstammung nicht übel getroffen zu haben.»

In der frühen Geschichte des Regenbogens wurde der farbenschillernde Halbkreis zwischen Himmel und Erde ganz selbstverständlich zu einer Brücke, die beide Welten verband. Der griechische Komödiendichter Aristophanes schrieb: «Und ‹der schüchternen Taube vergleichbar› ist nach Vater Homeros die Iris»[5], und sie überbringt Botschaften zwischen Göttern und Menschen. Das Motiv findet man auch in anderen Kulturen. Für nordamerikanische Indianer, Polynesier und andere Naturvölker war der Regenbogen ein Pfad, über den die Seelen in die höhere Welt gelangen. In Japan hieß er die «schwebende Himmelsbrücke». In der isländischen Sagendichtung ‹*Edda*› fragt König Gylfi in Gestalt von Gangleri nach dem Weg von der Erde zum Himmel, und «Har antwortete laut auflachend: Nun, das ist nicht klug gefragt; hat man dir nicht gesagt, daß die Götter eine Brücke von der Erde zum Himmel gespannt haben, Bifröst mit Namen? Du mußt sie gesehen haben; mag sein, daß ihr sie Regenbogen nennt. Sie besteht aus drei Farben und ist sehr fest, mit mehr Verstand und Kunstfertigkeit erbaut als andere Handwerksarbeiten.»[6] Von Heimdall wird sie streng bewacht, und die Götter, die sie täglich überqueren, werden sie zum letztenmal betreten, wenn sie unserer Welt für immer den Rücken kehren, wenn die «Götterdämmerung» hereinbricht. Dann wird der Regenbogen zerstört werden.

Der Regenbogen bleibt für den Menschen ein geheimnisvolles Phänomen. Wir gehen auf ihn zu, und er zieht sich vor uns zurück, so daß wir niemals unter ihm hindurchgelangen oder sein vielbesungenes Ende erreichen können. Was ist der Regenbogen, dieses Gespinst aus Licht, Regen und unserem Blick? *Thaumas,* das Wunder, begleitet ihn durch die Jahrhunderte. Iris ist heute noch so schön und unfaßbar wie im antiken

Griechenland. Gerard Manley Hopkins hat dieses Rätsel in einem frühen Gedicht eingefangen.

> Schwer war es, diesen Knoten zu lösen.
> Der Regenbogen glänzt, doch nur in den Gedanken
> Dessen, der schaut. Aber nicht nur dort allein –
> Denn wer bildet sich den Regenbogen ein?
> Und viele stehen um einen Wasserfall,
> Sehen alle einen Bogen, doch jeder einen anderen,
> Jeder den seinen eine Handbreit vom nächsten entfernt.
> Die Sonne schreibt den Text auf stürzendes Wasser,
> Und doch ist er in den Augen oder Gedanken.
> Schwer war es, diesen Knoten zu lösen.

Das Staunen, das in diesen Dichtungen zum Ausdruck kommt, ist die Wurzel der Philosophie und die Grundlage der Wissenschaft. Noch einmal Platon über Iris: «Denn dies ist der Zustand eines gar sehr die Weisheit liebenden Mannes, das Erstaunen; ja es gibt keinen anderen Anfang der Philosophie als diesen, und wer gesagt hat, Iris sei die Tochter des Thaumas, scheint die Abstammung nicht übel getroffen zu haben.»[7] Die Genealogie des abendländischen Denkens liegt im Staunen des Menschen über den Regenbogen begründet und reicht in den Mythen bis zu dessen Zerstörung, der Götterdämmerung, dem Ende des Bundes zwischen Jahwe und der Erde.

## Das Phänomen

> Es ist nicht Mittag – die Strahlen des
> Sonnenbogens überwölben noch
> den Sturzbach mit den mannigfachen
> Farben des Himmels ...
>
> Lord Byron

Wo, wann und unter welchen Umständen treten Regenbogen auf? Zum Verständnis eines Phänomens gehört das Wissen um die Details seines Vorkommens. Wir haben alle schon Regenbogen gesehen, aber haben Sie auch darauf geachtet, in welcher Richtung sie zu erblicken sind, zu welcher Tageszeit, wie sie genau geformt sind und wie hoch sie am Himmel stehen? Welche Farben hat der Regenbogen, und in welcher Reihenfolge treten sie auf? Die Antwort auf jede dieser Fragen verweist uns auf die Ursachen des Regenbogens.

Während eines Forschungsaufenthalts in Boulder, Colorado, wurden meine Frau und ich häufig durch farbenprächtige Regenbogen vom Abendessen abgelenkt. Still kamen kleine abendliche Regenfälle auf. Von den Gebirgen im Westen zogen sie zu den östlichen Ebenen, die bei Boulder auf die Rocky Mountains treffen. Wolken und Regen schoben sich über unseren Köpfen dahin, verschleierten kurze Zeit das helle Sonnenlicht, das in der Dämmerung seine Strahlen über die Bergspitzen warf. Von unserer Wohnung aus konnten wir den Regenbogen nicht sehen, aber wir wußten, daß er da war. Für diese Fälle stand immer ein Regenschirm an der Tür. Wenn wir auf das Feld hinter dem Appartementhaus traten, blickten wir auf die prächtigen Farbbogen, die am halbdunklen Himmel hingen.

Vielleicht hat meine Beschreibung bei Ihnen Erinnerungen geweckt an einen Regenbogen, den Sie selbst eingehend betrachtet haben. Versuchen Sie nun, die Fragen zu beantworten, die ich am Anfang gestellt habe. Wo war mein Regenbogen?

Niedrig am östlichen Horizont. Wann trat er auf? Am Abend. Bereits mit diesen beiden Beobachtungen haben wir den Anfang dessen, was ich die «Gestalt» des Regenbogens nennen will, das heißt seine geometrische und zeitliche Erscheinungsform. Sobald wir uns über die Gestalt des Regenbogens klargeworden sind, können wir ihn *sehen,* nicht nur mit den Augen, sondern auch mit dem Verstand.

Ein anderer Aspekt der Regenbogengestalt ist der Stand der Sonne. Wo befindet sie sich, wenn ein Regenbogen erscheint? Vergil wußte es:

> Iris, schimmernd von Tau, auf Safranfittichen
> schwebend,
> tausend Farben bunt gegenüber der Sonne versprühend,
> fliegt durch den Himmel hernieder ...[8]

Die Sonne steht dem Regenbogen gegenüber. Um einen Regenbogen zu entdecken, müssen Sie der Sonne den Rücken zukehren, und tausend bunt versprühte Farben zeichnen den Weg der von Tau schimmernden Iris.

Von welcher Art, Zahl und Reihenfolge sind die Farben, die die Gestalt eines Regenbogens umfaßt? Vergil spricht von tausend verschiedenen Farben, Aristoteles nur von dreien: «Rot, Grün und Violett», wobei «der erste und größte Streifen rot» sei.[9] Dem stimmt Xenophanes zu: «Und was sie Iris benennen, auch das ist seiner Natur nach nur eine Wolke, purpurn und hellrot und gelbgrün *[chloros]* zu schauen.»[10] Auch in der ‹*Edda*› ist von dreien die Rede.

Die stets gleiche Farbfolge im Hauptbogen (von innen nach außen) ist: Violett, Blau, Grün, Gelb, Orange, Rot. Die genaue Zahl der Farben ist unterschiedlich, da sie ineinander übergehen, doch sind häufig drei vorherrschende Farbtöne zu erkennen.

Wie steht es mit der Form eines Regenbogens? Dazu Shelley:

Von Kap zu Kap kalt, brückengleich von Gestalt
Über Wellen, die strömen im Wind,
Unterm Sonnenball schwach häng ich schwer, ein Dach
Dessen Säulen die Berge sind.
Des Triumphbogens Weite, durch die ich schreite
Mit Feuer, Schnee und Orkan
Wenn mein Thron zwingt die Geister der Luft zur Fron
Glänzt in zehntausend Farben dann ...[11]

Aristoteles hat die Form des Regenbogens zutreffend als Kreissegment beschrieben, das niemals größer als ein Halbkreis wird, zumindest nicht unter normalen Umständen. Gelegentlich, wenn eine besondere Konfiguration von Sonne, Beobachter und Sprühregen vorliegt, kann sich ein größerer Teil des Regenbogens zeigen.

In dem Tagebuch, das Charles Darwin während der Reise mit der *Beagle* führte, berichtet er vom Anblick eines bemerkenswerten Regenbogens: «Die übereinander aufsteigenden Gebirgsketten erschienen gleich dunkeln Schatten, und die untergehende Sonne warf auf das waldige Land einen gelben Schein, wie von einer Weingeistflamme. Das Wasser war weiß von dem fliegenden Schaum; der Wind legte sich auf Augenblicke und heulte dann wieder dumpf durch das Tauwerk. Es war ein gefahrdrohendes, erhabendes Schauspiel. Ein schöner Regenbogen erschien auf einige Minuten, und die Wirkung der zerstäubten Wogen, die längs der Oberfläche des Wassers hingetrieben wurden, verwandelte seinen gewöhnlichen Halbkreis in einen Ring. Ein Band prismatischer Farben setzte sich nämlich von Endpunkten des gewöhnlichen Bogens quer durch die Bucht und dicht an den Seiten des Schiffes vorüber fort und bildete so einen zwar verzogenen, aber beinahe vollständigen Kreis.»[12]

Wenn der Regenbogen gewöhnlich die Form eines Halbkreises annimmt, wo befindet sich dann sein Mittelpunkt? Er läßt sich ganz einfach finden, und zwar auf die folgende Weise: Zie-

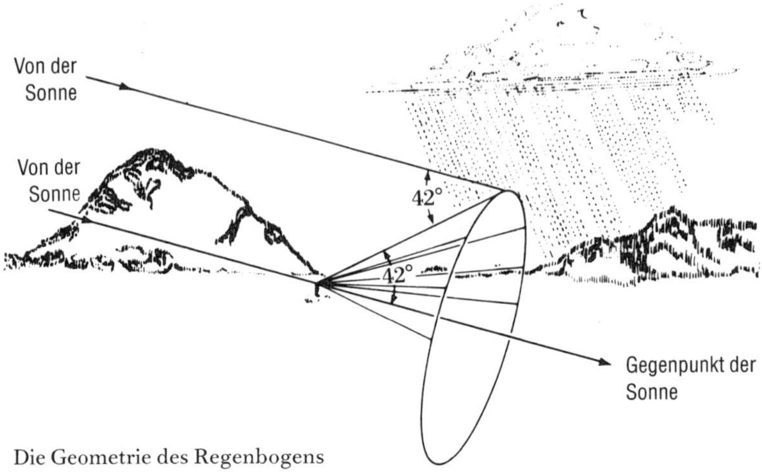


Die Geometrie des Regenbogens

hen Sie eine Linie von der Sonne durch das beobachtende Auge, und setzen Sie sie fort bis zum Erdboden unter dem Regenbogen. Dort werden Sie einen Schatten bemerken, den Schatten Ihres eigenen Kopfes. Die Linie, die Sonne, Auge und Schatten verbindet, ist die Mittelachse des Regenbogens.

Eine zweite Linie läßt sich vom Auge zum Regenbogen selbst ziehen. Ganz gleich, wo er sich befindet und ob er in einem Frühlingsschauer oder im Sprühregen eines Gartenschlauches erscheint, der Winkel zwischen der ersten und der zweiten Linie beträgt stets zweiundvierzig Grad – das ist der Regenbogenwinkel.

Ein sorgfältiger Beobachter wird noch einige andere Aspekte des Regenbogens erkennen. Erstens, der Regenbogen scheint eine Grenze zwischen einem lichterfüllten inneren Raum und einem dunklen Außenband zu bilden. Die Farben des Regenbogens entstehen also dort, wo sich Licht und Dunkelheit treffen. Ich habe den dunklen Außenbereich als Band bezeichnet, weil an seinem äußeren Rand häufig ein schwächerer «Neben»bogen erscheint, wiederum in einem bestimmten

Winkel, diesmal von einundfünfzig Grad. Die Farben des Nebenbogens weisen die umgekehrte Reihenfolge auf, das heißt, Rot liegt innen und Blau außen. Die Umkehrung der Farbfolge hat in früheren Zeiten zu der verbreiteten Auffassung geführt, der Nebenbogen sei das Werk Satans, der in ihm ein Zerrbild des göttlichen Regenbogens, Symbol der Besiegelung des Bundes mit Noah, geschaffen habe. In Deutschland und Arabien hieß er deshalb «Teufelsregenbogen». Neben den Zeichen Gottes stieß man also überall auch auf die Spuren seines Widersachers.

Ein letzter Aspekt des Phänomens Regenbogen sind die sogenannten «überzähligen Bogen», flüchtige Erscheinungen, die manchmal unmittelbar unter dem Hauptbogen auftreten, gewöhnlich abwechselnd in den Farben Rosa und Grün. Häufig übersieht man sie, aber der aufmerksame Beobachter wird durch ihre zarte Schönheit belohnt.

In Boulder drängten sich meine Frau und ich unter dem schützenden Regenschirm dicht zusammen und beobachteten, jeder für sich, den Lauf der Göttin Iris. Hinter uns ging die Sonne unter, vor uns auf dem Erdboden zeichneten sich die Schatten unserer Köpfe ab. Ein Rätsel – denken Sie mit Hopkins darüber nach: «Der Regenbogen glänzt, doch nur in den Gedanken/Dessen, der schaut.» Zwei Köpfe werfen zwei Schatten, und folglich gehen auch zwei Achsen von der Sonne durch zwei Augenpaare zu den Schatten unserer Köpfe. Also umgeben auch zwei Regenbogen kreisförmig die Achsen, die jeder von uns festlegt; wir «sehen alle einen Bogen, doch jeder einen anderen, jeder den seinen eine Handbreit vom nächsten entfernt». Ihr Bogen und meiner standen nebeneinander wie wir beide. Ich hätte buchstäblich durch ihre Augen blicken müssen, um ihren Regenbogen zu sehen. Diesem Rätsel sann Hopkins nach, als er sein Gedicht über den Regenbogen schrieb.

Alle diese Eigenschaften gehören zur Gestalt des Regenbogens. Wenn wir den Farbenkreis vor uns sehen, müssen wir zu der Erscheinung die Sonne in unserem Rücken, unsere Augen, den Sprühregen vor uns, die Farben und die zusätzlichen Bogen einbeziehen. Die Geometrie und die zeitlichen Bedingungen des Regenbogens gehören zusammen mit allen diesen Elementen zur göttlichen Gestalt der Iris.

Bis ins 17. Jahrhundert hinein war in Frankreich das geläufige Wort für Regenbogen, hergeleitet vom Namen der griechischen Götterbotin, *iris.* Diese alte Bezeichnung ersetzte René Descartes durch den prosaischen und bis dahin selten benutzten Ausdruck *arc-en-ciel,* «Bogen-im-Himmel». Hier zeigt sich ein weiteres Mal, wie sich der Übergang vom mythischen zum wissenschaftlichen Denken in der Entwicklung der Sprache abbildet. Doch die Entwicklung bleibt nicht stehen, und ich frage mich, ob die Pracht des Regenbogens nicht eines Tages wieder nach einem Namen verlangen wird, der die Phantasie stärker anspricht.

Obwohl Iris aus ihren himmlischen Gefilden vertrieben wurde, herrscht sie in gewissem Sinne noch immer über einen Teil unseres Universums. Betrachten wir noch einmal die Linie, die von der Sonne durch die Pupille des beobachtenden Auges führt. Verlängert man diese Linie zum sonnenbeschienenen Wasserschleier, umgibt der Regenbogen diese Sehachse wie Okeanos die antike Welt. Dieselbe Achse umschließt jedoch noch ein anderer, weit kleinerer Farbring. Er liegt auf dem wäßrigen Sehorgan selbst, zwischen einem schwarzen Innen und einem weißen Außen, an der Schwelle zur Innenwelt und bildet ihr «offenes Tor». Dieser winzige Farbring trägt noch immer den Namen der Götterbotin.

## Regenbogen – leerer Schatten

> Wir wollen nun über Halo-Erscheinungen und über den Regenbogen sprechen, über ihre Natur und ihre Ursachen, ferner über Nebensonnen und ‹Stäbe›. Alle diese Naturerscheinungen stammen nämlich von derselben Ursache her.
>
> Aristoteles[13]

Die Theorie des Regenbogens entwickelt sich von den Beobachtungen des Aristoteles über Grosseteste, Descartes, Newton bis hin zu den Ausführungen der modernen Wellentheoretiker.[14] Neue optische Konzepte ergaben sich entweder aus sorgfältiger Untersuchung des Regenbogens oder wurden rasch auf ihn angewendet, um seine geheimnisvollen Eigenschaften zu erklären. So bietet uns der Regenbogen die ideale Möglichkeit, an einer Naturerscheinung den Wandel der Einstellungen zu beobachten, mit denen der Mensch den optischen Effekten begegnete. An ihm werden wir die Entwicklung der Lichtkonzepte ablesen können, wenn wir der Geschichte seiner Erforschung von der fernen Antike bis zum Ende des 19. Jahrhunderts folgen.

In hellenischer Zeit wich die mythische Auffassung des Regenbogens allmählich einer wissenschaftlichen. Bereits bei Aristoteles finden wir in der ‹*Meteorologie*› eine eindrucksvolle Abhandlung über den Regenbogen, wo er, zusammen mit Halos, Morgenröte, Kometen und Meteoriten, als sublunarer Licht-«Meteor» aufgefaßt wird. Die Beobachtungen sind von bemerkenswerter Klarheit und gehen erstmals sorgfältig auf die geometrischen Eigenschaften und physikalischen Grundlagen des Regenbogens ein. Aristoteles unterwarf Iris der gleichen strengen Analyse, mit deren Hilfe Euklid das Sehvermögen geometrisiert hatte. Um den physikalischen Ursprung der Farben zu erklären, beschrieb er die Wolken als Ansammlung von Wassertröpfchen, die wie zahllose winzige Spiegel wirken, so klein, daß sie den Blick des Beobachters reflektieren, ohne das Bild der Sonne zu bewahren (erinnern wir uns an den Sehstrahl des griechischen Auges). Vom Auge gelangt also der Sehstrahl zum Regenbogen (das heißt zu den spiegelartigen Tröpfchen einer Wolke) und von dort zur Sonne. Nach Aristoteles' Farbtheorie sind alle Farben Mischungswerte zwischen Weiß und Schwarz. Wendet man seine Theorie auf den Regenbogen an, so entstehen drei Farben: «Wenn das Sehen ziemlich stark ist, so wandelt sich die Farbe in Rot, ein schwächeres Augenlicht ruft eine Änderung in Grün, ein ganz schwaches in Violett hervor.»[15] Das waren die Farben des aristotelischen Regenbogens.

Für den nächsten großen Fortschritt im Verständnis des Regenbogens sorgte Robert Grosseteste mit seinem Büchlein ‹*On the Rainbow and the Mirror*›.[16] Er beginnt mit Überlegungen zu den Sehstrahlen und seiner Lichtmetaphysik: «Wir dürfen nicht meinen, die Emanation der Sehstrahlen sei reine Einbildung ohne Wirklichkeit, wie jene erklären, die den Teil und nicht das Ganze betrachten. Wir sollten nämlich wissen, daß eine des Sehens fähige Spezies eine Substanz von gleicher Natur ist wie die Sonne, die leuchtet und strahlt. Die sehbegabte Spezies macht, vereinigt mit der Strahlung eines von außen erleuchteten Körpers, die Wahrnehmung vollständig.»[17]

Hier faßt Grosseteste sehr schön das platonische Lichtverständnis zusammen, wie es im Mittelalter vorherrschend war. Die beiden Emanationsarten, die eine vom Auge, die andere von der Sonne ausgehend, sind einander gleich, und wenn sie sich miteinander verbinden, findet Wahrnehmung statt.

Nach scharfsinnigen Erörterungen über die Reflexion und charakteristische Eigenschaften von Regenbogen gelangt Grosseteste zu dem Schluß, Aristoteles' Erklärung des Regenbogens als Lichtreflexion durch Wolken sei nicht haltbar. Er schlägt statt dessen vor, Lichtbrechung als Ursache zu erwägen: «So ergibt sich notwendig der Schluß, daß der Regenbogen durch Brechung der Sonnenstrahlen in der Feuchtigkeit einer konvexen Wolke entsteht.»[18]

Brechungsphänomene sind vielfältig und verbreitet. Immer wenn Licht (oder Sehstrahlen, wie die Griechen glaubten) in einem bestimmten Winkel in ein Medium eintritt oder es verläßt, scheint es an der Grenze abgelenkt zu werden. Grosseteste meinte, daß die Feuchtigkeit einer Wolke, falls diese konvex geformt sei, das Licht zu einem Regenbogen brechen könnte. Auch wenn er nicht im einzelnen mitteilte, wie man sich dies vorzustellen habe, äußerte er damit doch einen zukunftsträchtigen Gedanken, der sich als richtig erweisen sollte.

Etwa ein Jahrhundert nach Grossetestes kleiner Abhandlung erzielte Theoderich von Freiberg (nicht zu verwechseln mit dem blutdurstigen Herrscher des Boethius) einen weiteren Fortschritt. Irgendwann nach 1304 führte er eine Untersuchung des Regenbogens durch, die in ihrer Methode wie in ihrem Ergebnis revolutionär war. Seine Vorgänger hatten das wäßrige Medium der Wolke als Ganzes betrachtet und dabei die Rolle jedes einzelnen winzigen Regentropfens vernachlässigt. Für Theoderich dagegen besteht die Wolke aus individuellen Tropfen, von denen jeder einzelne in seiner Wechselwirkung mit dem Licht von Bedeutung ist. Wenn sich ein einzelner Tropfen mit hinreichender Genauigkeit untersuchen läßt, dann können sich, so Theoderich, die Effekte vieler ähnlicher Tropfen in ihrer gemeinsamen Wirkung zu einem Regenbogen zusammenschließen. Genau dieses Analyseprinzip hat Newton später so erfolgreich in der Infinitesimalrechnung und auf das Problem der Gravitation angewendet.

Ein Wassertropfen war damals wegen seiner geringen Größe schwer zu untersuchen; deshalb verwendete Theoderich eine mit Wasser gefüllte Glaskugel, die er in die Sonne stellte. Seine Untersuchungen führten ihn zu dem Schluß, das Licht werde, wenn es in den Regentropfen eintritt, zunächst gebrochen und dann an der konkaven inneren Rückseite des Tropfens reflektiert, bis es ihn schließlich wiederum mit einer Brechung verläßt. «Mit solcher Strahlung, sage ich, läßt sich die Entstehung des Regenbogens erklären», schrieb Theoderich.[19]

Als ob dies nicht genug sei, befaßte sich Theoderich auch mit der Entstehung des schwächeren Nebenbogens. Völlig richtig erkannte er, daß hier genau der gleiche Prozeß stattfindet, nur daß es diesmal zu einer zusätzlichen Reflexion im Innern der Tropfen kommt.

Als sich Theoderich nach seinen Experimenten wieder dem Geschehen in der Atmosphäre zuwandte, wurde ihm klar, daß jeder Tropfen, je nach der genauen geometrischen Beziehung zwischen Auge, Tropfen und Sonne, dem Auge nur eine einzige Farbe darbieten kann. Der Regenbogen, argumentierte er, müsse folglich das Produkt vieler solcher Tropfen sein. «Wenn somit alle Farben gleichzeitig gesehen werden, wie es im Regenbogen geschieht, muß dies notwendig das Ergebnis verschiedener Tropfen sein, die unterschiedliche Positionen zum Auge haben und umgekehrt.»[20]

Betrachten Sie Tau in der Morgensonne. Jeder Tropfen glänzt wie ein Edelstein. Suchen Sie sich einen, der besonders hell strahlt, und bewegen Sie Ihren Kopf langsam auf und nieder. Die glitzernden Farben, die Sie wahrnehmen, folgen immer der gleichen Reihenfolge, der des Regenbogens: rot, gelb, grün, violett. Setzen Sie diese Tautropfen als Regen in den Himmel, und sie werden auch dort glitzern – jeder mit einer einzigen Farbe. Beginnen Sie wieder, Ihren Kopf zu bewegen, und neue Tropfen erglänzen rot, während die alten gelb werden. An sich farblos, sprüht jeder Tropfen Lichtfunken, ein Diamant von farbigem Licht, in der Schwebe zwischen dem Auge des Horus und dem Auge des Menschen.

Allmählich kreiste die optische Theorie den Regenbogen ein, aber noch standen zwei wichtige Erkenntnisse aus. Die erste lieferte René Descartes, die zweite Isaac Newton.

Descartes' Beitrag zur Ergründung des Regenbogens war bescheiden, aber höchst bedeutsam; er entdeckte nämlich die

Ursache für den Regenbogenwinkel und das Auftreten des dunklen Bandes zwischen Haupt- und Nebenbogen. Stellen Sie sich einen Moment lang den Weg des Wassers aus Ihrem Gartenschlauch vor. Verändern Sie nun den Winkel des Schlauchendes langsam von «geradeaus» nach «senkrecht empor» und beobachten Sie, wie die Strecke variiert, die das Wasser zurücklegt. Anfangs vergrößert sie sich mit wachsendem Winkel. Doch wenn das Schlauchende eine Neigung von fünfundvierzig Grad einnimmt, erreicht das Wasser seinen weitesten Punkt. Fortan bewirkt die Vergrößerung des Winkels, daß die vom Wasser zurückgelegte Entfernung wieder schrumpft. Wie Galilei erstmals bei seinen Berechnungen für Artilleriegeschütze festgestellt hat, wird eine maximale Reichweite bei einem Abschußwinkel von fünfundvierzig Grad erreicht, während Kanonenkugeln und Wassertropfen bei größeren oder kleineren Winkeln geringere Entfernungen zurücklegen.

Bei der Untersuchung des Regenbogens schloß Descartes auf einen ähnlichen Zusammenhang. Descartes, der zusammen mit dem niederländischen Mathematiker und Physiker Willebrordus Snellius das erste stimmige mathematische Brechungsgesetz entdeckt hatte, verfügte (mit einer Ausnahme) über alle theoretischen Voraussetzungen für eine moderne Erklärung des Regenbogens.

Wie Descartes können wir Theoderichs Beispiel folgen und zur Simulation eines Regentropfens ein großes kugelförmiges Glasgefäß mit Wasser verwenden, in das wir einen dünnen Strahl weißen Lichts schicken. Zunächst lassen wir den Strahl in die Mitte der Kugel eindringen.

Nun lassen wir den eindringenden Strahl langsam und stetig über die Wasserkugel zum Rand wandern. Entsprechend bewegt sich der Strahl, der aus dem Glasgefäß herauskommt, immer weiter zur Seite, bis er (wie beim Wasserschlauch) haltmacht und umkehrt. In dem Augenblick, da er innehält, zerbirst der gebrochene und reflektierte Strahl in Farben – die Farben des Regenbogens. Der Winkel zwischen den ein- und

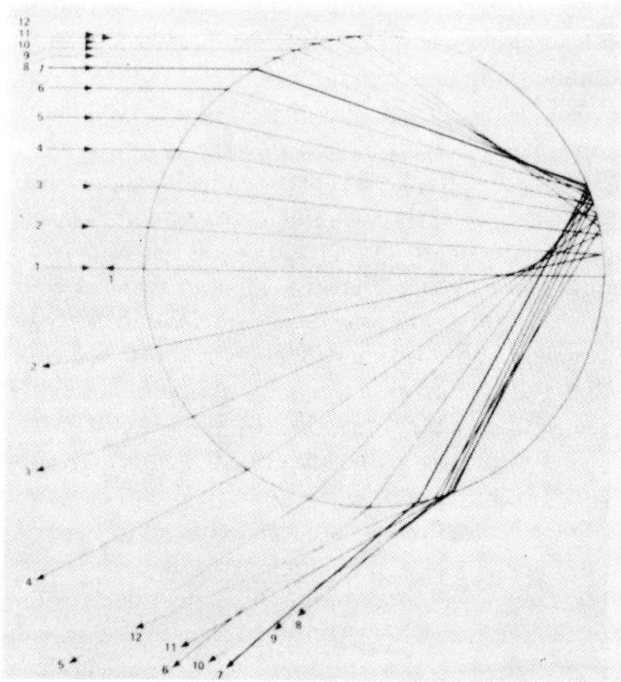

Lichtstrahlen treten in einen Regentropfen ein (oben) und verlassen ihn wieder (unten). Charakteristisch ist, wie sie sich um Strahl sieben verdichten. Hier wird der Regenbogen erscheinen.

austretenden Strahlen beträgt dann genau zweiundvierzig Grad – der des Regenbogens. Die «Umkehr» ist der Schlüssel zum Rätsel des Regenbogens. Ohne sie würde die Brechung, ganz gleich wie stark, nicht ausreichen, einen Regenbogen am Himmel erscheinen zu lassen.

Damit läßt sich auch das dunkle Band erklären. Wie kein Wassertropfen jenseits der maximalen Reichweite des Wasserschlauchs niederfällt, egal in welchem Winkel man das Schlauchende hält, so wird auch kein Licht über den Regenbogenwinkel hinaus gebrochen, wie auch immer das Licht auf den Wassertropfen trifft. Diese Abwesenheit von Licht läßt auf eine dunkle Region jenseits von zweiundvierzig Grad schließen – das dunkle Band.

Eine ähnliche Erklärung ergibt sich für den Nebenbogen unmittelbar außerhalb des dunklen Bandes. Die zusätzliche innere Reflexion in letzterem hat zur Folge, daß sich der entstehende Strahl einem neuen Regenbogenwinkel von einundfünfzig Grad annähert, doch nun von der *entgegengesetzten* Seite. Wie zuvor halten die gebrochenen und reflektierten Strahlen inne und kehren zu größeren Winkeln zurück, wobei sie Farben in umgekehrter Reihenfolge erzeugen. Das dunkle Band liegt in dem Raum zwischen zweiundvierzig und einundfünfzig Grad, in das die Strahlen weder von hüben noch von drüben eindringen können, ein dunkler Abgrund zwischen Jahwes Regenbogen und dem des Satans.

Damit hatte Descartes die vollständige Geometrie des Regenbogens geliefert, aber sie war einfarbig. Es fehlte noch eine einleuchtende Erklärung für das Wesen des Regenbogens: seine Farben.

Mehr als zweitausend Jahre nach Homer, im Jahre 1672, schickte Newton, damals noch ein unbekannter Gelehrter an der Cambridge University, einen Brief an die Royal Society in London. In diesem Brief entwarf er eine neue Theorie des Lichts und der Farbe, die innerhalb eines Jahrhunderts nicht nur unser wissenschaftliches Verständnis des Regenbogens vervollständigen, sondern auch die Vorstellung gründlich verändern sollte, die sich die Menschen von ihm machten. Der Regenbogen sei, so meinte er, aus «mannigfaltig brechbaren Strahlen» zusammengesetzt, von denen jeder die Empfindung einer bestimmten Farbe hervorrufe.

Erinnern wir uns an Newtons Korpuskulartheorie des Lichts. Ihr zufolge ist weißes Licht keineswegs das, was es zu sein scheint. Es besteht vielmehr aus Lichtstrahlen oder -korpuskeln verschiedener Arten, deren jede eine andere Farbempfindung zu bewirken vermag. Newton gelang die bedeutsame Experimentalbeobachtung, daß Lichtstrahlen verschiedener Farben leicht voneinander abweichend gebrochen werden. Das hat große Bedeutung für den Regenbogen. Zwar konnte Descartes den Regenbogenwinkel als den maximalen Winkel vor der Umkehr erklären, doch blieb damit noch die Frage nach den Farben des Regenbogens offen. Descartes verstand die Geometrie des Regenbogens nur in Schwarz und Weiß. Mit Newton bekam sie Farbe. Für jeden der Strahlen, die gemeinsam das weiße Licht der Sonne ergeben, zeigt der Regenbogenwinkel leichte Abweichungen. Das heißt, der maximale Winkel vor der Umkehr verändert sich systematisch von Rot über Grün zu Violett, ein Vorgang, der als Dispersion, die Zerlegung von weißem Licht in ein Farbspektrum, bezeichnet wird. Unabhängig von der Frage, ob Newtons Korpuskulartheorie richtig oder falsch war, lieferte er mit der Dispersion das letzte fehlende Teilstück der Regenbogentheorie. Den Mechanismus der Dispersion, ihre physikalische Ursache, hat sich Newton zwar falsch vorgestellt, doch seine Erklärung und die Korpuskulardynamik, die sie voraussetzte, behaupteten sich.

Das 18. Jahrhundert folgte im Triumphzug. Zu guter Letzt hatte der Regenbogen doch sein Geheimnis preisgegeben – der scheue Sir Isaac Newton hatte der Göttin Iris den Schleier entrissen. Die Dichter besangen Newtons Ruhm, unter ihnen auch James Thomson: «Selbst das Licht, das alle Ding' entdekt, schien annoch unentdekt, bis seine schimmerndere Seele das ganze blinkende Kleid des Tages entfädelte; und aus dem weisenden ununterscheidbaren Glanz, versammelnd jeden Stral in seine Art, vor dem entzükten Auge das prächtige Gefolge der Stamm-Farben heraus führte.»[21]

Newtons Geisteskraft überstrahlte also das Licht selbst und offenbarte dieses als ein Gefolge von Stammfarben, die sich normalerweise zum weißen Licht verbinden. Im Prisma und im Regenbogen entflochten sich die «gelben Zöpfe» des Sonnenlichts und erwiesen sich als Strahlen in unterschiedlicher Brechung.

Nach dieser Erklärung des Regenbogens blieben nur noch ein paar kleine Merkwürdigkeiten, zum Beispiel die überzähligen Bogen von Rosa und Grün unmittelbar unterhalb des Hauptbogens. Nach modernem Verständnis gehen sie auf Interferenzeffekte der Art zurück, wie sie erstmals von Thomas Young postuliert wurden. Auf diese Weise ist mit dem Regenbogen eine Chronik aller Aspekte, alter wie neuer, der optischen Theorie verknüpft.

An ihr entzündeten sich auch die Emotionen romantischer Gemüter, die im Sieg der Optik über den Regenbogen den Tod der Poesie erblickten. Mark Twain hat von seinem geliebten Mississippi geschrieben, er könne ihn auf zweierlei Arten sehen: als Schriftsteller oder als Flußlotse. Aus der Sicht des Schriftstellers könne jeder Strudel, jeder treibende Ast und jede Welle zum Gegenstand einer assoziations- und empfindungsreichen künstlerischen Darstellung werden. Für das prüfende Auge des Lotsen hingegen seien die gleichen Anzeichen Hinweise auf wandernde Sandbänke, Spuren eines Sturms oder anderer Naturereignisse, die die Fahrt seines Schiffes gefährden könnten. Schließen sich diese beiden Anschauungsweisen nicht aus? Während die eine regiert, schläft die andere, so wie der Tag die Nacht und die Nacht den Tag ablöst.

Wer sich von der Nacht inspirieren ließ, beklagte den Verlust des Regenbogens.

## Der stolze Regenbogen

> ... Muß jeder Reiz nicht enden,
> Rührt dran Philosophie mit kalten Händen?
> Einst stand am Himmel stolz der Regenbogen.
> Jetzt kennen wir dies Webstück. Katalogen
> Fiel er anheim mit ganz gemeinen Dingen.
> Philosophie stutzt selbst der Engel Schwingen,
> Mysterien rechnet sie in Regeln aus,
> Macht geisterleer die Luft, der Gnomen Haus,
> Daß Lamia zu leeren Schatten sinkt.[22]
>
> John Keats
> ‹*Lamia*› (1820)

Die einen priesen Newton, wie es Alexander Pope tat: «Natur und Naturgesetze lagen in tiefer Nacht verschlossen, / Da sagte Gott: ‹Es werde Newton!› Und es ward Licht.» Für sie bedeutete die Entwicklung des wissenschaftlichen Bewußtseins Fortschritt, und seine Errungenschaften unterschieden unser Zeitalter in ihren Augen von den früheren der Barbarei und Unwissenheit.

Die anderen beklagten mit Keats das Verschwinden der schönen geflügelten Göttin Iris aus dem Himmel. In ihren Augen beschleunigte die aufkommende Wissenschaft die Götterdämmerung, die Zerstörung der Brücke Bifröst. Das farbige, innerweltliche Reich des Regenbogens wurde geplündert und von abstrakten Farbatomen usurpiert. Mochte der Dichter Newtons Text noch so kunstvoll ausschmücken, sein nüchternes Gerüst schimmerte dennoch durch. Ein goldenes Zeitalter schien für immer verloren.

In seinem Tagebuch berichtet der Maler Benjamin Robert Haydon unter dem Datum vom 28. Dezember 1817 von einem «unvergeßlichen Dinner»[23], an dem Keats, Wordsworth und Lamb teilnahmen. In «einem nicht zu beschreibenden launischen Einfall» tadelte Lamb den Maler dafür, daß er Newtons Haupt in sein ‹*Jerusalem*› aufgenommen hatte, das Gesicht eines Mannes, «der an nichts glaubt, was nicht so klar wie die drei Seiten eines Dreiecks ist». Haydon berichtet weiter: «Und dann kamen er und Keats überein, daß [Newton] die ganze Poesie des Regenbogens zerstört habe, indem er ihn auf seine prismatischen Farben reduzierte. Keats war einfach unwiderstehlich», und sie tranken alle «auf Newtons Gesundheit und die Konfusion der Mathematik».[24]

Aus einem Bewußtsein, das im Regenbogen einen Bund mit Gott – oder eine Göttin selbst – erblickte, wurde nach und nach die Auffassung, der Regenbogen sei eine ephemere Erscheinung, aus gewöhnlichem Licht durch Brechung und Regen erzeugt. Wir haben ein altes Bild oder Verständnis der Welt für das der zeitgenössischen Wissenschaft aufgegeben und dabei, wie Keats sagt, den Regenbogen «Katalogen» anheimfallen lassen.

Doch dieser Wandel des Weltbilds ist eine Tatsache – wir leben in einer anderen Welt als der australische Aborigine oder der alte Sumerer. Sie unterscheidet sich weniger durch die technischen Fortschritte unserer äußeren Lebensumstände als durch die Revolution, die in unseren Denk- und Sehweisen stattgefunden hat. Nicht nur eine äußere, sondern auch eine innere Kultur haben wir geerbt – beide sind unauflöslich miteinander verwoben. Die äußere Geschichte ist untrennbar von der Geschichte unserer inneren Landschaft, und so ist die Geschichte unserer Ergründung des Regenbogens auch eine Geschichte des Bewußtseins, betrachtet wie durch eine der Facetten eines vielflächig geschliffenen Edelsteins.

Die Geschichte des Regenbogens von mythischer Zeit bis zur modernen Optik zeigt im kleinen, wie sich unsere Art und Weise, den Naturerscheinungen zu begegnen und sie zu erfassen, verändert und entfaltet hat. Dabei zeigt sich das faszinierende Bild einer Entwicklung, die von Iris, Homers Götterbotin, über die Philosophie der Antike bis zu Descartes, Newton und Young verläuft, den Vätern des modernen Bildes vom Regenbogen.

Doch mag die Geschichte des Regenbogens an sich auch noch so interessant sein, hinter ihr verbirgt sich ein anderes Geschehen, das weit bedeutsamer ist als eine bloß äußerliche Wissenschaftsgeschichte. Denn im sich wandelnden Bild des Regenbogens offenbaren sich uns die Veränderungen des Bewußtseins selbst. Die Geschichte des Lichts, des Regenbogens und allgemeiner die Geschichte der Wissenschaft liefern einen Text, in dem wir von der Psychogenese des Geistes erfahren.

## Wenn man sein Licht benutzt

> Das Kleinste sehen heißt klar sein.
> Die Weisheit wahren heißt stark sein.
> Wenn man sein Licht benutzt,
> um zu dieser Klarheit zurückzukehren,
> so bringt man seine Person nicht in Gefahr.
> Das heißt die Hülle der Ewigkeit.
>
> Laotse[25]

Owen Barfield beginnt sein glänzendes kleines Buch ‹*Saving the Appearances*› mit Überlegungen zum Regenbogen.[26] Seine Fragestellung ist einfach: *Gibt es ihn wirklich?*

Da man sich dem Regenbogen nicht nähern, ihn nicht berühren, nicht riechen, nicht durch ihn hindurchgehen kann, stellt sich das Problem, ob es ihn wirklich gibt oder ob er nur das Produkt einer speziellen Lichtstreuung durch winzige Flüssigkeitskügelchen ist. Ein Aspekt spricht dafür, daß er real ist: Wir haben alle schon Regenbogen gesehen. Die Angehörigen unserer Kultur teilen diese Erfahrung, und so mögen Regenbogen sein, was sie wollen, sie sind auf jeden Fall ein kollektives Phänomen.

Doch dann fordert Barfield den Leser auf, einen Baum zu betrachten und ihn der gleichen Prüfung zu unterziehen wie den Regenbogen. Gewiß unterscheidet er sich insofern von einem Regenbogen, als man sich ihm nähern, ihn berühren und vielleicht sogar riechen kann. Man kann nicht durch ihn hindurchgehen, aber gerade das scheint mit all den anderen Wahrnehmungen keinen Zweifel daran aufkommen zu lassen, daß der Baum ganz real ist. Und dennoch behauptet die Physik seit Galilei, und mit besonderem Nachdruck in unserem Jahrhundert, der Baum bestehe, wie der Regenbogen, aus kleinen Materiekügelchen, Atome genannt, die das Licht nach bestimmten Gesetzen streuen. Ein kleiner Bruchteil dieses Lichts gelangt in Ihr Auge, woraufhin Sie den Baum mittels eines unbekannten und wundersamen Prozesses «repräsentieren».

Espenlaub zittert silbrig im Wind, während hoch oben eine Kiefer knarrend ihre Äste bewegt. Vielleicht ist am Himmel ein Abendschauer vorbeigezogen, und vor einem fernen Hügel steht ein Regenbogen. Die Physiker mögen sagen, das sei alles nur eine komplexe elektromagnetische Wechselwirkung zwischen benachbarten Zellulosemolekülen, Wasser und den sie konstituierenden Atomen und Licht, aber wir sehen weder Lichtwellen noch Atome; wir sehen, hören, riechen und fühlen Bäume und Regenbogen. Wir und sie sind die vertrauten Objekte des Bewußtseins. Um solche gewöhnlichen Dinge geht es uns, an ihnen hängt unser Herz.

Kinder, Bäume und Regenbogen existieren. Das wollen weder Barfield noch ich bestreiten. Was sie an sich sind, ihrem Wesen nach, wissen wir vielleicht nicht mit letzter Gewißheit, aber wir «repräsentieren» sie in eindeutigen Farben und Eigenschaften. Und merkwürdigerweise stellt sie sich unsere gesamte zeitgenössische Kultur ungefähr so wie wir vor. Wenn wir anfangen, Regenbogen und Bäume zu sehen, wo andere sie nicht erblicken, können wir mit unseren Halluzinationen leicht in der Praxis eines Psychiaters landen. Menschen einer bestimmten Zeit und eines bestimmten Ortes teilen also ihre Repräsentationen. Barfield nennt sie «kollektive Repräsentationen».

Jetzt folgt die entscheidende – zweiteilige – Frage: Wie entstehen solche Repräsentationen, und können sie sich von Ort zu Ort und von einer Zeit zur anderen unterscheiden? Erinnern wir uns an unsere Erörterung des Sehvermögens. Da gab es das Rätsel des inneren Strahls, das vom «Licht des Leibes», unseren Augen, ausgeht. Aus der Fallgeschichte von S. B. und anderen Blindgeborenen haben wir erfahren, daß zum Sehen weit mehr gehört als nur der Besitz eines funktionsfähigen Sinnesorgans. In die rohen Sinnesdaten fließen Dinge ein wie Gedächtnis, Vorstellung, geistige Gewohnheiten, Gefühle und sogar unser Wille (insofern wir unsere Aufmerksamkeit auf etwas *richten*). Ohne das Licht, das wir auf die Sinneswahrnehmungen werfen, bleibt die Welt bedeutungslos und dunkel. Wenn das physische Auge eine *camera obscura* ist, eine «dunkle Kammer», dann bedarf das Sehen außerdem eines geistigen Auges, für das Empedokles' Bild der Laterne die passendere Metapher ist.

Moderne Evolutionsbiologen verstehen das physische Auge ganz selbstverständlich als das Endprodukt eines langen entwicklungsgeschichtlichen Prozesses. Augenlose Fische schwimmen im dunklen, lichtlosen Wasser des Echo River in den Mammuthöhlen von Kentucky. Ohne Licht entwickeln Fische keine Augen. Doch die Oberfläche unseres Planeten überflutet das Licht seit Jahrmillionen. Unter seinem ständigen Einfluß haben sich geeignete Wahrnehmungsorgane entwickelt. Ist es nicht auch denkbar, daß in den zigtausend Jahren, seit denen es intelligente Menschen gibt, eine ähnliche Entwicklung jener geistigen Fähigkeit stattgefunden hat, die unseren Sinnesdaten Bedeutung verleiht? Vielleicht hat Goethe recht, wenn er sagt: «Das Auge hat sein Dasein dem Licht zu danken. Aus gleichgültigen tierischen Hülfsorganen ruft sich das Licht ein Organ hervor, das seinesgleichen werde, und so bildet sich das Auge am Lichte fürs Licht... Wär nicht das Auge sonnenhaft, wie könnten wir das Licht erblicken?»[27]

Wenn das schöpferische äußere Licht der Sonne unsere physischen Augen hat entstehen lassen, welche Kräfte haben dann unser inneres Licht gebildet, geformt und mit Farbe ausgestattet? Dem britischen Chemiker und Philosophen Michael Polanyi zufolge bringen unsere Sprache, unsere Werkzeuge und Handlungen Fähigkeiten hervor: «... wir *verinnerlichen* diese Dinge und *richten uns wohnlich in ihnen ein*».[28] Durch das Wohnen in ihnen entstehen neue Erkenntnisorgane. Die Beschäftigung mit der Geschichte des Lichts und des Regenbogens vermittelt uns, wie ich denke, ein Gespür für diese veränderlichen psychischen Kräfte, mit denen der Mensch seit langem lebt und die seiner Erfahrung Bedeutung verleihen.

In unserer Untersuchung des Lichts ging es uns nicht um die «richtigen» Erklärungen der heutigen Optik, sondern um die unterschiedlichen Vorstellungen von Licht, denen die Menschen im Laufe der Zeit anhingen. Alle diese Auffassungen haben ihre Existenzberechtigung, denn zu ihrer Zeit haben sie ihre Aufgabe langfristig und gut erfüllt. Länger war auch Maxwells Theorie des Elektromagnetismus nicht gültig; wir sind noch nicht zur Quantentheorie des Lichts gekommen.

Wir sollten besser nicht fragen, ob frühere Lichtauffassungen *richtig* waren, sondern welche Bedeutung sie jeweils hatten. Was lebte in der Seele des Ägypters oder Griechen, daß er sich mit Horus' Auge oder der windgeflügelten Iris zufriedengab? Dazu meinte John Stuart Mill in Anlehnung an Coleridge: «Die lange Lebensdauer einer Überzeugung beweist zumindest, daß sie dem einen oder anderen Aspekt des menschlichen Geistes entgegenkommt; und wenn wir auf der Suche nach ihren Wurzeln nicht, wie es gewöhnlich der Fall ist, eine Wahrheit entdecken, so werden wir doch irgendeinen natürlichen Wunsch oder ein Bedürfnis der menschlichen Natur finden, das zu befriedigen die jeweilige Lehre geeignet ist.»[29]

Die Art, wie wir Licht, Regenbogen und überhaupt alle Erscheinungen in unserem Bewußtsein erleben, hat sich in den letzten tausend Jahren grundlegend verändert. Wie wir uns als Art biologisch entwickelt haben, so hat sich auch unser Bewußtsein entwickelt. Und diese Entwicklung setzt sich in der Gegenwart fort – mit ungewissem Ausgang. Was werden wir daraus machen?

Diejenigen, die den Begriff der geistigen Evolution gänzlich ablehnen, werden am materialistischen Lichtkonzept des 19. Jahrhunderts festhalten, obwohl der wissenschaftliche Erkenntnisstand unserer Zeit es widerlegt. Zwar sprechen sie von «Photonen», beharren aber in Wirklichkeit nur auf einer neuzeitlichen Version der Newtonschen Korpuskulartheorie des Lichts. Andere, die besser informiert sind, bekennen sich zu einem radikalen Relativismus. Alle Erkenntnis beruhe auf Übereinkunft, auf Konventionen, lautet ihre These. Nach dem Wesen des Lichts zu fragen sei ein gesellschaftlich vorgegebenes Spiel, sagen sie, und das Lichtkonzept selbst reine Konvention. Ihre Demontage ist insofern nützlich, als sie die Selbstgewißheit der Gesellschaft in Frage stellt, aber im Endeffekt haben sie nichts anstelle dessen anzubieten, was sie demontieren. Das Ergebnis ist ein Scherbenhaufen – Nihilismus. Evolutionäre Veränderung erkennen die Anhänger dieser Auffassung an, aber in der Evolution selbst sehen sie letztlich keinen Sinn.

Der dritte Weg wird selten gewählt, weil er am schwierigsten ist. Dazu müssen wir eine eigene Vorstellung von Licht entwickeln und in der Welt den Reichtum und die Tiefe entdecken, die die mechanistische Vorstellung nicht erfassen kann. Neben anderen hat sich Goethe für ein solches Verständnis eingesetzt. Behutsam, aber ohne Furcht, suchten Denker wie er nach einer Möglichkeit, das Geistige im Physischen sichtbar zu machen. Das künftige Bewußtsein, das sie als erforderlich ansahen, um einer solchen Wissenschaft gerecht zu werden, durfte sich nicht allein an mechanischen Prinzipien orientieren, sondern mußte sich liebevoll und wohnlich in den neuen Erscheinungen,

Handlungen und Ausdrucksformen einrichten, damit sich neue Erkenntnisfähigkeiten entwickeln konnten. Nach dieser Auffassung ist das Wesen des Lichts kein materielles Phänomen, sondern eine geistige Realität.

Wenn wir uns auf den folgenden Seiten mit der Entwicklung im 20. Jahrhundert beschäftigen, werden wir sehen, daß alle drei Wege beschritten wurden. Die ersten beiden, der materialistische Realismus und die verschiedenen Formen des Relativismus, lassen sich leicht darstellen, weil sich schon viele Wissenschaftler und Philosophen ausführlich mit ihnen beschäftigt haben. Dagegen ist die moderne «Geistesgeschichte» des Lichts weniger vertraut und scheint sich auf den ersten Blick mit einer naturwissenschaftlichen Behandlung des Themas nicht zu vertragen. Ich halte diese Auffassung für einen Irrtum. Den Anfang, den Goethe und andere, etwa Coleridge und Emerson, gemacht hatten, griff der Philosoph und «Geisteswissenschaftler» Rudolf Steiner auf. Während wir also verfolgen, wie die Quantentheorie in den Arbeiten von Planck, Einstein und Bohr Gestalt annimmt, werden wir auch beobachten, wie Rudolf Steiner gleichzeitig eine moderne geistige Vorstellung von Licht entwickelt hat.

Die Biographie des Lichts ist wie der Regenbogen: eine komplexe Harmonie vieler Eigenschaften, in der sich die strengen Formen der Naturgesetze mit den veränderlichen Zuständen der menschlichen Seele verbinden und auf diese Weise flüchtige Erscheinungsbilder von Farben entstehen lassen. Wenn die Sonne niedrig in unserem Rücken steht, kann sie in dem feuchten Dunst vor uns zwei Bogen hervorzaubern, getrennt durch einen Abgrund von Dunkelheit. Bogen von zartem Rosa zeichnen sich im lichterfüllten Raum unterhalb des helleren Hauptbogens ab. Die unprätentiöse Feinheit des Regenbogens liefert eine ideale Metapher für das menschliche Leben. In uns mischen sich noch immer das mythische und das wissenschaftliche Denken.

Goethes Faust wird, ermüdet und entmutigt, sanft geweckt vom Klang äolischer Harfen und dem Gesang des Elementargeistes Ariel. Im Dunst eines nahen Wasserfalls erblickt er einen prächtigen Regenbogen. In seinen Worten fängt Faust den Tumult des Wasserfalls und seiner geängstigten Seele, seine dunklen Gedanken und die ruhige Ausstrahlung der Sonne und des menschlichen Geistes ein:

> So bleibe denn die Sonne mir im Rücken!
> Der Wassersturz, das Felsenriff durchbrausend,
> Ihn schau' ich an mit wachsendem Entzücken.
> Von Sturz zu Stürzen wälzt er jetzt in tausend,
> Dann abertausend Strömen sich ergießend,
> Hoch in die Lüfte Schaum an Schäume sausend.
> Allein wie herrlich, diesem Strom ersprießend,
> Wölbt sich des bunten Bogens Wechseldauer,
> Bald rein gezeichnet, bald in Luft zerfließend,
> Umher verbreitend duftig-kühle Schauer.
> Der spiegelt ab das menschliche Bestreben.
> Ihm sinne nach, und du begreifst genauer:
> Am farbigen Abglanz haben wir das Leben.[30]

# 8 Licht sehen – Wissenschaft beseelen: Goethe und Steiner

Menschen, die Farbe lieben, sind reine Seelen, deren Denken in die Tiefe dringt.

John Ruskin

Stellen Sie sich vor, Ihr Labor befände sich auf dem Gelände eines von Mutter Teresa geleiteten Hospizes – inmitten all des Freuds und Leids. Wie lauteten in einer solchen Umgebung die wichtigsten Fragen zu Licht und Farbe? Ein ähnliches Ambiente bildete den Rahmen meiner ersten wissenschaftlichen Erfahrungen mit Farbe unter der Anleitung von Michael Wilson, einem ungewöhnlichen und wunderbaren Mann.

Es war im Jahr 1974. Wilson und ich fuhren von der Exeter University zu seinem Farblabor in Clent bei Birmingham, um dort eine Woche zusammen zu arbeiten. Als wir der gewundenen Straße entlang der südenglischen Atlantikküste folgten, wies er hinaus auf die dunstige Schönheit von Heide und Meer, aber seine wirkliche Liebe galt den Bergen von Wales, die er bei jeder Gelegenheit durchwanderte. Dort verschmelzen auf blaugrünen Hügeln Himmel und Stein, Weiden, Schafherden und Schäfer. Wilson, der schon vierzig Jahre länger in der Wissenschaft tätig war als ich, hatte sich als ein Meister auf dem Gebiet der Farbe erwiesen. Ich war ein junger Student aus Amerika, weit mehr daran gewöhnt, Helium durch Elektronenstöße zu erregen, als die Farben des Regenbogens zu betrachten. Ich war auf den Rat eines von mir geschätzten Professors gekommen und wußte, daß Wilson die Color Group in England leitete und mehrere wichtige Arbeiten über Farbprobleme veröffentlicht hatte. Von seinem Privatleben wußte ich kaum etwas, doch in den folgenden Tagen und den Jahren der Freundschaft, die sich anschlossen, sollte ich begreifen, wie eng sein Leben mit Licht und Farbe verflochten ist.

Von dem Augenblick an, da wir auf Wilsons Grundstück fuhren, wußte ich, daß meine Einführung in die Welt der Farben ganz anders verlaufen würde als die Physikkurse an der Universität von Ann Arbor in Michigan. Wir stellten den VW-Bus bei einem alten Bauernhaus ab und gingen einen Pfad zum Kinderheim Sunfield empor. Vor etwa dreißig Jahren hatten Wilson und einige Freunde ein Heim für geistig behinderte Kinder gegründet, das sich inzwischen zu einem großen Gebäudekomplex ausgeweitet hatte. Auf dem Hügel stehend, von dem aus man das ganze Gelände von Sunfield überblickt, sahen wir Felder, Bäume und Gruppen offensichtlich behinderter Kinder mit ihren Betreuern. Mir wurde plötzlich klar, daß sich hier, in dieser Gemeinschaft von behinderten Kindern, meine wissenschaftliche Auseinandersetzung mit der Farbe abspielen würde und daß die Umgebung auch Michael Wilsons Arbeiten über Farbe geprägt und getragen hatte. Ich war an «elitäre» Forschungs- und Bildungsstätten gewöhnt, an denen ausschließlich hochintelligente, auf Effizienz ausgerichtete Wissenschaftler und Ingenieure anzutreffen waren. In Sunfield lernte ich eine Art der Forschung kennen, der ein anderes Tempo und ein anderer Stil eigen waren, eher geprägt von Mitgefühl als von dem Streben nach Forschungsgeldern und wissenschaftlichen Karrieren. Die Umgebung von Sunfield verleitete mich, eine andere Haltung gegenüber meiner wissenschaftlichen Arbeit einzunehmen, eine Haltung, die beizubehalten ich mich seither bemühe.

Auf dem Rückweg statteten wir den Kindern und ihren Betreuern im Hauptgebäude einen Besuch ab. Hier begann ich zu entdecken, wie grundsätzlich Wilsons Interesse für Farben war, denn er hatte sich nicht nur wissenschaftlich mit dem strengen Formalismus der modernen Farbtheorie auseinandergesetzt, sondern auch jahrelang in feinfühligen Experimenten erprobt, wie sich Farbe bei der Therapie der behinderten Kinder von Sunfield einsetzen läßt. Ganz offensichtlich war er zugleich ein eigenwilliger Denker und warmherziger Mensch, der sich nicht nur die Achtung von Wissenschaftlern zu beiden Seiten des Atlantiks erworben hatte, sondern auch die Liebe der mongoloiden, spastischen und autistischen Kinder von Sunfield, eine Zuneigung, die er bereitwillig erwiderte. Wilsons Liebe zur Farbe hatte nicht nur sein Denken gereinigt, wie Ruskin sagt, sondern auch Welten miteinander verbunden, die ich immer streng getrennt gehalten hatte. Ich wollte erfahren, was Licht und Farbe für diesen Mann bedeuten.

## Von Edwin Land zu Goethe

Im November 1957 hielt Edwin Land (der Erfinder der Sofortbild-Fotografie) einen Vortrag zum Thema Farbe vor der National Academy of Sciences und dem Rockefeller Institute for Medical Research.[1] Seine Darlegungen und Vorführungen – die ein breites Echo in der Presse fanden – verblüfften die Gemeinschaft der Wissenschaftler, denn was Land in ihnen erörterte, stellte die Grundlagen der zeitgenössischen Farbtheorie in Frage. Ein halbes Jahr später hielt er einen Vortrag vor der Royal Photographic Society in London, und kurz darauf begann Michael Wilson mit seinen weithin bekannten Forschungsarbeiten zu jener grundlegenden Revision der Farbwissenschaft, die Edwin Land vorgenommen hatte.[2]

Während meines Besuches führte mir Wilson in seinem gut ausgerüsteten Farblabor (das in einigen umgebauten Ställen untergebracht war) die Landschen Demonstrationen eine nach der anderen vor. Und sie waren in der Tat erstaunlich. Nichts von dem, was ich an der Universität gelernt hatte, vermochte zu erklären, was ich da sah. Die üblichen Grundlagen zum Verständnis der Farbe gingen auf Newton zurück. Mit der nachfolgenden Entwicklung der Wellentheorie des Lichts wurde die Verbindung zwischen Farbe und Wellenlänge zum Gemeinplatz. Zusammen bildeten sie den orthodoxen Rahmen des Farbverständnisses. Während sie für den Regenbogen ausreichten, konnten sie das, was ich nun sah, einfach nicht erklären. Lands Experimente schienen die wissenschaftlichen Farbbegriffe radikaler in Frage zu stellen als alle Experimente zuvor.

Wenn man aus dem prismatisch erzeugten Spektrum eine Farbe, beispielsweise Gelb, isoliert und sie mit einer anderen, sagen wir Orange, mischt, die man auf die gleiche Weise gewonnen hat, dann entsteht, wie Newton gezeigt hat, eine Farbe zwischen den beiden – ein Gelb-Orange. Die spezifische Tönung hängt davon ab, welche Farbe in der Mischung vorherrscht, Orange oder Gelb. Land hat das gleiche Experiment durchgeführt, allerdings mit einer wesentlichen Modifikation. Er projizierte die gelben und orangen Lichtstrahlen durch fotografische Schwarz-Weiß-Transparente. Die Transparente zeigten das gleiche Stilleben, nur waren sie durch verschiedenfarbige Filter aufgenommen. Wenn er nur das gelbe Bild projizierte, sah man ein einfarbig gelbes Stilleben auf der Leinwand. Die Originalfarben der Vorlage waren verschwunden, so daß nur Gelbschattierungen übrigblieben. Das gleiche galt, wenn das zweite Bild allein durch den Orangefilter projiziert wurde, nur daß jetzt das Stilleben natürlich in Orangeschattierungen abgebildet war.

Was für ein Bild mußte man, mit Newton im Hinterkopf, erwarten, wenn beide Bilder übereinander projiziert wurden? Farbtöne irgendwo zwischen Gelb und Orange wie zuvor? Jedenfalls erwartete *ich* das – und die meisten Mitglieder der National Academy of Sciences ebenfalls. Doch weit gefehlt: Man sieht keine gelben Orangetöne. Bei der Wiederholung der Landschen Demonstrationen gemeinsam mit Wilson erblickte ich, wie mir schien, das gesamte Farbspektrum, einschließlich der Rot-, Blau- und Grüntöne. Dabei «wußte» ich ganz genau, diese Farben konnten nicht auftreten! Meine Augen vermittelten mir einen Sachverhalt, meine physikalische Ausbildung einen ganz anderen. Was ging da vor?

Michael Wilson beantwortete mir meine Fragen in seinem mit Büchern vollgestopften Arbeitszimmer, während wir unsere Füße an einem elektrischen Heizofen wärmten. Dabei begann er mit dem frühen 19. Jahrhundert und Johann Wolfgang von Goethe. Pikanterweise findet sich die Grundlage zum Verständnis der Phänomene, die die National Academy of Sciences schockiert hatten, in den Farbuntersuchungen des deutschen Dichterfürsten. Nun erst verstand ich den Namen von Wilsons Institut: Goethean Science Foundation.

Wenden wir uns Goethe in dem Augenblick zu, da er in die Geschichte der Erforschung des Lichts eintritt. Damit erleben wir zugleich den Anfang eines neuen Entwicklungsstrangs in dieser Geschichte, der fortführt von den auf Mechanik und Elektrizität beruhenden Konzeptionen hin zu einer erneuerten geistigen Auffassung.

## Farben des Auges

> Dagegen lassen wir uns das Recht nicht nehmen, die Farbe in allen ihren Vorkommnissen und Bedeutungen zu bewundern, zu lieben und wo möglich zu erforschen.[3]
>
> Goethe

Im Januar 1790 führte Johann Wolfgang von Goethe in der Hoffnung, das Geheimnis der Farbe zu ergründen, ein Prisma an sein Auge. Er hatte es sich zusammen mit anderen optischen Geräten von Hofrat Büttner aus Jena geliehen, doch nun stand ein Bote in der Tür, der einen Brief Büttners mit der Bitte um sofortige Rückgabe der Instrumente überbracht hatte. Verständlicherweise zweifelte der Besitzer mittlerweile daran, die Ausrüstung jemals zurückzuerhalten, lag sie doch schon Monate unberührt in Goethes Schrank. Goethe sah ein, daß er sich dem berechtigten Wunsch des Hofrats nicht länger widersetzen konnte. Also holte er die Schachtel mit dem optischen Gerät, doch bevor er sie dem Boten aushändigte, konnte er der Versuchung nicht widerstehen und zog ein Prisma heraus. Er wollte – und wenn auch nur einen kurzen Moment lang – wenigstens einmal das ihm seit Kindheitstagen bekannte Newtonsche Farbphänomen sehen.

Das Prisma vor Augen blickte Goethe die weißen Wände des Zimmers an und erwartete «eingedenk der Newtonischen Theorie», sie von den Farben des Regenbogens geschmückt zu sehen. Doch statt dessen erblickte er nichts als Weiß! Erstaunt wandte er sich dem Fenster zu, dessen Kreuz sich scharf gegen den hellgrauen Himmel dahinter abhob. Hier, wo sich am Rand zwischen Himmel und Fensterkreuz Licht und Dunkelheit trafen, zeigten sich höchst intensive Farben. Augenblicklich erkannte Goethe «wie durch einen Instinkt... daß die Newtonische Lehre falsch sei». An die Rückgabe der Prismen war nun nicht mehr zu denken, und Büttners Diener wurde abermals mit leeren Händen fortgeschickt. So begannen Goethes Farbstudien.[4]

Die nächsten vierzig Jahre hindurch experimentierte Goethe mit Licht und Farbe, wobei er nicht nur nach den Geheimnissen der Farbe suchte, sondern auch nach einer Untersuchungsmethode, die seinem Temperament besser entsprach, einer Methode, die einerseits objektiv war und andererseits der Natur ihr Recht ließ, die zugleich Wissenschaft und Kunst war.

Am Ende seines langen Lebens sah Goethe im Rückblick zumindest einen bescheidenen Erfolg. Nach eigener Einschätzung waren seine wissenschaftlichen Studien bedeutsamer als alle anderen Arbeiten, größer als der ‹*Faust*›, seine Gedichte, Dramen und Romane. All das werde, so meinte er, gegenüber dem Glanz anderer Dichter verblassen. Als weniger vergänglich hingegen würden sich seine Beiträge zur Wissenschaft erweisen, vor allem seine Untersuchungen zur Beschaffenheit von Licht, Dunkelheit und Farbe. Seinem Sekretär Johann Peter Eckermann gegenüber erklärte Goethe in seinen letzten Jahren wiederholt: «Auf alles, was ich als Poet geleistet habe... bilde ich mir gar nichts ein. Es haben treffliche Dichter mit mir gelebt, es lebten noch trefflichere vor mir, und es werden ihrer nach mir sein. Daß ich aber in meinem Jahrhundert in der schwierigen Wissenschaft der Farbenlehre der einzige bin, der das Rechte weiß, darauf tue ich mir etwas zugute...»[5] So lautete Goethes abgeklärtes Urteil nach fünfzigjähriger Tätigkeit in Botanik, Farbenlehre, Zoologie, Geologie, Meteorologie und vielen anderen Bereichen wissenschaftlichen Forschens. Mit diesen Worten verstörte er einen Großteil seiner Bewunderer. Seine einzigartige Bedeutung in der Weltliteratur ist unbestritten, aber seine wissenschaftlichen Bestrebungen sind ein Rätsel geblieben. Hat sich der große Mann täuschen lassen, oder sind seine Bemühungen Gegenstand eines fortwährenden Mißverständnisses?

Um einen Eindruck von Goethes Genius zu bekommen, müssen wir versuchen, die Welt ein Stück weit mit seinen Augen zu sehen – er legt seine Auffassung nicht in der Sprache tradierter Wissenschaft dar und ist deshalb leicht mißzuverstehen. Goethe hat nicht in herkömmlicher Weise eine konkurrierende Lichttheorie entwickelt, sondern statt dessen eine vollständige Neuinterpretation der wissenschaftlichen Tätigkeit selbst vorgenommen. Dabei geht er nicht abstrakt wie ein Philosoph vor, sondern konkret als der typische «Dichter-Gelehrte», wie Emerson später von ihm sagen wird. In Goethes Forschungen verbindet sich die Vorstellungskraft mit der Experimentalwissenschaft in einer Weise, die uns dem Phänomen des Lichts einen großen Schritt näher bringt.

Büttners ungeduldiges Drängen hatte Goethe zu einer überhasteten Wiederholung des Newtonschen Originalexperiments veranlaßt und ihn damit der Farbenlehre in die Arme getrieben. Doch die besondere Art seiner Bekanntschaft mit der Wissenschaft von der Farbe war, wie er selbst erkannte, für andere wenig geeignet. Deshalb beschloß er charakteristischerweise, seine Leser in das Gebiet einzuführen, indem er ausgerechnet auf jene Erscheinungen einging, die lange als unlogisch oder ausgesprochen irreführend abgetan worden waren – die optischen Täuschungen.[6]

Eines Abends bemerkte Goethe beim Betreten eines Wirtshauses ein auffallend hübsches junges Mädchen. Ihr Gesicht war blendendweiß und stand in reizvollem Kontrast zu ihrem pechschwarzen Haar. Ein scharlachrotes Mieder betonte ihre wohlgeratene Figur sehr vorteilhaft. Ihr Anblick beeindruckte Goethe. Von der anderen Seite des Schankraumes musterte er sie aufmerksam, wie sie im Licht stand. Einen Augenblick später ging sie hinaus, doch daraufhin erschien auf der weißen Wand dahinter, genau an der Stelle, wo sie gestanden hatte, ein verblüffendes Zwillingsgeschöpf; nur erblickte er jetzt ein schwarzes Gesicht, das von einem hellen Schein umgeben war. Statt in ein scharlachrotes Mieder war die dunkle Schönheit in prächtiges Meergrün gekleidet.

Wir sind bereits ähnlichen Wahrnehmungsrätseln begegnet, doch in Goethes dreiteiliger Abhandlung über Licht und Farbe, ‹*Zur Farbenlehre*›, spielen sie eine zentrale Rolle. Statt sie als bloße Einbildungen abzutun, erklärt uns Goethe gleich zu Beginn, genau diese Erscheinungen seien die Grundlage seiner gesamten Theorie. Für ihn gibt es nämlich keine optische Täuschung. «Gesichtstäuschungen sind Gesichtswahrheiten» lautet seine provozierende These.[7] In den optischen Täuschungen zeige sich die lebendige Wechselbeziehung zwischen unserer inneren und der äußeren Natur. Von besonderem Wert seien pathologische Fälle der Farbwahrnehmung, weil in ihnen das wahre Wesen von Farbe und Erkenntnis besonders deutlich sichtbar werde. Kein Wunder, daß Goethe bei der Untersuchung der Farbenblindheit John Daltons Forschungen auf diesem Gebiet vorweggenommen hat.

Es war ein glänzender Einfall. So bewies Goethe seine Originalität schon mit dem Anfang, indem er für die Auseinandersetzung mit Farbe und Licht einen völlig anderen Ansatz wählte, der sich, seiner dichterischen Begabung gemäß, buchstäblich auf die Vorstellungskraft gründete. Was bislang bloße Täuschung gewesen war, zeigte ihm den Weg zur Wahrheit. Phantome wurden zu Fakten, und durch sie ließen sich die Feinheiten der Farbwahrnehmung allmählich entschlüsseln.

In Goethes Nachfolge hat sich eine große Zahl bedeutender Wissenschaftler mit Täuschungen und pathologischen Verzerrungen der Wahrnehmung befaßt. In dieser Tradition stehen Edwin Lands Vorführungen in der National Academy of Sciences ebenso wie Oliver Sacks' faszinierende Untersuchungen; letztlich gehen sie auf die ersten Abschnitte in Goethes ‹*Farbenlehre*› zurück.

In Goethes Nachlaß fand sich ein schlichtes Frauenporträt, das allerdings in Kontrastfarben gehalten ist – vielleicht die gleiche auffällige Erscheinung, die er an jenem Abend im Wirtshaus gesehen hatte. Wenn man das Bild eine Minute lang anblickt und dann zur Seite schiebt, sieht man, wie ein Phantom vor dem Hintergrund schwebend, das ursprüngliche hellhäutige Mädchen erscheinen. Aus Erfahrungen wie diesen entwickelte Goethe seinen Ansatz – einen Ansatz, der sich zunächst mit der inneren, dem Auge eigenen Farbwelt beschäftigte und erst dann dazu überging, die äußere zu untersuchen.

## Empedokles' Feuer wiederentfacht

> Wie sieht man denn körperlich? Nicht anders wie im Bewußtsein: durch produktive Einbildungskraft. Bewußtsein ist Auge, Ohr und Gefühl für den innern und äußern Sinn ...
>
> Novalis[8]

Zu einer einfachen Nachbildung der Gasthausszene können Sie einen kleinen farbigen Gegenstand auf ein weißes Stück Papier legen. Schauen Sie es etwa eine halbe Minute lang unbewegt an. Nun schieben Sie den Gegenstand beiseite oder richten die Augen auf eine Fläche von neutraler Farbe, und entspannen Sie sich. Vor Ihnen schwebt ein Bild von gleicher Form wie der zuvor erblickte Gegenstand, dessen Farben aber anders, ja gegensätzlich sind. Vielleicht wandert und verblaßt es, doch läßt es sich eine Zeitlang durch Zwinkern erneuern. Die Ränder verändern sich, durchlaufen eine Farbsequenz, wachsen nach innen und verschwinden schließlich ganz. Sie haben ein *negatives Nachbild* erblickt.

Seit Aristoteles sie erstmals in seiner Schrift ‹*Über Träume*› beschrieben hat, geistern die Nachbilder immer wieder durch die Literatur über das Sehvermögen. Helle Objekte erzeugen dunkle Nachbilder, dunkle Objekte helle. Ein rotes Objekt ruft ein grünes, ein grünes Objekt ein rotes Nachbild hervor. In diesen Erscheinungen spüren wir eine Gesetzmäßigkeit, einen grundlegenden Aspekt unseres Sehens. Goethe nannte sie «das Gesetz des geforderten Wechsels»[9] und spricht von der «zur Opposition aufgeforderten und durch den Gegensatz eine Totalität hervorbringenden Lebendigkeit der Netzhaut». Das Muster dieser Erscheinungen läßt sich sehr schön durch den Farbenkreis wiedergeben.

Goethe weist darauf hin, daß die im Farbenkreis «diametral einander entgegengesetzten Farben diejenigen sind, welche

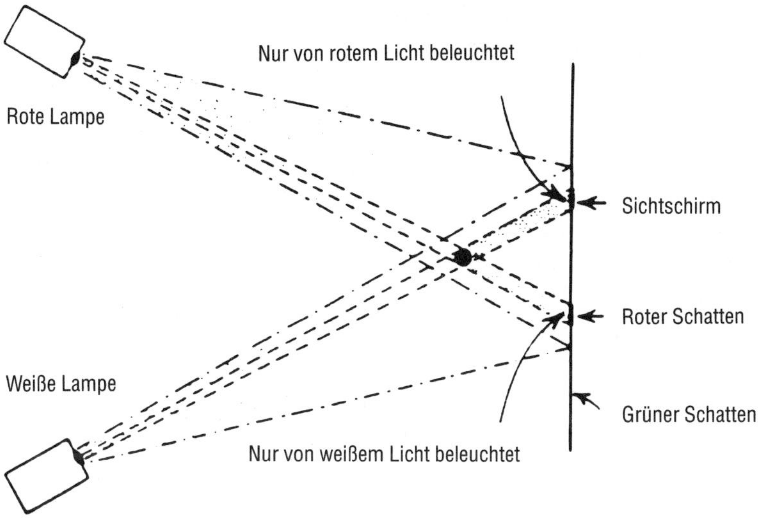


Farbige Schatten treten auf, wenn eine Region von zwei Lichtquellen unterschiedlicher Farbe beleuchtet wird. Wie kann der grüne Schatten ohne grünes Licht auftreten?

sich im Auge wechselweise fordern».[10] Dieses Gesetz gewinnt noch größere Bedeutung, wenn die Kontrastfarbe nicht im Anschluß an den ursprünglichen Eindruck erscheint, sondern *gleichzeitig* mit ihm, was bei dem von Goethe ebenfalls eingehend untersuchten Phänomen der farbigen Schatten der Fall ist. Während die Beschreibung etwas mühsam erscheint, ist die Wirkung verblüffend, und ich kann Ihnen nur empfehlen, es selbst einmal auszuprobieren.[11]

Wie Otto von Guericke (der Erfinder der Vakuumpumpe) 1672 als erster beobachtet hat, treten Farbschatten immer dann auf, wenn, wie oben abgebildet, zwei Lichtquellen unterschiedlicher Farbe eine Region beleuchten. Natürlich lassen sich zwei Schatten bilden – je einer, indem man das Licht jeder Quelle abblockt. Nehmen wir an, das eine Licht sei farblos, das andere rot. Dann ergibt sich bei einiger Überlegung, daß der eine Schatten nur von rotem Licht beleuchtet wird und der andere nur von weißem Licht. Es finden sich also drei Regionen auf dem Schirm: nur Rot, nur Weiß und Rot mit Weiß gemischt. Was erwarten Sie zu sehen? Rot allein ergibt eine leuchtend rote Region, was logisch ist. Aus Rot und Weiß zusammen folgt ein Blaßrot, was unseren Erwartungen ebenfalls entspricht. Doch zur allgemeinen Überraschung wird Weiß allein als Grün gesehen! Keine Lichtquelle für sich genommen ist grün; es gibt überhaupt nirgends Grün, und doch sieht man es unzweifelhaft.

Hier haben wir abermals das «Gesetz des geforderten Wechsels». Wenn das Auge (jetzt verstanden als das gesamte visuelle System) wie im oben geschilderten Fall dem vorherrschenden Eindruck des Rots unterworfen ist, dann reagiert es, indem es Weiß als Grün «sieht», als die Komplementärfarbe von Rot. Wenn man aus der roten Lichtquelle eine blaue macht, dann wird die weiße Region als gelb-orange empfunden, die Komplementärfarbe von Blau, und so fort.

Die Phänomene der «Farbadaption», wie man sie heute nennt, führen uns die wichtige Tatsache vor Augen, daß das Sehvermögen aktiv ist und seinen eigenen Gesetzen folgt. Edwin Lands Farbuntersuchungen lassen sich nur nachvollziehen, wenn wir unser Verständnis des Sehens um diese aktive Dimension erweitern. Vor Goethe hatte man solche Effekte als nebensächlich abgetan. Für ihn aber waren gerade die Täuschungen der geeignete Ausgangspunkt und die Grundlage für eine wissenschaftliche Untersuchung der Farbe. Besonders durch Täuschungen erhalten wir einen Eindruck vom Wesen des Sehvermögens und von der «ideellen», phantasiebegabten Kraft, die ihm innewohnt.

Michael Wilson, in der Goetheschen Farbenlehre ebenso zu Hause wie in der modernen Farbtheorie, verfügte über die richtigen Voraussetzungen, Lands Experimente zu analysieren. Er wies nach, daß die Blautöne, die in Lands Experimenten zu sehen sind, durch den gleichen Prozeß hervorgerufen werden, der den seit Goethes Zeit so sorgfältig untersuchten Farbschatten zugrunde liegt. Der menschliche Sehapparat stellt sich auf die vorherrschende Farbe ein, Gelb-Orange in Lands Fall. Das Fehlen dieser Farbe wird – wie ein Farbschatten – als Blau-Violett wahrgenommen, also als die Komplementärfarbe von Gelb-Orange. Wie das Objekt selbst beeinflußt auch der Kontext in hohem Maße, welche Farbe wir sehen. All die unerklärlichen Farben in Lands Vorführungen ergeben sich aus unserer unbewußten Anpassung an den Farbkontext.

In den Arbeiten von Goethe und Land stehen die Flexibilität und Intelligenz, die unserem Sehvermögen innewohnen, deutlich im Vordergrund. Wir dürfen die Kraft des Auges, sein inneres Licht, wie Empedokles sagen würde, nicht außer acht lassen, wenn wir unsere Farbwahrnehmung verstehen wollen. Lands und Goethes «Farbtäuschungen» gewähren uns einen seltenen Einblick in die allgegenwärtige Mitwirkung des Bewußtseins am Sehvermögen.

Jede unserer Wahrnehmungen ist buchstäblich eingefärbt vom Kontext, von früheren Erfahrungen, ja von jedem Aspekt unserer Innenwelt. Sie alle sind aktiv an der Entstehung der Farbe beteiligt. Die Farbe ist, wie auch Oliver Sacks nach seiner Untersuchung des farbenblinden Malers meinte, ein unverzichtbarer Teil unserer selbst, unserer Lebenswelt. Insofern wirken wir auf sie ein, aber sie auch auf uns, und zwar weit stärker, als es uns bewußt ist.

Soeben waren die Kinder fortgegangen. Auf ihren bunten Bildern glänzten noch die Wasserfarben im Licht des Nachmittags. Die Sunfieldkinder, deren Entwicklungsstand es erlaubte, hatten eine Sitzung bei ihrer Kunstlehrerin beendet. Diese folgte einem Therapieplan, den sie zusammen mit dem Heimarzt, der Gruppenbetreuerin und Michael Wilson ausgearbeitet hatte. Im Mittelpunkt jedes Bildes hing eine blaßgelbe Mondsichel, umgeben von einem dunkelblauen Himmel.[12] Die Kinder erfuhren so von der strahlenden Wirkung des Lichts und der behütenden Stimmung des Nachthimmels.

In Sunfield unterzog man alle Kinder, bei denen man sich davon einen Nutzen erhoffte, der Farbtherapie. Kinder, die nicht malen konnten, wurden in einem Farbprojektionsraum oder in einem Farbbecken behandelt. Eine eigene Sitzung bei Ursula Gral, der Farbraumtherapeutin, überzeugte mich von der unmerklichen, aber nachhaltigen Wirkung von Farbe.

Ursula Gral ließ mich in einem kleinen Raum Platz nehmen und führte mich dann sanft auf eine Reise durch den Farbraum. Das Licht im Raum veränderte seine Farbe und verdunkelte sich zu einem tiefen Blau. Als es ganz dunkel geworden war, öffnete sich vor mir ein Vorhang, und angenehme Farben (von einem Projektor hinter der Wand) überfluteten die Leinwand, das Zimmer und mich. Virtuos bediente Ursula Gral Wilsons Geräte und inszenierte eine metamorphe Sequenz von stiller Kraft. Allein durch die Wirkung der Farbe überkamen mich abwechselnd Erregung und Ruhe.

Erst gegen Ende bemerkte ich den kleinen Fußabdruck auf der Leinwand. Während einer Therapiesitzung sei eines der Kinder, erklärte Ursula Gral, aufgestanden und zum Farbfeld gegangen, als sei es lange umhergeirrt und sehe jetzt plötzlich den Weg, der nach Hause führt. Sie hatte es erst am Arm erwischt, als sein Fuß schon die Leinwand berührte. Um dem Wunsch des Kindes zu entsprechen, ganz in Farbe einzutauchen, hat Wilson eine völlig neue therapeutische Umgebung entwickelt – das Farbtherapiebecken.

In einem warmen, gedämpft beleuchteten Raum ist ein gekacheltes Tretbecken mit Wasser gefüllt, das wie ein Edelstein strahlt und glitzert. Während eine Therapeutin und ein Kind langsam in das Becken hineingehen, bemerke ich, daß ihre Körper und Gliedmaßen in strahlendes Licht getaucht sind. Wilson hat starke Farbscheinwerfer unmittelbar unterhalb der Wasserlinie an den Wänden des Beckens angebracht. Infolge der inneren Reflexion kann nur sehr wenig Licht entweichen, und wie in meinem Lichtkasten bleibt das Licht unsichtbar, da nichts vorhanden ist, was es reflektieren kann. Doch wenn ein Kind ins Becken tritt, taucht es nicht nur in Wasser, sondern auch in Farbe ein. Wilson erklärte mir, manche Kinder würden sich ihres Körpers erst im Becken bewußt. In Farbe gehüllt, bemerken sie sich selbst zum ersten Mal in ihrem Leben.

Bescheiden und mutig erkundete das Team in Sunfield die therapeutische Nutzung der Farbe. Doch um sie effektiv einzusetzen, mußte es ihrem inneren Wesen auf die Spur kommen. Technisch konnte Wilson sich an die Theorie des Elektromagnetismus halten, aber für ihre konkrete Verwendung war eine andere Form des Wissens erforderlich. Und hier kam Wilson und den Mitarbeitern von Sunfield Goethes Farbenlehre zu Hilfe. In ihr sind die inneren ästhetischen Dimensionen der Farbe ebenso wichtig wie ihre äußeren Aspekte.

## Farbe als Charakter des Lichts

> So ruhen meine Naturstudien auf der reinen Basis des Erlebten.[13]
>
> Goethe

Seinen Ursprung hatte Goethes wissenschaftliches Interesse am Licht auf einem Hügel vor den Toren Roms unter dem leuchtenden Blau des mediterranen Himmels.[14] In seinen Gesprächen mit den Landschaftsmalern in Italien empfand er eine bezeichnende Unzufriedenheit – ihr ästhetischer Farbgebrauch schien jeder konkreten Grundlage zu entbehren. Wodurch wird, so fragte er, die künstlerische Anwendung der Farbe bestimmt? War alles «dem Zufall überlassen ... dem Zufall, der durch einen gewissen Geschmack, einen Geschmack, der durch Gewohnheit, eine Gewohnheit, die durch Vorurteil, ein Vorurteil, das durch Eigenheiten des Künstlers» bestimmt wurde?[15] Wurden die Farben allein in Nachahmung der äußeren Erscheinungen gewählt, oder orientierte sich der Maler an den Kunstkennern, deren Geschmack die künstlerischen Normen der Zeit festlegte? Es lag im Wesen Goethes, daß er nicht eher ruhen konnte, bis er zu den einheitlichen Grundprinzipien der Farbe vorgedrungen war, den Prinzipien, die auch die «moralischen» Dimensionen der Farbe erfassen. Sobald sie gefunden wären, würden diese Erkenntnisse, dessen war sich Goethe sicher, auch ihre ästhetische Bedeutung offenbaren. Bezeichnenderweise hatte sich sein ursprüngliches Interesse für die Farbe nicht an der Wissenschaft, sondern an der Kunst entzündet.

Nach Weimar zurückgekehrt, öffnete Goethe ein wissenschaftliches Lehrbuch, um seine verschwommenen Erinnerungen an die wissenschaftliche Erklärung der Farbe aufzufrischen. Dort stieß er auf die herkömmliche Darstellung der Newtonschen Korpuskulartheorie, doch die schien ihm für seine Zwecke ungeeignet zu sein. Schon im Begriff, die Frage fallenzulassen, überlegte er sich, daß er doch eigentlich in der Lage sein müßte, die gesuchte Wahrheit über die Farbe durch eigene Beobachtungen und Experimente herauszufinden. Diese Überlegung führte zu jener folgenreichen Anfrage bei Hofrat Büttner, in der er um dessen optische Geräte bat, und zu dem ersten Experiment in der Diele.

Als Goethe Büttners Prisma vom Auge nahm und sich vom Fenster abwandte, wandte er sich auch mit aller Entschiedenheit von der Korpuskulartheorie des Lichts ab, die Newton vorgeschlagen hatte. Goethe war davon überzeugt, daß die Farben nicht auf irgendeine Weise heimlich im weißen Licht vorhanden seien und sich nur durch das Prisma zerlegen ließen. Was er sah, brachte ihn zu der Auffassung, diese Lehre sei falsch. Zur Erzeugung der prismatischen Farben schien nicht nur Licht, sondern auch Dunkelheit erforderlich zu sein. Doch in Wirklichkeit suchte Goethe nicht nach einer anderen mechanischen Erklärung der Farberzeugung, sondern ganz grundsätzlich nach einem Gegenmodell zur herkömmlichen Theorie. Mechanische Modelle, wie sie von seinen Vorgängern und Zeitgenossen verwendet wurden, lehnte er ab – aber welche Alternativen hatte er?

In Deutschland gab es in jener Zeit eine philosophische Bewegung, die versuchte, die Naturlehre mit einem hochtrabenden Idealismus zu verbinden. Friedrich Schelling, Lorenz Oken und Georg Wilhelm Friedrich Hegel sind nur drei aus der Gruppe der «Naturphilosophen», die glücklich gewesen wären, wenn der große Goethe sich ihnen angeschlossen hätte. Aber auch hier blieb Goethe seinem besonderen Ansatz zum Verständnis des Lichts treu. Auf sein Künstlerauge wirkten die spekulativen philosophischen Gedankensysteme dieser Landsleute blaß und angekränkelt. Beispielsweise lieferte Hegel, den Goethe bewunderte und der einer der wenigen Parteigänger des Dichters in seiner Auseinandersetzung mit der Newtonschen Theorie war, folgende Definition: Das Licht sei «diese absolut einfache Unendlichkeit in sich selbst als ein Inneres oder absolute Kraft, welche in ihrer Existenz für sich als diese Kraft bleibt, die absolut einfache Bewegung, oder sie als absolute Ruhe, die ebendarum, ohne aus sich herauszugehen, absolut außer sich werden muß. Das Licht ist diese reine, einfache Sphäre, die sich absolut auf sich selbst bezieht, eine fixierte, perennierende Kraft, die sich nicht äußert, das heißt, welche in ihrer Äußerung schlechthin diese einfache, nicht sich anders werdende Kraft bleibt, das Ruhen der Bewegung in sich selbst.»[16]

Wenn die Ergebnisse von Hegels dialektischer Methode solche Formen annahmen, wollte Goethe nichts mit ihnen zu tun haben. Er sah sich gezwungen, seinem eigenen Weg zu folgen. Im Vertrauen auf seine künstlerische Empfindungsfähigkeit suchte er das Licht dort, wo es lebendig war, in den sinnlich faßbaren Farberscheinungen. Hier, und nicht in Hegels «austernhaftem, grauem oder ganz schwarzem – wie Sie wollen – Absoluten»[17] (wie Hegel selbst es in einem Brief an Goethe nannte) ließ sich die Geschichte jener kostbaren Ressource erkennen, die wir Licht nennen.

Goethe weigerte sich, das Licht mechanisch oder abstrakt zu definieren, und meinte einfach: «Denn eigentlich unternehmen wir umsonst, das Wesen eines Dinges auszudrücken. Wirkungen werden wir gewahr, und eine vollständige Geschichte dieser Wirkungen umfaßte wohl allenfalls das Wesen jenes Dinges. Vergebens bemühen wir uns, den Charakter eines Menschen zu schildern; man stelle dagegen seine Handlungen, seine Taten zusammen, und ein Bild des Charakters wird uns entgegentreten.»[18]

Versuchen Sie einen Menschen mit Hilfe psychologischer Theorien zu charakterisieren – es wird Ihnen nicht gelingen, sein besonderes Wesen zu offenbaren. Doch wenn ein Schriftsteller beschreibt, wie dieser Mensch geht, seine Hand in die Seite stemmt, Gesicht und Mund bewegt ... so wird uns augenblicklich die innere Natur der Person vor Augen stehen. Diese Methode war Goethe vertraut. Deshalb suchte er nicht nach Ursachen, sondern nach einer Geschichte der Erscheinungen, in denen das Licht durch die Farbe seine vielfältige Natur zeigen konnte. So sollte eine lebendige Biographie des Lichts entstehen, ein Text, der geistig und physisch zu einer genauen und natürlichen Erkenntnis von Licht führte. Mit der Untersuchung des Lichts sollen wir verfahren wie mit Menschen, schlägt Goethe vor. Wollen wir sein Wesen erkennen, müssen wir uns seine Handlungen und Gesten anschauen – und das sind die Farben.[19]

Farben eröffnen uns also den Zugang zum inneren Wesen des Lichts. Seine Methode bezeichnete Goethe als «zarte Empirie». In Anlehnung an Francis Bacon, aber ohne sich den rigiden Zwängen der induktiven Methode zu unterwerfen, versuchte Goethe bei seinen Untersuchungen einen Punkt zu erreichen, «wo der menschliche Geist sich den Gegenständen in ihrer Allgemeinheit am meisten nähern, sich zu sich heranbringen, sich mit ihnen (wie wir es sonst in der gemeinen Empirie tun) auf eine rationelle Weise gleichsam amalgamieren kann».[20]

Wollen wir also Goethes «zarte Empirie» gegenüber dem Licht praktizieren, müssen wir die ganze Bandbreite der vom Licht gebotenen Farbphänomene untersuchen und dabei mit ihnen «gleichsam amalgamieren». Dadurch, so Goethe, würden wir nicht nur vertrauter mit der Natur des Lichts, sondern leiteten damit zugleich einen Bildungsprozeß ein, der uns ganz neue Einsichtsmöglichkeiten beschere.

Wir berühren hier zwei Aspekte, die entscheidend für Goethes Wissenschaftsverständnis sind. Zunächst einmal suchte er, gleich allen Wissenschaftlern, nach regelmäßigen Mustern, der verborgenen Gesetzmäßigkeit in der Flut der Farberscheinungen. Doch für ihn waren sie höhere Wahrnehmungserlebnisse und kein abstrakter Ersatz für die Herrlichkeit der Natur. Zweitens legte Goethe in seiner wissenschaftlichen Methodologie größten Wert auf den Begriff der *Bildung* im Sinne von Persönlichkeitsentwicklung.

## Die Ausbildung von Organen der Anschauung

Für Goethe befand sich der Mensch in einem fortwährenden Bildungsprozeß. Wie wir festgestellt haben, sind sogar natürliche Organe wie das Auge zum Sehen auf die Vorstellungskraft angewiesen. Wenn schon bei Blinden physische Eingriffe allein nicht ausreichen, um ihnen das Sehen zu ermöglichen, um wieviel mehr muß dies für jene Organe die Erkenntnis gelten, mit deren Hilfe wir Naturgesetze «sehen». Für die Wahrnehmung von Gesetzmäßigkeiten in der Vielfalt der Erscheinungen sind geeignete innere Organe erforderlich. Sie sind bei Geburt noch nicht angelegt, sondern entwickeln sich im Laufe des Lebens. Auch sollten wir dieses Vermögen nicht mit Analysefähigkeit oder Logik verwechseln, so wertvoll diese an ihrem Platz auch sein mögen. Neben dem analytischen Denken sind alle Wissenschaftler (und wir nicht weniger) auf eine bestimmte Form der Anschauung, der Einsicht, angewiesen, die wir durch aufmerksame Erfahrung ausbilden. Dank ihrer sehen wir, was andere nicht erblicken, obwohl sie dasselbe Phänomen betrachten.

Auf genau diese Weise machen Wissenschaftler ihre Beobachtungen und Entdeckungen.

Dutzende von Malen habe ich es erlebt. Bei jedem Spaziergang mit einem Naturforscher habe ich mich davon überzeugen können, daß Goethe mit dem Nachdruck, den er auf «Bildung» und die «Organe» der Erkenntnis legte, recht hatte. Wenn ich mit einem Geologen vor einer Gesteinsschicht stehe, sieht er mehr als ich, obwohl ich dasselbe vor Augen habe. Mir fallen ein paar Dinge auf, ihm Hunderte, und jedes erzählt ihm eine Geschichte, von der ich nichts weiß: Vergletscherung, Ablagerungen auf einem Seeboden, Lavafluß. Er entdeckt das Fossil, auf dem mein Fuß steht. Ich fühle mich nicht nur ungebildet, sondern geradezu blind. Nicht nur vollständiger deutet der Geologe die Erscheinungen, er bemerkt auch Einzelheiten, die mir nicht auffallen. Ich kann noch nicht einmal den Text sehen, geschweige denn lesen. Er ist Holmes, ich der arme Watson, mit nichts als meiner Bücherweisheit. Bei Emerson heißt es: «Wir beseelen, was wir sehen, und sehen nur, was wir beseelen.»[21]

In solcherart Sehen kann man es zu hoher Kunst bringen. Wie leistungsfähige Teleskope rücken die Anschauungsorgane ferne Küsten unerforschter wissenschaftlicher Regionen in den Blick. Dank ihrer, und nicht durch analytisches Denken allein, lassen sich die wesentlichen Muster der Natur erkennen, sind wir in der Lage, wissenschaftliche Entdeckungen zu machen.

Die Vorstellung vom «Licht des Leibes» kann uns helfen zu verstehen, was Goethe meint. Das sehende Auge braucht mehr als nur den Einfall des natürlichen Lichts. Es ist auch auf das innere, okulare Licht des Verstandes angewiesen, von dem Empedokles spricht. Wenn wir das beseelende Licht des integrierenden Verstandes vernachlässigen, das alle unsere Sinne erhellt und durchfließt, dann bleibt die Welt stumm vor unserem fragenden Geist. Goethe hebt die Bedeutung des inneren Lichts hervor. Erinnern wir uns: «Wär nicht das Auge sonnenhaft, wie könnten wir das Licht erblicken?»

Wie entzündet man das empedokleische Feuer des Auges?

Goethes Antwort war denkbar einfach: durch aktive Teilhabe an der Welt. Jede überlegte Interaktion prägt und bildet den Menschen. «Jeder neue Gegenstand, wohl beschaut, schließt ein neues Organ in uns auf.»[22] Er betrachtete das Auge als Paradigma der Organentwicklung und -bildung. Nach seiner Auffassung verdankt es seine Entstehung der Einwirkung des Lichts auf den menschlichen Organismus. «Aus gleichgültigen tierischen Hülfsorganen ruft sich das Licht ein Organ hervor, das seinesgleichen werde, und so bildet sich das Auge am Lichte fürs Licht, damit das innere Licht dem äußeren entgegentrete.»[23]

Goethes Worte erinnern stark an alte Vorstellungen, doch wir können sie auch in einen moderneren evolutionären Kontext stellen. Das Licht hat formgebende Kraft. Unter seinem Einfluß wächst die Pflanze, hat sich aber auch das Auge gebildet. Ganz ähnlich entwickelt unter dem Einfluß von Bergen, Steinen und Strömen der Geologe Erkenntnisfähigkeiten, die sein geliebtes Reich erhellen.

Goethe tritt für eine partizipatorische, teilhabende Wissenschaft ein, in der es vor allem auf die Anschauung einer Idee, den Moment der Offenbarung, ankommt. Wie aber kann man in den Erscheinungen eine Idee, durch die Farbe hindurch den Charakter des Lichts erblicken? Nur indem man die erforderlichen Organe ausbildet. Die Chemikerin, die an ihrem Labortisch beschäftigt ist, der Mathematiker, der an der Tafel schreibt – sie arbeiten ebenso an sich selbst, bilden ihre Fähigkeit zur Anschauung und zur Einsicht, wie sie mit den Chemikalien im Reagenzglas oder den Gleichungen an der Tafel verfahren. Jeder Einsatz, alle unsere Handlungen sind pädagogischer Natur, insofern sie neue Organe des künstlerischen oder wissenschaftlichen Entdeckens ausbilden.

Das leuchtende Auge verdunkelte sich langsam während seines langen Weges von Ägypten über Alhazen bis Descartes. In Goethes Händen erwachte es erneut. Können wir dieses neue Leben auch auf das Licht übergreifen lassen und so möglicherweise zu seinem inneren Wesen vordringen? Können wir ein «Auge» entwickeln, welches das unsichtbare Licht zu sehen vermag?

Die Geschichte des Lichts ist großenteils eine Geschichte des Götzendienstes. Statt das Licht zu betrachten, hat man sich ein Bild nach dem anderen von ihm gemacht. Wie alle großen Wissenschaftler (auch Galilei und Newton) kannte Goethe den Unterschied zwischen den Phantasiegebilden des menschlichen Geistes und den Naturgesetzen. Doch unterschied er sich in seiner Haltung von diesen anderen Forschern durch seine bedingungslose Konzentration auf die konkreten phänomenalen Dimensionen der Natur. Er war kein mathematischer, sondern ein künstlerischer Mensch, der sich am Geruch von Ölfarben und am Klang eines wohlgebauten Satzes berauschen konnte. Wenn Goethe wie Faraday das ewige Wirken der Natur erblicken wollte, dann mußte er die Fakten oder Phänomene auf eine sehr hohe theoretische Ebene heben, um zu «sehen», welche Muster die Natur in ihnen webt. Wie ein Porträtmaler mit seinen Farben hantiert, um den Charakter des vor ihm posierenden Menschen herauszuarbeiten, bemühte Goethe sich um die Naturerscheinungen, bis sie seinem aufmerksamen Auge offenbarten, was er das «offene Geheimnis» der Natur nannte. In seiner Methode erwies er sich durch und durch als Künstler; aber sind wissenschaftliche Entdeckungen jemals auf andere Weise gemacht worden? Zu Recht sagt Emerson: «Nie ist Wissenschaft anders entstanden als durch poetische Anschauung.» Nachdrücklich macht Goethe uns auf die Augenblicke der Offenbarung in der Wissenschaft aufmerksam, auf die Poesie, die im Herzen der Wissenschaft wohnt.

## Anschauung der Ideen

> ... daß mein Anschauen selbst ein Denken,
> mein Denken ein Anschauen sei ...[24]
>
> Goethe

Wie Goethe in Büttners Kasten mit den optischen Instrumenten griff, um ein Prisma herauszuziehen, so können wir damit beginnen, einen neuen Blick für das Licht auszubilden, indem wir ein Prisma an die Augen führen, um das vielbesungene Phänomen des Farbspiels zu betrachten. Der Entschluß, ein Prisma in die Hand zu nehmen, führt zu einer Reihe konfuser Erwartungen. Die unausgesprochene Frage lautet: «Was werde ich wohl sehen?» Der erste Blick ruft Staunen und Verwunderung hervor, entzücktes Lächeln, und nach einer Minute einen leicht gespannten Ausdruck verwirrten Interesses. Er scheint zu fragen: «Wie kann ich einen Sinn in dieses wunderbare Kunterbunt bringen?» Damit wenden wir uns von der reinen Freude an den naiven «empirischen Phänomenen» ab, wie Goethe sie nannte, und richten unsere Aufmerksamkeit auf die «wissenschaftlichen Phänomene».[25] Vom Staunen gelangen wir über das Interesse zur Einsicht und werden auf diese Weise allmählich des Ideellen ansichtig.

Das geschieht langsam, während der Experimentierende behutsam die Bedingungen für das Auftreten des Phänomens verändert und dabei jene, die wesentlich für den Effekt sind, von den unwesentlichen zu unterscheiden lernt. Schnell kommt man zu Vereinfachungen. Sowohl Licht als auch Dunkelheit sind erforderlich, um prismatische Farben zu erzeugen, und die einfachste Versuchsanordnung ist eine einzige gerade Grenze zwischen einer hellen und einer dunklen Region.

Die Abbildung auf Seite 246 zeigt die beiden wichtigen Konfigurationen: Licht oben, Dunkelheit unten oder das Gegenteil, Licht unten und Dunkelheit oben. Beim Blick durch ein Prisma erscheinen an einem Rand Blau- und Violettöne (an welchem

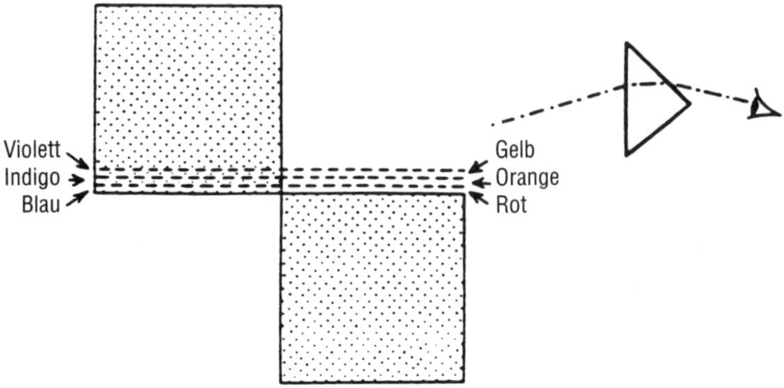


Beim Blick durch ein Prisma treten Randfarben auf, wo Licht auf Dunkelheit trifft.

Rand, hängt davon ab, wie Sie durchs Prisma schauen); entlang des anderen Randes treten Gelb- und Rottöne auf. Diese beiden Anordnungen von Licht und Dunkel sind einander komplementär. Durch ein Prisma gesehen, erzeugen sie in dem einen Fall die «kalten» Farben, im anderen die «warmen». Für Goethe waren die Einfachheit des Experiments und die Art seiner Ergebnisse ein Beleg für die Bedeutung des Versuchs. Erinnern wir uns auch an die ästhetische Frage, die Goethe noch von seiner italienischen Reise im Gedächtnis hatte. Die Polarität von warmen und kalten Farben war den Malern sehr vertraut. Hier tritt sie wiederum ganz natürlich auf, aber unter wissenschaftlichen Bedingungen. Eine bestimmte Anordnung von Licht und Dunkel erzeugt die warmen, eine gegensätzliche Anordnung die kalten Farben. Mit diesen Experimenten scheint die Farbpolarität in der Malerei eine objektive Grundlage zu finden.

Nur Grün und Magentarot fehlen zur Vervollständigung des ganzen Farbenkreises. Diese treten wie durch Zauberkraft auf, wenn wir andere Ränder bilden, und zwar so, daß dünne Streifen von Licht und Dunkel entstehen. Grün zeigt sich in der Mitte des weißen Streifens, Magenta im schwarzen Streifen.

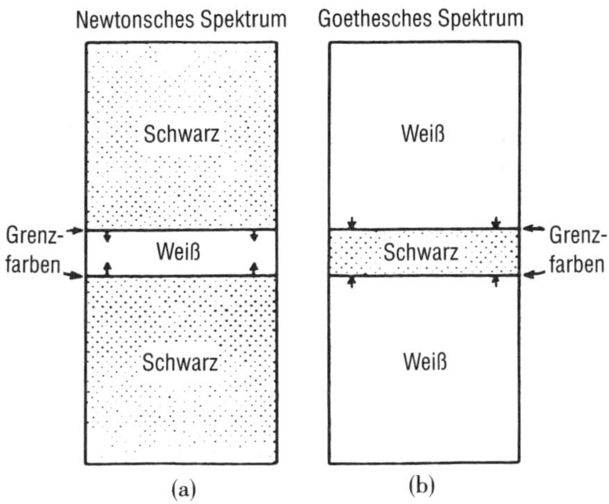


Grün zeigt sich, wenn die weiße Region schmaler wird (a).
Schrumpft dagegen die schwarze Region, so erscheint Magenta (b).

Um diese Phänomene zu verstehen, suchte Goethe nicht nach einer abstrakten Theorie, sondern nach besonderen Beispielen, sinnfälligen Ausprägungen der Beziehungen von Licht und Dunkel, die für das Auftreten von warmen und kalten Farben verantwortlich sind. Diese Beispiele nannte er «Urphänomene». Im Falle der warmen Farben liefern uns die Gelb- und Rottöne der Morgen- und der Abenddämmerung das gesuchte Beispiel. Wenn wir lernen, sie richtig zu sehen, begreifen wir einen Pol des Farbgeheimnisses.

Geht die Sonne unter, muß ihr Licht auf dem Weg zum Auge immer dickere Atmosphärenschichten durchdringen. Auf seiner Reise von der Sonne zu uns bahnt sich das Licht also einen Weg durch das verdunkelnde oder «trübe» Medium der Luft, wie Goethe gesagt hat. Das ist die Urbeziehung zwischen Licht und Dunkelheit, die Rot, Orange und Gelb ergibt – Licht durch Dunkelheit. Je größer die Dunkelheit, desto röter die Farbe.

Das blaue Himmelsgewölbe des Tages bietet uns das Urbeispiel des anderen Farbpols. Hier dringt Licht nicht durch Dunkelheit, sondern umgekehrt: Dunkelheit bahnt sich einen Weg durchs Licht. Beim Aufblicken schauen wir in die dunklen Tiefen des Alls. Und wiederum schiebt sich die Atmosphäre dazwischen, nur daß sie diesmal eine andere Rolle spielt: Die Luft fängt das Licht ein. Infolgedessen blicken wir durch das lichtgefüllte Medium der Atmosphäre in die Dunkelheit. Oder wenn wir Goethe folgen und annehmen, die Dunkelheit wirke auf das Licht ebenso intensiv, wenn auch gegenläufig, so scheint die Dunkelheit durch die lichtgefüllte Luft, und die kalten Farben entstehen.

Sobald man lernt, die Farbgesetze in den Farben des Himmels zu erblicken, wird man überall Beispiele dafür entdecken, vom blauen Rauchschleier über einem Billardtisch bis hin zur Verwendung der «atmosphärischen Perspektive» durch einen Maler (die Blaufärbungen der Ferne infolge der Lufttrübung). Prismatische Farben wie die oben erörterten Grenzfarben sind komplexer, lassen sich aber ebenfalls auf diese Weise verstehen. In allen Fällen begegnen sich Licht und Dunkel in einem trüben Medium und erzeugen Farbe.

Die Modelle der Farbentstehung in den neuesten physikalischen Theorien bieten eine ähnliche, wenn auch weit exaktere und mathematischere Erklärung. Nach ihnen werden Farben durch «Streuung» des Lichts hervorgerufen. Das trübe Medium enthält unzählige Streuungszentren – dabei spielt es keine Rolle, ob es Moleküle in der Luft oder Glasprismen sind. Durch sie wird das Licht nach streng mathematischen Gesetzen gestreut, und dabei entsteht Farbe. Selbst der Regenbogen zwischen dem dunklen Band und einer leuchtenden inneren Region läßt sich auf diese Weise verstehen. Wo Licht auf Dunkelheit trifft, entfaltet sich die Farbe. Insofern sind Farben das Produkt der größten Polarität, die unser Universum zu bieten hat. In Zarathustras mythischer Sprache sind Farben Reflexe der gewaltigen Schlacht, die unaufhörlich zwischen Ahura Masda und Ahrimans finsteren Heerscharen wogt. Oder in Goethes Worten: «Die Farben sind Taten und Leiden des

Lichts», die Taten und Leiden des Lichts in seiner Wechselwirkung mit der Dunkelheit.[26]

Wenn wir Goethe auf seinem Weg in das Reich der Farben folgen, gelangen wir nicht zu Lichtmodellen auf der Basis von Wellen oder Teilchen, sondern zu einer Anschauung jener Beziehung zwischen Licht und Dunkelheit, die die Farbe entstehen läßt. Im Grunde genommen sind die Phänomene des blauen Himmels und des Sonnenuntergangs die ganze Theorie, und gemäß ihrer griechischen Sprachwurzel *theoria* ist die Theorie in Wirklichkeit ein «Betrachten». Lassen wir wieder Goethe zu Wort kommen: «Das Höchste wäre: zu begreifen, daß alles Faktische schon Theorie ist. Die Bläue des Himmels offenbart uns das Grundgesetz der Chromatik. Man suche nur nichts hinter den Phänomenen; sie selbst sind die Lehre.»[27]

Wie der Geologe in den Felsen liest, Newton den Apfel fallen sieht oder Archimedes «Heureka!» ausruft, können wir uns bilden und entwickeln, bis wir die Farbgesetze im Blau des Himmels und im ersten Licht der Morgendämmerung erblicken. Wenn wir der Wirkung des Lichts im Dunkel und des Dunkels im Licht nachspüren, erkennen wir die «Taten und Leiden», welche die Farbe sind. Sobald wir ein empedokleisches Licht in unserm Innern entzündet, die erforderlichen Sensorien ausgebildet haben, erscheinen die Urphänomene, und in ihnen erblicken wir eine Idee.

Seit Platon hat die Philosophie die Erkenntnis in zwei voneinander isolierte Bereiche aufgeteilt: die Ideen und die Erfahrung. Naiv, aber hartnäckig war Goethe unermüdlich bemüht, eine Möglichkeit zu finden, Ideen zu erfahren, also eine Brücke über jenen Graben zu schlagen, den andere für unüberbrückbar hielten. Die Vereinigung von Idee und Erfahrung scheint unmöglich, aber nichts, so Goethe, verbiete uns, das, was außerhalb unserer Reichweite liege, «ruhig zu verehren».[28]

Goethe verwandelt durch seine Methode Fakten nach und nach in Theorie, erschaute Wirklichkeit in ideale Wirklichkeit –

dies seine Reaktion auf den philosophischen Dualismus. Man kann die Wahrheit nicht durch Gewalt erobern, aber vielleicht können wir uns ihr indirekt, durch Phänomene, Zeichen und Symbole nähern. «Das Wahre, mit dem Göttlichen identisch, läßt sich niemals von uns direkt erkennen: wir schauen es nur im Abglanz, im Beispiel, Symbol, in einzelnen und verwandten Erscheinungen; wir werden es gewahr als unbegreifliches Leben und können dem Wunsch nicht entsagen, es dennoch zu begreifen.»[29]

Bei Goethe fördern sich Naturphänomene und beobachtender Intellekt gegenseitig. Alles beginnt mit dem Staunen, wie Platon zu Recht gesagt hat, woraus dann Interesse und schließlich aktives Forschen wird. Dabei bilden sich neue Anschauungsorgane aus, die in der Lage sind, die wesentlichen Aspekte der Phänomene vor uns zu erfassen. Während wir unsere kognitiven Fähigkeiten schulen, läutern wir gleichzeitig die Welt, die wir sehen, bis wir schließlich in der Wirklichkeit das Ideelle als Urphänomen wahrnehmen. Zu den Urphänomenen, so Goethe, steigt man auf, und von ihnen kann man herabsteigen, um die Einzelphänomene zu verstehen. Die Urphänomene sind die höchste Erfahrung und bezeichnen die Grenze, die man nicht überschreiten kann. Aber die meisten nehmen sie nicht wahr und versuchen beispielsweise, ein Modell oder ein Götzenbild an die Stelle des Urphänomens zu setzen. «Den Menschen ist der Anblick eines Urphänomens gewöhnlich noch nicht genug, sie denken, es müsse noch weiter gehen, und sie sind den Kindern ähnlich, die, wenn sie in einen Spiegel geguckt, ihn sogleich umwenden, um zu sehen, was auf der anderen Seite ist.»[30]

Goethes wissenschaftliches Verständnis beruht auf Einsicht, auf Anschauung, nicht auf Modellkonstruktionen, und spielt deshalb eine ebenso entscheidende Rolle für die Kunst wie für die Wissenschaft.

Jede wissenschaftliche Entdeckung von Galilei bis Einstein

läßt sich in ihrem Ursprung auf das Heureka-Erlebnis zurückführen, bei dem ein Phänomen das Ideelle durchscheinen läßt, so daß der Betrachter eine Idee erblickt. Von diesem erhebenden Augenblick ausgehend, versucht der Wissenschaftler seine Einsicht in Worte und Symbole zu übersetzen. Dabei geht das Heureka-Erlebnis häufig verloren, während die wissenschaftliche Bedeutung erhalten bleibt. Goethe interessierte sich mehr für den ersten Aspekt und suchte fortwährend nach Möglichkeiten, die es jedem erlauben, Offenbarungen in der Natur zu erleben und Ideen zu schauen.

Goethe hat auf dem Gebiet der Philosophie einen Standardtrick der Salonzauberei vollbracht: Der Zauberer steht mit zwei Metallringen vor dem Publikum, den einen in der linken, den anderen in der rechten Hand. Er schlägt sie gegeneinander, um zu zeigen, daß sie sich auf keinen Fall vereinigen lassen. Doch dann führt er sie noch einmal zusammen, und plötzlich hängen sie ineinander. Jeder geht durch die Mitte des anderen. Von einem Augenblick zum anderen hat sich die Topologie total verändert. Damit verlieren alle Unterscheidungen zwischen Innen und Außen ihren Sinn. Goethe glaubte, die Bereiche des Denkens und der Anschauung würden einander wie die beiden Ringe des Zauberkünstlers durchdringen. Die Anschauung ist zugleich außerhalb und im Zentrum des Denkens, und das Denken führt entsprechend durch das Zentrum des Sehens und umgibt es.

Zwei Welten, die so lange getrennt waren, vereinigen sich in unserer Anschauung der Urphänomene. Um sie zu sehen, müssen wir neue Erkenntnisorgane ausbilden, denn der Urphänomene kann man nicht durch Logik allein habhaft werden. Einmal wahrgenommen, stellen sie die höchste Form der Erkenntnis dar, die wir erreichen können. Für den Künstler ist der wichtigste, der alles entscheidende Aspekt dieser Methode, daß er in der Anschauung der Urphänomene die Natur nicht ihres Reichtums beraubt oder sie abwertet, sondern sie erhöht. Der Sonnenuntergang prangt immer noch im herrlichen Rot und wird nicht auf differentielle Absorption oder Streuung reduziert. Die Anschauung einer wissenschaftlichen Idee verlangt nicht den Untergang des Schönen.

Im letzten Kapitel seiner ‹*Farbenlehre*› geht Goethe kurz auf die «sinnlich-sittliche» Wirkung der Farbe ein. Auf diesen Seiten beschreibt Goethe seine innere Reaktion auf die Farbe und stellt Querverbindungen zu früheren Abschnitten des Buches her. Die Neigung des Auges, den Farbenkreis zu vervollständigen, wird auf die Grundsätze der Farbharmonie bezogen. Die Polarität von warmen und kalten Farben gewinnt eine neue Bedeutung in seinen Prisma-Experimenten. Die inneren Aspekte sind ebensosehr ein Teil der Farberfahrung wie die Röte des Rots. In den Urphänomenen verbindet sich das Ethische mit der Sinneserfahrung.

Erinnern wir uns an Goethes Ausgangsfrage, die sich ihm auf einem Hügel vor den Toren Roms stellte, als er sah, wie Maler die Farbe verwenden. Erinnern wir uns auch an die therapeutische Nutzung der Farbe im Kinderheim Sunfield. Physiklehrbücher können keine wirkliche Antwort auf die Fragen von Goethe oder Wilson geben. Sie finden wir nur, wenn wir mit den Phänomenen selbst arbeiten. Denn nur dann bilden wir die Organe für eine Wissenschaft aus, in der sich das Schöne wie das Nützliche, das Menschliche wie das Physische erfahren lassen. So vollbrachte Goethe also ein zweites Zauberkunststück. Wie Gaston Bachelard einmal geschrieben und Goethe hinreichend bewiesen hat: «Die Phänomene der Welt verwandeln sich in menschliche Wahrheiten, sobald sie ein wenig Dichte und Geschlossenheit besitzen.»[31]

## Mehr Licht!

Sein ganzes Leben lang hat Goethe die Natur und vor allem das Licht geliebt. Als er jung war, hatte diese Liebe leidenschaftlichen Charakter, als er älter war, wurde sie ruhiger, ohne jedoch an Intensität zu verlieren. In seiner Kindheit verehrte Goethe Gott in seinen Werken, in Stein, Pflanze, Tier und Himmel. Vor allem aber in der Sonne. Diesem Gott hatte Goethe als Kind einst einen Altar nach Art der Propheten des Alten Testaments gebaut. Auf dem rotlackierten, goldgeblümten Musikpult seines Vaters hatte er die kostbarsten Stücke aus seiner Naturaliensammlung angeordnet: Kristalle, Erzbrocken, Muscheln und Pflanzen. Doch etwas besonders Schönes brauchte er noch zur Krönung des Ganzen. Eine Flamme mit sanft aufsteigendem Rauch zum Beispiel. Deshalb stellte er einige Räucherkerzen in eine Porzellanschale. Zum Vollzug der Zeremonie war nur das Anzünden der Räucherkerzen erforderlich.

Nur Goethe selbst wohnte diesem Gottesdienst in der Morgendämmerung bei. Wenn im Sommer die Sonne schon über den Häusern erstrahlte, entzündete der Knabe die Räucherkerzen mit Hilfe einer Lupe und des Sonnenlichts. Wie ein parsischer Priester verband das Kind das heilige Feuer auf seinem Altar mit der Sonne. Das war die ganze Liturgie. Durch die Kraft der Sonne und mit ein bißchen technischer Hilfe durch die Linse wurde das Mysterium vollzogen. Der kleine Johann hatte daran eine stille Freude.

Goethe lebte lange genug, um zu erleben, daß seine Farbenlehre von zeitgenössischen Wissenschaftlern, die sich an die mechanistischen Lichtkonzepte hielten, ignoriert oder abgelehnt wurde. Sie zogen die mathematische Sprache der lebendigen Farbanschauung, physikalische Modelle den Urphänomenen vor. Doch der Dichterfürst ließ sich nie in seinem Urteil über den Wert des von ihm Geleisteten beirren.

Das Licht der Lampe des Fährmanns in Goethes ‹*Märchen*› verwandelt alles in Gold, was es berührt. Entsprechend sind die Farben die kostbaren Wellen, die das Kielwasser des Lichts glänzend kräuseln. Jahrzehntelang hat Goethe sie untersucht, so daß er am Ende seines Lebens sagen konnte: «Ich erkannte das Licht in seiner Wahrheit und Reinheit und hielt es meines Amtes, dafür zu streiten.»[32]

Noch kurz vor seinem Tod galt Goethes letzte Bitte dem Licht. Eine halbe Stunde vor seinem Ende verlangte er, man solle die Fensterläden öffnen, damit mehr Licht ins Zimmer gelange. Wie passend, daß Goethes letzte Worte «Mehr Licht!» gewesen sein sollen.[33] Ruskin hatte sicherlich recht: Rein sind die, welche die Farbe lieben. Wenn überhaupt, dann wird die Natur *ihnen* ihr Geheimnis – das Licht – offenbaren.

In Sunfield lernte ich Goethes Farbverständnis schätzen und verstand seine methodologische Auffassung, nach der das Wesen wissenschaftlicher Forschung die Anschauung von Ideen ist. Doch seine «sinnlich-sittlichen» Farbaspekte, die in Wilsons Farbtherapie eine so wichtige Rolle spielten, waren mir noch fremd. In der orthodoxen Physik ist kein Platz für ethische Dimensionen von Farbe. Ich fragte Wilson, wie er sie verstehe. Daraufhin erzählte er mir eine Geschichte. Als junger Mann studierte er Musik, wollte Geiger und Dirigent werden und arbeitete mit einem Opernensemble. Dabei begann ihn die Bühnenbeleuchtung und damit auch die Farbe zu interessieren, woraufhin ihm seine Mutter ein Buch über Farbe gab, das der von ihr sehr geschätzte Begründer der Anthroposophie, Rudolf Steiner, geschrieben hatte. Das Buch war zunächst äußerst verwirrend für Wilson, und nachdem er es zur Hälfte gelesen hatte, warf er es verzweifelt quer durchs Zimmer, nahm es sich allerdings später wieder vor. In den folgenden Jahren beschäftigte er sich eingehend mit Steiners Schriften. Wenn ich mehr über die ethischen und geistigen Aspekte der Farben erfahren wolle, so wie Goethe sie verstanden habe, empfehle er mir, antwortete er, mich ebenfalls mit Steiner zu befassen.

# Rudolf Steiners Lichtmetaphysik

> Nur ein schwaches Licht glimmt wie ein winziger Punkt in einem riesigen Kreis von Schwärze. Dieses schwache Licht ist nicht mehr als eine Andeutung, die die Seele kaum wahrzunehmen wagt, weil sie nicht weiß, ob das Licht nicht vielleicht ein Traum ist und der schwarze Kreis die Wirklichkeit.
>
> Wassily Kandinsky

Als sich Wassily Kandinsky und seine Gefährtin, die Malerin Gabriele Münter, 1908 in Berlin aufhielten, trafen sie Alexander und Maria Strakosch, alte Freunde aus Münchener Tagen. Alexander Strakosch erinnert sich, daß sie mit anderen guten Freunden aus München in Kandinskys Berliner Atelier zusammenkamen, wo sie wunderbare Abende verbrachten. Für sie alle war es eine Zeit der persönlichen und künstlerischen Suche. Was sie suchten, konnte ihnen das mechanische Bild der Natur und des Menschen nicht bieten, das die Wissenschaft des 19. Jahrhunderts vermittelte. Viele empfanden das Bedürfnis nach einer umfassenderen und beseelteren Vorstellung beider. Strakosch schrieb: «Viele Freunde, die von unserer Suche wußten, warteten ungeduldig auf die wöchentlichen Vorträge im Architektenhaus, weil sie ihnen wichtig geworden waren.»[34] Gemeint waren die Vorträge von Rudolf Steiner, jenem Gelehrten, der Anfang der neunziger Jahre in Weimar als Herausgeber der naturwissenschaftlichen Schriften Goethes gearbeitet hatte. Die dumpfe Atmosphäre des Goethe-und-Schiller-Archivs hatte er mit dem pulsierenden Leben Berlins vertauscht, wo er 1897, gemeinsam mit Otto Erich Hartleben, Herausgeber des avantgardistischen *Magazins für Literatur* wurde – eine Stellung, die ihn in enge Berührung mit den literarischen Kreisen der Weltstadt brachte.

Das Publikum im Architektenhaus kam jedoch nicht zusammen, um sich über literarische Fragen zu informieren, sondern um Steiners spirituelle Auffassungen über den Menschen und das Universum zu hören. Als Kandinsky und seine Freunde 1908 zu seinen Vorträgen gingen, hatte sich Steiners Interessenlage grundsätzlich gewandelt – er hatte sich zu einem spirituellen Denker entwickelt und bereits ausführlich über Meditation, Christentum, die geistige Geschichte der Menschheit und die geistigen Dimensionen des Universums geschrieben und gesprochen, meist vor theosophischen Zuhörern (1913 gründete er schließlich die Anthroposophische Gesellschaft).

Am 26. März 1908 besuchten Kandinsky, die Strakoschs und ihre Freunde seinen Vortrag «Sonne, Mond und Sterne» im Architektenhaus. Mit dem Inhalt des Vortrags reiht sich Steiner zweifellos in den Kreis derer ein, die Licht als geistiges Phänomen verstehen, also solcher Denker wie Grosseteste, Mani und Zarathustra. Wie Grosseteste stand Steiner in zwei Welten, mit dem einen Fuß in der spirituellen, mit dem anderen in der Welt der Wissenschaft. Hier lag die entscheidende, ewige Spannung, aus der er allerdings Harmonie und nicht Dissonanz zu gewinnen hoffte.

Der Vortrag muß eine besondere Saite in Kandinsky berührt haben, denn unmittelbar danach malte er die Arielszene aus Goethes ‹*Faust*›, aus der Steiner am Ende seiner Ausführungen einige Zeilen vorgelesen hatte. Kandinsky schenkte das Bild Maria Strakosch. Ein tröstlicher Regenbogen schwebt über einem Wasserfall. Aus dem Aufruhr der Wasser steigt feuchter Dunst auf, fängt das Licht ein und zerlegt es in das bunte Kaleidoskop der Farben, die einen erschöpften Faust umfangen. Das Leben ist wie der Regenbogen.

> Der spiegelt ab das menschliche Bestreben.
> Ihm sinne nach und du begreifst genauer:
> Am farbigen Abglanz haben wir das Leben.

Der Regenbogen wird für Goethe zum Sinnbild des Lebens. Er spiegelt nicht nur das Sonnenlicht, sondern auch das Sinnen und Trachten des Menschen. Seine Farben sind ein Bild unserer Wünsche und Taten. Hier fand sich der Keim zu einer Vorstellung von Licht, die die künstlerische Phantasie nicht schmälerte, während sie das wissenschaftliche Verständnis vertiefte. Kandinsky wie Steiner verstanden beide Goethes Metapher, und jeder verlieh ihr in seinem Medium Ausdruck.

Rudolf Steiner war der Sohn eines einfachen österreichischen Bahnbeamten und hatte an der Technischen Hochschule Wien studiert, wo er ein Examen in Mathematik, Physik und Chemie ablegte. Neben dem technischen Fächerkanon befaßte er sich eingehend mit den Werken von Kant, Fichte, Hegel, Nietzsche und Darwin. Während er später Goethes naturwissenschaftliche Schriften in Weimar herausgab, promovierte er in Philosophie.[35] Steiner war in den Naturwissenschaften und der akademischen Philosophie zu Hause, gewann aber aufgrund spiritueller Erfahrungen den Eindruck, daß ein umfassenderes Weltbild vonnöten war, als es das Denken des 19. Jahrhunderts zu bieten hatte. Schon früh wurde ihm das Lichtverständnis zum Paradigma für den tiefen Konflikt, den er zwischen der wissenschaftlichen Ausbildung und seinen persönlichen geistigen Erfahrungen spürte.

Als Student war Steiner, wie viele andere Physiker in jener Zeit, der Ätherhypothese der Wellentheorie mit zunehmender Skepsis begegnet. Doch er ging noch viel weiter: «Ich sagte mir, das Licht wird gar nicht sinnlich wahrgenommen; es werden Farben wahrgenommen *durch* Licht... So wurde mir das Licht eine wirkliche Wesenheit in der Sinneswelt, die aber selbst außersinnlich ist... Und da wurde mir immer klarer, wie das Licht selbst in den Bereich des Sinnlich-Anschaubaren nicht eintritt...»[36] Das Licht sei bereits geistig, schrieb er. In der Sphäre des Sinnlich-Anschaubaren herrsche das Geistige.[37]

Nach Steiner muß ein Großteil unseres Daseins nicht nur physisch, sondern auch geistig verstanden werden. Die orthodoxe Naturwissenschaft des 19. Jahrhunderts war schlecht gerüstet und wenig geneigt, sich mit dieser Aufgabe zu befassen. Deshalb schlug Steiner eine «Wissenschaft des Außersinnlichen» vor, die er auf der Basis seiner philosophischen Studien und von Goethes wissenschaftlichen Untersuchungen zu Farbe, Botanik und Biologie begründete. Seine Architektenhaus-Vorträge sind nur ein Beispiel für dieses ehrgeizige Unterfangen.

Als Ergänzung zu den physikalischen Untersuchungen des Lichts forderte Steiner eine geistige Auseinandersetzung mit diesem Phänomen. Wie gezeigt, sahen alle antiken Kulturen das Licht und seine himmlischen Quellen als göttlich an. Steiner suchte nach einer modernen christlichen Metaphysik, in der sich der Kosmos, den die ägyptischen Priester, die griechischen Philosophen und Robert Grosseteste beschrieben hatten, auf eine philosophische Grundlage stellen und so mit der Wissenschaft versöhnen läßt. Solange die Naturwissenschaften in ihren Beobachtungen, Experimenten und Theorien streng objektiv bleiben, können sie nach Steiners Auffassung in keinen Konflikt zur «geistigen Wissenschaft» geraten. Häufig gingen sie jedoch über ihre Beobachtungen hinaus und ließen für Geistiges keinen Raum mehr. Diese Auffassung sei philosophisch unhaltbar und moralisch verderblich. Seiner Meinung nach war die Zeit reif für eine Wissenschaft vom Geistigen, die von den Sinneserscheinungen zu den geistigen Erscheinungen fortschreiten kann, ohne in verschwommene mystische Aussagen zu flüchten. Die damals in Mode gekommenen spiritistischen und esoterischen Heilslehren lehnte er ab, weil sie für ihn ein überkommener Materialismus des Geistes waren, und er versuchte sich statt dessen an Goethes Methodologie zu halten, nach der wir Erkenntnisorgane entwickeln können, die jedem Erfahrungsbereich, auch dem des Geistes, angemessen sind.

## Geistiges Licht

> Was man im Geiste will, das ist im Zentrum, denn es lebt in uns das Zentrallicht des Universums auf.[38]
>
> Rudolf Steiner

Wie viele vor ihm hielt sich Steiner auf der Suche nach den geistigen Dimensionen des Lichts an den Anfang des Johannes-Evangeliums. Dort spricht Johannes vom Logos – dem Wort – als dem Licht der Welt. Alles, was wir sehen – Sonne, Flüsse, Wolken, Tiere und Menschen –, sei, so Steiner, eine Verkörperung oder ein Bild der göttlich-geistigen Wirklichkeit – des Logos: «Am reinsten erscheint dieser äußere physische Leib des Logos zunächst im äußeren Sonnenlicht. Das Sonnenlicht ist nicht bloß materielles Licht. Für die geistige Anschauung ist es ebenso das Kleid des Logos ... In dem Sonnenlichte strömt ein Geistiges der Erde zu ... dieser Geist ist die Liebe ... mit dem physischen Sonnenlicht strömt die warme Liebe der Gottheit auf die Erde.»[39]

Licht sei, führt er aus, die reine Verkörperung des Wortes, des Logos. Das gleiche Licht, das unsere Welt erhelle, sei das vollkommenste Bild des göttlichen Schöpfungsgesanges. Grosseteste hat das Licht die erste körperhafte Gestalt genannt. Steiner stimmt ihm darin zu. Nach seiner Auffassung ist die Theorie des Elektromagnetismus nur ein blasses und abstraktes Abbild des weit umfassenderen Wesens des Lichts, eines Wesens, dessen wir, wie er betont, stets eingedenk sein sollten.

In den Vorträgen Ende 1920, vor Zuhörern, die mit seinem geistigen Weltbild wohlvertraut waren, lieferte Steiner einen umfassenden Überblick über seine Vorstellungen von Natur und Biographie des Lichts. Er entwickelte eine Art geistige Archäologie von den Ursprüngen des Lichts in einer nach Zuschnitt und Sprache mythischen Darstellung.[40] Abermals finden wir bei Goethe den Ausgangspunkt seiner Überlegungen: «Die Farben sind Taten des Lichts, Taten und Leiden.» Die Metapher ist klar. Doch was, außer einem Lebewesen, kann tun und leiden?

Die geistigen Hierarchien, von denen in der frühen Christenheit die Rede ist (Engel, Erzengel und so weiter) und die so untrennbar zu Grossetestes Welt gehörten, seien, behauptete Steiner, wirklich gewesen und bestünden noch immer. Jedem von uns sei ein persönlicher Schutzengel an die Seite gegeben, über Gruppen wachten den Geist beflügelnde Erzengel, und ein «Zeitgeist» und Archai herrschten über jedes Zeitalter. Die vielen Beschreibungen, die Steiner von der Art und der Entwicklung der Hierarchien gegeben hat, waren so detailliert und umfassend, wie man es seit der Zeit der gotischen Kathedralenerbauer nicht mehr erlebt hatte. Ihnen zufolge haben sich die himmlischen Ordnungen über riesige Zeiträume ähnlich wie die Geistigkeit des Menschen entwickelt. So hätten die himmlischen Hierarchien vor unendlichen Zeiten auch ein «menschliches» Stadium durchlaufen. Während dieser Zeit sei ihnen eine innere, moralische Welt eigen gewesen, ähnlich der unseren, voller Leben und Kämpfe, voller edler und schändlicher Taten. Die moralischen Wirklichkeiten, fährt Steiner fort, die die Engelsscharen einst in sich getragen hätten, seien inzwischen zu «Weltgedanken» geworden, die wir nun als Licht der Welt erlebten. Das tatsächliche Licht, das uns umgebe, bestehe aus den fossilartigen Überresten jener alten moralischen Welt der Engel. Innen werde zu Außen.

Mit entwaffnender Logik erklärt Steiner im Fortgang seiner Ausführungen, die moralische Welt, die wir jetzt in unseren Seelen hegten, werde eines Tages in einer künftigen Entwicklungsphase des Kosmos ebenso zu Licht oder Dunkelheit werden. «Wir sehen heute eine leuchtende Welt; sie war vor Jahrmillionen eine moralische Welt. Wir tragen in uns eine moralische Welt; sie wird nach Jahrmillionen eine Leuchtewelt sein ... und das Gefühl der großen Verantwortlichkeit, die wir haben, weil unsere moralischen Impulse in uns später scheinende Welten werden.»[41]

In einem solchen Weltbild kann keine Rede davon sein, die moralische von der materiellen Welt zu trennen. Emerson sagt in diesem Zusammenhang: «Jede Naturthatsache ist das Symbol einer geistigen Thatsache ... Die Welt ist emblematisch ... Die Gesetze der moralischen Natur entsprechen denen der Materie, wie das Gesicht dem Gesichte im Spiegel.»[42] So betrachtet, ist jede materielle Wirklichkeit nur die Kehrseite einer moralischen Wirklichkeit. Steiner weitete Emersons Vorstellung bis an die letzten Grenzen menschlicher und kosmischer Geschichte aus. Aus dieser Sicht ist die materielle Welt das Ergebnis der moralischen Welt. Reine Herzen werden künftige Welten erleuchten. Oder, wenn wir Dunkelheit in uns horten, wird eine dunkle Welt die zwangsläufige Folge in einer fernen Zukunft sein. Mitschöpfer der Welt sind wir nicht nur durch die Taten unserer Hände, sondern in noch weit größerem Maße durch die geistigen Impulse, die wir in unserem Innern pflegen. «Das, was zu der einen Zeit moralische Weltordnung ist», schreibt Steiner, «ist zu der anderen Zeit physische Weltordnung, und was in irgendeiner Zeit physische Weltordnung ist, war in einer anderen Zeit moralische Weltordnung. Alles Moralische ist dafür bestimmt, ins Physische herauszutreten.»[43]

Die Verbindung von Materiellem und Moralischem, Sinnlichem und Geistigem war und ist für die Vertreter von Religion und Wissenschaft äußerst ketzerisch. Einflußreiche Kräfte in der protestantischen Theologie haben auf einer grundsätzlichen Trennung von Religion und Wissenschaft bestanden, und entsprechend vertritt man innerhalb der *scientific community* die Auffassung, Religion behandle einen ganz anderen Aspekt des Lebens als die Wissenschaft. Max Planck hat für viele gesprochen, als er sagte, es könne keinen wirklichen Gegensatz zwischen Religion und Wissenschaft geben, weil das eine die Ergänzung des anderen sei. Wissenschaftler und

Theologen haben sich auf zwei Welten geeinigt und damit auch auf zwei Wahrheiten, eine wissenschaftliche und eine religiöse.

Dagegen erkennen Goethe, Emerson und Steiner zwar an, daß sich im Leben Unterscheidungen treffen lassen, weigern sich aber, es zu fragmentieren. Die Wahrheit mag viele Seiten haben, ist aber im Kern eine Einheit. Aus Steiners Sicht ist Plancks Auffassung naiv. Der schlichte Glaube, wie Planck ihn sieht, hat der unwiderstehlich anwachsenden Kraft der Naturwissenschaften nichts entgegenzusetzen. Wenn die moderne Tendenz, die Natur als deterministischen Mechanismus darzustellen, sich weiter durchsetze, so schreibt Steiner, dann bestehe keine Möglichkeit, den moralischen Bereich zu retten. Es gebe einfach nirgendwo in diesem moralischen Bereich einen Anhaltspunkt für eine Kraft, die sich gegen das Reich der natürlichen Ordnung durchsetzen könne.[44] Wenn das moralische Reich falle, dann falle damit auch das Licht künftiger Zeitalter. Für Steiner ist die Trennung von wissenschaftlicher und geistiger Erkenntnis also nicht nur ein Hinderungsgrund für ein umfassendes Verständnis des Lichts, sondern auch eine Bedrohung unserer Zukunft. Nach seiner Auffassung erwächst die natürliche Welt um uns herum aus der moralischen Welt in uns, so wie der Schmetterling sich aus der Raupe entwickelt. Seine Form hängt von dem Keim ab, den wir in die Puppe setzen.

Goethes Farbenlehre ist entweder nicht zur Kenntnis genommen oder abgelehnt worden. Steiners Lichtverständnis traf wie seine gesamte Lehre auf weit heftigere Reaktionen. Anfang der zwanziger Jahre sah er sich Anfeindungen von allen Seiten ausgesetzt: von der Kirche, der Universität, der Wissenschaft, der Politik und den Wegbereitern des Nationalsozialismus, um nur ein paar zu nennen. Die meisten dieser Angriffe fanden in der Presse statt, doch einige erwiesen sich als sehr viel konkreter und gewalttätiger. 1922 entging Steiner bei einem öffentlichen Vortrag in München ernsthaften Verletzungen nur dank des raschen Eingreifens einer Gruppe von jungen Leuten, die sich auf dem Podium zwischen die Angreifer und den Redner warfen. Die Agentur Sachs und Wolff teilte Steiner mit, sie könne für seine Sicherheit nicht mehr garantieren und werde deshalb für ihn keine öffentlichen Vorträge mehr arrangieren.

Am Silvesterabend des Jahres 1922 wurde nach einem Vortrag Steiners über die Geschichte der Naturwissenschaft der Hauptsitz seiner Anthroposophischen Gesellschaft im Schweizer Dornach in Brand gesteckt. Das Gebäude, das mehr als tausend Besuchern Platz bot, hieß Goetheaneum. Hunderte von Freiwilligen hatten dieses architektonische Kunstwerk im Laufe von zehn Jahren mit Schnitzereien und Bildern verziert. So war es ein eindrucksvolles Zeugnis der Steinerschen Anthroposophie. Der Gründer und seine Mitarbeiter mußten mit ansehen, wie ihre jahrelange Arbeit in einer einzigen Nacht in Flammen aufging.

Erschüttert, aber nicht gebrochen, verdoppelte Steiner seine Anstrengungen während der letzten beiden Lebensjahre. Er gründete die Freie Hochschule für Geisteswissenschaft und entwarf ein neues, organisches Bauwerk aus Beton, welches das zweite Goetheaneum wurde. Seither ist es der Hauptsitz jener Bewegung, der Steiner seine Stimme gegeben hat, einer Bewegung, die sich zur Einheit von Religion, Wissenschaft und Kunst bekennt und die in der moralischen Welt des Menschen den Vorfahren des Lichts erblickt.

Mit Goethe und Steiner hat ein wichtiges kontrapunktisches Thema Eingang in unsere Lichtbiographie gefunden. Bislang verlief die Entwicklungslinie gleichmäßig und zielstrebig von den alten Mythen zu den modernen wissenschaftlichen Theorien des Lichts. Goethe und Steiner stehen dagegen für eine Renaissance des Mythos. Beide waren sie Bürger der Moderne, beide waren sie in der Naturwissenschaft zu Hause, und doch versuchten sie, sie so zu verändern, daß sie auch die geistigen Dimensionen des Lichts zu berücksichtigen vermochte.

Ich denke, unsere Welt braucht die Bereicherung durch den Mythos und eine Moral, die aus dem Mitgefühl erwächst. Jedes Forschungsinstitut sollte wie Wilsons Farblabor auf einem sonnigen Gelände erbaut sein, wo Wissenschaftler sich der Fragen bewußt bleiben, die der leidende Teil der Menschheit uns stellt. Bei Goethe und Steiner spüre ich den Keim zu einer neuen Mythologie und einer Wissenschaft des Mitgefühls.

Zu Recht hat Novalis geschrieben, in der Flamme seien alle Naturkräfte tätig. Die Wahrheit dieses Gedankens beruht auf der Tatsache, daß die Flamme und das Licht, das sie verstrahlt, ebenso moralische und geistige Kräfte sind wie natürliche. Das Licht ist nicht zweierlei, sondern eines. Seine Wirkung liegt in der Einheit. In der wissenschaftlichen Forschung muß die ganzheitliche Gestalt des Lichts nicht verlorengehen. Doch wir ziehen wie die Götter der Navajos durch eine zerstückelte Landschaft, die von Schluchten und Spalten durchzogen ist. Im Gegensatz zu ihnen sind wir ängstlich, klammern uns an den festen, vertrauten Boden unter unseren Füßen und sind nicht bereit, eine Regenbogenbrücke über die dunklen Abgründe unserer Welt zu werfen. Nicht Mondsüchtigkeit, sondern Mut ist erforderlich, um unsere Welt als ein Ganzes zu sehen, um zu begreifen, daß Liebe und Erkenntnis ein gemeinsames Zentrum haben müssen.

# 9 Vom Kerzenlicht zur Quantenphysik

Irgendein Licht brennt klar,
woirgend ich vorüberkomme,
Ich sinne, wie sein Dasein freudselig
Mit gelblicher Feuchte milder Nacht
all-trübendes Schwarz verdrängt
Oder hin-her zarte Strahlenfäden
schießen, dem Auge fügsam.

Gerard Manley Hopkins
*«Die Kerze drinnen im Haus»*[1]

Am Abend des 21. Oktober 1929 ließen die Vereinigten Staaten einen der großen Augenblicke in der Biographie des Lichts wiederaufleben. An diesem Abend gingen Thomas Alva Edison, Henry Ford und Präsident Hoover gemeinsam die Hauptstraße von Fords neuem Living-History-Park Greenfield Village entlang zu Edisons altem Labor (das Ford aus Manlo Park, New Jersey, dorthin hatte schaffen lassen). Am Arbeitstisch von einst, vom Alter gebeugt und sichtlich gerührt, rüstete sich Edison, noch einmal die Augenblicke des Durchbruchs bei der Erfindung des elektrischen Glühlichts fünfzig Jahre zuvor zu durchleben. Von über hundert neuen Radiostationen an Millionen von Hörer übertragen, forderte Ford alle auf, das elektrische Licht im Gedenken an diesen historischen Moment auszuschalten. An diesem Abend wartete ganz Greenfield Village und ein Großteil Amerikas bei Kerzenlicht auf Edisons Erfindung. Als der glorreiche Augenblick kam, betätigte Edison den Schalter, der den dünnen Kohlefaden seiner Glühlampe mit elektrischer Energie versorgte. Als das schwache Glühen sein gealtertes Gesicht erhellte, schoß ein gewaltiger Stromstoß durch Greenfield Village und durch die dunklen Häuser überall auf dem Kontinent. Ein paar Minuten lang war das Licht der vergangenen Zeitalter ins Leben zurückgerufen worden, um im triumphalen Augenblick einer technischen Großtat rituell zu verlöschen.

Mehr noch als 1929 ist die Kerze heute ein Anachronismus, aber vielleicht hat sie gerade deshalb eine so symbolische Bedeutung angenommen. Wie in vielen anderen Regionen der Welt stellen wir ihre kleine Flamme auf unsere Altäre, an unser Bett oder, wenn wir den Mut dazu haben, auf die Zweige unserer Weihnachtsbäume. Wir betrachten ihr Licht und sinnen mit Gerard Manley Hopkins, «wie sein Dasein freudselig / Mit gelblicher Feuchte milder Nacht all-trübendes Schwarz verdrängt». Doch die Kerzenflamme scheint mehr als Licht zu verströmen. In einer Zeit, die unter dem Diktat der Nützlichkeit steht, ist sie eher ein Symbol als eine technische Haushaltshilfe. Wie der Regenbogen eröffnet auch sie einen Weg zum Verständnis des Lichts.

Fünfunddreißig Jahre lang hielt Michael Faraday jede Weihnacht «Vorlesungen für die Jugend», die sich rasch großer Beliebtheit erfreuten. In den Weihnachtsferien 1860/61 hielt er im großen Hörsaal der Royal Institution die letzten Vorlesungen dieser Reihe über die *‹Naturgeschichte einer Kerze›;* sie sind inzwischen zu einem Klassiker der Wissenschaftsgeschichte geworden. Obwohl siebzig Jahre alt, sprach er mit der Stimme der Jugend: Er wandte sich mit der Bitte an seine Zuhörer, «als junger Mann zu jungen Leuten zu sprechen», und das tat er mit einer Begeisterung und einem Schwung, die die fünfzig Jahre, die er im Dienst der Royal Institution gestanden hatte, Lügen straften. Aus dem gelernten Buchbinder war der berühmteste und beliebteste Wissenschaftler Englands geworden. Faraday forderte seine Zuhörer auf, ihm bei seinen Untersuchungen zu folgen, denn, so teilte er ihnen mit: «Alle im Weltall wirkenden Gesetze treten darin zutage oder kommen dabei wenigstens in Betracht, und schwerlich möchte sich ein bequemeres Tor zum Eingang in das Studium der Natur finden lassen.»[2]

Man zünde eine Kerze an und beobachte zunächst, welch

vollkommene Schale sich unter der Flamme zur Aufnahme des geschmolzenen Wachses bildet. Die Flamme kriecht den Docht hinab, bringt das Wachs in der Mitte der Kerze zum Schmelzen, während ein Luftstrom, der an der Kerze emporsteigt, den Rand kühlt und so dafür sorgt, daß dort ein erhöhter Steg stehenbleibt. Auf diese Weise entsteht ein Gefäß, das ideal geeignet ist, den geschmolzenen Inhalt am Ausfließen zu hindern. Die Flüssigkeit klimmt im Docht dank der gleichen Kräfte empor, die den Saft in einem Baum oder einer Pflanze aufsteigen lassen – das heißt, dank des Kapillareffektes. Statt Blätter oder Blüten zu nähren, verdampft das flüssige Wachs jedoch in der dunklen, inneren Region der Flamme, die dem Docht am nächsten ist, mischt sich dort mit Luft und speist die Flamme. Wenn dies wie bei manchen Flammen alles wäre, würde eine Kerze wenig Licht spenden. Der helle gelbe Kegel jedoch, der seinen gleichmäßigen Schein verbreitet, verdankt seine Existenz winzigen glühenden Kohleteilchen, die nicht verbrannt sind – jenen Teilchen, die sich als Ruß absetzen, wenn der Docht zu lang wird. Kalt ist Ruß der schwärzeste aller Stoffe, doch in erhitztem Zustand verbreitet er ein wunderbares Leuchten.

Dem poetischen Empfinden Gaston Bachelards ist die Kerzenflamme ein Modellphänomen: «Eine ganz und gar gewöhnliche Materie erzeugt Licht. Sie reinigt sich in dem Akt selbst, der das Licht spendet... Aus dem Schlechten nährt sich das Gute. In der Flamme begegnet dem Philosophen ein Modellphänomen, ein kosmisches Phänomen, ein Modell der Vermenschlichung.»[3] Als Modellphänomen ist die Kerzenflamme ein Symbol, verkörpert sie in ihrem Wesen einen zugleich moralischen und materiellen Aspekt. Körnige Materie wird in der Flamme zu Licht geläutert. Beim Blick in eine Flamme wird sich Paul Claudel dieser Verwandlung bewußt: «Und der Altar selber ist nur eine enge Plattform mit spitzen Kerzen und Flammen darauf, von welcher die Gestalten den Aufschwung in die Kategorie des Göttlichen nehmen.»[4] Dem

Dichter bietet sie ein Modell der Vermenschlichung, dem Wissenschaftler ein ungelöstes Rätsel. In jedem Fall zieht die Kerzenflamme uns an wie Motten.

In seinen Weihnachtsvorlesungen über die Kerze versäumte Faraday es, seinen jugendlichen Zuhörern eine Eigenschaft vor Augen zu führen, dic mchr als alle anderen die Physik revolutionieren und ein völlig neues Bild unserer physikalischen Welt vermitteln sollte. Die vernachlässigte Eigenschaft war die Farbe des Kerzenlichts.

Betrachten Sie eine Kerzenflamme. Sie flackert, schwankt und pulsiert, eine leuchtende, gelbe, immaterielle Form. Betrachten Sie sie durch ein Prisma, und Sie haben vor sich den vertrauten Anblick des Spektrums – die schöne, flammenförmige Reihe der Regenbogenfarben. In dieser zarten, bunten Gestalt verbirgt sich ein völlig neues Verständnis der Natur. «In der Flamme eines Lichts sind alle Naturkräfte tätig»[5], schreibt Novalis. Die stille Flamme öffnet, wie wir von Faraday wissen, ein bequemes Tor zur Erkenntnis. Wir müssen hindurch auf unserem Weg zur Quantentheorie des Lichts.

## Licht durch Wärme

> Licht ist der Genius des Feuerprozesses.
> Licht macht Feuer.
>
> Novalis[6]

Jeder erwärmte feste oder flüssige Körper, ob das Tongefäß in einem Brennofen oder der Faden in einer Glühbirne, glüht auf genau die gleiche Weise wie der Ruß in einer Kerzenflamme. Es ist ein universelles Gesetz, unabhängig vom erwärmten Stoff. Heiße Materie gibt stets Licht ab und stets auf die gleiche Weise.

Jeder Töpfer, Glasbläser und Metallarbeiter kennt dieses Gesetz. Die Farben der erhitzten strahlenden Stoffe, mit denen sie arbeiten, ändern sich auf vorhersagbare Weise mit der Temperatur. Bei niedrigen Temperaturen weist das Eisen des Hufschmieds das gleiche stumpfe Rot auf wie der Ton des Töpfers. Je heißer das Material wird, desto heller – erst orange und dann gelb – glüht es. Jede Temperatur hat ihre eigene Farbe (die sogenannte Farbtemperatur). Sie bildet die Grundlage für optische Verfahren der Temperaturmessung, wie sie häufig in Glas- und Metallwerkstätten verwendet werden. In der Astronomie können Wissenschaftler mit ihrer Hilfe die Temperatur von Sternen (zum Beispiel die der Sonnenoberfläche mit 6000 Grad Celsius) bestimmen. Die Wärme und die Farbe von Licht stehen miteinander in Verbindung.

Jeder, der sich für das Licht einer Kerze oder das der Sonne interessiert, kann es durch ein Prisma lenken und das Spektrum untersuchen, das dabei entsteht. Im 19. Jahrhundert wurden solche Experimente in England und Deutschland durchgeführt, und sie führten zu erstaunlichen Ergebnissen. Bei der Untersuchung eines Sonnenspektrums ließ der britische Astronom Herschel es auf einige aufgereihte Thermometer fallen. Zwar war er nicht der erste, der das tat, aber er bemerkte etwas, was andere übersehen hatten. Die Thermometerreihe, die zufällig über den sichtbaren roten Rand des Spektrums hinausging, verzeichnete einen signifikanten Temperaturanstieg. Obwohl nichts zu sehen war, wurde dennoch Wärme erzeugt. Ähnliche Beobachtungen machten etwa zur gleichen Zeit andere Forscher, aber am entgegengesetzten Ende des Spektrums, jenseits des violetten Randes. Hier traten jedoch keine Wärmeeffekte auf, sondern *chemische* Phänomene. Minerale veränderten ihre Farbe oder glühten, wenn sie jenseits des violetten Endes des Spektrums angeordnet waren. Diese Forscher hatten das entdeckt, was wir heute Infrarot- und Ultraviolettstrahlung nennen. Die Wärmestrahlung, die wir vor einem gußeisernen Ofen sitzend spüren, ist ein Beispiel für die unsichtbare Infrarotstrahlung. Am anderen Ende des Spektrums

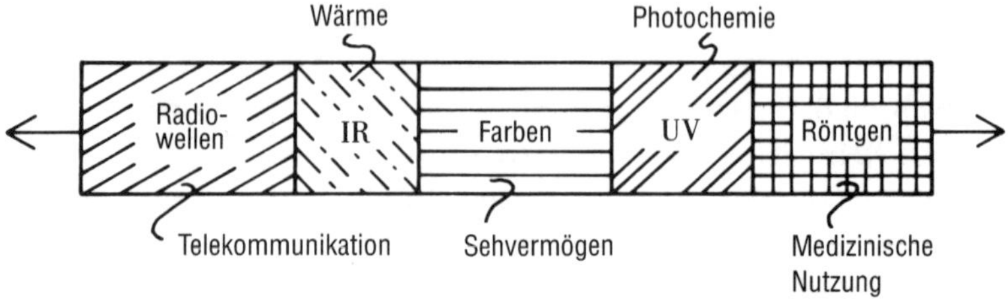


Das elektromagnetische Spektrum

verändern nicht nur Minerale unter dem Einfluß der ultravioletten Strahlung ihre Farbe, sondern auch wir. Unsere Sonnenbräune ist großenteils ultraviolettem Licht zuzuschreiben, genauso wie die Photosynthese der Pflanzen.

Wie sich herausgestellt hat, verhalten sich diese Strahlungsarten in jeder Hinsicht wie sichtbares Licht, mit der einen Ausnahme, daß sie keine Reaktion im menschlichen Auge hervorrufen. Wie Hunde Töne hören können, die das menschliche Gehör nicht mehr registriert, gibt es Geschöpfe, die offenbar in diesen Segmenten des Spektrums sehen können. Hingegen müssen wir uns auf weniger direkte Maßnahmen verlassen, um ihre Existenz nachzuweisen. Die Entdeckung der «unsichtbaren Lichtarten» hat das physikalische Verständnis des Lichts enorm erweitert. Heute wissen wir, daß es über die ganze Bandbreite von den Radiowellen bis hin zu Gammastrahlen reicht. Das Spektrum des Kerzenlichts ist viel breiter, als es das Auge wahrzunehmen vermag.

Viele Experimentaluntersuchungen des Lichts anhand glühender, heißer Körper sind in den letzten Jahren des 19. Jahrhunderts in Berlin durchgeführt worden. Die Kompliziertheit der Kerzenflamme mit ihren unterschiedlichen Brennbedingungen und Temperaturregionen veranlaßte die Berliner Wissenschaftler Heinrich Rubens, Otto Lummer und Ernst Pringsheim, eine Lichtquelle zu erfinden, bei der sich die Beziehung zwischen Temperatur und Farbe genauer untersuchen ließ. So entwickelten sie die genaueste Spektralanalyse des von heißen

Körpern emittierten Lichts, die im 19. Jahrhundert durchgeführt wurde. Aus technischen Gründen bezeichnete man sie als die Untersuchung der «Schwarzkörperstrahlung».[7] Im Prinzip quantifizierte das Experiment einfach das, was sich dem Auge darbietet, wenn es einen glühenden Körper durch ein Prisma betrachtet, berücksichtigte dabei aber sorgfältig den unsichtbaren infraroten Teil des Spektrums.

Bei einer gegebenen Temperatur tritt ein sehr bestimmtes, kontinuierliches Farbspektrum auf. Wenn dem Auge beispielsweise heißes Metall orange erscheint, dann ist die hellste Farbe im Spektrum Orange, während sich zu beiden Seiten Farben zeigen (Rot auf der einen Seite und Gelb-Grün-Blau auf der anderen), die allmählich an Intensität verlieren. Die besondere Form der Intensitätsverteilung haben Rubens und andere Forscher in Berlin Farbe für Farbe sorgfältig gemessen. Die Frage war nun, welche Deutung sich aus den Messungen ergab. Wie waren die Farben des Kerzenlichts zu verstehen?

Wie berichtet, war sich die Physiker-Gemeinschaft des 19. Jahrhunderts sicher, daß sich mit der Newtonschen Mechanik, Maxwells Theorie des Elektromagnetismus und der gerade entwickelten Thermodynamik alles erklären ließe. Man mußte nur die zur Verfügung stehende Rechenkapazität erhöhen und würde alle ungeklärten Probleme lösen können. Da mußte das bescheidene Licht von Faradays hübscher Kerze sich einfach als ein Kinderspiel erweisen und ein leichtes Spiel für die kollektive wissenschaftliche Weisheit der vergangenen drei Jahrhunderte sein. Und so schickten sich die besten theoretischen Köpfe der Zeit in Deutschland und England an, das Spektrum der Kerzenflamme aus den zur Verfügung stehenden Grundprinzipien zu errechnen. Doch der Erfolg blieb ihnen versagt: Es stellte sich heraus, daß die Physik des Jahres 1899 die Farben des Kerzenlichts nicht erklären konnte!

## Ein aufrechter Mann

> Die Untersuchung des Lichtes hat zu Leistungen der Erkenntnis, Phantasie und Erfindungsgabe geführt, die auf keinem Gebiet geistiger Betätigung übertroffen wurden. Sie zeigt auch besser als jede andere Disziplin der Physik, wie wechselhaft das Schicksal von Theorien sein kann.
>
> Sir J. J. Thomson, 1925

In den letzten Jahren des 19. Jahrhunderts hatte ein überaus fleißiger theoretischer Physiker die Lehrtätigkeit an der Universität Berlin aufgenommen. Sein Name, der heute untrennbar mit den Anfängen der Quantenmechanik verbunden ist, war Max Planck.[8] Er stammte aus einer Familie von Pastoren, Gelehrten und Juristen und übernahm von ihnen die konservative und aufrechte Haltung, die sein ganzes Leben bestimmt hat. Seine Vorfahren hatten die traditionellen Werte der Aufklärung – Vernunft und Toleranz – beispielhaft verkörpert; dazu besaßen sie die entschiedenen ökumenischen Überzeugungen des Protestantismus. Max Planck trat in ihre Fußstapfen. Bei seinen Zeitgenossen stand er in dem Ruf, diese moralischen Werte vorbildlich in sich zu vereinen und ein Meister seines Faches zu sein, der die modernsten Methoden der Physik beherrschte. Später sah sich Planck wegen seines preußischen Pflichtgefühls zu zweifelhaften Kompromissen mit dem nationalsozialistischen Wissenschaftsbetrieb gezwungen. Doch damals, im Jahre 1900, veranlaßte ihn seine unbestechliche Intelligenz, widerstrebend die Grenze zu einer neuen Vorstellung von Licht zu überschreiten.

Auf Anregung eines Freundes machte Planck sich an die theoretische Analyse des Lichts, wobei er fest damit rechnete, daß die klassische Physik sich dieser Aufgabe gewachsen zeigen werde. Im Laufe der Zeit erwies sich jedoch keiner seiner Versuche, mochte er sich auch noch so sehr mühen, als befriedigend. Wie andere ging Planck von der Annahme aus, leuchtende Körper könnten als eine Ansammlung von atomaren Oszillatoren gedacht werden, die in bestimmten Frequenzen schwingen. Nach dieser Vorstellung teilen die Gesetze der Thermodynamik die verfügbare Wärmeenergie gerecht unter ihnen auf. Aber alle Berechnungen, die sich auf dieses Modell stützten, auch die Planckschen, standen in katastrophalem Gegensatz zu den Daten. 1899, nach vier langen Jahren des Zögerns, entschloß sich Planck endlich zu einem vermeintlich kleinen, aber sehr folgenreichen Zugeständnis. In seiner Theorie der Schwarzkörperstrahlung rang er sich zu einem scheinbar ungerechtfertigten mathematischen Kunstgriff durch, von dem er unklar spürte, daß er höchst bedeutsam war, dessen ganze Tragweite er aber damals, und auch noch einige Jahre danach, nicht begriff.

Nehmen wir das schwingende Pendel einer Uhr. Die Schwingungsfrequenz wird, wie Galilei als erster entdeckt hat, durch die Länge des Pendels bestimmt. Die Amplitude (das heißt, die Weite der Schwingungen) wird nur durch den Anstoß des Pendels, das heißt, die ihm übertragene Bewegungsenergie, festgelegt. So merkwürdig es auch erscheinen mag, Planck sah sich zu der Erkenntnis gezwungen, daß diese Beschreibung der Pendelbewegung auf der Quantenebene unzureichend sei. Dort sind nicht alle Amplituden erlaubt. Wir können das Pendel also nicht auf jede beliebige Höhe heben, sondern nur auf bestimmte Anfangshöhen. Somit kann die Energie des Pendels nicht jeden Wert annehmen. Vielmehr ist nur eine bestimmte Menge solcher Amplituden und Energien möglich. Festgelegt werden sie durch die berühmte Plancksche Beziehung $E = h\nu$. Mit anderen Worten, die Energie eines Oszillators, etwa eines Pendels, kann nur Werte annehmen, die ganzzahlige Vielfache von $h$ (der Planckschen Konstante, einer *sehr* kleinen Zahl) mal der Frequenz $\nu$ (der Zahl der Schwingungen pro Sekunde) sind.

Diese eine Annahme verändert alles. Die Energie kann dem Pendel nur noch in bestimmten Intervallen hinzugefügt oder fortgenommen werden. Es ist wie beim Treppensteigen: Sie können nicht eine halbe Stufe nehmen. Hinzu kommt: Bei Hochfrequenzoszillatoren (die blauem Licht entsprechen) sind die Stufen höher als bei niedrigen Frequenzen (rotes Licht), und es steht bei niedrigen Temperaturen nicht genügend Energie zur Verfügung, um die blauen Hochfrequenzoszillatoren zu erregen oder, anders gesagt, um die erforderlichen großen Stufen zu überwinden. Doch es gibt andere Oszillatoren mit niedrigeren «roten» Stufen, die sich leichter erklimmen lassen. Mithin führte Plancks Analyse zu der Vorhersage, daß bei niedrigen Temperaturen nur die roten Oszillatoren Energie absorbieren und emittieren. Also muß das Spektrum des Kerzenlichts (niedrige Temperatur) vor allem rot sein, während der fehlende blaue Teil des Spektrums ausschließlich bei Phänomenen von höherer Temperatur auftritt.

Im Kern ist die Energie, die an Oszillatoren abgegeben oder von ihnen emittiert wird, elektromagnetischer Natur, das heißt Licht. Damit folgte aus Plancks Annahme, wenn man sie wörtlich nahm, daß das Licht selbst gequantelt ist, das heißt, nur in diskreten Einheiten auftritt. Planck selbst hielt diese Annahme zunächst lediglich für einen mathematischen Kunstgriff, der seine Berechnungen beschleunigte und sich eines Tages erübrigen würde. Gleicher Meinung war der britische Physiker James Jeans, der meinte, $h$ würde irgendwann während der Berechnungen gegen Null gehen, womit die Welt wieder in Ordnung wäre. Doch die Plancksche Konstante ließ sich beim besten Willen nicht eliminieren. Man hatte die quantenmechanische Büchse der Pandora geöffnet, und keines der Übel, die sich aus Plancks Analyse ergaben, ließ sich wieder in das enge Behältnis der Physik des 19. Jahrhunderts zurückstopfen. Herschels «Lichtschachtel» befand sich in offenkundiger Unordnung. Dieses Dilemma gebar das neue Lichtquantum. Die ungeheure Bedeutung von Plancks bescheidener Annahme war nur ein paar Kollegen bewußt. Fortan mußte die Energie, die wir als Licht bezeichnen, quantenweise betrachtet werden.

Mit dieser einen Annahme war Planck in der Lage, eine mathematische Formel zu entwickeln, die den ihm vorliegenden Daten vorzüglich gerecht wurde. Um seine Theorie eingehender zu prüfen, lud er Rubens zum Tee in sein Haus vor den Toren Berlins ein. Der Kollege brachte die Ergebnisse seiner jüngsten Messungen mit, während Planck sich mit seiner neuen Formel für die Verteilung der Schwarzkörperstrahlung revanchierte. Zum ersten Mal stimmte die Theorie vollständig mit den Experimentalergebnissen überein. Der Erfolg ergab sich allein aus Plancks seltsamer Annahme über die diskrete Bewegung eines Pendels.

Planck muß die weitreichende Bedeutung dieses Augenblicks geahnt haben, denn in der ersten Euphorie seines Erfolgs nahm er seinen geliebten Sohn Erwin mit auf einen langen und denkwürdigen Spaziergang in den Grunewald. Erwin, der damals erst sieben war, wußte, daß sein Vater sich seit langem mit der Untersuchung von Licht beschäftigte. Unterwegs vertraute der Vater dem Kind an, er glaube, seine Entdeckung sei ebenso bedeutsam wie die des Kopernikus oder Newtons. Sie sei von dem Stoff, aus dem Revolutionen sind. Das waren kühne, prophetische Worte von einem aufrechten, vorsichtigen Mann, ketzerische Äußerungen, die er nur seinem Sohn anvertrauen mochte und die sich doch als wahr erweisen sollten. Die Paradoxa, mit denen Plancks Lichttheorie die menschliche Vorstellungskraft heimsuchte, leben heute, ein Jahrhundert später, immer noch in Form der Welle-Teilchen-Dualität fort.

Planck selbst wehrte sich, das von ihm erfundene Lichtquantum anzuerkennen, und bemühte sich immer wieder, seine Notwendigkeit in Abrede zu stellen. Zu den ganz wenigen Wissenschaftlern, die die Bedeutung der Planckschen Analyse des Kerzenlichts erkannten, gehörte der damals noch unbekannte Physiker Albert Einstein.

## Das leichtsinnige Quantum

> Nach der hier ins Auge zu fassenden Annahme ist bei der Ausbreitung eines Lichtstrahles die Energie nicht kontinuierlich auf größer und größer werdende Räume verteilt, sondern es besteht dieselbe aus einer endlichen Zahl von in Raumpunkten lokalisierten Energiequanten, welche sich bewegen, ohne sich zu teilen, und nur als Ganze absorbiert und erzeugt werden können.[9]
>
> Albert Einstein, 1905

Seine größten Leistungen hat Einstein in der Zeit von 1902 bis 1908 vollbracht, als er eine bescheidene Stellung am Schweizer Patentamt bekleidete. In den wenigen Stunden, die ihm zwischen Beruf und häuslichen Pflichten blieben, schrieb der damals noch unbekannte Mann von so außergewöhnlicher Begabung einen wissenschaftlichen Artikel von überragender Bedeutung nach dem anderen. Während dieser Zeit ging Einstein, der immer ein kühner und vorausschauender Denker war, einen Schritt über Planck hinaus und schlug 1905 vor, sich das Licht als eine Ansammlung unabhängiger Energiequanten vorzustellen.[10] Damit erklärte Einstein andere Experimente jüngeren Datums, die die klassische Wellentheorie des Lichts ebenfalls vor unüberwindliche Schwierigkeiten gestellt hatten. Die unmittelbare Reaktion auf diese Hypothese, die Berechnungen, auf die sie sich stützte, und ihre Vorhersagen bestand in bestürztem Schweigen. Lichtquanten? Die Vorstellung war entsetzlich. Sie lief der seit einem Jahrhundert allgemein anerkannten Wellentheorie völlig zuwider. Huygens, Euler, Fresnel, Faraday, Maxwell – hatten nicht die Bemühungen aller dieser Männer zu der außerordentlich erfolgreichen Auffassung geführt, das Licht sei eine elektromagnetische Welle? Und nicht nur die Experimente über die Interferenz des sichtbaren Lichts stützten diese Theorie, sondern auch andere Versuche mit weit größeren Wellenlängen, unter anderem den neu entdeckten Infrarot- und Radiowellen. Doch Einstein ließ sich nicht einschüchtern und war nach seinen eigenen Worten pausenlos mit der unglaublich wichtigen und schwierigen Frage der Lichtbeschaffenheit befaßt. Seine Forschungsarbeiten überzeugten ihn davon, «daß die nächste Phase der Entwicklung der theoretischen Physik eine Theorie des Lichtes bringen wird, welche sich als eine Art Verschmelzung von Undulations-[Wellen-] und Emissions[Teilchen-]theorie des Lichtes auffassen läßt».[11]

In diesen Anfangsjahren hatte Robert A. Millikan, einer der größten Experimentatoren Amerikas, die Emission von Elektronen an Metallflächen bei Illumination durch Licht untersucht. Die Einzelheiten dieses Phänomens bildeten ein gewichtiges, wenn auch nicht vollständig überzeugendes Argument für Einsteins Quantenauffassung. Dennoch empfand Millikan sie als zutiefst anstößig, so anstößig, daß er sie selbst angesichts der eigenen Daten als «kühne, um nicht zu sagen leichtsinnige Hypothese» bezeichnete.[12] Daß eine solche Hypothese seine Daten erklären konnte, war peinlich, vor allem, da niemand sie ernst nahm. Sogar Planck selbst, der nach 1905 Einstein wegen seiner anderen wissenschaftlichen Beiträge schätzen lernte, blieb gegenüber dem Lichtkonzept, das Einstein vertrat, äußerst kritisch.

Ein Beispiel für den Tumult, der die Einführung der Lichtquanten begleitete, fand 1909 anläßlich einer Rede von Einstein zum einundachtzigsten Treffen deutscher Wissenschaftler und Physiker in Salzburg statt. Unter den Zuhörern saßen Planck, Rubens, Johannes Stark und andere bedeutende Vertreter der Zunft. Einstein gab einen souveränen Überblick über den Status quo der Lichttheorie und der Ätherhypothese und sprach von der Notwendigkeit, Lichtquanten zu akzeptieren. Seine scharfsinnige Analyse der wichtigsten Experimente führte ihn zu der Erklärung, daß «eine Wandlung in den die Natur der Strahlung betreffenden Grundanschauungen» notwendig sei. Dann stellte er die Frage, die alle Anwesenden be-

Albert Einstein bei der Verleihung der Planck-Medaille durch Max Planck im Jahre 1929.

schäftigte. War es möglich, Plancks Ergebnis abzuleiten und die Schlüsselexperimente zu erklären, ohne die «ungeheuerlich erscheinende Annahme» der Lichtquanten zu bemühen?[13] Ließ sich nicht zumindest die klassische Schönheit der elektromagnetischen Felder Maxwells für die Ausbreitung des Lichts durch den freien Raum retten, so daß man nur die materiellen Prozesse der Emission und Absorption anders behandeln mußte? Einsteins Antwort war ein entschiedenes Nein. Von

Plancks Ergebnissen ausgehend gelangte er zu dem Schluß, daß dieser Weg versperrt sei. Die detaillierten Ergebnisse aus Untersuchungen der Schwarzkörperstrahlung bedeuteten, so sagte er, eine entscheidende Einengung und zwängen zur Annahme des Lichtquantenkonzepts.

Nach diesem Vortrag äußerte sich Planck selbst als erster. Er sei bereit einzuräumen, daß es eine Quantendiskontinuität gebe, sei aber davon überzeugt, daß sie vollkommen in der atomaren Beschaffenheit der Materie liege und sich nicht dem Licht zuschreiben lasse. Wie könnten Lichtteilchen, so fragte er, die enorme Vielfalt von Interferenzerscheinungen hervorrufen, die die Wellenoptik so mühelos erkläre? Wie könne ein Teilchen mit sich selbst interferieren? Das sei eine logische Absurdität!

Einstein parierte mit der Hypothese, Lichtquanten interferierten nicht mit sich selbst, sondern mit anderen Quanten, während sie sich fortbewegten. Eine brillante Antwort. Allerdings wußte er nicht, daß dieser Ausweg ebenfalls blockiert war! Wenn es Lichtquanten gab, so waren sie in ihrem Verhalten noch schockierender, als er voraussehen konnte. Tatsächlich aber zwang Einstein die gesamte Physiker-Gemeinschaft dazu, die Quantentheorie des Lichts zu akzeptieren, genau jene Theorie, die er später vehement ablehnen sollte. Die Photonen, die Lichtquanten, die Einstein eingeführt hat, interferieren tatsächlich mit sich selbst, wie wir später sehen werden. Es stand weit mehr auf dem Spiel, als selbst die kühnsten Denker jener Zeit ahnten. Sogar Einsteins Auffassung, Licht bestehe aus Energiequanten, sollte sich als unzureichend erweisen. Plancks Vorsicht war wohlbegründet. Wie er seinem Sohn prophezeit hatte, kündigte sich eine Revolution des Denkens an, wie sie seit Kopernikus oder Newton nicht mehr stattgefunden hatte, und die Implikationen waren erschreckend.

Die Auseinandersetzung zwischen Einstein und Planck fand in den Arbeiten eines dritten Mannes neue Nahrung. Parallel zur leidenschaftlichen Auseinandersetzung mit der Natur des Lichts fanden ähnliche und ebenso bedeutende Untersuchungen statt, die der Beschaffenheit der Materie galten. Zu den Schlüsselfiguren dieses Forschungsfeldes gehörte der charismatische dänische Physiker Niels Bohr. Seine scharfsinnigen Beiträge zur Natur der Materie verwickelten ihn zunächst indirekt und später direkt in die Auseinandersetzung über das Licht. Die theoretischen Kontroversen, an denen Bohr beteiligt war, mögen unserer alltäglichen Lichterfahrung etwas abseitig vorkommen, doch der Schein trügt. Allerdings wird in diesem Fall die Verbindung nicht durch Kerzenlicht, sondern durch Blitz und Nordlicht hergestellt.

## Nachthimmel und Neonröhren

Der Blitz [ist] ... Vater des Lichtes.[14]
Franz von Baader

Das Licht entstand für den Philosophen und Theologen Franz von Baader, dessen Hauptwerke in der ersten Hälfte des 19. Jahrhunderts erschienen, aus einer Hülle von Dunkelheit, so wie ein Säugling aus dem Schoß der Mutter geboren wird. Im Licht, schrieb er, wohne die Liebe Gottes und in der Finsternis sein Zorn. Die Macht Gottes, die das Licht aus der Finsternis befreie, sei die Kraft des Feuers, die Ausbreitung des Lichts der heilige Geist. Ein und dasselbe göttliche Wesen manifestiere sich ewig in höheren Regionen als wohltätiges Licht und in niederen Regionen in der schrecklichen Gestalt des Blitzes.[15]

Die Freisetzung des Lichts erfolgt stets rasch, entweder als Funke, den der Stahl aus Feuerstein schlägt, oder als Flamme, die dem Kerzendocht beim Entzünden entspringt. Das Licht wird plötzlich und gefahrvoll aus der Dunkelheit geboren. Für Baader war der Blitz deshalb Symbol für die Entstehung des Lichts. Es gibt keinen größeren Kontrast zum Lichtblitz, der durch die Atmosphäre zuckt, als das stille Kerzenlicht. Wenn der Blitz, wie von Baader meinte, der Vater des Lichts ist, dann wäre die nicht entzündete Kerze seine Mutter. Doch der Blitz offenbart nicht nur symbolische Wahrheiten, sondern auch wissenschaftliche.

Wie bei der Kerzenflamme, so können wir auch beim Blitz mit der Untersuchung des Spektrums beginnen. Das ist besonders leicht, weil kein Spalt vor dem Prisma erforderlich ist. Der Blitz selbst grenzt das Licht auf einen schmalen, wenn auch unregelmäßigen Weg ein. Das zerlegte Bild des Blitzes sieht anders aus als das einer Kerzenflamme. Statt allmählich ineinander übergehender Farbstreifen treten scharf abgesetzte Farblinien auf – jede von den angrenzenden Linien auf scheinbar unregelmäßige Weise getrennt. Es sind die «spektralen Emissionslinien» der Elemente, aus denen unsere Atmosphäre besteht. Während der heftige elektrische Impuls rasch den Blitzkanal durchläuft, wird jedes Element – Stickstoff, Sauerstoff oder welches auch immer – dazu veranlaßt, jenes Licht zu emittieren, das typisch für das jeweilige Element ist. Das universelle Schwarzkörperspektrum ist verschwunden. An seiner Stelle erblickt man ein Licht, das ausschließlich an die individuellen Elemente unserer Atmosphäre geknüpft ist. Dieses Spektrum ist nicht charakteristisch für einen erwärmten Körper, sondern wird hervorgerufen, wenn Elektrizität durch Gas fließt. Phänomene wie diese – und ihre Reproduktion im Labor – fesselten die Aufmerksamkeit von Bohr in Kopenhagen, und sie waren dafür verantwortlich, daß ein zweiter Angriff gegen die umstrittene elektromagnetische Konzeption des Lichts geführt wurde.

Der Blitz ist nicht die einzige Naturerscheinung, die ein Linienspektrum zeigt. Diese Spektralfarben erzeugt noch ein anderes, sehr viel stilleres Phänomen, das mit dem Polarlicht zu tun hat. Und auch diese Naturerscheinung hat eine Geschichte, die reich an symbolischer Bedeutung ist.

Wenn man die Polarregionen der Erde aus einer Entfernung von mehreren tausend Kilometern betrachtet, zeigen sie ein außergewöhnliches Licht: oval und mit einem Durchmesser von vielen hundert oder tausend Kilometern. Im Norden liegt sein Mittelpunkt über der Nordwestspitze Grönlands.

Im Laufe der Zeit wächst und schrumpft der Lichtring und verändert seine Farbe und Form. Dem Betrachter auf dem Erdboden erscheint das Lichtoval als Schleier oder Vorhang von leichter, beweglicher, zart strahlender Farbe – eine Erscheinung, die einige Stunden andauern und sich über den ganzen Nachthimmel erstrecken kann. Wachsend, verblassend und sich kräuselnd, besitzen diese Lichter eine ganz eigene Morphologie und haben im Laufe der Jahrtausende immer wieder zu ehrfürchtigem Staunen und einer Fülle von Spekulationen geführt.[16] Seit der Antike heißt das Polarlicht *aurora borealis,* «Nordlicht». (Über den polaren Gebieten der Südhalbkugel leuchtet die *aurora australis,* das «Südlicht».)

Ein typisches Nordlicht kann sich auf folgende Weise entwikkeln. Die Nacht ist mondlos, dunkel, kalt und klar. Zunächst sieht man einen einfachen, breiten weißen Bogen am nördlichen Himmel mit einem glatten unteren Rand, dessen Linie die Erde nie berührt. Dann zeigt der untere Rand Falten und Knicke, und es treten Farben auf, so daß das stille Glühen sich von Weiß in Gelb, Grün oder Rot verwandelt. Der zuvor ruhige Bogen beginnt zu pulsieren und wird unregelmäßig in seiner Form. Wenn der Beobachter Glück hat, kann er, nun völlig verzückt, die herrliche «Korona» erblicken – Ströme gekräuselten Lichts, die sich von einem gemeinsamen Mittelpunkt hoch über dem Kopf des Betrachters auszubreiten scheinen.

In der Antike hat Aristoteles vom Erscheinen solcher «Schluchten, Gräben und blutig roten Farben» am Nachthimmel berichtet. Später zitierte Plutarch die Schilderung eines Nordlichtes, das Anfang des 5. Jahrhunderts v. Chr. fünfundsiebzig Nächte lang in Griechenland sichtbar gewesen sein soll. Solche Erscheinungen sind am Mittelmeer selten, doch in eini-

Nordlicht

gen weit nördlich (oder südlich) gelegenen Gegenden lassen sich Polarlichter in jeder klaren Nacht beobachten. Besonders in diesen Regionen ranken sich viele Legenden um das Polarlicht, die an die sagen- und mythenbildende Wirkung des Regenbogens erinnern.

Bei den Eskimos wird das Nordlicht mit den Seelen der Verstorbenen in Verbindung gebracht. Menschen, die freiwillig in den Tod gegangen oder eines gewaltsamen Todes gestorben sind, überqueren eine schmale, gefährliche Brücke und gelangen durch ein Loch in den Himmel. Dort angekommen, spielen sie Ball. Von unten gesehen, erscheint ihr Spiel als Nordlicht. Ein Eskimowort für Nordlicht ist *aksanirg,* «Ballspieler». Bei den Eskimos in Nordkanada heißt das Nordlicht «Tanz der Toten», während man in Grönland glaubt, tot- oder frühgeborene Kinder würden nach ihrem Tod im Himmel Ball spielen und so das Nordlicht hervorrufen.

In Nordeuropa erzählen sich die Finnen die Geschichte von Repu, einem Fuchs, dessen Schwanz Feuer, aber keine Wärme erzeugt: das Nordlicht. Von diesem Ursprung zeugt heute noch das finnische Wort für Nordlicht: *revontuli,* das «Fuchsfeuer».

Ungewöhnlich spektakuläre Nordlichter sind fast überall als Vorzeichen für Krieg und Unheil verstanden worden. Noch im 20. Jahrhundert wurde die Deutung des Wunders von Fátima, dem portugiesischen Wallfahrtsort, wo 1917 jeweils am 13. der Monate Mai bis Oktober Maria drei Kindern erschienen sein soll, mit dem Nordlicht in Zusammenhang gebracht. Die Kinder berichteten, Maria habe verkündet: «Wenn ihr eine Nacht seht, die von einem unbekannten Licht erhellt wird, so wißt ihr, daß das Weltgericht bevorsteht.» Am 25. Januar 1938 trat ein ungewöhnlich helles Nordlicht auf, von dem später viele glaubten, es habe Hitlers Einmarsch in Österreich, drei Monate später, angekündigt.

Mit der Vorstellung, daß Repus Schwanz helles Feuer erzeuge, aber keine Wärme, sind die Finnen gar nicht so weit von der Wahrheit entfernt. Im Unterschied zu dem Licht aus einer Kerzenflamme oder einer anderen glühenden Quelle geht das Polarlicht nicht auf das Glühen eines erhitzten Körpers zurück; es ist «kalt» und ähnelt weit mehr dem Licht, das eine Neonröhre oder Galileis Sonnenschwamm abstrahlt, als dem einer Kerze. Wie der Blitz läßt sich auch das Polarlicht durch ein Prisma schicken, so daß Spektren entstehen. Dort treten ebenfalls klar abgesetzte helle Linien auf, ähnlich denen der Blitzspektren – und beide gleichen den Linien, die Kirchhoff und Bunsen untersucht haben.

Die physikalischen Vorgänge, die dem hellen roten Licht einer Neonreklame zugrunde liegen, können uns helfen, das Licht eines Blitzes oder der *aurora* zu verstehen. In beiden Fällen wird das Licht durch Elektrizität erzeugt, die durch eine verdünnte Gasatmosphäre fließt. Handelt es sich bei dem Gas um Neon, so ist das Licht rot. Andere Gase erzeugen andere Farben, wenn sie von Elektrizität durchflossen werden, und jedes Gas hat, wie Kirchhoff und Bunsen nachgewiesen haben, ein besonderes Spektrum. Woher die Elektrizität in der Neonröhre stammt, ist klar. Doch wenn es sich beim Nordlicht und beim Blitz um ähnliche Erscheinungen handelt, wo sind dann die Dynamos, die ihnen Energie liefern?

Hätte Galilei bei der Beobachtung der Sonnenflecken gleichzeitig den Nachthimmel in Norwegen gesehen, so wäre ihm ein Zusammenhang aufgefallen. Die Intensität des Nordlichts entspricht der der Sonnenfleckenaktivität mit einer Verzögerung von zwei Tagen. Die Schönheitsflecken der Sonne sind gewaltige Eruptionen, die energiereiche Ströme geladener Teilchen mit hoher Geschwindigkeit zur Erde schicken.

Dieser Strom wird vom Magnetfeld der Erde zu den Polen gelenkt, und das Nordlicht leuchtet auf, wenn der dunkle Sonnenstrom auf die obere Schicht der Erdatmosphäre trifft. Die unsichtbaren Magnetkräfte der Erde ziehen einen dunklen Sonnenwind herab, der die langen Polarnächte mit Fuchsfeuer erhellt.

Plancks brillante Analyse des Lichts reicht, auch wenn man die Hypothese von der Qantelung der Lichtenergie hinzunimmt, allein nicht aus, um den Blitz oder das Nordlicht zu erklären. Dazu ist eine neue Theorie der Materie erforderlich. Das Nordlicht stellt neue Fragen nach dem Aufbau des Atoms und seiner Lichterzeugung. Um eine Antwort auf diese Frage zu finden, wenden wir uns Niels Bohr zu.

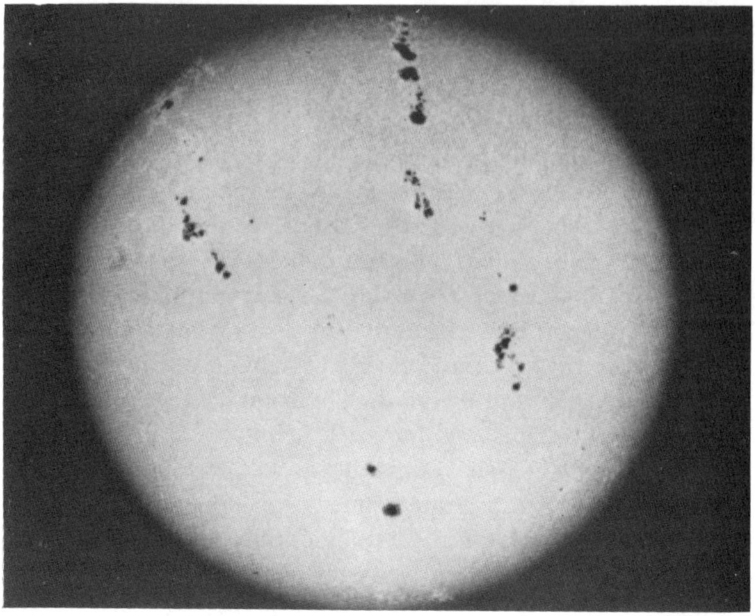

Sonnenflecken, die häßlichen Makel unseres Sterns, die Galilei entdeckt hat.

1885 in Dänemark geboren, ging Bohr 1911, kurz nachdem er promoviert hatte, von Kopenhagen nach England. Zunächst arbeitete er bei Sir J. J. Thomson (dem Entdecker des Elektrons) am Cavendish Laboratory in Cambridge und wurde dann Mitarbeiter von Sir Ernest Rutherford in Manchester. Dieser war damals mit seinen berühmten Alphateilchen-Experimenten beschäftigt, von denen ausgehend er ein neues Bild des «nuklearen» Atoms entwickelte: Der größte Teil der Masse eines Atoms ist in seinem Mittelpunkt versammelt, dem positiv geladenen Kern. Nach der anregenden Zusammenarbeit mit diesen Männern kehrte Bohr 1913 nach Dänemark zurück, doch befaßte er sich bald darauf nicht mehr mit der Kernstruktur, sondern mit dem Problem des Lichts.

Die Untersuchung der Spektrallinien der Elemente hatte 1913 zur Entstehung eines neuen bedeutenden Forschungsfeldes geführt, der Spektroskopie. Spektroskopische Tabellen waren mit Tausenden von Linienstrukturen übersät, offenbar ohne jede innere Ordnung. Eines Tages erfuhr Bohr im Gespräch mit einem Kollegen zufällig, daß der schwedische Physiker Johannes Rydberg eine Formel entdeckt hatte, die viele der wichtigsten Spektrallinien vorhersagte, der aber jede theoretische Grundlage fehlte. Rydberg hatte ein Muster in dem Durcheinander entdeckt, aber noch keine Ursache dafür gefunden. Bohr erkannte rasch, daß er durch eine Verknüpfung von Rutherfords Atomkern und der Planckschen Diskontinuitätshypothese Rydbergs Formel ableiten und so das Erscheinen der Spektrallinien, wie sie im Nordlicht oder im Blitz auftreten, in allen Einzelheiten erklären konnte. Aber ihm erging es genauso wie Planck. Er vermochte zu diesem Ergebnis nur zu gelangen, indem er gegen die physikalischen Annahmen des 19. Jahrhunderts verstieß. Bohrs Atom sah aus wie ein Planetensystem, in dem die Elektronen einen zentralen Kern auf konzentrischen Bahnen umkreisen. So weit entsprach es noch den traditionellen Vorstellungen. Doch wechseln Elektronen unter bestimmten Umständen ihre Bahn, und diese Übergänge mußten diskontinuierlich verlaufen, in Form von «Quantensprüngen». Bei jedem Quantensprung wird ein Lichtquantum oder Photon emittiert. Seine Farbe oder Frequenz läßt sich nicht durch eine klassische Analyse der Atombewegung ermitteln, sondern nur mittels der berühmten Planckschen Beziehung $E = h\nu$.

Die Physiker in Deutschland und England reagierten auf Bohrs Hypothese ungläubig, doch wie James Jeans zu einem Kollegen sagte: Selbst wenn nichts zu ihren Gunsten spräche, könne sie doch die «überaus gewichtige Rechtfertigung des Erfolgs» für sich verbuchen. Man kam einfach nicht mehr an Plancks Quantum vorbei. Hier fand es ein völlig neues Anwendungsgebiet. Mit Bohrs Atommodell ließ sich eine Menge erklären, selbst wenn noch keine detaillierte mathematische Theorie existierte. Als es dem jungen Werner Heisenberg später gelang, eine solche Theorie zu entwickeln, war für Bohrs planetenartige Elektronenbahnen kein Platz mehr im Atom, das nun ein noch seltsameres Objekt wurde. Nur noch sehr wenige Elemente des traditionellen, mechanistischen Weltbildes schienen den neuen Erkenntnissen standzuhalten. Immerhin waren die Atome die grundlegenden Bausteine jeglicher Materie, und doch löste sich fast jede ihrer erkennbaren Eigenschaften bei sorgfältiger Überprüfung in Luft auf. Die Elektronen besitzen keine Umlaufbahn, keinen realen Ort im Atom; Licht wird während diskontinuierlicher Quantensprünge abgegeben; wie hatte man sich eine solche Mikrowelt vorzustellen? Es schien unmöglich!

Als Einstein während der berühmten physikalischen Kolloquien in Berlin bei Max Planck Heisenberg erstmals seine neue Theorie der Quantenmechanik vortragen hörte, war er sehr betroffen.[17] Später lud der große Mann Heisenberg zu einem Gespräch ein und beklagte sogleich, daß in der Heisenbergschen Formulierung die «Bahnen der Elektronen» nicht mehr vorkämen. Heisenberg, der sich eingehend mit der Relativitätstheorie Einsteins beschäftigt hatte, antwortete ihm mit dessen eigenem Argument: Da wir eine solche Bahn niemals beobachten könnten, sei es sinnlos, das Konzept in die Theorie einzuführen. (Dieser Gedanke gehörte zu den Grundprämissen der Relativitätstheorie.) Sehr zu Heisenbergs Erstaunen erwiderte Einstein: «Vielleicht habe ich diese Art von Philosophie benutzt, aber sie ist trotzdem Unsinn.» Besonders unzufrieden zeigte sich Einstein über das Konzept des Quantensprungs. Nach seiner Auffassung gab es keine physikalische Basis für ein Verständnis der Heisenbergschen Quantentheorie. Sie lieferte ein mathematisches Verfahren und verfügte über Vorhersagekraft, hatte aber keinen Erklärungswert im herkömmlichen Sinne. Dagegen kämpfte er bis ans Ende seines Lebens. Der kühnste Denker jener Jahre scheute zurück, als die ganze Bedeutung der von ihm mitbegründeten Quantentheorie zutage trat. Bohr dagegen begann, als die Experimente es verlangten, vorsichtig, aber stetig eine immer radikalere Position zu beziehen.

Bohr, der genauso alt wie Einstein war, besaß ungewöhnlich viel Charme und Ausstrahlung. Als Einstein ihn 1920 kennenlernte, war er beeindruckt von Bohrs Persönlichkeit: «Nicht oft im Leben hat mir ein Mensch durch seine bloße Gegenwart solche Freude gemacht wie Sie», heißt es in einem Brief an den dänischen Kollegen, und dem Physiker Paul Ehrenfest schreibt er: «Bohr war hier, und ich bin ebenso verliebt in ihn wie Du. Er ist wie ein höchst feinfühliges Kind und geht wie in einer Art Hypnose in dieser Welt herum.»[18] Wie Planck widerstrebte es Bohr, die Schönheit der klassischen Feldtheorie einer atomistischen Lichtkonzeption zu opfern. Zwanzig Jahre lang wehrte sich der dänische Physiker gegen eine korpuskulare Vorstellung von Licht mit jeder Waffe, die ihm das Arsenal seiner Wissenschaft bot; er war sogar bereit, im Einzelfall auf geheiligte Begriffe wie Kausalität und Energie- beziehungsweise Impulserhaltung zu verzichten, wenn er dadurch das Konzept der Lichtquanten umgehen konnte. Wiederum wie Planck vertrat er die Ansicht, das Problem sei nicht beim Licht, sondern in der Materie zu suchen. Nicht das großartige Gebäude des Elektromagnetismus müsse verändert werden, sondern unsere Vorstellung von der Substanz. Sie sollte nach Maßgabe der Überlegungen neu gefaßt werden, die er in seiner berühmten Arbeit von 1913 entwickelt hatte.

Die angebliche Körnigkeit des Lichts sei, meinte er, nicht dessen Eigenschaft, sondern nur die Spur seines Ursprungs. Verdeutlichen wir dies mit Hilfe einer Analogie: Es gibt ein wunderbares und zugleich lächerliches Foto von Einstein, aufgenommen bei einem Besuch im amerikanischen Südwesten. Es zeigt ihn mit einem breitkrempigen Sombrero und einem Poncho vor einer Lehmhütte, umringt von einer Gruppe Indianern. Er lächelt verschmitzt, sein ungebändigter weißer Haarschopf quillt unter dem Hut hervor, und seine Augen blinzeln.

Er war im Südwesten, aber ganz gleich, in welchem Kostüm und in welcher Gesellschaft, er blieb Einstein. Genauso trägt das Licht, wenn es von Materie emittiert wird, das Gewand seiner Quelle. Beispielsweise zeigen Spektrallinien in der Anordnung ihrer Farben eindeutig, von welchem Element sie emittiert wurden. Man dürfe jedoch, so lautete Bohrs Argument, das augenblickliche Kleid nicht für das Wesen des freien Lichts halten. Dieses möge zwar den Abdruck oder die Signatur der Quelle zeigen, aber sich selbst überlassen, bleibe das Licht eine kontinuierliche Welle.

Nach Bohrs Auffassung, die vielfach noch heute vertreten wird[19], ist Materie atomar und gequantelt, das Licht jedoch auf seinem Weg zwischen Strahler und Detektor, das heißt dort, wo es sich selbst überlassen ist, eine reine elektromagnetische Welle.

Die Situation spitzte sich zu, als 1922 absolut überzeugende Experimentaldaten für Lichtquanten vorgelegt wurden. Der amerikanische Physiker Arthur Holly Compton streute sehr energiereiches Licht – Röntgenstrahlen – an freien Elektronen. Der Effekt war unmittelbar verständlich, wenn man sich den Stoß zwischen Licht und Elektron als die Kollision zweier Billardkugeln vorstellte: des Elektrons und eines Lichtquantums. Im Rahmen der Wellentheorie ließ sich keine Erklärung für den Compton-Effekt finden. Offenbar wendete sich das Blatt, und das atomistische Lichtkonzept gewann an Boden. Damals meinte der renommierte Münchner Physiker Arnold Sommerfeld, Comptons Entdeckung läute die Totenglocke für die Wellentheorie der Strahlung.

Doch Bohr gab nicht auf. Mit seinem Mitarbeiter Hendrik Kramers und dem jungen Harvardstudenten John Clarke Slater entwickelte er eine theoretische Erklärung des Compton-Effekts, die den Wellencharakter des Lichts rettete. Doch um das zu erreichen, mußte sich Bohr auf enorme Konzessionen einlassen. Er gab die strenge Kausalität sowie den Satz von der Erhaltung der Energie und des Impulses auf für individuelle

Quantenereignisse. Die Erhaltung trifft nach der Bohr-Kramers-Slater-Theorie nur als Durchschnittswert statistisch zu und Kausalität nur generell. Das war ein gewaltiger Kompromiß, den die drei Wissenschaftler ganz bewußt eingegangen waren. Als Einstein davon hörte, meldete er heftigen Protest an. Jahrhundertelang habe die Kausalität als unantastbar gegolten. Warum sollte man sie jetzt aus irgendeinem Grund aufgeben? Das gleiche gelte, so Einstein, für die Energieerhaltung.

Durch eine Verfeinerung von Comptons Experiment, in dem Röntgenstrahlen an Elektronen gestreut werden, ließ sich die Theorie von Bohr, Kramers und Slater überprüfen – und sie erwies sich als falsch. Wenn Bohr mit seiner Theorie auch scheiterte, so hatte er doch gewagt, das Fundament der klassischen physikalischen Begriffe – Kausalität und Energieerhaltung – in Frage zu stellen. Einmal ausgesprochen, wollten die Zweifel nicht mehr verstummen. War die Welt von Anfang bis Ende eine Kausalkette, oder verlangte die Quantentheorie ein nicht ganz so strenges Verständnis von Notwendigkeit? In den ersten Jahrzehnten des Jahrhunderts wurden diese Fragen, über die Grenzen der Physikinstitute hinaus, in weiten Kreisen diskutiert.

## Lebendige Philosophie

Um die Jahrhundertwende bildete Berlin ein faszinierendes Zentrum des geistigen Lebens. Während Max Planck an der Universität Berlin mit der Entwicklung der Quantentheorie beschäftigt war, trafen sich im alten Café des Westens namhafte Schriftsteller, Maler und Intellektuelle Abend für Abend, um über van Gogh, Nietzsche und Freud zu diskutieren und die Saat der Revolution auszustreuen. Der Lyriker Ernst Blaß empfand das Leben in diesen Jahren als kühnen Kampf gegen die Seelenlosigkeit, Leblosigkeit, Trägheit und Gemeinheit der Spießerwelt. Von allen Seiten griff man den Materialismus des 19. Jahrhunderts an. Quanten- und Relativitätstheorie untergruben mechanistische Erklärungen, die Maler zeigten sich mit den Zwängen der akademischen Kunst unzufrieden, und die Intellektuellen riefen die Revolution der Ideen aus.

Neue Einstellungen wandten sich gegen die erstarrten Mechanismen der Vergangenheit und waren bestrebt, sie durch eine vitalere *Lebensphilosophie* zu ersetzen. Auch die Physik, die sich niemals in kultureller Isolation betreiben läßt, konnte sich dem Einfluß des Zeitgeistes nicht enziehen. In einer Rede aus dem Jahr 1925 sagte ein namhafter Professor: «Es ist eine interessante Beobachtung, daß auch die streng an experimentelle Erfahrungen gebundene Physik auf Bahnen geführt wird, die zu den Bahnen der geistigen Bewegungen auf anderen Gebieten durchaus parallel verlaufen.»[20]

Parallel zur Revolution in der Physik vollzog sich eine Revolution der Empfindungen, doch die Veränderung erfaßte nicht alle gleichmäßig. Im ersten Viertel des 20. Jahrhunderts wurden regelrechte Gefechte zwischen den Stimmen der Tradition und denen der neuen Zeit ausgetragen. Auch in unserer Chronik des Lichts treten diese Auseinandersetzungen zutage. Planck, Einstein und Bohr kämpften um die Erhaltung der traditionellen Fundamente in der Physik, während sich gleichzeitig revolutionäre Auffassungen von der Natur des Lichts durchsetzten. Künstler und Philosophen der Epoche erkannten zwar die großen Leistungen der Wissenschaft an, kritisierten aber ihre Einseitigkeit und suchten nach Wegen, Emersons Traum zu verwirklichen, das heißt, strenge Wissenschaft mit einer poetischeren, geistigeren Sehweise zu vereinigen.

In Paris malte Robert Delaunay ausschließlich mit Farbe und Licht, indem er reine Farbformen nebeneinandersetzte, in denen kaum noch ein Hauch von Realismus spürbar war. 1912 übersetzte Paul Klee Delaunays Essay «Über das Licht» für die expressionistische Kunstzeitschrift *Der Sturm*. Was Delaunay in diesem Essay schreibt, hätte von Klee oder Kandinsky stammen können. Dort heißt es, solange sich die Kunst den Objekten unterwerfe, bleibe sie Beschreibung, Literatur. Man müsse vielmehr das Licht als unabhängiges Darstellungsmittel behandeln.[21] Nicht mehr um die Abbildung der sinnlich faßbaren Objekte ging es diesen Malern, sondern um die Darstellung dessen, was bis dahin ungemalt und außersinnlich gewesen war – das Licht der Natur und des Geistes.

Mit dem Anbruch des 20. Jahrhunderts regten sich also künstlerische und geistige Strömungen, die auf den alten Stammbaum des Lichts zurückgriffen. Mutig gingen Maler dem ersten schwachen Schimmer des neuen Lichts nach, während spirituelle Denker wie Steiner meditative Wege zum Licht suchten. In den ersten fünfundzwanzig Jahren des Jahrhunderts entwickelte sich eine unglaubliche Vielfalt von Auffassungen, und die Beziehungen zwischen ihnen waren bisweilen höchst explosiv. In unserer Kultur und Gegenkultur haben wir alle diese Ansätze übernommen.

Wie ein Rhizom, das seine Verästelungen von unsichtbaren, unsterblichen Wurzeln aussendet, lag die Metaphysik des Lichts unter den wissenschaftlichen Errungenschaften des 19. Jahrhunderts begraben. Doch sie hatte unablässig weitergewirkt. Als der Boden über ihr dünner wurde, wuchs unerwartet ein Stamm empor, dem Licht entgegen, und trieb bei Anbruch unseres Jahrhunderts Blüten in der Malerei, Literatur und der visionären Philosophie. William Butler Yeats hätte mit seinen Worten durchaus die neuen Visionen meinen können, die die Metaphysik des Lichts bei Malern, Schriftstellern und Philosophen jener Zeit auslöste: «Die Gestalten der Schönheit, die uns in den Augenblicken der Inspiration aufsuchen, [sind] ein Volk, älter als die Welt, Bürger der Ewigkeit, die in den Seelen der Maler oder Dichter kommen und gehen ... und obschon Wesen, trotzdem Symbole, gewissermaßen Blüten, die aus unsichtbaren, unsterblichen Wurzeln wachsen, gewissermaßen Hände, die den Weg in ein göttliches Labyrinth zeigen.»

Bis zum Ersten Weltkrieg entwickeln sich die beiden Welten

des Lichts – die Wissenschaft und die Spiritualität – in relativer Isolation voneinander. Nach den Verheerungen des Krieges prallen sie jedoch mit erneuter Heftigkeit aufeinander. Die einen setzen sich für eine Vereinigung ein, die anderen für eine klare Trennung, und die Gestalt des Lichts trägt die Spuren dieser Kontroversen.

Niedergedrückt von den Folgen des Ersten Weltkrieges und eingeengt von den harten Bedingungen des Versailler Vertrages, mit dem der Krieg endete, war Deutschlands Wirtschaft zusammengebrochen. Viele der begabtesten Vertreter der neuen Bewegung in Wissenschaft, Kunst und Religion waren in den Schützengräben geblieben. In den Ruinen Europas gewann die Lebensphilosophie an Bedeutung. In dieser Stimmung gediehen aber auch die Anfänge des Hitlerfaschismus, der sich die allgemeine Unzufriedenheit zunutze machte. Reaktionäre Gefühle bewegten die Menschen, und teilweise gelang es Hitler, die gegenkulturelle Bewegung von ihren ursprünglichen Zielen fortzulenken und sie vor seinen Karren zu spannen. Prominente in Politik, Kunst und Wissenschaft trugen mit ihren Äußerungen, oft unwissentlich und ungewollt, zum Aufkommen der großen Unterdrückung bei.

Rauch aus vielen Feuern verdunkelte den Himmel. In den Jahren von Hitlers Aufstieg zur Macht bezeichnete man Einsteins Relativitätstheorie als «jüdische Theorie», und Einstein gab seine Stellung an Plancks Kaiser-Wilhelm-Institut in Berlin auf. Planck, Max von Laue und Heisenberg führten während des «Dritten Reiches» ein gefährdetes Dasein im deutschen Wissenschaftsbetrieb und waren bemüht, ein Stückchen Humanität zu bewahren in einer Welt, die immer mehr aus den Fugen geriet. In den Kriegsjahren hielt Planck trotz seines hohen Alters unermüdlich Vorlesungen über sein Verständnis von der Beziehung und der Trennungslinie zwischen Wissenschaft und Religion. Doch die giftigen Rauchschwaden des Hasses verschonten nichts und niemanden. Hilflos mußte Planck mit ansehen, wie sein Kaiser-Wilhelm-Institut von jüdischen Wissenschaftlern «gesäubert» und anschließend dazu benutzt wurde, an Hitlers Traum von einer rein arischen Weltordnung mitzustricken. Das abstrakte Ideal einer Wissenschaft, die unabhängig von den Werten ihrer Gesellschaft existiert, war ad absurdum geführt. Wissenschaft ist gut, nicht wenn sie wertfrei ist, sondern wenn sie sich zu einem humanen Wertesystem bekennt.

Am 15. Februar 1944 radierte ein großangelegter alliierter Bombenangriff den Außenbezirk Grunewald aus und mit ihm Plancks Haus. In der Feuersbrunst wurden alle seine sorgfältig gesammelten Briefe und Dokumente vernichtet. Im selben Jahr wurde auch noch sein geliebter Sohn Erwin, mit dem er in der ersten Begeisterung über seine Entdeckung den Spaziergang im Grunewald unternommen hatte, wegen seiner Beteiligung an den Geschehnissen des 20. Juli von der Gestapo verhaftet. Sein Vater setzte alle Hebel in Bewegung, um Erwins Leben zu retten – vergeblich. Der Schmerz über diesen Verlust brachte ihn fast um. Es waren düstere Zeiten. Vielleicht kann aus solcher Finsternis tatsächlich, wie Franz von Baader glaubte, Licht wie ein Blitzstrahl hervorgehen.

# 10 Von der Relativität und dem Schönen

Es scheint, als müsse der menschliche Geist zuerst unabhängig Formen konstruieren, bevor wir diese in den Dingen finden.

Albert Einstein

Anders als Planck und Bohr begann Albert Einstein seine Untersuchung des Lichts nicht mit einer Kerzenflamme oder dem Polarlicht, überhaupt mit keinem Phänomen der Außenwelt, sondern mit einem Gedankenexperiment. Einstein hat viele solche Gedankenexperimente durchgeführt, wobei er sich ganz auf sein Gespür für die in ihnen enthaltene Wahrheit verließ. Im Gegensatz zu vielen Skeptikern glaubte er daran, daß «dem reinen Denken das Erfassen der Wirklichkeit möglich sei, wie es die Alten geträumt haben».[1] In seinem ersten Gedankenexperiment nahm er sich das Licht zum Gegenstand. Vielleicht war die Wirklichkeit des Lichts, die in Laborexperimenten so schwer zu erfassen war, dem reinen Denken leichter zugänglich.

Von Einstein selbst wissen wir, daß er wahrscheinlich schon 1896, als Sechzehnjähriger, das Unmögliche gedacht hat: Wenn man mit einer Geschwindigkeit, die der des Lichts gleicht, hinter einer Lichtwelle herläuft, dann müßte diese zum Stillstand kommen. Wenn Sie beispielsweise mit einem Freund reisen, bemerken Sie die Geschwindigkeit des Flugzeugs nicht, das Sie beide befördert. Ebenso schiene das Licht stillzustehen, liefe man mit gleicher Geschwindigkeit. «So etwas», meinte Einstein, «scheint es doch aber nicht zu geben!»[2] Er war auf ein faszinierendes Paradoxon gestoßen, eines, das er denken konnte, für das er aber keine Lösung sah. Man kann sich vorstellen, mit jeder beliebigen Geschwindigkeit zu laufen und damit jedes in Bewegung befindliche Objekt zu begleiten. Doch mit dem Licht verhielt es sich anders; seine Bewegung schien von besonderer Art zu sein. Licht ohne Bewegung? Das war unmöglich! Doch indem er das Unmögliche dachte, beschwor er eine Revolution herauf.

Die paradoxe Vorstellung, mit dem Licht zu laufen, ließ Einstein nicht mehr los. Während seiner Studienjahre zerbrach er sich immer wieder den Kopf darüber, von dem Wunsch bewegt, das Geheimnis des Lichts zu ergründen und damit auch das des angeblichen Äthers, der das Licht trägt. Fast zehn Jahre schlug er sich mit dem Rätsel herum, vergeblich bemüht, seine Lehrer zu Experimenten zu überreden, mit denen er der Lösung des Paradoxons auf die Spur zu kommen hoffte. In diesen Jahren reifte der Wissenschaftler in ihm heran, und wie das Sandkorn in der wachsenden Auster war die Frage nach dem Wesen des Lichts der irritierende Kern, den die Perle der Relativitätstheorie zum Wachstum brachte. 1905 schließlich, in einem Jahr verblüffender Produktivität, offenbarte sich ihm das Geheimnis des Lichts zumindest teilweise. Unter dem Druck seiner unaufhörlichen Fragen entwickelte sich eine neue Denkweise, mit der er seiner früheren Fragestellung zu Leibe rücken konnte. Diese Denkweise bezeichnet man heute als Einsteins spezielle Relativitätstheorie. Das Paradoxon des Wettlaufs mit dem Licht fand darin eine Antwort. Mit ihr ergaben sich unzählige Vorhersagen, von denen viele Einsteins Zeitgenossen verblüfften und auch uns noch heute staunen lassen.

Planck hatte sich nur widerstrebend zu der Hypothese durchringen können, das Licht sei in Einheiten gequantelt, die man später Photonen nennen sollte. Im Gegensatz zu seinem preußischen Kollegen war Einstein in seinem Denken viel wagemutiger. Weder durch Familientraditionen noch durch die Denkgewohnheiten der klassischen Physik fühlte er sich eingeschränkt. Als der berühmte französische Mathematiker Henri Poincaré 1911 ein Empfehlungsschreiben für Einstein aufsetzte, unterstrich er dessen ungewöhnliche Offenheit für neue Ideen und seine Fähigkeit, sie in allen ihren Konsequenzen zu erfassen. «Besonders bewundernswert ist die Leichtigkeit, mit der er sich neue Konzeptionen aneignet, um sie dann konsequent weiterzudenken. Er bleibt nicht den Gesetzen der klassischen Physik verhaftet.»[3] Und in der Tat hat Einstein, wie wir gesehen haben, Plancks Arbeit als einer der ersten ernst genommen und schon sehr bald ihre Konsequenzen herausgearbeitet.

Auch andere Wissenschaftler hatten sich Ende des 19. Jahrhunderts mit neuen Konzeptionen des Lichts, des Raums und der Zeit befaßt, doch war es ihnen nicht gelungen, sich über Restbestände der klassischen Vorstellungen hinwegzusetzen. Sie konnten sich nicht vom mechanistischen Lichtverständnis und nicht vom Bezugssystem des absoluten Raums und der absoluten Zeit befreien. Faradays Kräfte-Ontologie hatte man «auf festen Grund gestellt», indem man sie den Äthertheorien anpaßte. Das ganze 19. Jahrhundert hindurch war Licht nach wissenschaftlichem Verständnis eine Schwingung des universellen, materiellen Äthers – eine Auffassung, die sich als falsch, aber erstaunlich hartnäckig erwies. Das Problem erkannte Einstein schon früh und schrieb: «So mußte die Einverleibung der Wellenoptik ins mechanische Weltbild ernste Bedenken erwekken.»[4] Solche Bedenken riefen sicherlich auch Lorentz' Argumente hervor, der Ende des 19. Jahrhunderts nachwies, daß die elastische Widerstandsfähigkeit des Äthers nicht nur groß, sondern *unendlich* sein müßte, um als Substrat für die Lichtschwingungen dienen zu können. Dazu Einstein: «Die Gesetze [Maxwells] waren klar und einfach, die mechanischen Deutungen schwerfällig und widerspruchsvoll.»[5]

Angesichts solcher Überlegungen begannen die Physiker auf dem europäischen Kontinent den Äther zu entmaterialisieren, ihn von seinen überflüssigen physikalischen Attributen zu befreien. Wichtige Schritte dazu unternahm der unangefochtene Präzeptor dieser Zeit, Hendrik Lorentz. Er beseitigte mit einer Ausnahme alle mechanischen Eigenschaften des Äthers. Fortan hatte dieser keine Masse mehr und keine Elastizität, stellte aber imer noch ein absolutes, unbewegliches Bezugssystem dar. Alle Bewegung war in Beziehung zu ihm zu messen. Dieses System, glaubte man, ermögliche es, aus «Gottes Blickwinkel» zu schauen, der einem alle Dinge zeige, wie sie wirklich seien. Obwohl erst einundzwanzig Jahre alt, stellte Einstein sogar dieses Bezugssystem in Frage. Er dachte in seiner Vorstellungswelt, rein theoretisch, und entwarf neue Wege, über alte Probleme wie Licht, Äther, Raum, Zeit und Kausalität nachzudenken. Sobald die innere, die Denkarbeit getan war, ließen sich ihre Ergebnisse mit äußeren Phänomenen vergleichen, um festzustellen, ob sie den gestrengen Anforderungen des Experiments standhielten.

Von den vielen Zugängen, die sich zur Annäherung an Einsteins Relativitätstheorie anbieten, ist keiner heller erleuchtet als der des Lichts. Wenn wir ihn wählen, werden wir uns auf ganz natürliche Weise mit zwei revolutionären Merkmalen der Theorie beschäftigen: dem vollständigen Zusammenbruch der Ätherhypothese und der exzeptionellen Bedeutung der Lichtgeschwindigkeit. Sie bilden die beiden Voraussetzungen, wie Einstein sie genannt hat, auf die sich die spezielle Relativitätstheorie gründet.

## Relativitätstheorie und Faradays Urexperiment

> Den Rest meines Lebens werde ich darüber nachdenken, was Licht ist!
>
> Albert Einstein, um 1917

In den einleitenden Absätzen seines berühmten Aufsatzes «Zur Elektrodynamik bewegter Körper» aus dem Jahre 1905 setzte Albert Einstein sich kühn über die Auffassungen der britischen Physiker hinweg und ging auch weiter als seine Kollegen auf dem europäischen Kontinent, als er schrieb: «Die Einführung eines ‹Lichtäthers› wird sich ... als überflüssig erweisen ...»[6] Die Wissenschaftler früherer Zeiten, verkündete Einstein, hätten sich bezüglich des stofflichen Äthers geirrt, und selbst der flüchtige Äther des holländischen Physikers Lorentz sei überflüssig. In diesem Artikel entwickelte Einstein ein System der Physik, in dem es keinen absoluten Bezugsrahmen für die Messung von Bewegung gibt. *Jede* Bewegung läßt sich nur in bezug auf andere Objekte beurteilen. Kein Blickpunkt hat das Privileg des absoluten Ruhezustands. Darüber hinaus gilt, *daß in jedem Bezugssystem alle Gesetze der Physik von gleicher Gültigkeit sind.* Das war Einsteins erste Voraussetzung, die er «Prinzip der Relativität» nannte. Ganz gleich, in welchem Bezugssystem sich jemand befindet, alles ist für ihn nach genau den gleichen Gesetzen erklärbar, die auch in jedem anderen Inertialsystem gelten. Diese scheinbar harmlose Annahme führt zu radikalen Veränderungen in unserem Verständnis der Welt, einschließlich des Äthers. Da alle Bezugssysteme vollkommen äquivalent sind, entfällt die Notwendigkeit, mit dem Äther ein besonderes, absolutes Bezugssystem zu postulieren.

Um das alles entscheidende Prinzip der Relativität einzuführen, griff Einstein auf das Urphänomen der elektromagnetischen Induktion zurück, das Michael Faraday entdeckt hatte. Dieses Experiment hatte den Engländer erstmals auf den Gedanken gebracht, daß es eine Verbindung zwischen Licht und elektrischen Strömen geben könnte – schon das eine revolutionäre Annahme. Nun benutzte es Einstein zu einer zweiten, ebenso folgenreichen Hypothese. Erinnern wir uns, daß ein Strom in einer Spule entsteht, wenn ein Magnet relativ zu ihr bewegt wird. Doch, so fragte sich Einstein, was wird in einem solchen Experiment *wirklich* bewegt, der Magnet oder die Spule?

Zur Klärung der Situation führen auch wir ein Gedankenexperiment durch. Stellen wir uns eine ringförmige Raumstation im All vor. Ihre Metallhaut ist ein guter elektrischer Leiter. Auf diese Station fliegt ein Raumschiff zu, das eine Besonderheit aufweist: man hat es zu einem riesigen, zylinderförmigen Magneten gemacht. Sein eines Ende bildet den magnetischen

Nordpol, das andere den Südpol. Das magnetische Raumschiff nähert sich der Station und saust mit großer Geschwindigkeit durch ihre zentrale Öffnung. Auf der Station mißt man einen starken Stromstoß in der Metallhaut. Warum? Nach dem Faradayschen Gesetz ist der Stromstoß auf ein elektrisches Feld zurückzuführen, das die Bewegung des Magneten in der Umgebung der ringförmigen Raumstation erzeugt. Die Wissenschaftler in der Raumstation rechnen eifrig vor sich hin und stellen fest: jawohl – Experiment und Theorie decken sich. Doch nehmen wir nun die Perspektive der Raumschiffbesatzung ein. Sie hat sich überhaupt nicht bewegt, sondern die Raumstation ist auf sie zugeflogen. Als diese vorbeischießt, sagen die Wissenschaftler an Bord des Schiffes einen Stromstoß in der Station voraus, dessen Stärke sie exakt bestimmen, aber sie erklären seine Herkunft ganz anders als die Wissenschaftler in der Raumstation. Für die Besatzungsmitglieder des Raumschiffes wird der Strom durch die Bewegung von Teilchen (Elektronen) in der Haut der Raumstation bewirkt, auf die nicht ein elektrisches Feld einwirkt (wie die Wissenschaftler der Raumstation behaupten), sondern lediglich *magnetische Kräfte.* Wer hat recht? Geht der Stromstoß auf die Einwirkung elektrischer oder magnetischer Kräfte zurück?

Offensichtlich läßt sich das nicht entscheiden, und praktisch spielt es auch keine Rolle, welchen Standpunkt wir einnehmen, weil in beiden Fällen ein Stromstoß erzeugt wird. Doch in bezug auf die Ursachen des Stromstoßes, die wir angeben, gibt es einen Riesenunterschied. Aus der einen Perspektive schreibt Maxwells Theorie des Elektromagnetismus den Strom der Wirkung eines *Magnetfeldes* zu, während sie im anderen Fall die Wirkung auf ein *elektrisches Feld* zurückführt. Das heißt, ein Physiker, der in der Raumstation sitzt (die die Rolle der Spule in Faradays Induktionsexperiment aus Kapitel sechs spielt), erklärt den Strom auf die eine Weise (indem er ihn als induzierten elektrischen Feldeffekt betrachtet), während ein zweiter, der sich an Bord des magnetischen Raumschiffs befindet, eine ganz andere Erklärung liefern wird (indem er den Strom der Bewegung von Ladungen in einem magnetischen Feld zuschreibt). Beide Wissenschaftler halten sich an die gleiche Theorie, die des Elektromagnetismus, doch ihre Erklärungen unterscheiden sich grundlegend. Wie ist das möglich?

Faradays Spule-Magnet-Experiment bietet uns ein schönes, ja archetypisches Beispiel für Relativität. Was nach dem Urteil eines Beobachters durch elektrische Felder verursacht wird, führt ein anderer Beobachter, der sich relativ zu dem ersten bewegt, auf die Wirkung magnetischer Felder zurück oder auf eine Kombination beider. Faradays einfaches Experiment wird in den Händen Einsteins zur Basis einer weiteren Revolution in unserem Verständnis von Licht und Kausalität. Zunächst einmal schafft er mit seiner Hilfe die absolute Bewegung und damit auch den Äther ab. Zweitens benötigen wir es, um elektrische und magnetische Felder als aufeinander bezogene, relativistische Größen zu begreifen. Sie existieren nicht irgendwo «dort draußen» wie eine Art Ersatzäther, sondern lassen sich mit Einsteins Gleichungen ineinander umformen. Mithin werden sich zwar Erklärungen für einzelne physikalische Effekte wie die Stromerzeugung voneinander unterscheiden, doch eine gute Theorie (wie die Maxwellsche) gilt gleichermaßen in *jedem* Bezugssystem. Und genau diese universelle Anwendbarkeit macht den Äther überflüssig. Immer hatte der Äther als absolutes Bezugssystem gedient, an dem alle Bewegung zu messen und auf das die «wahre» Theorie anzuwenden war. Jetzt brauchte man nicht mehr zu sagen, was sich «wirklich» bewegt, der Magnet oder die Spule. Das spielt keine Rolle mehr, sobald man bereit ist, das Ziel einer *einzigen* richtigen Erklärung für physikalische Ereignisse aufzugeben. Alle Beobachter können ihre eigene vollkommen schlüssige kausale Erklärung dafür geben, warum Dinge geschehen. Doch das, was sie jeweils als «Ursache» eines Ereignisses (beispielsweise des Stroms in der Spule) bezeichnen, und sogar der zeitliche Ablauf, den die Ereignisse nehmen, hängt fortan von ihren relativen Bewegungszuständen ab.[7]

«Gottes Blickwinkel» gibt es nicht mehr. Wenn wir das akzeptieren, machen wir einen großen Schritt nach vorn, und alle bevorzugten Bezugssysteme verschwinden, auch das, welches der Äther zu bieten hat. Das hartnäckige Artefakt der materialistischen Vorstellungswelt, der Äther, hatte sich in Luft aufgelöst!

Doch halt! Einstein war vielleicht nicht auf den Äther angewiesen, um elektrische und magnetische Effekte zu erklären, doch wie steht es mit dem Licht? Alle Wellentheorien hatten ihn bis dahin vorausgesetzt. Maxwell und seine Nachfolger hielten das Licht für eine elektromagnetische Schwingung im lichttragenden Äther, die sich seinen vier Gleichungen gemäß ausbreitet. Wenn Licht eine Welle ist, es aber keinen Äther gibt, was schwingt dann? Versuchen Sie sich einen Laut ohne Luftbewegungen vorzustellen! Genau dies unterstellte Einstein dem Licht. Im Laufe weniger Jahre wurde seine Hypothese experimentell bestätigt. Die Folgen für unser wissenschaftliches Verständnis des Lichts sind enorm. Licht ist danach eine elektromagnetische Welle, aber ohne ein materielles Medium, das seine Bewegung trägt. Damit war es auch seiner letzten Spuren von Materialität beraubt.

Wenn der Äther entfällt, was bleibt dann? Vielleicht sind, wenn es schon den Äther nicht gibt, wenigstens die elektrischen und magnetischen Felder real? Noch nicht einmal das: Faradays Urexperiment und das Prinzip der Relativität zeigen eindeutig, daß man sich das elektrische und magnetische Feld zu einem bestimmten Zeitpunkt und an einem bestimmten Ort nicht mit einem einzigen gültigen Wert vorstellen darf. In Bewegung befindliche Beobachter messen relativ zueinander höchst unterschiedliche Werte für die Felder an ein und demselben Punkt.[8] Mit Faradays Feldbegriff kommen wir dem Rätsel des Lichts näher, doch wenn wir dieses Konzept benutzen, können wir es nicht von uns selbst trennen. In unseren Ergebnissen wird sich eine Unschärfe ausdrücken, die daraus resultiert, daß wir uns in Ruhe befinden und die Welt um uns her in Bewegung ist. Ptolemäus wählte als Bezugspunkt für seinen

Blick ins Universum die Erde, Kopernikus die Sonne. Die Erklärungen für die Bewegungen der Himmelskörper waren beide gleichermaßen präzise, aber *sehr* verschieden. Entsprechend sind wir aus relativistischer Sicht stets in jede Messung verwikkelt. Deshalb müssen Physiker immer angeben, welches Bezugssystem sie ihren Berechnungen zugrunde legen. Im Prinzip spielt es keine Rolle, welches System sie wählen (obwohl es in der Praxis meist ein System gibt, mit dem es sich am leichtesten arbeiten läßt), doch für die Geschichte, die sie zu erzählen haben, wird ihre Wahl von entscheidender Bedeutung sein. Wenn wir diese Lehre der Relativitätstheorie vergessen, laufen wir Gefahr, wieder in einen naiven Realismus zu verfallen, der eine bestimmte Sicht einnimmt und davon ausgeht, sie sei universell wahr.

Nun könnten wir uns ja der Quantentheorie zuwenden, um dort Trost zu finden. Wenn Lichtwellen sich als problematisch erweisen, dann bekennen wir uns zu einer korpuskularen Auffassung. Doch während die Quantentheorie von einer teilchenartigen Natur des Lichtes spricht, bleibt das Photon masselos und verfügt zusätzlich noch über besondere, höchst ungewöhnliche Eigenschaften. Und durch Heisenbergs Unbestimmtheitsprinzip verwickelt es den Beobachter noch tiefer in das Geschehen. Nein, die Quantentheorie kann das Geheimnis höchstens vertiefen, auf keinen Fall lüften. Das Licht ist nicht Stoff, noch nicht einmal Welle in einem materiellen Medium, wie es sich Euler oder Maxwell gedacht hatten. Wenn man sich das Universum als Materie oder deren Bewegung vorstellt, bildet das Licht die Ausnahme, die diese Ansicht ins Wanken bringt. Das Wesen das Lichts läßt sich nicht auf Materie oder deren Bewegung reduzieren; es ist ein eigen Ding.

Halten wir einen Moment lang inne, um uns die Geschichte des Lichts noch einmal zu vergegenwärtigen, und zwar jetzt unter Berücksichtigung der Einsteinschen Arbeiten, denn weit sind wir schon gekommen. Zunächst als der Blick Gottes erfahren, war Licht eine geistige Wirklichkeit, ewig und allgegenwärtig. Auf dem Weg von den Griechen zu Newton wurde es zunächst geometrisch, dann materiell. Mit Faraday und Maxwell brach das Zeitalter des elektromagnetischen Lichts an, doch trug es noch immer das Kostüm seiner jüngsten Vergangenheit: ein materielles Medium, den Äther. Von Faraday abgesehen, konnten sich die Wissenschaftler das Licht – etwas ganz Reales – einfach nicht frei von jeglicher Materialität vorstellen. Das ließ ihr Denken nicht zu; Materie war ein Synonym für Wirklichkeit. 1905 schlug Einstein dann eine Alternative vor. Ihr Preis war hoch: Sie billigte der Bewegung keine absolute Bedeutung mehr zu, erklärte den Äther für überflüssig, schaffte die singuläre, privilegierte Kausalerklärung für physikalische Phänomene ab, bezog uns in alle Beobachtungen ein und sagte eine Fülle von Begleiterscheinungen wie Längenkontraktionen und Zeitdehnungen vorher. Doch als Entschädigung für diese Verluste hatte Einstein einiges zu bieten. Zwar gab es jetzt viele Kausalerklärungen, doch lieferte er den Physikern die Mittel, eine Erklärung in die andere zu übersetzen, und zwar mittels einer sogenannten Lorentz-Transformation. Später schuf er sogar die Grundlagen, die uns den tiefen Zusammenhang zwischen Materie und Energie erschließen ($E = mc^2$). Obwohl nicht materiell, ist Licht als Energieform vorstellbar, deren Verhalten durch Maxwells elektromagnetische Feldgleichungen beschrieben wird. Die Vernunft blieb, die Materie, ob einfach oder flüchtig, nicht.

Kopernikus hatte das menschliche Bewußtsein aus seiner angestammten Heimat auf die Sonne verbannt. Die Erde war nicht mehr der Ruhepunkt, um den der Kosmos kreist. Fortan bewegt sich die Erde um die Sonne, und diese ist nur ein unbedeutender Stern in der Milchstraße, die ihrerseits lediglich eine Galaxie unter zahllosen anderen ist. Kein materieller Ort ist mehr Mittel- und Brennpunkt der göttlichen Schöpfung, alle existieren sie gleichberechtigt im Schöpfungsplan. Einstein ging noch einen Schritt weiter. Nun gab es noch nicht einmal mehr einen Ort der Ruhe, sondern alles war überall gleichermaßen in Bewegung. Mit Kopernikus war der Ort relativ geworden, mit Einstein die Bewegung. Gemeinsam befreiten sie das menschliche Bewußtsein, wenn es auch viele weiterhin nach der Sicherheit der früheren Anschauungen verlangte. Eines nach dem anderen wurden die äußeren Gerüste von Wissenschaft, Religion und Gesellschaft fortgenommen. Jetzt steht die Menschheit allein und fremd im grenzenlosen Universum. Verwaist und heimatlos muß jetzt jeder von uns sein eigener Mittelpunkt werden und die geistige Kraft finden, ohne festen Bezugspunkt in der Leere auszuharren, den Halt in sich selbst, nicht in der Außenwelt zu finden.

In dieser anschwellenden Flut neuer Ideen, in dem Verlust aller absoluten Bezüge in Raum, Zeit und Äther blieb nur noch eine Konstante von besonderer Bedeutung, eine «Wahrheit», die sich als unabhängig von allen Bezugssystemen erwies – die Lichtgeschwindigkeit! Um sie herum gerieten alle anderen Geschwindigkeiten, Positionen und Zeiten ins Wanken. Nur das Licht pflanzt sich, wie Einstein 1905 schrieb, «im leeren Raume stets mit einer bestimmten, vom Bewegungszustande des emittierenden Körpers unabhängigen Geschwindigkeit *c* fort». Das war Einsteins zweite Voraussetzung und das Fundament seiner Relativitätstheorie.

## Sichtgeschwindigkeit

Kein körperlicher Stoff kann so flüchtig und rasch sein wie dieser.

Wilhelm von Conches,
12. Jahrhundert

Weder Großstadtlichter noch Luftverschmutzung trübten die Klarheit des Nachthimmels über dem antiken Griechenland. In Stadt und Land war der nächtliche Sternenhimmel stets gegenwärtig, und seine Schönheit und Ordnung weckten das wissenschaftliche Denken. Die frühesten Messungen der Lichtgeschwindigkeit wurden von Beobachtern vorgenommen, die, wie so viele vor und nach ihnen, ihre Aufmerksamkeit auf die Sterne richteten und staunten.

Wenn, wie Empedokles, Platon und viele andere meinten, während des Sehaktes etwas vom Auge zum erblickten Objekt gelangt, dann muß dieses Etwas, gesetzt den Fall, wir betrachten ferne Sterne, die größte vorstellbare Entfernung zurücklegen, und das in einem einzigen Augenblick. Denn schließlich springt, wenn wir unsere Augen öffnen, die ganze Welt von Horizont zu Horizont und bis hin zu den fernsten Sternen oder Planeten in unser Blickfeld. Was immer sich bewegt, es muß dies mit höchster Geschwindigkeit tun. Die Messung, die in diesem Argument verborgen liegt – einem geläufigen Argument in der Antike –, ist in Wahrheit nicht eine Messung der Lichtgeschwindigkeit, sondern eine Messung der «Sichtgeschwindigkeit». Das Interesse der antiken Gelehrten an der Geschwindigkeit der Wahrnehmung sollte zweitausend Jahre lang anhalten. In seinem wichtigen Werk ‹*Perspectiva communis*› behandelte John Pecham, der bekannteste Optiker des Mittelalters, nur sie, die Sichtgeschwindigkeit, und nicht die Geschwindigkeit des Lichts. Dennoch befaßte man sich mit dieser implizit und explizit seit Platons Zeiten.[9]

Aristoteles ging mit Empedokles und Platon wegen ihrer Auffassung vom Sehvermögen hart ins Gericht.[10] Nach seiner Meinung strömt weder vom Auge noch vom Objekt irgend etwas. Wie geschildert, hält er das Licht für einen Zustand oder eine Eigenschaft des Mediums, und so wie «das Wasser auf einmal im Ganzen gefrieren» könne, könne auch die Umwandlung des «potential Durchsichtigen» in den Zustand «aktualer Durchsichtigkeit», also Licht, überall gleichzeitig geschehen. Nach Aristoteles ist es schlicht falsch, sich das Licht in Bewegung vorzustellen. Wenn Ihnen seine Auffassung schwierig vorkommt, stellen Sie sich einen Schüler vor, der, wie viele, von

Aristoteles' Behauptung, das Licht breite sich nicht aus, verwirrt ist. Nennen wir den Zustand des Schülers verwirrte Dunkelheit. Während der Lehrer, mit dem Feuer der Begeisterung bemüht, das Rätsel zu klären, in seinen Ausführungen fortfährt, «erhellt» sich das Gesicht des Schülers plötzlich. Aus einem Zustand der Verwirrung ist er in einen Zustand des Verständnisses gelangt, und zwar augenblicklich. Entsprechend ist die Ausbreitung bei «Erhellung» der Welt keine logische Notwendigkeit. Das Licht könnte auch eine universelle Zustandsveränderung sein.

Die allgemeine Auffassung, nach der Licht sich mit unendlicher Geschwindigkeit fortbewegt, wurde beispielsweise von Augustinus übernommen und wiederholt: Ein Lichtstrahl «streift offenkundig durch diese weiten und grenzenlosen Räume augenblicklich, in einem Pulsschlag», schrieb er. Und an anderer Stelle: «Unser Sehstrahl erreicht nicht nahe Gegenstände rascher und ferne später, sondern durchmißt beide Strecken mit der gleichen Raschheit.»[11] Erinnern wir uns, in welch enger Verbindung zum Licht Augustinus Gott und Christus sah. Es machte theologisch sehr viel Sinn, Gottes Gegenwart nah und fern als gleichzeitig zu beschreiben.

Im 12. Jahrhundert drang Platons Einfluß auch zu den Meistern von Chartres und prägte ihr Verständnis von Licht und Sehvermögen. Nach Wilhelm von Conches ist der Sehstrahl, der aus den Augen fließt, zart und geschwind: «Kein körperlicher Stoff kann so flüchtig und rasch sein wie dieser. Deshalb muß er augenblicklich hier und augenblicklich dort [bei den Sternen] sein.» Dennoch vertrat Wilhelm die Auffassung, die Bewegung des Sehstrahls erfordere Zeit, denn er war nach seiner Auffassung eine materielle Substanz. Nur was von göttlicher Natur sei, so seine Überzeugung, könne sich mit unendlicher Geschwindigkeit ausbreiten und damit an allen Orten gleichzeitig sein; materiell Beschaffenes dagegen müsse sich durch Raum und Zeit bewegen. Abermals verbinden sich geistige und materielle Gesichtspunkte.

Während die meisten glaubten, Licht könne sich augenblicklich durch den Raum bewegen, waren Dissidenten wie Wilhelm von Conches der Auffassung, daß sich Licht zwar rasch bewege, für seine Ausbreitung aber doch Zeit brauche. Diese Ansicht war zuerst von Alhazen und Roger Bacon vertreten worden. Zur Zeit von René Descartes war eine regelrechte Kontroverse um diese Frage entbrannt, in der Descartes sich entschieden auf die Seite derer schlug, die eine augenblickliche Ausbreitung vertraten.

Erinnern wir uns an Descartes' *plenum* und sein Sehmodell, das den Blinden und seinen Stock zum Vergleich heranzieht. Wenn der gesamte Raum mit einem materiellen Medium gefüllt ist, dann wird sich wie beim Blindenstock ein Stoß oder eine Bewegung an einem Ende sofort als Stoß oder Bewegung am anderen bemerkbar machen. Descartes war dieser Punkt so wichtig, daß er bereit war, die Geltung seines gesamten philosophischen Systems von dieser Behauptung abhängig zu machen. 1634 schrieb er an einen unbekannten Freund, das Licht «erreicht unsere Augen von dem leuchtenden Gegenstand in einem Augenblick; und dies ist, wie ich hinzufügen möchte, für mich so gewiß, daß ich, wenn es sich als falsch erwiese, zu dem Bekenntnis bereit wäre, ich wisse in der Philosophie gar nichts.»[12]

Einundvierzig Jahre später wies in Paris der dänische Astronom Ole Rømer nach, daß Descartes unrecht hatte. Die Vervollständigung des Syllogismus bleibe dem Leser überlassen.

Nach sorgfältiger Beobachtung der Jupitermonde und unter Verwendung von Giovanni Domencio Cassinis neuem Verfahren, die Entfernung der Planeten von der Sonne zu messen, konnte Rømer zeigen, daß sich das Licht mit einer endlichen, wenn auch außerordentlich hohen Geschwindigkeit bewegt. Wie wir bereits gesehen haben, war diese Geschwindigkeit für Maxwell sehr bedeutsam, veranlaßte sie ihn doch zu der Hypothese, das Licht sei eine elektromagnetische Welle. Noch größer war ihre Bedeutung für die spezielle Relativitätstheorie. Die französische Physikerin Marie-Antoinette Tonnelat schreibt: «Einsteins zweite Voraussetzung verändert den Status der Lichtgeschwindigkeit grundlegend: Was zuvor eine kinematische und im wesentlichen relative Größe war, wird nun ein Phänomen, das durch ein invariantes Gesetz beschrieben wird.»[13]

Der Wunsch, immer genauere Messungen dieser bemerkenswerten Größe – der Lichtgeschwindigkeit – vorzunehmen, hat während der letzten dreihundert Jahre viele große Experimentatoren umgetrieben. Der amerikanische Physiker Albert Michelson hat die letzten zwanzig Jahre seines Lebens damit verbracht, immer genauere Messungen der Lichtgeschwindigkeit durchzuführen. Seine Anstrengungen gipfelten in einem gewaltigen Experiment, für das er eine Stahlröhre von anderthalb Kilometer Länge und einem Meter Durchmesser verwendete. In diesem luftleeren, versiegelten Korridor raste das Licht hin und her. Die Ergebnisse – ein neuer Wert für die Lichtgeschwindigkeit – erreichten den ungeduldigen Michelson am 7. Mai 1931 auf seinem Totenbett. Zufrieden konnte er zwei Tage später das Zeitliche segnen.

Inzwischen sind immer genauere Methoden zur Messung der Lichtgeschwindigkeit entwickelt worden. Bei den mordernsten Verfahren verwendet man hochstabilisierte Laser und spezielle Techniken zur Messung ultrahoher optischer Frequenzen. Schließlich wurden die Messungen so präzise, daß sich die verbleibende Ungenauigkeit nur noch auf die Unschärfe der internationalen Standardlängeneinheit, des Meters, zurückführen ließ. 1983 beschloß man deshalb, die dreihundertachtzigjährige Geschichte der Lichtgeschwindigkeitsmessungen für immer zu beenden. Statt eine Längeneinheit festzulegen, wie es bisher stets geschehen war, bestimmte man die Lichtgeschwindigkeit! Man setzte ihren Wert mit der damals genauesten Messung von 299 792 458 Meter pro Sekunde gleich. Von 1983 an war die Lichtgeschwindigkeit keine Größe mehr, die man durch Messung bestimmt – sie war durch Übereinkunft auf den genannten Wert festgelegt worden.

Nachdem die Physiker die Definition des Meters für die der Lichtgeschwindigkeit aufgegeben hatten, mußten sie nun die Längeneinheit so verändern, daß sie mit dem neuen Standardmaß übereinstimmte. Deshalb wird der Meter heute als die Entfernung definiert, die das Licht im Vakuum in einem Zeitintervall von 1/299 792 458 Sekunde zurücklegt. In Wirklichkeit ist also das Metermaß des Zimmermanns einen solchen Lichtsekundenbruchteil lang. Jedes Lineal hat heute die Lichtgeschwindigkeit zum Urahnen. Wie Grosseteste es sich vorgestellt hat, läßt das Licht durch seine Ausbreitung den Raum entstehen.

Und damit ist die uralte Frage nach der Lichtgeschwindigkeit beantwortet. Sie ist endlich, und wir haben beschlossen, diese Endlichkeit mit 299 792 458 Meter pro Sekunde anzugeben. Kein Forscher wird jemals wieder ihren Wert messen. Was als unendliche Sichtgeschwindigkeit begonnen hat, ist zur endlichen Lichtgeschwindigkeit geworden. Doch während die Experimentatoren das eine Problem lösten, warf die Relativitätstheorie ein anderes auf, indem sie die hohe, aber endliche Lichtgeschwindigkeit absolut setzte.

## Die einzigartige universelle Geschwindigkeit

> Wir werden übrigens in den folgenden Betrachtungen finden, daß die Lichtgeschwindigkeit in unserer Theorie physikalisch die Rolle der unendlich großen Geschwindigkeiten spielt.[14]
>
> Einstein, 1905

Lassen Sie einen Kiesel in ruhiges Wasser fallen, und beobachten Sie, wie sich die Wellen ausbreiten. Wenn sich das Wasser beruhigt hat, lassen Sie einen Stein über die Wasseroberfläche hüpfen, und Sie werden feststellen: jedesmal wenn der Stein die Oberfläche berührt, wandert ein Ring von Wellen nach außen. Die Geschwindigkeit, mit der sich diese Ringe über die Wasserfläche ausbreiten, ist in beiden Fällen exakt die gleiche. Sie hängt nicht von der Geschwindigkeit des Steins ab – es ist egal, ob er fallengelassen oder geworfen wird –, sondern sie wird nur durch die Eigenschaften des Wassers bestimmt. Ähnlich verhält es sich mit dem Schall; nur die Luft, nicht die Geschwindigkeit der Schallquelle bestimmt die Schallgeschwindigkeit. Bei allen Wellen richtet sich die Ausbreitungsgeschwindigkeit ausschließlich nach den Medien, die sie tragen. Deshalb mag es scheinen, als habe Einstein mit seiner zweiten Voraussetzung – die Geschwindigkeit des Lichts ist unabhängig von der Geschwindigkeit des emittierenden Körpers – nichts Neues gesagt. 1905 war (fast) jeder der Meinung, das Licht sei eine Welle, und hielt deshalb dieses Postulat natürlich für wahr. Doch wie wir wissen, hat Einstein im selben Aufsatz den Äther für überflüssig erklärt; damit war die einzige Grundlage für die Bestimmung der Lichtgeschwindigkeit fortgefallen! Bis 1905 konnten die Wellengeschwindigkeiten von der Geschwindigkeit der Quelle *nur* deshalb unabhängig sein, weil sie vollkommen festgelegt waren durch die Medien, in denen sie sich bewegten (Wasser, Luft, Äther und so fort). Wie kann das Licht jedoch *ohne* ein Medium «wissen», wie schnell es sich zu bewegen hat? Verblüffend war die Antwort, die Einstein darauf fand. Er überging die Frage nämlich und postulierte statt dessen, die Lichtgeschwindigkeit sei unabhängig von der Lichtquellengeschwindigkeit. Punkt. Zusammen mit seiner ersten Voraussetzung, dem Relativitätsprinzip, waren die Folgen seiner Theorie für unsere Vorstellung von Zeit und Raum wahrhaftig umwälzend.[15]

Denken wir zurück an Einsteins erstes Gedankenexperiment – den Versuch, hinter dem Licht herzulaufen. Aus der zweiten und ersten Voraussetzung folgt, daß man eine Lichtquelle nicht nur nicht einholen, sondern ihr noch nicht einmal näher kommen kann. Geben Sie Ihrem Freund eine Taschenlampe, bitten Sie ihn, sie anzuschalten und die Lichtgeschwindigkeit zu messen: 299 792 458 Meter pro Sekunde. Bitten Sie ihn, mit dem Messen fortzufahren, um sicherzugehen, daß die Lichtgeschwindigkeit sich nicht verändert. Nun beginnen Sie zu laufen. Nehmen wir der Einfachheit halber an, daß Sie sich relativ zu Ihrem Freund mit 99 Prozent der Lichtgeschwindigkeit fortbewegen. In Unkenntnis der Relativitätstheorie wird er annehmen, Sie hätten die Lichtwelle fast eingeholt. Während Sie laufen, messen Sie die Lichtgeschwindigkeit selbst: 299 792 458 Meter pro Sekunde. Wie ist das möglich? Da laufen Sie fast mit Lichtgeschwindigkeit und messen trotzdem die gleiche Geschwindigkeit für das Licht wie zuvor. Sie überlegen, daß es sich «in Wirklichkeit» mit doppelter Lichtgeschwindigkeit fortbewegen müßte. Währenddessen mißt Ihr Freund mit der Taschenlampe den gleichen Wert wie Sie. Was geht da vor?

Nichts bewegt sich auf die gleiche Art wie Licht. Alle Beobachter werden seine Geschwindigkeit im Vakuum mit 299 792 458 Meter pro Sekunde messen. Um das zu begreifen, müssen wir unsere Vorstellung von Raum und Zeit ändern, doch wenn wir uns dazu durchringen, fügt sich alles auf sehr schöne, wenn auch eigenartige Weise zusammen. Ist das Licht wirklich so? Vielleicht ist Einsteins Theorie brillant, aber falsch. Schließlich sind schon viele Theorien widerlegt worden. Zu Einsteins Zeit gab es praktisch keine Anhaltspunkte, um die Theorie zu verifizieren oder zu widerlegen. Seit 1905 sind jedoch außerordentlich präzise Experimente durchgeführt worden, die seine Theorie bestätigt haben.

Sehr gut erinnere ich mich noch an ein 1977 von Alain Brillet und Jan Hall durchgeführtes Experiment am Joint Institute for Laboratory Astrophysics in Boulder, Colorado, wo auch ich damals arbeitete. Im tiefsten Keller des Instituts hängten sie eine Granittafel auf, auf die einer von Jan Halls Helium-Neon-Lasern montiert war. Langsam ließen sie die Granitscheibe und den Laser rotieren, um, wie Michelson und Morley, nach einem «Ätherwind» zu suchen, den die Erde auf ihrem Weg durch den hypothetischen Äther erzeugen müßte. Mit etwa dreißigtausend Meter pro Sekunde umkreist die Erde die Sonne. Wenn es also einen Äther gibt, könnte man erwarten, einen Ätherwind mit einer Geschwindigkeit bis zu diesem Wert zu entdecken. In dem Experiment von Brillet und Hall hätte sich ein solcher Wind als kleine Verschiebung in der Schwingungsfrequenz des Laserlichts gezeigt. Michelson und Morley waren in ihrem Experiment aus dem Jahre 1887 auf keinen Ätherwind bis hinunter zu 4700 Meter pro Sekunde gestoßen. Wäre der Ätherwind langsamer gewesen, hätte ihr Experiment ihn nicht erfassen können. Auch Brillet und Hall fanden keinen Anhaltspunkt für den Äther, und ihre Obergrenze für den Ätherwind lag bei fünfzehn Meter pro Sekunde, was noch immer die beste Messung nach der Michelson-Morley-Methode darstellt.[16] Messungen anderer Art haben den höchstmöglichen Wert für den Ätherwind noch weiter hinabgedrückt – auf 0,05 Meter pro Sekunde! Wie Einstein in seiner ersten Voraussetzung vorhergesagt hat, ist bislang keine Spur von einem lichttragenden Äther entdeckt worden.

Bei der Überprüfung der zweiten Voraussetzung – die Geschwindigkeit des Lichts ist unabhängig von der Bewegung der Quelle – ergaben sich ähnliche Entwicklungen. Atomare Lichtquellen der verschiedensten Art sind von Experimentatoren mit Geschwindigkeiten bewegt worden, die von sehr langsam bis zu 92 Prozent der Lichtgeschwindigkeit reichten. Stets hat man den gleichen Wert für die Lichtgeschwindigkeit gefunden.[17] Bezogen auf nichts (das heißt, ohne Äther) ist die Lichtgeschwindigkeit unveränderlich. Gäbe es in räumlichen Verhältnissen etwas Vergleichbares, so hätte dieses Objekt die Eigenschaft, daß es sich, wohin Sie auch gingen, immer in der gleichen Entfernung von Ihnen befände. Weder könnten Sie näher an das seltsame Objekt herankommen noch sich von ihm entfernen. Der Abstand bliebe immer gleich. Dies ist das Wesen der Unendlichkeit. Ganz gleich, wie nahe man herangeht oder wie weit man sich entfernt, es bleibt immer der *gleiche* unendliche Abstand. Wie Einstein gesagt hat, spielt die Lichtgeschwindigkeit die Rolle der unendlich großen Geschwindigkeiten. Das Licht hat keinen Ort, aber es hat eine Geschwindigkeit, und wir sind von ihm immer durch 299 792 458 Meter pro Sekunde getrennt.

Die spezielle Relativitätstheorie ist oft überprüft worden und hat bisher allen Tests standgehalten. Einsteins Wettlauf mit dem Licht hat unsere Vorstellung von diesem Phänomen grundlegend verändert. Kühn hat Einstein gefragt, wie das Licht aussehen würde, wenn man mit Lichtgeschwindigkeit neben ihm herliefe. Folgenschwer war die Antwort. Wir könnten die Frage genausogut umkehren: Wie würde die Welt aussehen, während wir mit Lichtgeschwindigkeit liefen? Welchen Anblick bietet die Welt aus dem «Blickwinkel des Lichts»?

Wie jedes Schulkind weiß, kann nichts außer dem Licht die Lichtgeschwindigkeit erreichen. Kein Objekt mit Masse, keine Materie, wie gering auch immer ihre Masse ist, kann diese höchste Geschwindigkeit annehmen. Man müßte sich entmaterialisieren, um so schnell wie das Licht zu sein. Stellen Sie sich, wie der junge Einstein, vor, Sie wären Licht. Lassen Sie Ihren materiellen Körper hinter sich, schlüpfen Sie in Ihren

Lichtkörper, und schwingen Sie sich durch den Raum. Was würden Sie sehen?

Seit Einstein ist es ein Gemeinplatz, daß sich Raum und Zeit auf typische und überraschende Weise verändern, wenn man sich der Lichtgeschwindigkeit nähert.[18] In Bewegungsrichtung schrumpfen Längen, während die Uhren langsamer gehen. Wie diese Veränderungen sich auf das Erscheinungsbild der Dinge auswirken würden, hat man in den letzten Jahren sehr sorgfältig untersucht, aber mir ist nie eine ernsthafte Arbeit zu Gesicht gekommen, die sich mit der Frage beschäftigt, was geschehen würde, wenn man sich mit der höchsten Geschwindigkeit – der Lichtgeschwindigkeit – bewegte.

Wir wissen: Während wir unsere Geschwindigkeit steigern, gehen die Uhren, an denen wir vorbeirasen, immer langsamer, und die Formen der Objekte verzerren sich. Die Entfernungen, die wir zurücklegen, scheinen infolge der sogenannten Längenkontraktion zu schrumpfen. Und was geschieht, wenn schließlich das Unmögliche eintritt und wir Licht werden? Kommt die Zeit dann ganz zum Stillstand? 1911 erklärte Einstein vor Naturwissenschaftlern, daß sich für einen lebenden Organismus, der fast mit Lichtgeschwindigkeit vorankommt, Zeitabschnitte, die für uns Jahrhunderte wären, zu einem «bloßen Augenblick» verkürzen könnten.[19] Was ist mit dem Raum? Verschwindet die Entfernung vollständig? In seinem bahnbrechenden Aufsatz von 1905 erklärte Einstein: «Für $v = c$ schrumpfen alle bewegten Objekte – vom ‹ruhenden› System aus betrachtet – in flächenhafte Gebilde zusammen.»[20] Alles ist hier und jetzt, auf ewig! Würden wir, wenn wir wirklich mit dem Licht liefen, zurückgeführt zum ewigen und allgegenwärtigen Licht, außerhalb von Raum und Zeit? Oder hatte Aristoteles vielleicht doch recht? Ist das Licht wirklich eine universelle und instantane Zustandsveränderung, zumindest wenn man es vom Blickpunkt des Lichts selbst aus betrachtet? Wenn wir beharrlich über Rätsel wie diese nachdenken, wird sich uns vielleicht wie Einstein ein anderes Bild des Lichts erschließen.

Einsteins Relativitätstheorie, Plancks Lichtquantum, Steiners Engelslicht und Delaunays malerisches Licht – sie alle entstanden fast gleichzeitig. Warum? In Anlehnung an C. S. Lewis können wir fragen: Welche Fragen haben die Herzen der Menschen, die zwischen 1900 und 1925 lebten, am heftigsten bewegt, und was offenbaren uns diese Fragen über ihre Bewußtseinslage? In den drei Jahrhunderten zuvor hatten die Menschen allmählich jede äußere Sicherheit verloren. Alle Institutionen der Vergangenheit, ob religiös oder weltlich, waren in Frage gestellt oder, vor allem im Laufe von Kriegen, zerstört worden. Schlichter Glaube reichte nicht mehr; unausweichlich stellten sich existentielle Fragen, und es waren nur wenige befriedigende Antworten zu entdecken.

In gewisser Weise läßt sich sagen, daß die Relativitätstheorie vollendet, was im Anbruch der modernen Wissenschaft durch Kopernikus und Galilei begonnen wurde. Mit der Sicherheit der religiös sanktionierten, klassischen Traditionen haben wir vieles hinter uns gelassen, aber immerhin noch unseren Körper (den Raum) und unseren Herzschlag (die Zeit) mit uns genommen. Mochten wir auch allein sein, wir konnten uns immer noch an ihnen festhalten. Doch die Relativitätstheorie verlangt von uns, auch diese noch zu opfern. Selbst Raum und Zeit sind nicht absolut gegeben. Auf eine fließendere Struktur und einen flexibleren Rhythmus müssen wir uns einstellen. So verfallen also alle materiellen Stützen, selbst die abstrakten Hilfskonstruktionen des absoluten Raums und der absoluten Zeit. Getreulich sind wir der Abstammung des Lichts bis ins 20. Jahrhundert gefolgt, und nun scheint unser Platz im Universum sinnloser denn je. Mögen es auch viele leugnen, fest steht, daß das ganze äußere Gerüst der klassischen Naturwissenschaft in sich zusammengefallen ist. Was bleibt am Ende? Emersons Antwort, die, schon vor vielen Jahrzehnten niedergeschrieben, heute so klar und einleuchtend erscheint wie damals: «Letztlich ist nichts heilig außer die Reinheit unseres Denkens.»

Bis in moderne Zeiten ist der menschliche Geist durch Kirche oder Staat vor beunruhigenden Erkenntnissen geschützt worden. Wie der unschuldige junge Parzival sind wir frei von solchen Weltbildern in naiver Ignoranz aufgewachsen. Erst als er Ritter in ihrer glitzernden Rüstung erblickt und sie für Engel hält, verläßt Parzival sein Zuhause – als Narr gekleidet ohne einen Blick für die verzweifelte Mutter. Sie stirbt bei seinem Fortgang, und auf ihn wartet ein Leben, in dem er noch vieles lernen muß. Jahr um Jahr erkennt er neue Fehler und Dummheiten, gibt sein Streben aber niemals auf. Völlig verlassen in der Kälte des finsteren Waldes, zerlumpt und in tiefer Demut läßt er schließlich die Zügel seines Pferdes fahren und macht sich auf den Weg zur Gralsburg – als deren neuer König. Wie Parzival hatte das Licht zuerst in einer verzauberten Umgebung als begnadetes und göttliches Kind gelebt. Dann brach es auf, in die Rüstung der Theorie gekleidet, um alle Phänomene des Lichts zu erobern. Frühe Erfolge machten es hochmütig, doch nicht alle Phänomene ergaben sich seiner Lanze. Als standhaft erwiesen sich das Kerzenlicht, das Polarlicht und der Blitz, um nur einige wenige zu nennen. Die alte Rüstung wurde abgeworfen und eine andere, weit weniger prunkvolle angelegt. Aus Quecksilber und nicht mehr aus Stahl. Die Schutzwehr der Gralsburg verschwand vom Mont Salvat. Als die festgefügten Schädelplatten des Menschen, der Stätte des Geistes, gewann sie eine neue Gestalt.

Dort, in dem unendlichen Innenraum, schuf Einstein eine Theorie von großer Folgerichtigkeit, die uns neues Selbstvertrauen schenkte. Mit zwei Postulaten als Fixpunkten entstand ein glänzendes Gedankengebäude, das zwar den gesunden Menschenverstand verschreckte, uns aber Mut machte, auf unser Denken zu bauen. Einstein schien eine Art inneres Gyroskop zu besitzen, mit dessen Hilfe er seine Position in jedem Sturm halten konnte. Ich glaube, in diesem inneren Gleichgewicht zeigt sich sein Vertrauen in das Denken und seine Überzeugung, die Natur sei eine Manifestation von Intelligenz. Nicht gegen die Vernunft wandte sich die Lebensphilosophie, sondern gegen die leblose Form, die die Vernunft Ende des 19. Jahrhunderts angenommen hatte. Ich schlage vor, die Relativitätstheorie als Abschnitt einer evolutionären Bewegung des Menschen zu wirklicher Autonomie zu sehen. Die starre Geometrie früherer naturwissenschaftlicher Theorien spiegelt festgefahrene Vorstellungen, die ihnen zugrunde lagen. Die dynamischen Vorstellungen der modernen Wissenschaft bedeuten demgegenüber eine Befreiung, aber auch eine Gefahr. Den Halt, den wir einst draußen fanden, müssen wir nun drinnen suchen. Eines der schönsten Beispiele für diesen Wandel zeigt die neue Geometrie der Welt. Seit der Erfindung der Zentralperspektive durch Brunelleschi hat sie keine so radikale Veränderung mehr erfahren.

In den Jahrzehnten vor der Entwicklung der Relativitätstheorie durchlief die Architektur des Raums eine revolutionäre Wandlung. Bis dahin war die mathematische Vorstellungswelt und mit ihr alles wissenschaftliche Denken von einem einzigen Buch beherrscht worden. Kein Text außer der Bibel hat das Denken des Abendlandes in stärkerem Maße geprägt als Euklids ‹*Elemente*›. Allein seit Erfindung des Buchdrucks sind mehr als tausend Ausgaben erschienen. Doch das mathematische Bezugssystem der ‹*Elemente*› beschränkt sich völlig ungerechtfertigt auf eine einzige Sehweise und schließt den Gedanken an nichteuklidische Geometrien grundsätzlich aus. Die Ursprünge einer flexibleren geometrischen Auffassung reichen bis zu den Vätern der Zentralperspektive in der Renaissance zurück, doch ihre vorläufigen Einsichten wurden erst von großen Mathematikern wie Jean Victor Poncelet (1788–1867), Caylay (1821–1895) und Felix Klein (1849–1925) aufgenommen und zur modernen Disziplin der «projektiven Geometrie» ausgebaut. Zur Zeit Einsteins hatten nichteuklidische Geometrien und die noch umfassendere Theorie der projektiven Geometrie die Umklammerung des mathematischen und räumlichen Denkens durch Euklid gesprengt, so daß sich eine neue Raumvorstellung durchsetzen konnte.

Betrachten Sie, um einen Eindruck vom Ausmaß dieser Umwälzung zu gewinnen, die Kreise und Würfel der euklidischen Geometrie. Einmal vorgegeben, sind diese Formen ein für allemal festgelegt. Die Kurve eines Kreises ist absolut gleichförmig und durch ihren Radius bestimmt; entsprechend betragen die Eckwinkel eines Würfels stets neunzig Grad, und alle Kanten haben die gleiche Länge. In der projektiven Geometrie verschwinden diese Invarianten. Zirkel und Würfel können unendlich viele metamorphe Veränderungen durchlaufen. Die Abbildung auf Seite 321 zeigt nur eine der Möglichkeiten; die Vielzahl der nicht gezeichneten müssen Sie sich vorstellen.

Olive Whichers reizvolle Zeichnung ermöglicht es uns, geometrische Formen als Kristallisationen des Lichts zu sehen. Wie Signalfeuer fließen Strahlen geordnet durch den Raum; ihre Schnittpunkte und Strecken definieren die vertrauten geometrischen Figuren. Außerdem muß man sich diese Strahlen in Bewegung vorstellen, so daß sich alle Figuren in ewiger Wandlung befinden und aller Stillstand verschwindet. Der Farbenraum befindet sich in unablässiger, fließender Bewegung, bildet eine Geometrie strömenden, metamorphen Lebens, und die Mathematik ist beseelt von der vitalen Kraft der modernen Vorstellungswelt.

Von den euklidischen Fesseln befreit, müssen wir uns mit den zarten Flügeln der Geometrie erheben, die das Werk unserer eigenen Hände ist. In ihrem Licht betrachtet, mögen sich die Umrisse der Kontinente, die wir überfliegen, von einem Augenblick zum nächsten seltsam verändern, aber wir können auf Blake vertrauen, der geschrieben hat: «Kein Vogel fliegt zu hoch, wenn er mit den eigenen Flügeln fliegt.»

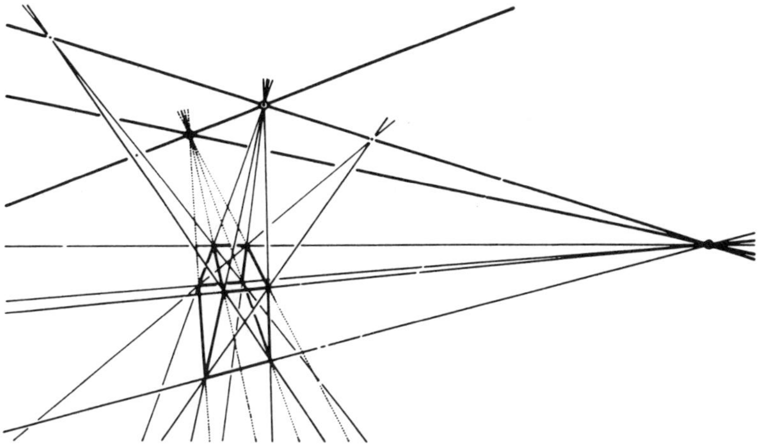

Eine Konstruktion der projektiven Geometrie.

## Licht und Architektur der Raumzeit

Struktur ist der Spender des Lichts.
Louis Kahn

Die neue Architektur des Raums verlangt von den Architekten, ihn zu imaginieren, und von den Baumeistern, ihm Gestalt zu geben. Wie ein moderner Gnostiker hat sich der Architekt Louis Kahn ständig mit dem Licht auseinandergesetzt.[21] Dort, wo sich Stille und Licht treffen, in dem Raum, der durch ihre Vereinigung entsteht, fand er seine Inspiration. Hier war die Stätte der Kunst, die Schatzkammer der Schatten. In dieser Stätte, schrieb er, «bringt der Künstler seine Arbeit der Kunst dar».

Stille zu Licht
Licht zu Stille
Die Schwelle ihrer Begegnung
  ist die Einzigartigkeit

ist Inspiration
(wo das Ausdrucksverlangen auf das Mögliche trifft)
ist die Stätte der Kunst
ist die Schatzkammer der Schatten
(Material wirft Schatten, Schatten gehören dem Licht an).

Lastendes Schweigen. In ihm wohnt das ruhelose, «unermeßliche Verlangen zu sein». Wenn das Verlangen nach Stille dem Licht begegnet, entstehen Welten. Diese beiden sind der Ursprung alles Geschaffenen.

... alle Materie in der Natur, die Berge, die Ströme, die Luft und wir sind erloschenes Licht, und diese verfallene Masse, die wir Materie nennen, wirft einen Schatten, und der Schatten gehört zum Licht.

Deshalb ist Licht die Quelle alles Seins. Und ich sagte zu mir, wenn die Welt ein Brei ohne Form und Richtung war, so wurde der Brei völlig von dem Ausdrucksverlangen durchdrungen, das eine große Gerinnung der Freude war, und das Verlangen war eine feste Außenseite, an der das Sehen möglich wurde.

An der das Sehen möglich wurde. Diese ursprüngliche Gerinnung der Freude war außen und innen in Licht getaucht, die Quelle alles Seins. Sich aufbrauchend, bildete es nicht nur Berge, Ströme und Luft, sondern auch die sehbegabten Geschöpfe, die es wahrnehmen. «Die Sonne», schreibt Richard Wilbur, «hat diese beiden blauen Löcher gebohrt» – unsere Augen. Kahns Kosmogonie beruht auf dem Licht, dieses hat die Welt hervorgebracht.

Die Architektur und die neue Geometrie der Raumzeit begegneten einander im ersten Licht des neuen Jahrhunderts, zugleich intellektuell befreit und geistig beflügelt. Wie Figuren aus einem Lehrbuch der projektiven Geometrie wuchsen Gebäude aus Glas, Stahl und Beton in der Landschaft empor. Die organische Architektur von Gaudi in Barcelona, Steiner in Dornach, Le Corbusier in Frankreich fing die dynamische Morphologie organischer Formen in Beton ein. In Bruno Tauts «Glashaus» konnte das Licht sogar die tragenden Wände aus Glasziegeln durchdringen. In Umkehrung eines Gedankens von Kahn könnte man sagen: Licht scheint der Spender des Raums zu sein.

Das Wechselspiel von Licht und Raum offenbarte noch eine andere Facette, als Einstein seine spezielle Relativitätstheorie so umarbeitete, daß sie auch das Phänomen der Gravitation erfaßte. Seine allgemeine Relativitätstheorie entstand aus einem Gedanken, den er als den glücklichsten seines Lebens bezeichnet hat.[22]

Im November 1907 saß Einstein an seinem Schreibtisch im Berner Patentamt, wo er damals arbeitete. «Plötzlich hatte ich einen Einfall: Wenn sich eine Person im freien Fall befindet, wird sie ihr eigenes Gewicht nicht spüren.»[23] Eine einfache Beobachtung, doch sie enthielt das Schwerkraft-Analogon zu Faradays Urexperiment der elektromagnetischen Induktion. Die Relativität elektrischer und magnetischer Felder, die Einstein zu seiner speziellen Theorie veranlaßt hatte, fand hier eine exakte Parallele in der Gravitation, und die führte ihn letztlich zur allgemeinen Relativitätstheorie. Einsteins «glücklichster Gedanke» ging in das «Äquivalenzprinzip» der Relativitätstheorie ein, dem zufolge die Anziehungskraft der Gravitation experimentell nicht von stetiger Beschleunigung zu unterscheiden ist. In einen Raum eingeschlossen, könnten Sie den Druck auf Ihre Füße ebenso auf eine Aufwärtsbeschleunigung (etwa in einem Fahrstuhl oder in einem Raumschiff beim Launch) wie auf die Schwerkraft der Erde zurückführen.

Dank des Äquivalenzprinzips konnte Einstein vorhersagen, daß die Bahn des Lichts beim Passieren eines massereichen Körpers wie der Sonne gekrümmt wird. Arthur Eddington ge-

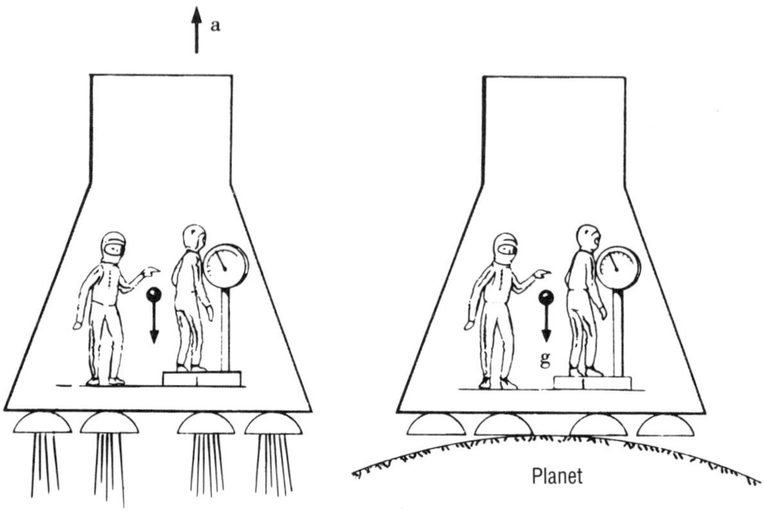


Einsteins Äquivalenzprinzip. Die Astronauten im Innern der Raumkapsel erleben die Beschleunigung genauso wie den Ruhezustand auf dem Planeten.

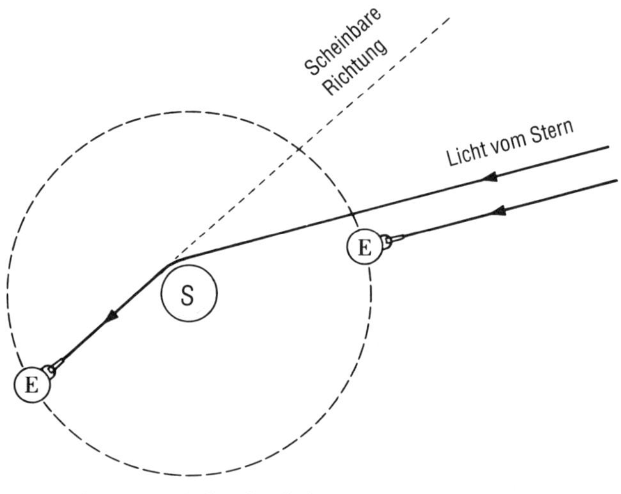


Die Krümmung des Sternenlichts durch die Sonnenmasse, wie Einstein sie vorhergesagt hatte. Die scheinbare Veränderung in der Position des Sterns wurde durch Eddingtons Expedition nachgewiesen.

lang es 1919 im Verlauf seiner Expedition zur Insel Principe vor der Küste Spanisch-Guineas, genau diesen Effekt zu fotografieren. Die Ablenkung war winzig, stimmte aber im wesentlichen mit Einsteins sieben Jahre zuvor getroffener Vorhersage überein. Wie kann gewichtloses Licht bei seiner Bewegung durch leeren Raum allein infolge der Einwirkung eines massereichen Körpers gekrümmt werden? Wenn Licht Masse hätte, gewiß, aber es hat keine. Warum wird es also gekrümmt? Einstein hatte erklärt, das Licht würde in einem beschleunigten Raum einer gekrümmten Bahn folgen, müßte also dasselbe in der äquivalenten Schwerkraftsituation tun; was für die eine Situation gelte, müsse auch für die andere richtig sein. Deshalb müsse Licht durch Planeten, Sonnen und alle massereichen Objekte gekrümmt werden.

Wir dürfen uns also nicht mehr vorstellen, das Licht dringe in geraden Linien vor, sondern müssen uns ausmalen, wie es sich durch die verworfene Struktur der «Raumzeit» windet. Wie Elektrizität und Magnetismus durch die spezielle Relativitätstheorie miteinander verbunden wurden, so werden Raum und Zeit in der Wirklichkeit des Einsteinschen Universums untrennbar zusammengeschlossen. Einen besonderen Platz nahmen die Wege des Lichts in der neuen Theorie ein, weil sie zwar gekrümmt sind, aber immer noch die kürzeste Entfernung oder «Nullgeodätische» zwischen zwei Raumzeitpunkten bezeichnen. Wenn wir das Sonnen- oder Sternenlicht, welches das gesamte All erfüllt, sichtbar machen könnten, sähen wir die strahlende, bewegliche, ästhetische Architektur des Kosmos. Nach Einstein darf man diese immaterielle Architektur der Raumzeit sogar als eine Art Rehabilitation des Äthers verstehen. Sie unterscheidet sich zwar grundlegend von früheren Konzeptionen, liefert aber das flexible Bezugssystem, durch welches das Licht schießt und das die Raumzeit definiert: «Gemäß der allgemeinen Relativitätstheorie ist ein Raum ohne Äther undenkbar; denn in einem solchen gäbe es nicht nur keine Lichtfortpflanzung, sondern auch keine Existenzmöglichkeit von räumlich-zeitlichen Entfernungen im Sinne der Physik. Dieser Äther darf aber nicht mit der für ponderable Medien charakteristischen Eigenschaft ausgestattet gedacht werden ...»[24]

Nachdem der Äther zu Anfang des Jahrhunderts verworfen worden war, schlugen Einstein und viele bedeutende Physiker nach ihm eine neues Verständnis dieses Konzeptes vor. Ihre Vorschläge beruhen nicht nur auf der Relativitätstheorie, sondern auch auf ihren Versuchen, die Quantentheorie zu verstehen. Der materielle Äther Kelvins ist tot, doch für einige Wissenschaftler ist er in weit flüchtigerer, immaterieller Form auferstanden.

In den ersten Jahrzehnten des 20. Jahrhunderts ließ das Problem des Lichts Einstein nicht zur Ruhe kommen. Fast jeder, der ihn in späteren Jahren besuchte, erzählte die gleiche Geschichte. Nachdem Einstein wesentlich zur Entwicklung des seltsamen Lichtquantums beigetragen hatte, war er nun davon überzeugt, daß die Quantentheorie nicht die ganze Wahrheit sein könne. Viele Revolutionen hatten die ersten Jahrzehnte des Jahrhunderts erlebt, aber Einstein war davon überzeugt, daß die Kausalität eine nichtprobabilistische Theorie verlange. Oft genug hat er gesagt: «Der liebe Gott würfelt nicht.» Für Einstein war die Quantenphysik der Mikrowelt immer noch unvollständig, nur ein Bruchteil der Wahrheit. Sogar das Konzept, das er selbst eingeführt hatte, das des Lichtquantums oder Photons, ließ sich seiner Meinung nach im Rahmen der Quantentheorie nicht vollständig verstehen. 1951 erklärte er: «Fünfzig Jahre intensiven Nachdenkens haben mich der Antwort auf die Frage: ‹Was sind Lichtquanten?› nicht näher gebracht. Natürlich bildet sich heute jeder Wicht ein, er wisse die Antwort. Doch da täuscht er sich.»[25]

Mehr als vierzig Jahre sind vergangen, seit Einstein vor dem wissenschaftlichen Hochmut gegenüber dem Licht gewarnt hat. Die Bemühungen, das Licht zu verstehen, haben seit seinem Tod nicht nachgelassen, und doch bleibt das Wesen des Lichts ein Rätsel.

Noch immer haben wir kein Bild vom Photon. Bemerkenswert ist an der Relativitätstheorie, daß sich ihre Vorhersagen, auch jene, die das Licht betreffen, nicht einmal ansatzweise an einem Lichtmodell orientieren. Die Relativitätstheorie braucht nicht zu wissen, ob Licht eine Welle oder ein Teilchen ist, sie muß die Frage «Was sind Lichtquanten?» nicht beantworten, um die Krümmung des Lichts in der Umgebung der Sonne vorherzusagen. Egal, was Licht ist, es muß sich dem Relativitätsprinzip fügen. Die Schönheit und Universalität rühren wesentlich von diesem Element der Relativitätstheorie her, einem Element, das Einstein sehr schätzte. Wie weit kommt man ohne eine Vorstellung vom Licht? Wie viele Vorhersagen kann man machen, ohne zu wissen, was Licht wirklich ist?

In jüngerer Zeit hat vor allem der große, leider schon verstorbene Physiker Richard Feynman diesen Ansatz verfolgt. Der Schönheit und nicht dem Abbild verpflichtet, näherte sich Feynman den Phänomenen der Physik mit einem altehrwürdigen Instrument: dem Vertrauen darauf, daß Vollkommenheit der Ursprung aller Existenz sei. Viele Forscher haben sich im Laufe der Jahrhunderte, bis in die Gegenwart hinein, den Geboten der Schönheit unterworfen und ihre Vorstellungen nach ihrem Bild geformt. Nachdem wir uns an den ästhetischen Vorzügen der Raumzeit erfreut haben, wenden wir uns nun der abstrakten Schönheit des Vollkommenen zu.

## Auf den Spuren des Schönen

> Es ist nicht so, daß ein Teilchen dem Weg der kleinsten Wirkung folgt; es riecht vielmehr alle Wege in der Nachbarschaft und wählt dann denjenigen mit der kleinsten Wirkung.
>
> Richard Feynman[26]

Schon zu Lebzeiten eine Legende, hatte Richard Feynman seine Karriere als exzellenter junger Wissenschaftler in den Geheimlabors von Los Alamos begonnen – ein Mitglied des wissenschaftlichen Teams, das unter der Leitung von Robert Oppenheimer die erste Atombombe baute. Als höchst unbequemes Mitglied des Kongreßausschusses zur Untersuchung der *Challenger*-Katastrophe entdeckte Feynman mit unbestechlichem Scharfsinn den tragischen Fehler in der Konstruktion des Hilfsantriebs, der für das Unglück verantwortlich war.

Was interessiert einen Mann von solcher Brillanz und Originalität so an der Physik, daß sie ihn an sich zu binden und vier Jahrzehnte lang zu faszinieren vermag? Wenn einem alles so leicht fällt, was kann einen dann überhaupt noch fesseln? Die Antwort ist in einer Bemerkung zu suchen, die der kluge Lehrer Bader einst an seinen Schüler Feynman richtete. Als jener nämlich feststellte, wie sehr sich sein Ausnahmeschüler langweilte, gab er ihm eine Aufgabe von ästhetischem Reiz. Physikalisch ausgedrückt: Bader erklärte Feynman, das Licht folge, wie alle Dinge, stets dem Weg des Schönen.

## Noch einmal: Lichtkrümmung

Beim Angeln hat jedes Kind schon einmal bemerkt, daß die Rute, wenn man sie ins Wasser hält, zu brechen scheint. Wenn Sie einen Löffel in ein Glas Wasser tauchen und ihn von oben betrachten, scheint er einen Knick aufzuweisen, wo vorher keiner war. Wenn wir die Angelrute und den Löffel aus dem Wasser ziehen, sind wir nicht überrascht, daß sie wieder ihre ursprüngliche Gestalt annehmen. Vielleicht ist uns sogar das Phänomen der Brechung bekannt, die Tatsache, daß Licht (oder der Sehstrahl) sich krümmt, wenn es von einem Medium in ein anderes gelangt – beispielsweise von der Luft ins Wasser.

Warum macht das Licht das? Warum krümmt es sich, wenn es aus der Luft ins Wasser dringt? Oder, um die Frage allgemeiner zu fassen, warum breitet es sich generell auf seine besondere Art aus, indem es sich manchmal auf eine bestimmte Art krümmt, manchmal in einem ganz bestimmten Winkel reflektiert wird? Und noch allgemeiner: Warum bewegt sich ein Stein oder ein Elektron oder irgendein anderes Objekt auf seine ganz besondere Art? Was verbirgt sich hinter dem Verhalten aller physikalischen Systeme, hinter allen physikalischen Gesetzen? Es scheint entsetzlich anmaßend, eine so große Frage zu stellen, und doch gibt es auf einer bestimmten Ebene nur eine einzige wirklich überzeugende Antwort. Genau darüber hat Bader mit dem jungen Feynman gesprochen, und ich denke, diese Frage hat Feynman ein Leben lang nicht losgelassen.

Die Taten des Lichts können uns abermals zum Kern der Dinge führen. Während wir mit anderen über die simplen Tatsachen der Lichtbrechung und -reflexion nachdenken, werden wir am Ende bei Bader, Feynman und überraschenderweise bei den aktuellen Problemen der Quantenmechanik landen. Die Geschichte beginnt im 2. Jahrhundert im exotischen Ambiente Ägyptens.

Die erste systematische Beobachtung von Brechungsvorgängen scheint der alexandrinische Astronom Claudius Ptolemäus im 2. Jahrhundert n. Chr. vorgenommen zu haben. Von seiner bedeutenden optischen Abhandlung ist eine Tabelle erhalten, deren Daten die Lichtwinkel in Luft und Wasser wiederzugeben scheinen.

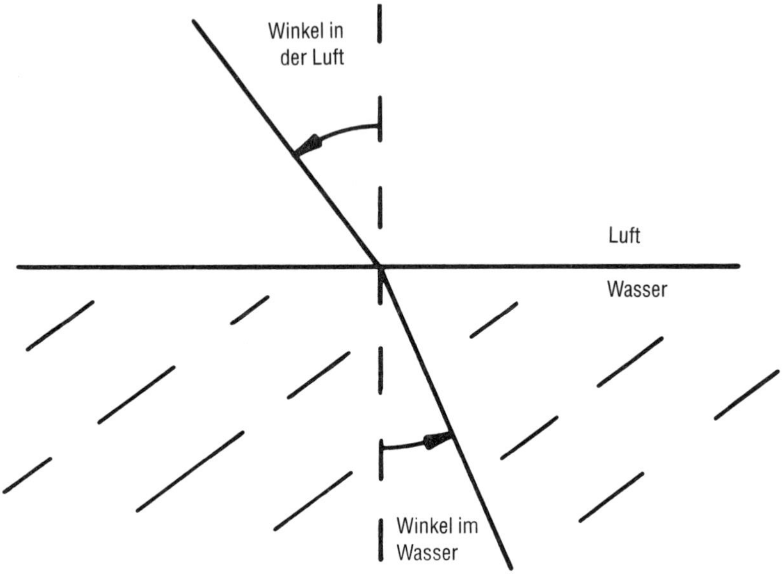

Brechung an einer Luft-Wasser-Fläche

| WINKEL IN DER LUFT | WINKEL IM WASSER |
|---|---|
| 10 | 8 |
| 20 | 15½ |
| 30 | 22½ |
| 40 | 29 |
| 50 | 35 |
| 60 | 40½ |
| 70 | 45½ |
| 80 | 50 |

Auf den ersten Blick scheinen die Zahlen durchaus einleuchtend zu sein. Die Winkel im Wasser sind, wie zu erwarten, alle kleiner als die Winkel in der Luft, so daß das Gesamtmuster offenbar stimmt. Man wird allerdings mißtrauisch, wenn man die Genauigkeit der im Wasser gemessenen Winkel betrachtet.

Einen halben Grad zu messen wäre für das 2. Jahrhundert n. Chr. eine reife Leistung. Betrachten wir diese Winkel also noch etwas genauer und ziehen die benachbarten Zahlen voneinander ab. Dabei gelangen wir zu folgenden Ergebnissen:

| WINKEL IN DER LUFT | WINKEL IM WASSER | UNTERSCHIED |
|---|---|---|
| 10 | 8 | |
| 20 | 15½ | 7½ |
| 30 | 22½ | 7 |
| 40 | 29 | 6½ |
| 50 | 35 | 6 |
| 60 | 40½ | 5½ |
| 70 | 45½ | 5 |
| 80 | 50 | 4½ |

Die Spalte der Unterschiede ist offenkundig eine arithmetische Reihe: 4½, 5, 5½ ... und so fort, wobei jedesmal ein halber Grad hinzugezählt wird. Der sorgfältige Vergleich mit den Winkeln im Wasser, wie wir sie heute messen, zeigt, daß die tatsächlichen Winkel keineswegs den von Ptolemäus angegebenen gleichen. Mit anderen Worten, die Wasserwinkel in der zweiten Spalte gründeten sich nicht auf Messungen, sondern auf theoretische Überlegungen. Ptolemäus zwang seine «Messungen», sich der Theorie anzugleichen. Sie sind zu «gut», um wahr zu sein.

Entscheidend ist hier *nicht,* daß Ptolemäus unehrlich war, sondern daß er ein bestimmtes Motiv für die Datenfälschung hatte, ein sehr edles Motiv: Er wollte nämlich, daß seine Daten schön waren, und Schönheit war für die hellenistische Welt gleichbedeutend mit Geometrie, der vollkommensten Form der Mathematik. Deshalb *mußten* die Winkel im Wasser einer arithmetischen Reihe folgen. Die Zahlenfolge war schön, die Messung ungenau, also ging er davon aus, daß die Werte stimmten.

Wie seine epochemachende Abhandlung über Astronomie

begann Ptolemäus auch seine optische Untersuchung mit bestimmten metaphysischen Annahmen über die Weltordnung. «Metaphysik» bedeutet wörtlich «jenseits der Physik». Eine seiner metaphysischen Überzeugungen lautete, daß der Aufbau des Universums auf der Zahl beruhe; es ist ein «Kosmos» im eigentlichen Sinne, denn im Griechischen heißt das Wort ursprünglich «Ordnung». Bilden wir uns nicht ein, daß solche Werte überholt wären. Neben vielen anderen hielt auch Einstein hartnäckig an den Werten von Schönheit und Ordnung als den wesentlichen Voraussetzungen für die Arbeit des Theoretikers fest. Und in seiner Zeit stand Ptolemäus beileibe nicht allein mit dieser Auffassung.

Zwar vertrat im 4. Jahrhundert der Philosoph Damianos im einzelnen eine andere Lehre von der Brechung, offenbarte aber eine ähnliche Geisteshaltung wie Ptolemäus, als er in seiner eigenen Abhandlung auf die Brechung zu sprechen kam. Er entwickelte das Brechungsgesetz nach folgender Logik: «Wenn die Natur nicht wünscht, daß unser Sehstrahl unverrichteter Dinge umherwandert, wird sie ihn unter gleichen Winkeln brechen.» Laut Damianos gibt es also für die Natur eine einzige «beste» Weise, das Licht zu brechen, andernfalls wäre nutzloses visuelles Chaos das Resultat. Diese beste Weise ist realisiert, wenn der Brechungswinkel stets genau halb so groß wie der Eintrittswinkel ist.

Achthundert Jahre später stimmte Grosseteste Damianos zu und machte die metaphysische Basis der Herleitung sogar noch deutlicher: «Und es erweist sich uns durch diesen Grundsatz der Naturphilosophie, daß jede Operation der Natur durch die begrenztesten, geordnetsten, kürzesten und besten aller möglichen Mittel geschieht.»[27] Leider stimmen die Fakten der Lichtbrechung nicht mit der besten aller möglichen Welten überein, wie sich Damianos und Grosseteste das wohl vorgestellt haben; der kürzeste Weg ist unter Umständen keineswegs der beste.

Instinktiv neigen Wissenschaftler dazu, solche metaphysischen Argumente als Unsinn abzutun. Doch was Bader in sei-

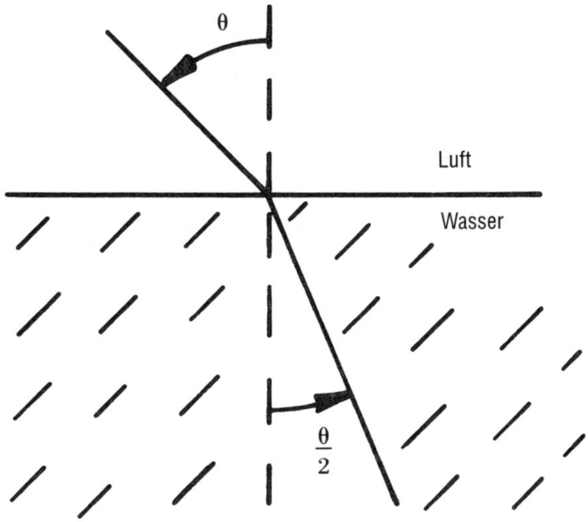

Grossetestes frühes – und falsches – Brechungsgesetz, basierend auf seinem Sinn für Schönheit

ner Unterhaltung mit Feynman äußerte, klang den Überlegungen von Damianos und Grosseteste gar nicht so unähnlich, mit einem entscheidenden Unterschied: Baders Definition des «Besten» war richtig! Sie war göttlich im Sinne von Platons wissenschaftlicher Terminologie.

## Ursachen: notwendige und göttliche

Platon – und nach ihm alle Philosophen bis ins 17. Jahrhundert hinein – vertrat die Auffassung, daß es zumindest zwei Arten von Ursachen gäbe; die einen nannte er «göttlich», während die anderen lediglich «notwendig» waren. Göttliche Ursachen sind «mit Vernunft Urheber des Schönen und Guten»[28]. Notwendige Ursachen gingen mit roher Kraft vor und führten, sich selbst überlassen, nur zu zufälligen, chaotischen Ergebnissen, stünden sie nicht unter dem Einfluß der göttlichen Ursachen.

Die Zimmerleute mit ihren Werkzeugen und Baumaterialien

brauchen, wie die notwendigen Ursachen, eine Idee, die gewöhnlich durch den Architekten und Eigentümer zum Ausdruck gebracht wird, bevor ein Haus – das richtige Haus – gebaut werden kann. Mit der Welt verhält es sich nicht anders: Die Kräfte der Natur an sich sind unvernünftige, rohe Mitursachen, die von den höheren, göttlichen Ursachen auf den Plan gerufen werden, «um», so Platon, «nach Möglichkeit das Beste zu verrichten».

Aristoteles nannte Platons göttliche Ursache *causa finalis* oder Zweckursache und unterschied sie von drei anderen inneren und äußeren akzessorischen Ursachen: den materialen (dem Bauholz des Hauses), den wirkenden (den Bauhandwerkern mit ihren Werkzeugen) und den formalen (dem Bauplan des Architekten). Die Zweckursache des Hauses ist seine Verwendung zum Schutz gegen Regen und Kälte. Der Zweck, dem es dienen soll, ist die *causa finalis.*

Was für Zweckursachen wären in der Optik denkbar? Wenn man über die Phänomene der Brechung und Reflexion nachdenkt, gelangt man ganz natürlich zu der Frage nach den Kräften, die dort wirksam sind, der Anziehung und Abstoßung, die auf das Licht einwirken (egal, ob man es sich als Teilchen oder Welle denkt). Wir fragen nicht, welcher der «beste» Weg ist, dem das Licht folgen kann. Doch es gibt eine Tradition in der Physik – und Damianos, Grosseteste und Feynman gehören ihr an –, die genau diese Frage stellt.

Diese Tradition geht mindestens bis zu Heron von Alexandrien zurück (um 125 v. Chr.), der bewiesen hat, daß der Weg, den der Sehstrahl (oder das Licht) bei der Reflexion an einem Spiegel zurücklegt, tatsächlich die kürzestmögliche Strecke ist, die das Auge bei Reflexion im Spiegel mit der Lichtquelle verbindet. Alle anderen Wege sind länger. Das Licht folgt dem besten Weg, wenn wir unter dem besten den kürzesten verstehen.

Sowohl Damianos als auch Grosseteste kannten Herons Ausführungen und versuchten, sein Argument auf die Lichtbrechung anzuwenden. Dabei besteht die Schwierigkeit darin, daß bei der Brechung die zurückgelegte Strecke offenkundig *nicht* die kürzeste physische Entfernung zwischen Lichtquelle und Auge ist. Deshalb vertraten sie einen anderen Begriff des Besten, nämlich den der gleichen Winkel. Gescheitert sind sie nicht, weil sie metaphysische Kriterien verwendet, sondern weil sie die falsche Metaphysik gewählt haben. Sie brauchten eine, die Herons Kriterium näher kam. Sie brauchten den Begriff der kürzesten optischen Entfernung, die gewöhnlich von der geradlinigen abweicht.

Statt des einfachen Kriteriums der kürzesten Entfernung schlug der französische Mathematiker Pierre de Fermat sein «Prinzip der kürzesten Zeit» vor. Das Licht folgt *stets* dem Weg, der nicht die Entfernung minimiert, sondern die *Zeit,* die es braucht, um von einem Ort zum anderen zu gelangen. Wie ein schlauer Pendler, der während des Berufsverkehrs zur Arbeit fährt, kann das Licht durchaus eine längere Strecke wählen, wenn dadurch die Zeit, die es für seine Reise braucht, verkürzt wird. Die Lichtbeugung beim Übergang aus der Luft ins Wasser, die Brechung, ist ein solcher Fall: Das Licht folgt einem Weg, der räumlich länger, aber zeitlich kürzer ist. Mit dem Fermatschen Prinzip der kürzesten Zeit (oder schnellsten Ankunft) und geometrischen Kenntnissen, die nicht über die von Heron hinausgehen, lassen sich das richtige Brechungsgesetz (das Snelliussche Gesetz) sowie das Reflexionsgesetz ableiten. Das Licht folgt dem besten Weg, vorausgesetzt, wir wissen, was mit «der beste» gemeint ist.

## Auf allen Straßen unterwegs

Wenn die Geschichte hier enden würde, wäre sie bereits wunderbar genug, doch Fermat hat nur als erster ein vereinheitlichendes Prinzip angewendet, das sehr viel umfassender und leistungsfähiger ist und sich in der modernen Physik großer Beliebtheit erfreut. Was Bader dem jungen Feynman erläuterte, war das Fermatsche Prinzip in der Version des 20. Jahrhunderts. Durch den französischen Mathematiker Maupertuis im Jahre 1744 verallgemeinert, kennt man es heute unter der Bezeichnung «Prinzip der kleinsten Wirkung». Mit seiner Hilfe – die Einzelheiten sind hier ohne Bedeutung – kann man für eine erstaunliche Fülle physikalischer Phänomene aus Optik, Mechanik, Hydrodynamik, Elektrodynamik und Quantentheorie eine Größe definieren, die wir als «Wirkung» bezeichnen, und die für die jeweilige Fragestellung relevanten physikalischen Gesetze ableiten, indem man den Weg sucht, in dessen Verlauf die Wirkung am geringsten ist.[29] Daher der Name: das Prinzip der kleinsten Wirkung.

Für den Vater der modernen Quantentheorie Max Planck verkörperte dieses Prinzip eine grundlegende Wahrheit. Im Gegensatz zu den «differentialen» Gesetzen der Physik, die angeben, welche Kräfte von Augenblick zu Augenblick auf das Teilchen einwirken, während es sich bewegt, scheint sich das Prinzip der kleinsten Wirkung auf den gesamten, ungeteilten Weg zu beziehen. Formal kann man immer vom Integral- zum Differentialverfahren übergehen, doch in jedem ist eine bestimmte Einstellung zur Welt beschlossen. Im differentialen Vorgehen sind wir der Baustellenleiter, der die Handwerker und die verwendeten Materialien beaufsichtigt; dann sind wir nur mit den notwendigen Ursachen befaßt. Doch wir können auch einen Schritt zurücktreten und das Werk bewundern, bevor es vollendet ist, und das Ganze vor unserem geistigen Auge sehen. Dann können wir uns andere Entwürfe, andere gangbare Wege vorstellen, um den besten auszuwählen und eine göttliche Ursache zu erkennen. Beide Arten, die Aufgabe zu betrachten, haben ihre Berechtigung. In der Physik bleibt die Entscheidung der Natur überlassen, sie hat ihre «göttliche Ursache» gewählt – offenbar das Prinzip der kleinsten Wirkung.

Was den jungen Feynman fasziniert hat, war, denke ich, das Erlebnis der Schönheit und Ganzheit unseres Universums, das

Nachvollziehen der «Entscheidungen», die die Natur getroffen hat. Dieses erste Erlebnis, das ein Augenblick höchster wissenschaftlicher Eingebung war, trug wunderbare Früchte, als Feynman später – inzwischen ein hochbegabter Student an der Princeton University – seine «Pfadintegralmethode» entwikkelte, wobei er sich genau an dieses Prinzip der kleinsten Wirkung hielt. Viele Wissenschaftler halten sie für die schönste Formulierung der Quantentheorie. Ihr zufolge werden alle Straßen befahren, alle Wege von einem Quantenteilchen, gleichgültig ob Licht oder Materie, zurückgelegt. Wenn man die zahllosen Wege zusammenfaßt, kristallisiert sich einer heraus, dessen Wirkung am kleinsten ist. Was auch immer Licht ist, hier werden wir es finden.

Zwei Forschungsrichtungen haben uns ins Licht geführt. Die eine hat universelle Wahrheiten im Blick und arbeitet mit mächtigen Prinzipien wie der Relativität und der kleinsten Wirkung. Die andere wendet sich dem unendlich Kleinen, den Bausteinen der Welt zu. Einstein unterschied zwischen prinzipiellen Theorien und Konstruktionstheorien.[30] Wir schmeicheln uns, mit den ersten die Vernunft des Universums, die ihm zugrundeliegenden Gesetzmäßigkeiten entdeckt zu haben. Mit den letzteren versuchen wir, die praktischen Verfahren zu erkennen, mit denen die Natur ihre Ziele realisiert. Nachdem das Stück geschrieben ist, möchten wir hinter den Kulissen einen Blick auf die Bühnentechnik werfen. Goethe und mit ihm die meisten Philosophen des 20. Jahrhunderts raten uns, nicht zuviel auf die «Wirklichkeit» zu geben, die wir dort entdecken. Die Entdeckungen, die wir machen, die «Wirklichkeiten», die wir sehen, könnten mehr über uns selbst aussagen als über den Gegenstand unserer Forschung – eine Warnung, die sich in der modernen Physik doppelt bewahrheitet hat. Doch wir wollen nicht auf das Vergnügen verzichten, aus unseren Theorien Bilder abzuleiten. Wir möchten nicht nur wissen, wie sich das Licht verhält, sondern auch, was es ist. Nicht bereit, die Antworten der Vergangenheit zu akzeptieren, basteln wir unser eigenes Verständnis zusammen.

Weder die Relativitätstheorie noch das Prinzip der kleinsten Wirkung sagen etwas über das Wesen des Lichts aus. Von scheinbar harmlosen Voraussetzungen und intuitiv einleuchtenden Annahmen ausgehend, gelangen sie jedoch zu ungewöhnlichen Schlußfolgerungen, aus denen sich universelle Gesetze voller Schönheit und Aussagekraft ergeben. Doch einige Forscher können sich mit Gesetzen allein nicht zufriedengeben. Sie wollen auf den anderen Weg nicht verzichten, den der Zergliederung. Wir kennen ihn aus früheren Kapiteln. Seit Leukipp und Demokrit die atomistische Philosophie entwickelt haben, sucht die Wissenschaft nach den fundamentalen Bausteinen der Natur. Durch diese Analyse wird das Licht zwangsläufig auf seine kleinsten Teile reduziert. Doch auch hier warten tausend Überraschungen, weil sich im kleinsten Teil des Lichts ein im wahrsten Sinne des Wortes Ganzes verbirgt.

Wir leben in der Schwebe zwischen dem Teil und dem Ganzen, dem Differential und dem Integral, zwischen, wie Schiller sie nennt, der Neigung zum Stoff und der Neigung zur Form.[31] Zwischen beiden suchen wir unseren Weg, indem wir beiden die gebührende Beachtung schenken. Schiller nannte diese Form des Umgangs mit der Welt wahres Spiel, denn nur im Spiel sind wir frei.

Louis Kahn berichtet: «Ich stellte mir selbst eine Aufgabe: ein Bild zu zeichnen, auf dem das Licht sichtbar ist. Wenn Sie sich eine solche Aufgabe vornehmen, ist Ihre erste Regung blinde Flucht, weil sie offenbar beim besten Willen nicht zu leisten ist. Man sagt, das weiße Blatt Papier ist das Bild. Was sonst ließe sich noch tun? Aber als ich einen Federstrich auf das Papier setzte, wurde mir klar: wo das Schwarz war, war nicht das Licht, und daraufhin konnte ich eine Zeichnung anfertigen, weil ich zu erkennen vermochte, wo das Licht nicht war, eben

*Stille und Licht* von Louis Kahn

dort, wo ich Schwarz hingesetzt hatte. Nun wurde das Bild absolut leuchtend.»

Sogar der Künstler muß die Dunkelheit beschwören, um das Licht zu verbildlichen. Louis Kahn hat das deutlicher als die meisten Menschen erkannt. Mir geht es nicht anders. Die begrenzten Wörter der Sprache sind mein Farbkasten, und meine beschränkte Begriffswelt legt die dunklen Markierungen fest, die ich machen kann. Wie Kahn bin ich lediglich in der Lage, meine Worte dorthin zu setzen, wo kein Licht ist. Doch vielleicht wird dabei auch dieses Buch «absolut leuchtend».

# 11 Kleinste Lichteinheiten – eine moderne Sicht

> Spaltet immer das Licht! Wie öfters strebt
> ihr zu trennen, was euch allem zum Trutz
> Eins und ein Einziges bleibt.
>
> Goethe[1]

Unsere Überlegungen sind an einen Wendepunkt gelangt. Die wechselnden Auffassungen der Vergangenheit müssen jetzt der tastenden Suche der Gegenwart weichen. Die Geschichten, die nun zu erzählen sind, sind unsere Geschichten. Was halten wir, nach bestem Wissen und Gewissen, für das Wesen des Lichts? Zu Regenbogen, Kerze, Prisma und Spiegel treten jetzt verwirrende Quantenphänomene hinzu, in denen der Charakter des Lichts höchst paradox erscheint.

Statt dieses «moderne» Licht abstrakt zu beschreiben, werden wir unter den zahllosen Experimenten der Quantenoptik jene konkreten Fälle auswählen, in denen die wichtigsten Verhaltensmerkmale des Photons am deutlichsten zum Ausdruck kommen. In diesen Experimenten werden die besonderen Eigenschaften von Lichtquanten plastisch zutage treten und zu dem werden, was Goethe unbedenklich die Urexperimente der Quantenwelt genannt hätte. Indem wir geduldig mit ihnen arbeiten, bilden wir, wie Goethe sagt, neue Erkenntnisorgane aus, die unserem Gegenstand gerechter werden als die traditionellen Vorgehensweisen, die wir aus der klassischen Physik übernommen haben. So stellen die Quantenphänomene also die Selbstzufriedenheit unseres Denkens in Frage, fordern uns auf, unsere eigenen Grenzen zu überschreiten. Wie die Fische, die in den schwarzen Gewässern der Mammuthöhle schwimmen, haben wir uns auf die Dunkelheit eingestellt. Erst nach jahrhundertelangen Bemühungen sind wir in lichtere Gewässer gelangt. Noch immer blind durch die Gewöhnung an die

Höhle scheuen wir davor zurück, die offenen, im hellen Sonnenlicht liegenden Bereiche zu erkunden und genauer zu untersuchen. Nur wenn wir uns bewußt dazu aufraffen, können wir jemals hoffen, das Licht zu verstehen.

Selbst auf Quanteneffekte beschränkt, sind die Lichtphänomene unzählig. Doch einige sind aufschlußreicher als andere. Wie in einem großen Werk der Bildhauerkunst oder der Malerei tritt in ihnen das Wesentliche zutage, während jede nur äußerliche Eigenschaft entfällt. Solche Erscheinungen haben eine besondere Bedeutung und kommen auf jedem Gebiet nur in geringer Zahl vor. «Urphänomene» hat Goethe sie genannt, ein Ausdruck, den ich hier übernehmen möchte. In ihnen begegnen wir selbstevidenten Manifestationen der Naturgesetze. Wie empirische Fenster öffnen sie sich auf das ewige Prinzip, nach dem die Natur den Fluß der Erscheinungen gliedert. Wenn wir die Augen haben, ein Urphänomen wirklich zu sehen, haben wir auch den Verstand, es zu begreifen. Welches sind also die Urphänomene des Lichts auf der Quantenebene?

Wenn wir uns vom alltäglichen Licht zum Quantum wenden, folgen wir der modernen Neigung, die kleinsten Teile des Lichts zu untersuchen. In Quantenexperimenten wird das Licht erforscht, nachdem man es auf die Ebene der kleinstmöglichen Teilchen reduziert hat. Wie beschrieben, haben als erste Max Planck und Albert Einstein die Existenz eines elementaren Lichtteilchens postuliert, indem sie von der Annahme ausgingen, Licht sei nicht unendlich teilbar und besäße deshalb eine kleinste Einheit. 1926 hat der amerikanische Chemiker Gilbert N. Lewis dem Lichtquantum seinen heute üblichen Namen gegeben: Photon. Die Physiker haben sich experimentell mit dem Photon auseinandergesetzt, und die Spezialdisziplin, die sich mit der Untersuchung des Lichts als Quantenobjekt befaßt, ist die Quantenoptik. Wie ich durch meine eigene Arbeit erfahren habe, ist sie ein herrliches Forschungsgebiet, voller spannender Momente und neuer Einblicke in das Wesen des Lichts.

Gibt es archetypische Experimente, in denen das Photon, mag

dies auch auf paradoxe Weise geschehen, Aspekte seiner Natur offenbart? Dann können wir wie Einstein, der beharrlich hinter dem Licht herlief, die verwirrenden Eigenschaften des Photons intensiv anschauen und hoffen, daß wir auf diese Weise endlich dem ihm eigenen Geheimnis auf die Spur kommen.

Wollen wir das kleinste Lichtteilchen, das isolierte Photon, untersuchen, so besteht die erste Aufgabe natürlich darin, eine geeignete Quelle zu entwickeln. Auf den ersten Blick scheint das einfach zu sein. Man nehme einfach eine beliebige Lichtquelle, und sei es eine Kerze, und dämpfe sie so lange, bis sie nur noch einen langsamen, aber stetigen Strom einzelner Photonen abgibt. Genau dies hat man jahrzehntelang versucht, bis man den grundlegenden Denkfehler dieses Verfahrens erkannte. Niemand hat jemals experimentell überprüft, ob solche Quellen tatsächlich einzelne Photonen erzeugen; man nahm einfach an, das dergestalt gedämpfte Licht sei ein Strom einzelner Photonen. Was für Beweise könnten uns davon überzeugen, daß es sich bei einer Lichtquelle um eine Einphotonquelle handelt? Offenbar brauchen wir geeignete Mittel, um Lichtquellen zu überprüfen.

Den vielleicht elegantesten Einphotontest haben die französischen Physiker Alain Aspect, Philipp Grangier und G. Roger durchgeführt.[2] Obwohl technisch etwas schwierig, ist der Grundgedanke ganz einfach. Man schickt das vermutete Photon in ein optisches Gerät, welches das Licht teilt, so daß eine Hälfte des Lichts einen Weg und die andere den anderen Weg nehmen muß. Wenn das Licht irgendwann nicht mehr teilbar ist, dann haben wir die Ebene des Photons oder «Atoms» (in der griechischen Urbedeutung von «unteilbar») erreicht. Das optische Gerät, welches das Licht halbiert, ist ein halbdurchlässiger Spiegel, ein «Strahlungsteiler». Wenn das Licht auf ihn fällt, wird die Hälfte des Lichts durchgelassen und die andere reflektiert. Stellen wir uns vor, ein einziges atomartiges Photon trifft auf den Strahlungsteiler. Was geschieht? Wenn es wirklich unteilbar ist, nimmt es entweder den einen oder den anderen

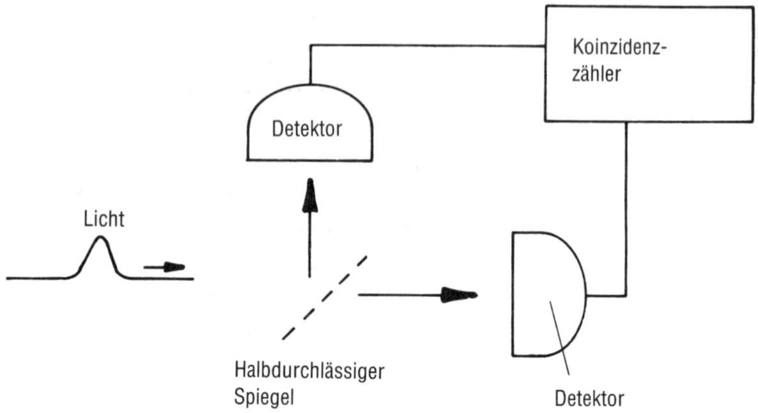


Licht als Teilchen. In diesem Experiment gelangt ein Photon, das auf den halbtransparenten Spiegel fällt, entweder zu dem einen Detektor oder zum anderen, niemals zu beiden.

Weg, aber *nicht* beide. Dieser Vorgang heißt «Antikorrelation». Wenn andererseits das Licht teilbar ist, wird auf beiden Wegen Licht vorhanden sein, die eine Hälfte auf dem einen, die andere Hälfte auf dem anderen. Das ist der Test.

Im Gegensatz zur Atomtheorie des Lichts geht die Wellentheorie von der unendlichen Teilbarkeit des Lichts aus. Es gibt keine untere Grenze für die Reduzierung der Lichtintensität. Folglich müßte der Strahlungsteiler das Licht *immer* teilen, die eine Hälfte auf den einen, die andere auf den anderen Weg schicken. Also ist er eine Art Lackmustest für das Licht – Welle oder Teilchen. Als man ihn auf eine Fülle von Lichtquellen anwendete, gelangte man zu verblüffenden Ergebnissen. Alle herkömmlichen Lichtquellen wie Kerzen, Glühlampen, Gasentladungs- oder Leuchtstofflampen, selbst Laser zeigen – mag ihr Licht auch noch so schwach sein – keine Antikorrelation. Aus den Daten geht hervor, daß sich das Licht am Strahlungsteiler in einer Weise aufspaltet, die man sehr gut durch eine Wellentheorie des Lichts beschreiben kann. Alle üblichen Lichtquellen werden also dem einfachsten Kriterium für die Einphotonemission nicht gerecht. Einphotonquellen sind nicht natürlich.

Doch damit ist noch nicht alles verloren. Der Mensch ist einfallsreich. Wenn konventionelle Lichtquellen nicht ausreichen, können wir neue ersinnen, die unseren Zwecken besser dienen. In den letzten Jahren sind zwei solche Quellen entwickelt worden. Die eine beruht auf dem Prinzip der Atomkaskaden. Die andere wird von den Fachleuten «parametrische Zweiphotonen-Abwärtswandlung» genannt. Die Besonderheiten dieser Quellen brauchen uns nicht zu interessieren, doch in beiden Fällen werden zwei sehr verwandte Photonen erzeugt, die dem Experimentator beide jeweils die Gegenwart des anderen anzeigen. Bei richtiger Verwendung bestehen beide Quellen den Einphoton-Lackmustest. Das Licht, das sie erzeugen, zeigt die Antikorrelation, die man bei Einphotonquellen erwartet.

Erst seit ein paar Jahren hat die Physik gute Quellen nichtklassischen, quantenmechanischen Lichts zur Verfügung, und seither amüsieren wir uns mit ihnen. Dutzende von eleganten Experimenten, die häufig seltsame Ergebnisse zutage förderten, sind seither mit Einphotonquellen durchgeführt worden. Ein paar, die meiner Meinung nach die komplizierte Natur des Lichts am deutlichsten offenbaren, möchte ich hier beschreiben. Vielleicht finden wir unter ihnen die archetypischen Experimente, nach denen wir suchen. Jetzt, da wir des einzelnen Photons habhaft geworden sind, wollen wir sein Verhalten ergründen. Vielleicht ist es völlig sinnlos, das Wesen des Lichts abstrakt ausdrücken zu wollen, aber durch seine Taten können wir einen Blick auf seinen Charakter werfen.

## Archetypische Fälle

Hinter den rastlosen Bemühungen des Forschers lauert ein stärkerer, geheimnisvollerer Drang: man hofft, die Existenz und Realität zu begreifen.[3]

Einstein, 1934

Von früh an wandte Einstein seine Aufmerksamkeit der widernatürlichen Beschaffenheit des Photons zu. Wie gewöhnlich schlug er ein sehr aufschlußreiches Gedankenexperiment vor. Man müsse eine Einphotonquelle nehmen, sagte er einmal zu Bohr, um ein isoliertes Photon zu erzeugen. Dann schicke man das Photon durch einen Strahlungsteiler. Wir *wissen,* daß das Photon den einen oder anderen Weg genommen hat; dies war ja auch der beste Test, um die Quelle als Einphotonquelle zu bestimmen. Das kann man so oft überprüfen, wie man will, die Antikorrelation ist stets da. Nun ersetze man, so Einstein, die beiden Detektoren durch Spiegel, die das Photon so umleiten, daß es, egal welchen Weg es nimmt, letztlich im gleichen Segment eines fotografischen Films landet. Was sieht man?

Beim Eintreffen des ersten Photons taucht ein winziger einzelner Fleck ungefähr dort auf, wo man ihn erwartet. Entsprechend zeigen sich die folgenden Photonen um den ersten gestreut. Bis hierhin ist alles in Ordnung. Doch im Laufe der Zeit kommt ein Fleck nach dem anderen hinzu, und es geschieht etwas völlig Unerwartetes. Die Flecken reihen sich zu dunklen und hellen Streifen auf, zu eindeutigen Interferenzmustern. Die Experimentaldaten lassen keinen Zweifel zu. Wenn der Versuch so angelegt ist, daß er Interferenzstreifen erfassen kann, dann sehen wir sie auch, selbst wenn wir es mit einzelnen Photonen zu tun haben. Ordnen wir hingegen das Experiment so an, daß es die einzelne Bahn erfaßt, die das Photon genommen hat, so beobachten wir diese Bahn. Nicht die Phänomene stellen das Problem dar, sondern die unangemessenen Gedanken,

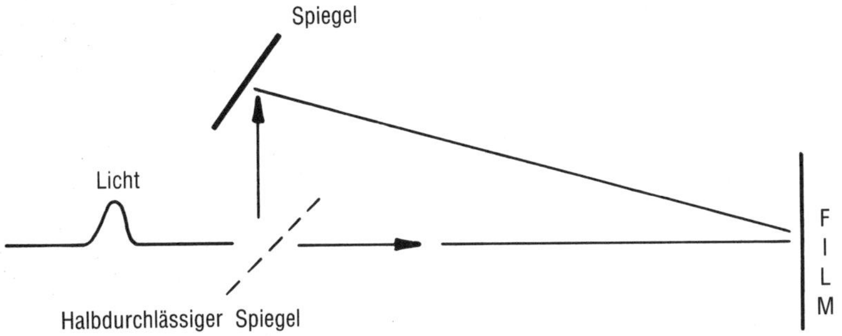

Licht als Welle. Die Interferenz setzt voraus, daß das Licht auf beiden Wegen zum Film gelangt.

mit denen wir ihnen begegnen. Im ersten Fall denken wir an Wellen; im zweiten an Teilchen. Im ersten denken wir an zwei Wege, im zweiten an einen. Wie kann beides richtig sein? Was für ein Objekt kann sich derart verhalten? Da läßt sich nur mit dem sechzehnjährigen Einstein antworten: So etwas scheint nicht zu existieren! Halten wir dies einen Moment lang fest.

Seit Thomas Young hat man Interferenzstreifen als Beweis dafür genommen, daß sich das Licht auf *zwei* Bahnen bewegt. Aber die Lichtquelle im beschriebenen Experiment war eine Einphotonquelle, die die nachgewiesene Eigenschaft besitzt, daß sie Photonen nur *einen* Weg entlangschickt, nicht zwei. Das Auftreten von Interferenzstreifen setzt jedoch in gewissem Sinne voraus, daß das einzelne, unteilbare Lichtquantum, das einsame Photon, beide Wege nimmt oder zumindest von ihnen beeinflußt wird! Bohr umschrieb Einsteins Zusammenfassung der Situation wie folgt: «Bei jedem Versuch einer anschaulichen Darstellung des Verhaltens des Photons würden wir also folgender Schwierigkeit begegnen: Wir müßten einerseits sagen, daß das Photon immer *einen* der beiden Wege wählt, andererseits aber, daß es sich verhält, als ob es *beide* Wege durchlaufen hätte.»[4]

Hier haben wir ein archetypisches Beispiel für die Welle-Teilchen-Dualität. Einsteins Gedankenexperiment mußte mehrere

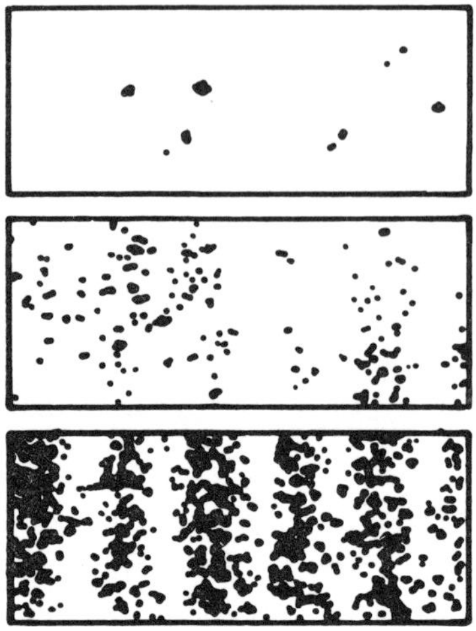


Langsam entstehen die Interferenzstreifen, ein Photon ums andere.

Jahrzehnte auf seine Verwirklichung im Labor warten. Im Jahre 1986 führten endlich Aspect, Grangier und Roger eine sehr gelungene Version des Experiments mit unzweideutigen Ergebnissen durch. Das einsame Photon interferiert tatsächlich mit sich selbst. Ein einzelnes Objekt – das Photon – scheint auf irgendeine Weise gleichzeitig mit zwei getrennten Wegen in Verbindung zu stehen. Die Konsequenzen des Experiments sind von prinzipieller Bedeutung. Die Grundstruktur der Quantenmechanik und unsere Vorstellung von Licht müssen mit diesen Experimentaldaten in Einklang gebracht werden. Wir haben ein Urphänomen entdeckt, wissen aber nicht, wie wir es richtig anzuschauen haben.

Goethe hatte recht: Wir können noch so große Anstrengungen unternehmen, das Licht in seine fundamentalen Teilchen zu zerlegen, am Ende bleibt es doch eines. Damit ist auch unsere Vorstellung von der Bedeutung des Elementaren in Frage gestellt. Bislang haben wir das Kleinste mit dem Fundamentalsten gleichgesetzt. Zumindest beim Licht läßt sich die grundlegendste Eigenschaft offenbar nicht im Kleinsten, sondern nur in der Ganzheit entdecken – nämlich seine sich hartnäckig behauptende Fähigkeit, eines und vieles, Teilchen und Welle, zu sein, ein einziges Ding, welches das Universum in sich trägt.

Zuletzt hat der bekannte Physiker John Archibald Wheeler in Reden und Artikeln die Physiker-Gemeinschaft daran erinnert, daß die Ambiguität des Quantums, wie sie sich in Einphoton-Interferenzexperimenten nachweisen läßt, noch ernster zu nehmen ist, als sie auf den ersten Blick erscheint. Dazu schlug er ein interessantes Gedankenexperiment vor, auf das erstmals Einstein und Carl Friedrich von Weizsäcker verwiesen haben.[5] Darin kommen die beiden oben beschriebenen dichotomen Experimente (Antikorrelation und Interferenz) nebeneinander bis zum bitteren Ende vor, und die Welle-Teilchen-Ambiguität bleibt während des ganzen Photonenflugs erhalten.

Stellen wir uns vor, ein einzelnes Photon gelangt wie beschrieben durch einen Strahlungsteiler, aber die Entscheidung, ob Detektoren oder Spiegel eingebaut werden, wird verzögert. Im Prinzip können Photonen in riesigen Entfernungen von Detektoren «geteilt» werden, und so kann man die Verzögerung nach Belieben verlängern, sogar jahrelang. Während wir warten, lassen wir das verwirrende Wesen des Lichts auf uns einwirken. Was können wir während dieser Zeit über den vom Photon eingeschlagenen Weg sagen? Wenn wir es uns als Teilchen vorstellen, dann teilen sich die Wege lange vorher auf, und das Photon folgt einem von ihnen. Doch wir können uns auch dazu entschließen, an diesem Photon ein Interferenzexperiment durchzuführen, und diesen Entschluß fassen, lange nachdem das Photon die Weggabelung hinter sich gelassen hat. Trotzdem werden wir eine Interferenz feststellen. Wenn wir uns das Photon dagegen als Welle denken, die beiden Wegen folgt, kann sich der Experimentator, lange nachdem die Gabelung erreicht worden ist, zu einer Messung des Weges entschließen und abermals Erfolg haben. Offenbar läßt sich vor dem abschließenden Augenblick der Messung nicht sagen, ob das Photon beide Wege oder nur einen wählt – eine Situation, die zweifellos höchst mißlich ist! Doch nachdem wir die Messung abgeschlossen haben, *können* wir augenscheinlich bestimmen, ob das Photon auf einem oder auf beiden Wegen zu uns gelangt ist. Mit Wheelers Worten: Durch unsere verzögerte Entscheidung scheinen wir «unvermeidlich auf das einzuwirken, was wir mit Fug und Recht über die schon vergangene Geschichte dieses Photons aussagen dürfen». Wenn wir die Entscheidung, was für ein Experiment wir vornehmen, hinauszögern, tritt uns die grundlegende Ambiguität der Einphotonphysik mit aller Deutlichkeit vor Augen.

Hier bekommen wir es mit etwas sehr Seltsamem zu tun. Üblicherweise haben genau definierte Objekte eine eindeutige, unmißverständliche Geschichte. Irgendwo entstehen sie, folgen einer Bahn und kommen am Ende irgendwo an. Einzelne Photonen (überhaupt alle Quanten) sind ebenfalls genau definiert, verhalten sich aber anders. Die Geschichte der Photonenbewegung zeigt eine unverkennbare, paradoxe Welle-Teilchen-Dualität, die nichts Vergleichbares in der klassischen Physik kennt. Worin hat diese Ambiguität ihren Ursprung?

Vor einiger Zeit habe ich am Max-Planck-Institut für Quantenoptik vor den Toren Münchens an einer Realisierung des von Wheeler vorgeschlagenen Experiments mit verzögerter Entscheidung mitgearbeitet.[6] Die Ergebnisse decken sich mit den Vorhersagen der Quantentheorie und führen uns vor Augen, daß ein einzelnes Photon den ganzen Weg bis zum Nachweis am Detektor im quantenmechanischen Sinne mehrdeutig, ambig, ist. Das einzelne Photon «entscheidet sich» am Strahlungsteiler weder für ein Dasein als Teilchen noch für eine Wellenexistenz. Es ist keines oder beides. Die Ambiguität gehört zum Wesen des Lichts. Sie sorgt dafür, daß sein Charakter so schwer zu fassen ist. Wenn die Photonen zwischen den Akten ihrer Sichtbarmachung existieren, dann muß unsere Beschreibung ihrer Existenz den Ergebnissen aus Einphoton-Interferenzexperimenten Rechnung tragen.

Die Meinungen über Experimente mit verzögerter Entscheidung und ähnliche Versuche sind geteilt. Die Mehrheit der Physiker verzichtet einfach darauf, sich mit der Bedeutung ihrer Quantenberechnungen auseinanderzusetzen. Sie lassen sich auch nicht durch die Konsequenzen der quantenmechanischen Grundexperimente beunruhigen. Die Wissenschaft hat für sie nicht mit Wahrheit oder Sinn zu tun, sondern mit Vorhersage und Kontrolle: Sie ist ein Instrument. Hier wird aus dem wissenschaftlichen Hochmut des 19. Jahrhunderts der Zynismus des 20. Wir haben Macht, und das genügt uns; auf wirkliche Erkenntnis können wir ganz verzichten. Aus dieser Sicht ist die moderne Wissenschaft wie die Astronomie des alten Babylon vor dreitausend Jahren. Ohne die geringste physikalische Vorstellung von unserem Sonnensystem konnten die Astronomen-Priester den Lauf von Sternen, Sonne, Mond und Planeten mit verblüffender Genauigkeit vorhersagen, indem sie rein arithmetische Verfahren auf Beobachtungsergebnisse anwendeten. Genauso können wir mit Hilfe eines Quantenalgorithmus Vorhersagen über Quantenphänomene machen, ohne die geringste Vorstellung davon zu haben, was ein Photon, ein Elektron und so weiter in Wirklichkeit ist. Doch es gibt einen Unterschied: Die babylonischen Astronomen-Priester suchten unablässig nach dem Sinn ihrer Beobachtungen, es war jedoch ein religiöser Sinn, verknüpft mit Ritualen, ihrer praktischen Lebensführung und Teilhabe am Dasein ihrer Götter und Göttinnen. Damit waren sie zufrieden. Wir haben auf jeden geistig-religiösen Bezugsrahmen unseres wissenschaftlichen Tuns verzichtet. Mit der instrumentalistischen Auffassung geben wir die Hoffnung auf wahres wissenschaftliches Verstehen auf.

Als die Götter schwanden, entwarfen die Griechen einen rationalen, geometrischen Kosmos, um den sterbenden geistigen zu ersetzen. Im 16. Jahrhundert verband sich die Materie mit der Vernunft, und das Universum wurde allmählich zu einem Uhrwerk. Die Physik und Philosophie des 20. Jahrhunderts zog diese Auffassung großenteils in Zweifel. Sie fragte, ob es überhaupt möglich sei, Materie, Licht oder die Natur als Ganzes zu erkennen. Die Demontage der wissenschaftlichen Erkenntnis war ein Akt der Befreiung, doch von ihrer Tyrannei befreit, befinden wir uns jetzt an der Schwelle zu einem demoralisierenden Nihilismus. Gibt es überhaupt noch sinnvolle wissenschaftliche Erkenntnis, wenn sie rein instrumentell ist? Im Herzen glaubt kein ernsthafter Wissenschaftler wirklich an den Instrumentalismus; kein Lehrer redet sich in Begeisterung, wenn er seinen Schülern oder Studenten ein sinnloses Rechenverfahren erklärt. Wohin also führt die Physik?

Wenn wir uns dem finsteren Abgrund des reinen Instrumentalismus gegenübersehen, wird die Versuchung zu reaktionärem Götzendienst fast übermächtig. Nachdem wir die Götter verloren haben, bewundern wir die schönen Idole, die wir an ihrer Stelle errichten können. Atome, Quarks, winzige Schwarze Löcher ... Wir meißeln sie in Stein, bekränzen sie und stellen sie in unseren Tempeln auf. Indem wir sie wirklich nennen, beseelen wir sie mit dem falschen Leben der Angst – der Angst vor dem unbekannten Wesen der Natur. Hin- und hergerissen sind wir zwischen der komplizierten Leere der Demontage und den protzigen Werken unserer eigenen Hände. Woran können wir uns halten? Goethe würde darauf die gleiche Antwort geben, die er schon Hegel und den Lesern seiner ‹*Farbenlehre*› nahegebracht hat: Haltet euch an die Phänomene. Auf sie ist Verlaß. Bei richtiger Anschauung werden sie zur Theorie.

Um sie richtig zu sehen, müssen wir sie uns vorstellen, müssen wir Konzepte auf sie anwenden, die ihrer Natur gerecht werden. Wenn uns das nicht gelingt, werden wir sie auch nicht sehen. Wir sind wie der blindgeborene S. B., der weitgehend blind blieb, auch als eine Operation ihm die Funktionsfähigkeit der Augen zurückgegeben hatte. Er verfügte über das Rohmaterial für das Sehen, sah aber nicht. Die Experimente der Quantenoptik haben uns mit dem Rohmaterial des Lichts versorgt, aber uns fehlt noch das Konzept, das seiner Natur entspricht. Wenn wir eines Tages ganz in seinem Besitz sind, wird das Paradoxon der Welle-Teilchen-Dualität verschwinden, während der «Welle-Teilchen-Charakter» erhalten bleibt. Begegnen wir den quantenmechanischen Urphänomenen mit dieser Einsicht, werden wir sie mit Verständnis und nicht mit Verwirrung betrachten. Emerson hätte gesagt, wir werden sie «benennen», denn benannt, wird ein Phänomen zur Theorie. Sobald wir das Vorkommen des Welle-Teilchen-Charakters an einem Ort geschaut haben, werden wir es an vielen Orten entdecken. Wie die Zärtlichkeit, die man in der Kindheit entdeckt, werden wir sie immer erkennen, wenn wir ihr begegnen.

Wie Jugendliche, die Shakespeare lesen, empfinden wir die Sprache der Quantenphänomene zugleich als fremdartig und wunderbar. Die Bedeutungen sind dunkel, einige Wörter unbekannt. Ein Grund mehr, innezuhalten, den Text noch einmal zu lesen und der möglichen Bedeutung nachzusinnen. Sofern wir wissen, daß es sich um ein Theaterstück handelt, können wir die Szenen mechanisch nachspielen, doch dabei bleibt vieles unberührt. Wenn wir dagegen den Text durchdrängen, die Bedeutungen entdeckten, wieviel farbiger wäre dann die Aufführung! Gewiß verdient es die Natur, wie ein Theaterstück um ihrer Bedeutung willen gelesen und nicht einfach aus Profitgründen durchforstet zu werden. Wenn wir die Sirenen der Vergangenheit hören, sollten wir wissen, daß alles vom Mut und der Unvoreingenommenheit des Lesenden abhängt. Auch wenn die moderne Inszenierung bruchstückhaft und schwierig bleibt, verweigert sich das Phänomen des Lichts einer Lesart der Welt, wie sie das 19. Jahrhundert praktiziert hat, vollends.

In jüngerer Zeit hat wachsende Unzufriedenheit mit dem Instrumentalismus viele Wissenschaftler veranlaßt, andere Einstellungen zu den Quantenphänomenen zu gewinnen. Einige nahmen die Perspektive des «kritischen Realismus» ein, die durch wirklichkeitsnähere Interpretationen der Quantenmechanik charakterisiert ist. Im Hinblick auf die Quantenphänomene gibt es prinzipiell zwei Positionen dieser Art. Die größere Gruppe vertritt die Auffassung, wir müßten unser Verständnis der Photonen und aller anderen Elementarteilchen grundlegend verändern. Sie seien wirklich, aber zutiefst unvertraut. Zum Beispiel könne man nicht von dem «Weg» des Photons sprechen. Das Photon besitze im Grunde genommen keine Bahn, sondern nur eine Reihe bestimmter Positionen, die sich mit der Zeit verändern. Um die Geschichte des Photons zu beschreiben, dürfen wir nach dieser Auffassung nicht an den Besonderheiten kleben, sondern müssen uns auf eine abstraktere Ebene begeben. Deshalb addiert man die «Quantenamplituden» für alle Bahnen, die dem Photon möglich sind, und erklärt den so ermittelten «Überlagerungszustand» zur gültigen quantenmechanischen Beschreibung des Photons. Die Entwicklung des Überlagerungszustands ersetzt das Bahnkonzept, das uns aus der klassischen Physik vertraut ist. Nach quantenrealistischer Auffassung ist also der Überlagerungszustand, der eine Art metaphysische Zusammenfassung aller dem Photon offenstehenden Wege darstellt, *tatsächlich* das Photon auf seinem Flug vom Strahlungsteiler zum Detektor. Wheeler nennt den Überlagerungszustand den «Großen Rauchdrachen». Zwar zeigten sich Kopf und Schwanz des Drachens, doch bleibe der riesige Körper hinter Rauch verborgen. Genauso verhält es sich mit dem Photon. Mögen wir auch alles über seine Emission und seinen Nachweis wissen, der Weg, den es dazwischen zurücklegt, ist ein für allemal mehrdeutig, ambig.

Wheeler geht noch weiter – über die Auffassung hinaus, die die meisten Physiker vertreten –, wenn er anhand der verzögerten Entscheidung zeigt, wie stark unsere gegenwärtigen Messungen mit der Vergangenheit verknüpft sind. In den oben beschriebenen Experimenten ist nur der abschließende Nachweis am Detektor in der Lage, die Quantenambiguität aufzuheben und den Rauch zu vertreiben, so daß das Bild einer klassischen Welt entsteht, in der sich sogar über die Photonenbahn sprechen läßt. Der am Schluß erfolgende Nachweis bestimmt offenbar die bereits der Vergangenheit angehörende Geschichte des Photons. In einem Interview erklärte Wheeler: «Insoweit er [der Große Rauchdrachen oder das Photon] Teil dessen ist, was wir Wirklichkeit nennen, ist festzustellen, daß wir zweifellos Anteil an der Bildung dessen haben, was wir bereits Vergangenheit nennen.»[7]

Eine zweite, weit kleinere Gruppe deutet das Einphoton-Interferenzexperiment mit verzögerter Entscheidung ganz anders. David Bohm und Basil Hiley sind die bekanntesten Vertreter dieser Auffassung, nach der Photonen und alle Quantenobjekte auf sehr viel traditionellere Weise zu betrachten sind. Nach ihrer Ansicht haben Quanten Positionen, Bahnen und reale Weggeschichten. Natürlich mußten auch Bohm und Hiley die paradoxen Phänomene der Quantentheorie in ihrer Theorie erklären, und das taten sie, indem sie ein zuvor unbekanntes Konzept einführten. Traditionell unterteilte die Physik die Welt in Teilchen (Elektronen, Quarks ...) und Felder (Gravitation, Elektromagnetismus, Kernkräfte). Bohm und Hiley schlugen nun noch eine dritte Größe vor, das sogenannte Quantenpotential. Dabei handelt es sich um eine Art immateriellen Äther, dem die Aufgabe zufällt, das Photon etwa so zu lenken, wie ein ferngesteuertes Flugzeug von Funksignalen gelenkt wird. Von diesem Informationsfeld werden, so die Theorie, alle Quanteneffekte getragen.

Sehr ungewöhnliche Züge hat das Quantenpotential. Erstens, es wirkt nicht direkt auf Objekte ein, sondern liefert ihren Bewegungen die notwendigen «Informationen», indem es die Wirklichkeit durch die eigene Form strukturiert. Da das Quantenpotential keine Kraft ausübt, ist es mit physikalischen Mitteln nicht direkt zu entdecken. Seine Gegenwart läßt sich nur indirekt nachweisen. Zweitens, das Quantenpotential spricht ohne Zeitverzögerung auf alle Veränderungen in der Versuchsanordnung an, auch auf sehr entfernte. Die zweite Eigenschaft bezeichnet man als *Nichtlokalität,* und sie ist von zentraler Bedeutung für alle gegenwärtigen Erörterungen der

Quantentheorie, egal ob sie von Bohm oder den Quantenrealisten stammen. An späterer Stelle werden wir dem Konzept wiederbegegnen und es dort ausführlicher behandeln. Bohm und Hiley bieten uns mit ihrer Theorie die verführerische Möglichkeit, uns die Teilchenbewegung vorzustellen, wie wir es immer getan haben; doch das hat seinen Preis. Er besteht in der Einführung einer Art «Geisterfeldes», eines immateriellen Äthers – des nichtlokalen Quantenpotentials.

Entweder man versteht das Photon als nichtklassisches Quantenobjekt und verzichtet damit auf alle sinnvollen Aussagen über seine Geschichte, oder man bevölkert den Raum wie Bohm und Hiley mit einem neuen quantenmechanischen, nichtlokalen Äther. Nach der einen Auffassung befindet sich der quantenmechanische Wirklichkeitscharakter in einem verborgenen Medium (Bohm/Hiley), nach der anderen ist er in das Photon selbst integriert. Das erste Modell ist eine Art von Dualismus, das zweite ein Monismus. Doch nach beiden Deutungen ist unsere Welt auf keinen Fall das, wofür man sie einst gehalten hat. Die eine Auffassung gibt die Geschichte zugunsten einer «Quantenrealität» auf[8], die andere schlägt eine neue «implizite Ordnung» vor, wie Bohm sie nennt, von der unsere Wirklichkeit nur eine partielle Projektion ist.[9]

Die Quantenphänomene zeigen, daß die Welt zumindest auf der Quantenebene grundsätzlich anders ist als unsere Wohnzimmerwelt der Sofas und Sessel. Ihre Struktur ist anders, ihre Ordnung unvertraut; doch trotz allem ist sie nicht weniger wirklich. Alle begrifflichen Schemata, ganz gleich wie sie sich voneinander unterscheiden, müssen sich den Daten der quantenmechanischen Urphänomene anpassen. Nach meiner Meinung ist es deshalb weit weniger wichtig, welche Theorie wir für wahr halten, als zu sehen, was sie alle gemeinsam haben. Jede zeigt aus einer anderen Richtung auf einen gemeinsamen Kern.

Wenn wir um Michelangelos *David* herumgehen, sehen wir ihn von verschiedenen Seiten. Informieren wir uns zusätzlich über Michelangelos Leben, betrachten die Werke seiner Zeitgenossen und befassen uns mit seinen anderen Plastiken, vergrößern wir den Kreis, den wir um den *David* beschreiben. Sollten wir uns nicht (wie Einstein), statt uns auf einen Blickwinkel festzulegen, lieber an uns selbst halten, während wir lernen, mit den Augen anderer zu sehen? Genau das gleiche gilt für Quantenphänomene. Wir sollten jede äquivalente Theorie, jede Deutung umkreisen und lernen, mit ihren Augen zu sehen. Jede wird auf einen anderen Mangel der alten Ordnung hinweisen und individuelle Abhilfe anbieten, die ebensoviel über ihren Urheber wie über das Quantum mitteilt. Doch wenn wir das Phänomen in dieser Welt umkreist haben, geschieht etwas Wunderbares. Wir verändern uns. Wir sehen *David* oder das Quantenphänomen mit neuen Augen. Theorien werden zu *«Denkhilfen»*, wie Coleridge sie genannt hätte, nicht zu Kodifizierungen der Wahrheit. Viel zu rasch verwandeln sich Theorien in Götzen und stehen so der Erkenntnis im Weg, statt sie zu fördern. Wenn wir uns zwischen konkurrierenden Auffassungen hin- und herbewegen, so befreien wir uns von der Tyrannei der einäugigen Sehweise und umfangen die Welt wie der indische Gott Varupa mit tausend Augen.

Was sind also die wesentlichen Erkenntnisse in der Frage des Lichts, die wir den Quantenphänomenen zu verdanken haben? Wir haben mit der Antwort bereits begonnen, doch um sie zu vervollständigen, müssen wir weiter um die Plastik herumgehen. Die Umrisse treten bereits hervor. Begriffe wie Geschichte, Ort und Identität müssen überarbeitet werden. Doch um sie deutlicher zu fassen, müssen wir uns mit weiteren Quantenphänomenen beschäftigen. Bislang haben wir nur Einphoton-Quanteneffekte untersucht. Nun ist es an der Zeit, uns Zweiphotonen- und Vielteilchenphänomenen zuzuwenden, um unsere Kreise noch weiter zu ziehen, während wir damit fortfahren, neue Erkenntnisfähigkeiten auszubilden.

## Verflochtenes Licht

Das Ziel bleibt: die Welt zu verstehen.
John Bell

Vertrauen wir uns noch einmal Einsteins Führung an. Zutiefst beunruhigt von den Konsequenzen der Quantenmechanik suchte Einstein nach einer Möglichkeit, ihre Unvollständigkeit überzeugend unter Beweis zu stellen. Nach seiner Auffassung lieferte die Quantenmechanik nur ein Teilbild einer weit komplizierteren und vielschichtigeren Wirklichkeit, die größtenteils verborgen liegt. Wenn dem so wäre, könnten die Eigentümlichkeiten der Quantentheorie niemanden überraschen. Die Quantentheorie sagt nie einzelne Ereignisse vorher, sondern nur die Wahrscheinlichkeiten ihres Auftretens. Doch unvollständiges Wissen äußert sich stets als Ungewißheit in der Vorhersage, ob an den Spieltischen von Las Vegas oder in Wettervorhersagen. Unwissenheit produziert Zufall. Aber gilt auch das Umgekehrte – zeigen Ungewißheiten im Experiment immer unsere Unwissenheit? Im 19. Jahrhundert hätte eine selbstbewußte Physik diese Frage mit einem klaren Ja beantwortet; ungewisse Ergebnisse, so glaubte man damals, offenbarten immer lückenhafte Kenntnisse. Einstein war der festen Überzeugung, die Vernunft verlange eine unzweideutige Theorie, die Quantenmechanik sei mehrdeutig und damit nicht vernünftig. Sie sei also gar keine richtige Theorie.

Um das nachzuweisen, entwickelte Einstein 1935 zusammen mit Boris Podolsky und Nathan Rosen abermals ein Gedankenexperiment, das brillant konzipiert war und sich als sehr bedeutsam für die Grundlage der Quantenmechanik erwiesen hat, besonders als seine Konsequenzen 1964 von dem zurückhaltenden, aber unnachgiebigen jungen Physiker John Bell aus Irland herausgearbeitet wurden.

Unter Physikern dürften kaum Zweifel daran bestehen, daß kein einzelner Wissenschaftler für die Quantenmechanik mehr geleistet hat als John Bell. Ich denke, seine besondere Bedeutung geht auf eine seltene Mischung aus großer Bescheidenheit, außergewöhnlicher Kühnheit des Denkens und einer bemerkenswerten Begabung zurück. Kurz vor seinem frühzeitigen Tod im Jahre 1990 habe ich mit meinem Kollegen George Greenstein vom Amherst College ein Seminar über die Grundlagen der Quantentheorie organisiert, aber erst Bells Zusage, daran teilzunehmen, sorgte für den erhofften Zuspruch. Eine ganze Woche lang erlebten wir ihn im Rahmen unserer intensiven Diskussionen als nachdenklichen und radikal ehrlichen Kritiker der Quantentheorie. Es war ein wunderbares Kolloquium, voller Humor, Musik und vielversprechender Ansätze für die ungelösten Fragen des Gebiets.

Wie Bell immer wieder hervorgehoben hat, ist die Quantenmechanik trotz all ihrer Leistungsfähigkeit – und kaum einer dürfte sie besser gekannt haben als er – einfach nicht gut genug. Sie werde, meinte er, einer anderen Theorie weichen müssen. Einmal hat Bell geschrieben, das Schicksal der Quantenmechanik werde offenkundig, wenn man ihre innere Struktur untersuche. Man brauche sie nur anzusehen und wisse, daß ihr keine glückliche Zukunft beschieden sei: «Sie trägt den Keim zu ihrer Zerstörung in sich.»[10] Einstein wie Bell verfügten über eine geradezu unheimliche Fähigkeit, das Dilemma der Quantentheorie zu erkennen, und beide hielten sie unerschütterlich die Forderung aufrecht, daß ein besseres und zutreffenderes Verständnis der Natur möglich sein müsse. Auf der Basis der Bellschen Theoreme wurden einige der subtilsten Fragen der Quantenmechanik zum ersten Mal der experimentellen Untersuchung zugänglich. Diese Untersuchungen sind heute weitgehend abgeschlossen, und sie sind von enormer Bedeutung für unser modernes, gewandeltes Verständnis von Licht und Stoff.

Seit Bell 1975 seine berühmten Theoreme bewiesen hat, ist es den Physikern gelungen, Einsteins Gedankenexperiment aus dem Jahre 1935 – nach seinen Vätern Einstein, Podolsky und Rosen inzwischen EPR-Experiment genannt – erfolgreich durchzuführen. Hier haben wir es mit einem archetypischen Experiment zu tun, das – versteht man es auf jene grundsätzliche Weise, für die uns Bell den Blick geöffnet hat – weit in die neue Ordnung der Dinge hineinführt. Es fragt nach der Wirklichkeit, indem es nach den *be-ables,* den «Kanns», der Theorie sucht, wie er sie genannt hat. Wie sind die wirklichen Eigenschaften der Dinge beschaffen? Besonders im Falle des Lichts führt die Antwort zu einem weit differenzierteren und, wie ich finde, schöneren Verständnis als vorher. Fangen wir ganz einfach an.

Den Gegenständen dieser Welt sind Merkmale eigen: Mein Kugelschreiber hat Farbe, Form, Masse und so weiter. Jeder Gegenstand muß über bestimmte, genau festgelegte Eigenschaften verfügen, an denen wir ihn erkennen. So kann mein Kugelschreiber nicht zugleich rot und grün sein, ohne mich an meinem Verstand zweifeln zu lassen. Ohne sinnlich erfaßbare Eigenschaften verliert ein Gegenstand seine Identität; in gewissem Sinne verschwindet er. Einstein hat nach den realen Merkmalen von Quantenobjekten gefragt. An denen erkennen wir sie, oder wir werden sie überhaupt nicht erkennen.

Da Quantenobjekte sehr empfindliche Wesen sind, braucht man, um ihre Merkmale in Erfahrung zu bringen, ein Mittel, das nicht invasiv ist, wie die Mediziner sagen würden. Läßt man es an der nötigen Sorgfalt fehlen, kann das Objekt einer so heftigen Störung ausgesetzt sein, daß es sich unter der Hand verändert. Dann sehe ich, als trüge ich eine rosa Brille, nicht die Farbe des Objekts, sondern nur die meiner Brille. Um dieses Problem zu vermeiden, schlug Einstein folgendes Experiment vor: Nehmen wir an, die Untersuchungsgegenstände werden in Paaren erzeugt, wie eineiige Zwillinge, die zusammen geboren werden und mit Ausnahme eines Merkmals ununterscheidbar sind. Wir bleiben bei der Zwillingsanalogie und denken uns weiter, das eine unterscheidende Merkmal sei ein Muttermal unter dem linken Arm. Nur anhand dieses Mals können wir entscheiden, wer der Prinz und wer der Bettler ist.

Die Zwillinge stehen jeden Morgen auf, sagen einander Lebewohl und eilen in entgegengesetzte Richtungen in Laboratorien an entgegengesetzten Enden der Stadt. Der eine Zwilling (wir wissen nicht welcher) erreicht sein Ziel immer kurz vor dem anderen. Ein Wissenschaftler, der nicht weiß, wen er vor sich hat, sucht nach dem verborgenen Muttermal. In diesem Augenblick verschwindet seine Ungewißheit, und er weiß, mit wem er es zu tun hat. Dabei kann er nicht nur mit Gewißheit entscheiden, wen er vor sich hat, sondern kann auch, ohne den fernen abwesenden Zwilling zu beobachten, mit absoluter Sicherheit vorhersagen, wer ein paar Minuten später im Labor des Kollegen auftauchen wird. In gewissem Sinne genügt die Beobachtung eines Zwillings, um wahre Aussagen über beide zu machen. Die Wissenschaftler halten ihre Ergebnisse fest: X für Bettler (Muttermal), O für Prinz (kein Muttermal).

| | WISSENSCHAFTLER A | WISSENSCHAFTLER B |
|---|---|---|
| 1. Juli | X | O |
| 2. Juli | O | X |
| 3. Juli | X | O |
| 4. Juli | X | O |
| 5. Juli | O | X |
| ... | ... | ... |

Beachten Sie die vollkommene Korrelation; immer wenn der eine X ist, ist der andere O. Damit verhält sich die Welt genau so, wie wir es von ihr erwarten. Jeder Zwilling begibt sich in ein Labor; einer hat ein Muttermal und der andere nicht. Einer ist der Bettler, der andere der Prinz. Die Welt ist in Ordnung.

Einstein hat eine Quantenversion dieses Experiments vorgeschlagen, das EPR-Experiment. Vierzig Jahre später hat Bell bewiesen, daß sich die Vorhersagen der Quantenmechanik und die jeder alternativen «lokalen, realistischen» Theorie in bestimmten meßbaren Merkmalen unterscheiden würden. Wichtig sind die Wörter «lokal» und «realistisch». Was ist eine lokale, realistische Theorie? Eine Theorie mit Erklärungen, die uns zufriedenstellen. Eine Theorie des gesunden Menschenverstands. Außerdem ist Bells Theorie *sehr* allgemein. Sie schlägt nicht einen Konkurrenten für die Quantenmechanik vor, sondern gleich alle Konkurrenten, die der gesunde Menschenverstand ersinnen kann! Der Einsatz ist sehr hoch. Auf der Grundlage der Bellschen Theoreme kann ein gutes Experiment jeden Konkurrenten mit gesundem Menschenverstand disqualifizieren, der gegen die Quantenmechanik antritt.

Inzwischen sind solche Experimente durchgeführt worden, am gelungensten von Aspect und seinen Mitarbeitern in Frankreich. Über jeden Zweifel erhaben zeigen sie, daß die quantenmechanischen Vorhersagen und nicht irgendeine der Einsteinschen lokalen, realistischen Theorien des gesunden Menschenverstands richtig sind. Die Experimente verlangen also von uns, etwas von dem Einsteinschen Vernunftbegriff aufzugeben. Aber was? Das EPR/Bell-Experiment zwingt uns, die Möglichkeit einer flexibleren Form des Rationalen anzuerkennen als jener, die der traditionellen Wissenschaft zugrunde lag. Aufzugeben brauchen wir die Rationalität nicht, aber wir müssen ihre Bedeutung erweitern. Unsere Auffassung von ihr war unsinnig verengt, weil wir ohne zwingenden Grund für ein mechanisches Universum voreingenommen waren. Sollen wir also die Mathematik der Quantentheorie als «irrational» bezeichnen? Die Mathematik kann mit dem besten Gewissen der Welt die verrücktesten Dinge tun. Wenden wir uns lieber wieder Einsteins quantenmechanischem Gedankenexperiment zu, und betrachten wir, in welcher Weise unser Vernunftbegriff der Erweiterung bedarf.

In Kürze: In den EPR-Laborexperimenten nehmen zwei

Photonen die Rolle der Zwillinge ein. Auch sie werden gleichzeitig erzeugt und tragen ein Merkmal oder ein «Muttermal», das in diesem Fall als Polarisation bezeichnet wird. Außerdem werden sie hinsichtlich dieses Merkmals in einer bestimmten Weise erzeugt: wenn das eine X-polarisiert ist, ist das andere O-polarisiert und umgekehrt. Wenn wir ihre Polarisation nicht überprüfen, dann sind die Photonen wie die Zwillinge ununterscheidbar. Wir lassen die Photonen in entgegengesetzte Richtungen auf weit auseinanderliegende Detektoren zufliegen, die ihre Polarisation messen können. Das eine trifft ein, und seine Polarisation wird ermittelt. Wenn es X-polarisiert ist, dann *weiß* der Experimentator, daß das andere O-polarisiert ist. Nun wird das Experiment viele Male wiederholt. Wie zuvor zeigen die Daten der beiden Detektoren eine genaue Korrelation: Für jedes X gibt es ein entsprechendes O und für jedes O ein X. Nach Einstein ist jede Eigenschaft, für die solche Vorhersagen möglich sind, eine *wirkliche* Eigenschaft des Lichts, das heißt, es gab sie schon vor der Messung. Wie sollten auch ferne Verhaltensweisen des einen Zwillings oder Photons die Eigenschaften des zweiten augenblicklich beeinflussen? Es kann doch hier nur um lokale, nicht um Fernwirkungen gehen! Um auf ein fernes Objekt einzuwirken, muß ein Signal die gesamte Distanz überwinden, und dazu braucht es Zeit. Das sagt abermals der gesunde Menschenverstand, eine unentbehrliche Eigenschaft jeder guten Theorie, wie Einstein erklärte. Er nannte diese Eigenschaft «Lokalität». Theorien des gesunden Menschenverstands sind realistisch und lokal.

Die beschriebenen Korrelationen haben große Ähnlichkeit mit denen, die sich bei den Zwillingen ergaben. Natürlich würden wir dies alles anfangs so deuten, daß jedes Photon *wirklich* von vornherein polarisiert ist, so wie jeder Zwilling bei der Geburt entweder ein Muttermal aufweist oder nicht. All das ist völlig vernünftig: es verhält sich genau so, wie eine vernünftige Welt beschaffen sein müßte. Leider liegen aber die Dinge bei korrelierten Quantenteilchen anders! Quanteneigenschaften sind nicht so sauber zu unterscheiden, unsere Handlungen nicht so präzise lokalisiert. Bell und die neueren EPR-Experimente führen dies unerbittlich vor Augen. Grundsätzlich verhalten sich Lichtkorrelationen *nicht* unter allen Umständen wie Zwillingskorrelationen. Bells Theorem weist auf die besonderen Situationen hin, für die sich ein Unterschied zwischen der Quantentheorie und lokalen, realistischen Theorien ergibt, und spätere Messungen haben die Quantenvorhersagen eindeutig bestätigt. Damit wird also prinzipiell gegen den gesunden Menschenverstand verstoßen, doch welche Bedeutung haben diese Verstöße?

Nach Einsteins Auffassung besitzen Objekte reale, dauerhafte Merkmale wie Farbe, Polarisation und Bahn. In den EPR-Experimenten, besonders in den jüngsten, die Aspect und seine Mitarbeiter in Frankreich durchgeführt haben[11], wird die Eigenschaft der Photonenpolarisation für verschiedene Detektorausrichtungen gemessen. Wenn man ihre Ergebnisse mit dem Bellschen Theorem verknüpft, zeigt sich eindeutig, daß sich Polarisationskorrelationen auf keinen Fall *lokal* und *realistisch* verstehen lassen! Die Experimente und die Logik, die zu diesem Schluß führen, sind zwingend und verlangen von uns ein grundsätzliches Umdenken in unserer Auffassung vom Licht. Um die enorme Bedeutung dieser zentralen Experimente zu veranschaulichen, will ich ihre Konsequenzen für die theoretische Deutung untersuchen. Auch dabei werden vor allem zwei Wege eingeschlagen. Beide sind wichtige Hilfsmittel bei dem Versuch, Klarheit über die quantenmechanischen Urphänomene des Lichts zu gewinnen.

Die erste und häufigste Reaktion besteht in der Ansicht, daß man Photonenpaaren keinesfalls vom Zeitpunkt ihrer Entstehung an eine individuelle Polarisation (das heißt ein Muttermal) zuschreiben kann! Bei diesem Verständnis der Quantenmechanik wird das Merkmal der Polarisation nicht mehr jedem Photon des Paares getrennt zugebilligt, sondern avanciert zu einer irgendwie geteilten oder holistischen Eigenschaft eines

Objekts ganz neuer Art. Hier haben wir ein Beispiel, bei dem das Ganze eindeutig *nicht* einfach die Summe seiner Teile ist. Nach dieser Auffassung, die ich «Quantenrealismus» nennen will, macht es keinen Sinn, von zwei separaten Photonen zu sprechen, die sich beide jeweils mit einer eigenen und dauerhaften Polarisation durch den Raum bewegen. Die Quantenrealität ist eben einfach anders. Die Separierbarkeit geht verloren, und die Beziehung des Ganzen zum Teil entspricht nicht der, die Kant für die anorganische Welt postuliert. Sobald zwei Objekte in der Quantenwelt in Wechselwirkung getreten sind, vereinigen sie sich, um zu einer einzigen neuen «verflochtenen» Einheit zu werden, wie Schrödinger sie nennt. Der neue, verflochtene Zustand des Lichts bewegt sich nicht im üblichen Sinne, sondern entwickelt sich auf eher holistische Weise, wobei er durchgehend seine ambige Natur beibehält.

An diesem Punkt stellt sich ein großes Problem, das man in der Entwicklung der Quantenmechanik schon frühzeitig erkannt hatte. Wenn die Quantenrealität sich auf überraschende und komplizierte Weise verflechtet, wie kommt es dann, daß wir unsere Sinneswelt als separat und «entflochten» erleben? Das ist das «Meßproblem». Die Quantenrealität ist ein Ganzes, aus einem Stück, *bis* eine Messung vorgenommen wird. Dann wird auf ungeklärte Weise das, was bis dahin eines war, plötzlich zwei; aus einem verflochtenen Ganzen werden entflochtene Teile, und zwar von einem Augenblick zum anderen. Bei den gepaarten Photonen in den EPR-Experimenten zeigt sich eine exakte Polarisation an einem Detektor und im selben Moment in der Ferne eine exakt korrelierte, also entgegengesetzte Polarisation! Der ambige, verflochtene Zustand hat sich irgendwie aufgelöst, und diese Reduktion kann augenblicklich über beliebig große Abstände stattfinden. Hier wird ganz offensichtlich Einsteins Bedingung der Lokalität verletzt. Wie erklärt die orthodoxe Quantentheorie diese nichtlokale Reduktion verflochtenen Lichts, das heißt, wie erklärt sie den einfachen Vorgang der Messung? Sie kann es nicht. Viele Modelle sind vorgeschlagen worden, aber bis jetzt hat keines zu einer überzeugenden Lösung des Meßproblems geführt. Wenn die Quantenwelt tatsächlich existiert, dann vollzieht sich der Übergang von ihr zur Sinneswelt auf wundersame Weise. An diesem Punkt haben etliche Physiker und Philosophen, unter anderem der Nobelpreisträger Eugene Wigner, als zusätzliches Element die aktive Mitwirkung des Denkens eingeführt. Das Wunder der Reduktion findet unter dem Einfluß der Geistestätigkeit im Augenblick der Beobachtung statt. Nur wenn man die eigene Rolle vollständig einbezieht, so diese Auffassung, läßt sich Erkenntnis erklären.

Lassen wir jedenfalls eine Zeitlang das Meßproblem beiseite und bemühen uns um eine sicherere Grundlage für unsere Suche nach dem Wesen des Lichts. Wie Experimente mit Photonen gezeigt haben, besitzt das Merkmal der Polarisation nicht eine einzige, dauerhafte «lokale» Wirklichkeit im Einsteinschen Sinne. Vielleicht ist das EPR-Identitätsproblem nur mit dem Polarisationsmerkmal verknüpft. Das Licht wird ja auch durch andere Eigenschaften als das der Polarisation bestimmt, Eigenschaften, die (wie wir hoffen) nicht unter der gleichen Ambiguität leiden. Vielleicht sind diese anderen Attribute klarer, schärfer umrissen und weniger irreführend. Bei Masseteilchen beispielsweise ist die Eigenschaft der elektrischen Ladung eindeutig (eine sogenannte Auswahlregel verlangt, daß Ladung niemals in einem unscharfen Zustand auftritt). Aber das Photon hat weder Masse noch Ladung. Tatsächlich wird das Licht nur durch vier Merkmale bestimmt: Polarisation, Wellenlänge, Richtung und Intensität. Wir haben bereits gesehen, daß die Geschichte einer Photonenbahn ambig ist. Mit der Richtung sind wir also nicht besser dran als mit der Polarisation, und aus Experimenten wissen wir, daß das gleiche für die Wellenlänge (das heißt, die Farbe) und die Intensität gilt.[12] Alles kann sich mit anderem verflechten, eine Farbe mit der anderen und so weiter. Die Schlußfolgerung: Es gibt kein wirklich eindeutiges Attribut des Lichts. Die heutigen quantenoptischen

Experimente stellen unsere Vorstellungen über die separierbare atomare Struktur der Welt grundsätzlich in Frage. Mehr noch: Genau das gleiche läßt sich von Materieteilchen sagen. Beispielsweise kann man selbst die Masse von Objekten in dieselbe Art von unscharfem Überlagerungszustand bringen, den das Licht zeigt.

Wie schlimm ist das? Sehr schlimm. Wenn es wahr ist, und *es ist wahr,* dann folgt daraus, daß es Teile der Wirklichkeit gibt (vorausgesetzt, eine Wirklichkeit existiert), in denen sich Eigenschaften nicht einfach den Dingen zuordnen lassen. Es ist, als fänden Sie einen Gegenstand, der keine bestimmte Farbe, Größe, Form, Masse und so weiter hätte, und obwohl er keine Besonderheit aufwiese, wäre er doch unverwechselbar. Welche Eigenschaften hat das Licht? Das scheint eine einfache Frage zu sein. Und die Quantentheorie gibt auch eine Antwort, die auf den ersten Blick einfach erscheint: Polarisation, Wellenlänge, Richtung und Intensität. Genaueres Nachdenken zeigt jedoch, daß die Quantenwirklichkeit ganz anders mit den Eigenschaften des Lichts verfährt als die Sinneswirklichkeit. Sinnlich erfaßbare Objekte müssen klar definierte Eigenschaften aufweisen. Aus quantenmechanischer Sicht ist das Licht nicht dazu gezwungen. Seine Eigenschaften sind holistischer; im allgemeinen existieren sie in unauflöslichen oder verflochtenen Kombinationen, zumindest bis zum Augenblick der Messung.

Seit Galilei, Descartes und Newton hat die Wissenschaft immer nach den «primären Eigenschaften» der Dinge gesucht, nach unzweideutigen und irreduziblen Attributen der Wirklichkeit. Die Sinnesorgane liefern uns nur sekundäre Erfahrungen, doch hinter ihnen, so meinten die Wissenschaftler, lägen die primären Eigenschaften der Ausdehnung, Masse, Festigkeit und so weiter. Welche primären Eigenschaften hat das Licht, die ihm seine unzweideutige Existenz ermöglichen? Die frappierende Antwort des Quantenrealismus lautet, daß es keine gibt. Das Licht als dauerhafte, genau definierte, lokale

Größe verflüchtigt sich. An seine Stelle tritt ein komplexes, verflochtenes Objekt, das seine vier Quanteneigenschaften bis zum schicksalhaften Akt der Messung in sich in der Schwebe hält.

Wie reagieren Physiker auf diese metaphysischen Konsequenzen der Theorie? Entscheidend ist, was Bell FAPP *(for all practical purposes)* genannt hat, also die praktische Perspektive. Uns steht ein praktischer Weg offen, so sagen sie, und wir täten besser daran, die Hoffnung aufzugeben, daß wir jemals ein objektives Bild der Wirklichkeit gewinnen werden. Dieser Vorschlag wurde sehr entschieden von Bohr vertreten. Die von der Quantentheorie vorgegebenen Verfahren genügen «allen praktischen Zwecken».

Die problematischen Bereiche seien nicht groß und in erster Linie philosophischer Natur, heißt es, und sie könnten häufig fast zum Verschwinden gebracht werden (wenn auch nie ganz); deshalb sei die FAPP-Physik ausreichend. Dagegen wendete sich Schrödinger in entschiedenster Weise: «Eine weithin anerkannte Denkschule [die Bohrsche] behauptet, daß ein objektives Bild der Wirklichkeit – in jeder herkömmlichen Bedeutung dieses Begriffs – auf keinen Fall existieren könne. Nur die Optimisten unter uns (und ich zähle mich selbst zu ihnen) betrachten diese Ansicht als philosophische Extravaganz, geboren aus Verzweiflung angesichts einer ernsten Krise. Wir hoffen, das Schwanken der Begriffe und Meinungen zeigt nur einen heftigen Wandlungsprozeß an, der am Ende zu etwas Besserem führt als dem Formelgewirr, von dem unser Gegenstand heute umgeben ist.»[13]

Die ernste Krise wird sich nicht dadurch überwinden lassen, daß wir sie nicht zur Kenntnis nehmen. Hier ist der Keim zur Selbstzerstörung, der nach John Bell in der Quantentheorie angelegt ist. Außerdem gibt es noch viele interessante Richtungen zu erkunden und spannende Konsequenzen zu untersuchen, auch wenn sie dem traditionellen Realismus des gesunden

Menschenverstands unbequem sind. Die Welt mag sich am Ende durchaus als vernunftgemäß erweisen, doch ihre Strukturen werden sicherlich weit vielfältiger sein als diejenigen, die sich unseren Sinnen unmittelbar erschließen. Von Bell, Einstein und vielen anderen sollten wir lernen, dem, was wir sehen und erleben, aufgeschlossen zu begegnen, es aufmerksam und unvoreingenommen zu betrachten und bereit zu sein, unsere tiefverwurzelten Sehgewohnheiten über Bord zu werfen.

Wenn Licht ins Auge fällt, löst es Sehprozesse aus. Bis dahin lebt es in einem eigenen Universum, in dem seine alltäglichen Eigenschaften keine Bedeutung haben. Wie im letzten Kapitel gezeigt, verlieren selbst Raum und Zeit ihre Bedeutung, wenn wir uns vorstellen, mit Lichtgeschwindigkeit zu fliegen. Zeitintervalle und Entfernungen verschwinden. Beim Berühren der Atome verknüpft das Licht die atomare Geschichte mit der eigenen und verflechtet sich immer vielfältiger. Merkwürdigerweise nimmt dabei der paradoxe Charakter der EPR-Ergebnisse in bestimmter Hinsicht ab. In der Regel sagt die Quantentheorie die größten Abweichungen vom gesunden Menschenverstand für die einfachsten Verflechtungen des Lichts vorher. Wenn die Verflechtung wächst, schwächen sich die Quanteneffekte ab, so daß sie «für alle praktischen Zwecke» (FAPP) verschwinden. Doch auch das stimmt nicht immer, und dann sind die Verhältnisse besonders ungewöhnlich.

Viele Einphoton-Interferenzexperimente, alle Zweiphotonen-EPR-Experimente und viele andere, auf die ich hier nicht eingegangen bin, sind auch mit Materie durchgeführt worden, das heißt mit Elektronen oder anderen Atomteilchen. Beispielsweise hat man vor kurzem mit Neutronen, den ungeladenen Kernteilchen, elegant die Welle-Teilchen-Dualität nachgewiesen, und zwar auf genau die gleiche Weise, wie ich es an den Photonen demonstriert habe.[14] In jüngster Zeit haben einige Forschungsgruppen auch Atome verwendet, die die mehrfache Masse der Neutronen besitzen, und sie in Überlagerungszustände gebracht, wo sie die gleichen Interferenzeffekte zeigten wie masselose Photonen.[15]

Darüber hinaus sind gerade einige Vielteilchen-Experimente durchgeführt worden, die überzeugend unter Beweis stellen, daß die verblüffenden Effekte verflochtener Zustände nicht immer bei einer wachsenden Zahl beteiligter Teilchen zurückgehen. Am IBM Watson Research Center haben Webb, Tesche und Washburn in ihren Experimenten Milliarden von Elektronen in kollektiven, verflochtenen Zuständen zusammengeschlossen und auf diese Weite eindrucksvolle quantenmechanische Effekte hervorgerufen.[16] Hochtemperatur-Supraleiter scheinen solche kollektiven Quantenzustände noch näher an unsere Alltagswelt heranbringen zu können. Unsere Distanz gegenüber Quantenparadoxa wird vielleicht nicht von langer Dauer sein. Was werden wir dann aus unserer Welt machen?

Nach dem Quantenrealismus ist die Welt wirklich so, wie sie die orthodoxe Quantenmechanik beschreibt. Photoneneigenschaften wie Bahn und Polarisation haben keine richtige Existenz, bevor die Messung stattfindet. Dann aber verschwindet die Ambiguität aufgrund von Mechanismen, die wir noch nicht kennen. Eine solche Auffassung beschwört vielfältige Probleme herauf – aber was für Alternativen bieten sich an? Es gibt einige, aber ich denke, die oben beschriebene Theorie von David Bohm ist die aussichtsreichste.

Für jedes bislang ausgeführte Experiment hat Bohm eine schlüssige theoretische Erklärung. In jedem Fall legt ein «reales» Photon einen realen Weg zurück, mit realer Polarisation und Wellenlänge. Das quantenrealistische Konzept der Verflechtung bezieht sich nach Bohms Auffassung nicht auf eine Verflechtung der Quantenteilchen, sondern des von ihm eingeführten Quantenpotentials. Von diesem ist die Erklärung der neuen Physik der Quantenmechanik einschließlich der Geheimnisse der Nichtlokalität zu erwarten. Das Elektron, das Neutron oder das Photon wird durch dieses Geisterfeld gelenkt. Wenn man Bohm die Existenz seines Quantenpotentials zugesteht, kann er jedes Experiment erklären; und sogar der Meßakt ist kein Rätsel mehr! Die Welt der Sinneswirklichkeit, der Teilchen und der Felder, bleibt weitgehend so, wie sie immer gewesen ist, wird aber von Bohm als die Projektion einer weit subtileren «impliziten Ordnung» verstanden; die Ganzheitlichkeit von EPR und Verflechtung sind wesentliche Aspekte ihrer Natur.

Bohm legt damit eine höchst interessante Auffassung vor, ist aber auf Wissenschaftler angewiesen, die sich auf die sehr ungewöhnlichen Implikationen dieser Hypothese einlassen. Zu ihnen gehören das Quantenpotential und die Existenz einer Energiequelle in allen Elementarteilchen. Nach Bohms Auffassung «stößt» oder «zieht» das Quantenpotential die Objekte nicht in der Weise, wie es andere Kräfte (beispielsweise die Gravitation) tun, sondern es liefert ihrer Bewegung die notwendige «Information», so wie die Bewegung eines ferngesteuerten Modellflugzeugs vom Erdboden aus gelenkt werden kann. Es ist nur sehr wenig Energie erforderlich, um die Signale zum Flugzeug zu senden, während ihre Folgen nach Empfang gravierend sein können. Das Verhalten der Quanten ähnelt dem des Flugzeugs, und gelenkt wird es vom Quantenpotential.

An diesem Punkt stellen sich einige Probleme. Niemand hat jemals direkte Anhaltspunkte für das Quantenpotential gefunden. Die extrem schwachen elektromagnetischen Signale, die Modellflugzeuge und Raumsonden steuern, werden von den empfindlichen Geräten registriert, die sich in den Flugkörpern befinden. Warum sind wir trotz aller experimenteller Anstrengungen noch auf kein Signal aus dem «Geisterfeld» des Quantenpotentials gestoßen? Wenn es real ist, dann muß es zumindest einen kleinen Energiebetrag an das empfangende Teilchen übermitteln. Diese Energie wäre feststellbar, ist aber noch nie nachgewiesen worden. Außerdem besitzt das Modellflugzeug in seinem Innern eine Antriebsmaschine und Servomotoren. Diese werden durch die Information gesteuert, die das

Funksignal transportiert. Wie Bohm selbst sagt, besitzt jedes Elementarteilchen einen inneren «Motor». Auf einer Ebene erscheinen Teilchen inert, doch auf der der Quanten sind sie «Selbstbeweger». Allerdings hat bislang noch kein Experiment – auch nicht die mit höchster Energie und in kleinsten Dimensionen durchgeführten – irgendeinen Anhaltspunkt für eine solche Struktur in den Elektronen oder für «Motoren» erbracht. Die meisten Physiker können sich kaum vorstellen, daß es einen «Motor» im Photon oder Elektron geben könnte oder daß dieses gespenstische Quantenpotential so allgegenwärtig und doch so schwer faßbar sein soll. Ihnen fällt es leichter, FAPP und Quantenrealismus, ja selbst das Meßproblem zu akzeptieren. Dennoch bietet Bohm, wie ich finde, eine ernstzunehmende Alternative, auch wenn sich seinen Forschungsarbeiten zur Physik der impliziten Ordnung bislang nur wenige Wissenschaftler, viel zu wenige, angeschlossen haben.[17]

Beide Auffassungen, die Bohms wie die des Quantenrealismus, haben unsere Sicht der Dinge tiefgreifend verändert. Der Wandel kommt unter der unauffälligen Bezeichnung «Nichtlokalität» daher, hinter der sich in Wirklichkeit eine wahre Revolution des Denkens verbirgt. Keine Vorhersagen lassen sich aus ihm ableiten, keine neuen Hightech-Spielzeuge, doch wenn wir ihn ernst nehmen, zwingt er uns zu dem, was Goethe, Thoreau, Whitman und tausend andere seit Jahrhunderten verlangen: die Dinge als Ganzes wahrzunehmen. In den Worten von Francis Thompson:

> Alle Dinge ... sind verbunden,
> Und du kannst nicht an eine Blume rühren,
> Ohne einen Stern erzittern zu lassen.[18]

Wenn man erwachte und die Welt tatsächlich auf diese Weise sähe, würden die unendlichen Verästelungen unsere Seele zutiefst erschüttern. Vorausgesetzt, wir überstünden es geistig unbeschadet, so würde die Beziehung zwischen Ich und Du, Individuum und Planet, meinen Handlungen und deinen Handlungen von Grund auf verändert. Aus Edward Lorenz' Theorie der nichtlinearen Systeme ergab sich der vielbeschworene «Schmetterlingseffekt». Der Flügelschlag eines Schmetterlings in Rio de Janeiro kann das Wetter in Japan verändern. Während die Chaostheorie uns die außerordentliche Empfindlichkeit unserer Welt vor Augen geführt hat, offenbart die Quantenmechanik ihre tiefe Verflochtenheit.

Jede Auffassung des Lichts hat sich in dem umfassenderen Menschen- und Weltbild einer bestimmten Kultur entwickelt. Befinden wir uns heute an der Wende zu einer neuen Sicht, und könnte sie möglicherweise verwurzelt sein in einer aufrichtigen ökologischen Einstellung zu menschlichen, tierischen, pflanzlichen und mineralischen Gemeinschaften? In den letzten Jahrzehnten hat das Bild vom Licht eine neue, differenziertere Gestalt angenommen; man kann nur hoffen, daß dies ein Symptom für einen größeren evolutionären Sprung in der Struktur jener Vorstellungen bedeutet, die für unser ökologisches Bewußtsein verantwortlich sind.

Wenn ich mir das Licht ohne eine bestimmte Farbe, Ausbreitungsrichtung und so weiter vorzustellen versuche, begreife ich die Kämpfe der mittelalterlichen Theologen und Künstler in ihrem Bemühen, sich ein Bild von Gott zu machen, und ihre Entscheidung, das Licht als ein Attribut des Göttlichen zu verstehen. Nicht Gottes Existenz stand für sie in Frage, sondern seine Eigenschaften. Jede endgültige Äußerung über ihn, jedes Bild, das ihn darstellte, war notwendigerweise nur ein Ausschnitt und barg deshalb die Gefahr, die Vorstellung in die Irre zu führen. Selbst eine so einfache Angelegenheit wie die Lokalisation Gottes, die Frage, wo Gott ist, steckte voller Risiken. Erstaunlicherweise ergibt sich auch bei dem Versuch, Licht zu lokalisieren, eine besondere Schwierigkeit. Wir haben gesehen, daß seine anderen Eigenschaften vielfältig verflochten sind –

doch was ist mit der einfachen Frage nach dem Ort? Wie der nächste Abschnitt zeigen wird, erweist sich der Ortsbegriff bei Licht als so bedeutungslos wie bei keinem anderen Objekt.

## Der Ort des Lichts

> Hast du erkannt, wie breit die Erde ist?
> Sage an, weiß du das alles!
> Welches ist der Weg dahin, wo das Licht wohnt,
> und welches ist die Stätte der Finsternis ...?
>
> Buch Hiob 38, 18–19

In seiner Schöpfungsgeschichte mußte Hesiod, bevor irgend etwas anderes geschehen konnte, zunächst einen gärenden Raum entstehen lassen, der mit Möglichkeiten angefüllt war und Chaos hieß. Im Griechischen bedeutet das Wort ursprünglich «Leere». An dem Ort, den das Chaos zur Verfügung stellte, entstand die «Erde [Gaia] mit ihrer breiten Brust», wie Hesiod sagt, ein «sicherer Sitz von allen den Unsterblichen, die innehaben die Gipfel des schneebedeckten Olymp«[19]. Vor der Erschaffung der Erde selbst mußte ihr ein Ort zugewiesen werden.

Alles muß einen Ort haben, einen Platz, an dem es sein kann. Aristoteles erklärte: «In ähnlicher Weise muß der Naturforscher auch über die Bestimmung ‹Ort› – so wie auch über ‹unbegrenzt› – Erkenntnis gewinnen.»[20] Welches also ist der Ort des Lichts? Man sollte annehmen, daß sich aus dem Photonenkonzept eine klare Antwort ergeben müßte. Doch wiederum verschworen sich Quantentheorie und Experiment, um den Ort des Lichts ins Unbestimmte zu entrücken.

In einem wichtigen Aufsatz aus dem Jahre 1949 befassen sich Eugene Wigner und T. D. Newton, damals an der Princeton

University, mit der Frage nach dem Ort von Elementarteilchen: Elektronen, Protonen, Mesonen und Photonen.[21] Sie interessierten sich für «lokalisierte Zustände», das heißt, sie suchten nach einer Möglichkeit, den Ort von Teilchen im System der Quantenmechanik eindeutig zu definieren. Alles ließ sich recht gut an. Die Elementarteilchen, die wie das Elektron und Neutron Masse besitzen, bedeuteten kein besonderes Problem. Doch als sie sich dem Licht zuwandten, gab es Schwierigkeiten. Sie gelangten zu der Erkenntnis, das Licht stelle eine Ausnahme dar. Innerhalb der Quantentheorie konnten sie kein mathematisches Objekt finden, das dem Konzept des Ortes oder der Position, wie es uns geläufig ist, entspricht. Diese Beobachtung, ihre Schwierigkeit, den Ort des Lichts zu entdecken, hat bis heute unverändert Bestand.

In ihrer Analyse des Lasers beschreiben Marlan Scully, Murray Sargent und Willis Lamb eingehend, wie das Licht zwischen den beiden Spiegeln eines Laserhohlraums (Kavität) hin- und hergeworfen wird. Wenn wir uns das Licht korpuskular vorstellen könnten, würden wir uns den Vorgang natürlich als eine Art Tennismatch denken, bei dem die Bälle im Hohlraum hin- und herprallen. Doch das ist *nicht* der Fall. Dazu die Autoren: «Photonen sind innerhalb der Kavität nicht zu einer bestimmten Zeit und an einem bestimmten Ort wie verschwommene Bälle zu lokalisieren, vielmehr breiten sie sich über den gesamten Hohlraum aus. Tatsächlich ist nie eine befriedigende Quantentheorie der Photonen als Teilchen vorgelegt worden.»[22]

Im Laufe der letzten sechzig Jahre hat man sich immer wieder bemüht, aus der Quantentheorie eine Ortsbestimmung für das Licht abzuleiten, aber sie hat diesem ständig verweigert, was sie Masseteilchen so bereitwillig zugesteht. Warum ist das Licht nicht bereit, seinen Ort preiszugeben? Die Antwort scheint mit der transversalen Beschaffenheit des elektromagnetischen Feldes zu tun zu haben. Erinnern wir uns an Fresnels Entdeckung, daß Polarisation sich nur erklären läßt, wenn man Licht als Transversal- oder Querwelle versteht. Diese harmlose Beobachtung macht, auf die Quantentheorie übertragen, die Ortsbestimmung unmöglich.

Daraus folgt nicht, daß man sich nicht praktisch über den Ort des Lichts einigen könnte, doch ein solches Verständnis ist immer in entscheidender Weise begrenzt. In den letzten Jahren sind erhebliche experimentelle Anstrengungen unternommen worden, um den Ort des Lichts auf die eine oder andere Weise zu lokalisieren. Zu den spektakulärsten und am leichtesten zu verstehenden Versuchen gehört die sogenannte *Light-in-flight-* oder LIF-Holographie. Erstmals 1978 von Nils Abramson in Schweden realisiert, ist diese Technik inzwischen so weit entwickelt, daß sie «Standbilder» von Lichtpulsen liefern kann, die nicht stärker als ein Haar sind.[23] Doch was man hier sieht, ist eine Wellenfront, kein Lichtteilchen, das heißt, nur eine Raumkoordinate ist genau definiert. Ein Masseteilchen weist eindeutige Werte für alle drei Raumkoordinaten auf. Nicht so das Licht.

Interessante neuartige Untersuchungen verknüpfen ein Experiment vom EPR-Typ mit der Frage der Lokalisation, nicht nur hinsichtlich des Lichts, sondern aller elementaren Quantensysteme. 1989 schlug J. D. Franson von der Johns Hopkins University eine Spielart des EPR-Experiments vor, in der das ambige Merkmal nicht die Photonenpolarisation, sondern der Emissionszeitpunkt ist. Auf die Situation unserer Zwillingsanalogie bezogen, läge die Ambiguität im Zeitpunkt des Aufbruchs der beiden. Man muß sich dabei klarmachen, daß der Beobachter nicht einfach bezüglich der Aufbruchszeit im dunkeln tappt, sondern daß es, viel radikaler, die Aufbruchszeit als eindeutiges Merkmal der Zwillinge *nicht gibt*. Die Ambiguität hinsichtlich des Zeitpunkts der Photonen- oder Teilchenentstehung führt zu einer entsprechenden Ambiguität ihres Ortes. Fransons Argument gilt ebenso für das Licht wie für Teilchen mit Masse – Elektronen und Neutronen zum Beispiel –, solange sie sich im verflochtenen Zustand befinden. Doch neben der fundamentalen Ambiguität, die aufgrund von Fransons Überlegungen allen Teilchen eigen ist, stellt sich beim Licht das zusätzliche Problem, daß das Ortskonzept sich selbst auf nichtverflochtene Zustände nicht anwenden läßt.

Inzwischen sollte längst deutlich geworden sein, daß Licht einen ganz eigenen Charakter besitzt. Alle natürlichen Annahmen, die wir im Hinblick auf das Licht hegen, Annahmen, wie sie uns aus alltäglichen Verhältnissen vertraut sind, führen in die Irre. Wenn wir uns in die Domäne des Lichts begeben, geraten wir auf anderes Terrain. Wir müssen lernen, hinter uns zu lassen, was uns in der Vergangenheit lieb geworden ist, und auf jeder Ebene zu den Urphänomenen des Lichts vordringen, hinab bis zum Quantum. Teilchen, Wellen, Ort – alles sollte wie schmutzige Sandalen an der Schwelle dieses Tempels zurückgelassen werden. Das Licht in seinem Innern gehört einer anderen Ordnung an als die Objekte draußen; es regt uns an zu subtilen Gedanken, die auf dem Marktplatz nicht gängig sind. Wie Brunelleschi stehen wir im Portal zwischen Heiligtum und Piazza. Er blickte hinaus, interessiert an der Geometrie des Sehens; wir wenden uns nach innen, fasziniert von der Morphologie des Lichts. Aus der Verbindung unserer aufgeschlossenen Vorstellungskraft mit den harten Fakten der Forschung geht die Einsicht in die Geheimnisse des Lichts hervor.

Der zeitgenössische Künstler James Turrell hat einmal gesagt: «Licht ist weniger etwas, das offenbart, als vielmehr selbst die Offenbarung.» Es kommt darauf an, sich an das Licht zu halten, nicht an die Gegenstände, die es erhellt. Zeit müssen wir uns nehmen, um mit ihm zu arbeiten, zu leben, über es nachzudenken und in es hineinzusehen.

Zu Recht hat man Turrell als «Lichtschmied» bezeichnet – er fertigt seine Plastiken aus reinem Licht. Seine Installationen sind architektonische Räume, von allem Überflüssigen befreit, so daß das Licht selbst zum Objekt werden kann. Alles führt zum Licht. Turrell bezeichnet seine Arbeit mit Licht als einen Versuch, «ein Erlebnis aus wortlosem Denken zu schaffen», als Auseinandersetzung mit immaterieller Wirklichkeit. «Ich interessiere mich für das unteilbare Licht, das Licht, das nur für den Geist wahrnehmbar ist. Ein Licht, das nicht durch die Einmischung der Sinne getrübt zu sein scheint. Mir geht es um das Licht, das wir in Träumen sehen ...»[24]

Turrell hat ein Gespür für das Geheimnis der unstofflichen Kraft des Lichts und läßt aus dieser Energie künstlerische Formen entstehen. Das Licht, so sagt er, «hat eine Eigenschaft, die scheinbar ungreifbar und doch körperlich spürbar ist. Häufig strecken Menschen die Hand aus, um es zu berühren. In meinen Arbeiten geht es darum, wie Licht präsent ist. Meine Arbeiten bestehen aus Licht. Sie stellen es nicht dar, zeichnen es nicht auf, sondern sind Licht. Licht ist weniger etwas, das offenbart, als selbst die Offenbarung.» In diesem und den vorstehenden Kapiteln habe ich einen ähnlichen Versuch unternommen, indem ich mich bemüht habe, die unauffälligen, stets gegenwärtigen, sich aber dem direkten Zugriff entziehenden «Taten» des Lichts in den Blick zu rücken.

Bislang war vom Leben des Lichts die Rede, nun gilt es noch, ein Bild von seinem Charakter zu gewinnen. Das kann nicht abstrakt geschehen, sondern nur, indem wir die vielen Seiten, die es uns offenbart hat, zusammenfassen, indem wir uns einem Aspekt nach dem anderen zuwenden und uns dabei fragen: Was ist das für ein Ding, das sich auf so viele Weisen zeigen kann? Wir haben beobachtet, wie sich in der Vorstellung der Menschen das Licht von göttlicher Gegenwart zum materiellen Objekt gewandelt hat, wir haben gesehen, wie der «Leib des Lichts» immer flüchtiger, immaterieller und paradoxer wurde. Jedes Merkmal des Lichts kann sich verflechten und seine Lokalität verlieren. Farbe, Ort, Polarisation, Intensität: alles, wodurch Licht in den klassischen Konzepten benannt wird, büßt seine übliche Bedeutung ein. Ein anderer Name ist erforderlich. Während wir das Leben des Lichts durchstreifen, dürfen wir sein Wesen nur ganz vorsichtig fassen, so wie wir einen gerade flügge gewordenen Vogel halten würden, dem sein erster

Flugversuch mißlungen ist. Geschaffen für Luft und Raum, bewegt das Licht sich auf der Erde nur ungeschickt, doch wenn wir ihm auf seinem Flug folgen, zieht uns seine geheimnisvolle Natur in ihren Bann; zugleich hier und dort ist es, ein dichtgesponnenes Netz, in welches das gesamte Dasein verwoben ist, ein Ganzes, dessen Teile selber Ganze sind, etwas, für das Zeit und Raum verschwinden. Zu beschreiben vermag ich es nicht, meine Vorstellung kann gerade seinen Saum berühren, aber ich weiß, daß es in seinem Kern ein «erstes Licht» gibt, von Leben durchdrungen. Drumherum ist ein Haus mit vielen Zimmern entstanden, und obwohl wir viel darin umhergewandert sind, haben wir seine Reichtümer nicht erschöpft.

Während wir die ausgedehnten Ländereien des Lichts verlassen, verblaßt der Himmel, und Dunkelheit senkt sich still herab. In dieser Dunkelheit ertönt ein stummes Murmeln, eine unhörbare Stimme, die von einer weiteren, unerwarteten Seite des Lichts spricht – selbst tiefste Finsternis erglänzt dank dieser Kraft.

## Dunkles Licht

> Doch Geheimnis und Offenbarungen entstehen aus der gleichen Quelle. Diese Quelle heißt Dunkelheit ... Dunkelheit in Dunkelheit, das Tor zu allem Verständnis.
>
> Laotse

Am 18. Mai 1885 erlitt der französische Dichter Victor Hugo im Alter von 83 Jahren einen Schlaganfall. Vier Tage später sprach er während seines Todeskampfes wie Goethe vom Licht: «Hier tobt eine Schlacht zwischen Tag und Nacht.» Mit seinen letzten Worten setzte er fort, was er während seines ganzen Lebens getan hatte: in den dunkelsten Winkeln der menschlichen Seele nach ihren hellsten Schätzen zu suchen. Sterbend flüsterte er: «Ich sehe schwarzes Licht.»

Gibt es Licht in der Dunkelheit? Ist die Nacht leer und tot, oder bietet sie mehr, als es den Anschein hat? Würden wir uns mit dieser Frage an die Dichter wenden, wäre ihre Antwort einhellig. Novalis, Goethe, Hugo, Nerval, um nur ein paar zu nennen – die Nacht hat den Dichter stets verlockt, in ihre grundlosen Wasser hinabzutauchen. Unter ihren dunklen Wellen kann jede Bewegung tausend Funken sprühen lassen, blitzend wie die Lumineszenz im Kielwasser eines Segelbootes. In der dichterischen Phantasie erwachen dunkle Meere zu Glanz, und die Reise in die Reiche der Poesie führt durch das Tor der Dunkelheit.

Da wir den Wahrnehmungen der Dichter mißtrauen, wenden wir uns wieder den Physikern zu, damit sie uns nüchterne Auskunft geben, erfahren aber hier zu unserer Überraschung, daß auch sie von Licht in tiefster Dunkelheit sprechen. Was hat es mit dem dunklen Licht der Physiker auf sich, und wie nehmen sie es wahr?

Bei einem Spaziergang im Jahre 1948 berichtete der holländische Physiker H. B. G. Casimir Niels Bohr von einer schwierigen Berechnung, die er gerade ausgeführt hatte. Sie betraf die Möglichkeit einer zwischen zwei ungeladenen Metallplatten wirkenden Anziehungskraft. Die Gleichungen waren lang und schwierig gewesen, doch überraschenderweise war das Ergebnis in seiner endgültigen Form wunderbar einfach: Die Platten zogen sich umgekehrt proportional zur vierten Potenz ihres Abstands an. Wie konnte aus einer so komplexen Analyse etwas so Einfaches entstehen? Casimir war mißtrauisch. Bohr gab ihm recht und lenkte die Aufmerksamkeit seines Kollegen in eine ganz neue Richtung. In seinen Berechnungen hatte Casimir in allen Einzelheiten die Mechanismen untersucht, durch die Atombewegungen in einer Metallplatte unerwartete elektromagnetische Felder induzieren und auf diese Weise eine in der Nähe befindliche Platte anziehen könnten.[25] Dabei hatte er Schrödingers noch relativ neue Wellenmechanik und Einsteins Relativitätstheorie verwendet, doch Bohr regte Casimir an, sich weniger auf die Platten als vielmehr den leeren Raum um sie herum zu konzentrieren. Fünfundzwanzig Jahre zuvor wäre das noch ein sinnloser Rat gewesen, doch in den Jahrzehnten danach war eine vollständige Quantentheorie des Lichts, die Quantenelektrodynamik, entwickelt worden, und eine ihrer Errungenschaften war ein neues Verständnis des Vakuums, der Leere.

Während das Vakuum bislang als reine Leere – keine Materie, kein Licht, keine Wärme – verstanden wurde, erhielt es nun eine verborgene Restenergie. Nehmen Sie alles fort, kühlen Sie das Relikt auf den absoluten Nullpunkt ab – dann bleibt immer noch das Vakuum, das in einem Licht besonderer Art erglänzt. Diese sogenannte «Nullpunktenergie des Vakuums» scheint ein wesentlicher Teil der Quantenfeldtheorie zu sein. Bohr schlug Casimir vor, sich an diese Energie, das Vakuum, zu halten, um der zwischen zwei Metallplatten wirkenden Kraft auf die Spur zu kommen. Casimir folgte Bohrs Rat und gelangte mit einer Ableitung von zwei Seiten Länge auf elegantem Weg zu dem Ergebnis, das ihm vorher soviel Kopfzerbrechen bereitet hatte.[26] Mittlerweile haben Experimente gezeigt, daß die auftretende Kraft genau die Form besitzt, die Casimir vorhergesagt hat.

Ohne mich zu weit auf die Einzelheiten der Quantenelektrodynamik (QED) einzulassen, will ich doch auf einige Merkmale der Berechnungen aufmerksam machen, die ein neues Verständnis der Leere nahelegen. Nach der QED bleibt, auch nachdem man alle Materie und alles Licht aus dem Raum entfernt hat, noch unendlich viel Energie zurück. Da es keine Möglichkeit gibt, diese Energie aus dem Vakuum zu gewinnen, haben die Theoretiker sie als ein merkwürdiges Artefakt der Theorie abgetan, ohne reale Bedeutung, zumindest bis Casimir seine Berechnungen durchführte. Durch Einführung zweier paralleler Leiterplatten in das Vakuum zeigte er, daß sich dessen Struktur verändern läßt. Wenn man eine der Platten bewegt, verändert sich die Struktur abermals.

Man kann die Nullpunktenergie des Volumens zwischen den Platten für beide Plattenabstände berechnen. In beiden Fällen ist sie unendlich! Doch Casimir stellte fest, daß er durch geschickte Subtraktion der einen Unendlichkeit von der anderen ein endliches Resultat erhalten konnte. Unendlichkeit minus Unendlichkeit kann in einigen Fällen ein überschaubares endliches Ergebnis hervorbringen. Diese Berechnung erwies sich nicht nur als bedeutsam für die spezifischen Vorhersagen, zu denen sie führte, sondern zeigte den Physikern auch, wie sie die Unendlichkeiten eliminieren können, die in ihren QED-Gleichungen immer wieder auftreten.[27]

Und uns zeigt Casimirs Problem einen anderen Weg zum Verständnis der Dunkelheit. Die Dunkelheit könnte eine weit reichhaltigere, viel komplexer strukturierte Fülle sein, als wir bislang geglaubt haben. Neuere theoretische und experimentelle Entwicklungen jedenfalls bestätigen uns solche Annahmen. Selbst im tiefsten Schatten können wir suchen und finden vielleicht ein verborgenes Licht.

In unserer Naturgeschichte des Lichts, die sowohl naturwissenschaftliche als auch religiöse Aspekte umfaßt, haben wir eine weite Wegstrecke zurückgelegt. Wie ein Juwelier bei der Prüfung eines facettenreichen Diamants, dessen fließende Farben sich bei der geringsten Drehung verändern, haben wir das Licht vors Auge gehalten und langsam gedreht. Es hat tausend Formen angenommen und sich in unseren Händen gewandelt. Dennoch bleibt es ein einziges Wesen. In Abwandlung Herders können wir sagen: «Das, was sich in der Schöpfung Licht nennt, ist in allen Formen und allen Wesen ein und derselbe Geist, eine einzige Flamme.»[28]

Jenseits dieser einen Flamme war jedoch immer ein anderes Gesicht zu erkennen. Zuerst war es das Antlitz eines alten

Ägypters, dann das eines Griechen, eines Manichäers, eines Katharers, eines scholastischen Bischofs, eines Physikers ... und das unsere. Jede Kultur stellte ihre eigene Frage, jede bot den Reichtum und die Grenzen ihrer Phantasie, und die eine Flamme verbreitete für jede den Schein, der dieser Kultur entsprach. Die Geschichte des Lichts ist nicht die einer steten Annäherung an die Wahrheit, noch endet sie in einem Relativismus, der jede weitere Nachforschung sinnlos machte. Erkenntnisse über das Licht gehören zu jeder Kultur; die Wahrheit wohnt in vielen Häusern. In der Geschichte des Lichts spiegelt sich die Geschichte des Denkens, und jedem, der sich dem Licht zuwendet, bietet es neue Aspekte.

Um es noch einmal zu sagen: Wenn wir das Licht erforschen, erforschen wir in Wahrheit uns selbst. So entdecken wir die Entwicklung jenes erkennenden Bewußtseins, das wir so hoch einschätzen, dessen Leben und Entwicklung wir aber zu häufig mißachten. Nachdem wir die Geschichte seines veränderlichen Charakters akzeptiert haben, wohin wendet sich der Geist heute? Welche Möglichkeiten haben wir, ihn bewußt zu kultivieren? Und zu welchen neuen Ergebnissen werden künftige Auseinandersetzungen mit dem Licht führen?

# 12 Licht sehen

> Wir haben in unserem Leben keine andere Aufgabe, als das Auge des Herzens gesunden zu lassen, mit dem wir Gott sehen können.[1]
>
> Augustinus

«Dieweil das Weltall von dem göttlichen Lichte / Durchdrungen wird, soweit es dessen würdig», schrieb Dante in seinem «Paradiso»[2]. Wenn das Licht sich durch die Reiche von Stein und Glas ergoß, so verlieh es nach mittelalterlicher Vorstellung Stadt und Dorf eine besondere Würde, weil es die gotische Kathedrale entstehen ließ. Licht und Geometrie waren die verschwisterten Themen dieser sakralen Bauwerke. Mit ihnen hatte der Mensch zum ersten Mal eine Architektur entdeckt, die die Wände von ihrer Last befreite, so daß sie zu den juwelenbesetzten Hüllen eines himmlischen Staates werden konnten. Die sakrale Geometrie gebot der Form, doch das Licht verlieh der Kathedrale Leben und weitete sie. Nach Bernhard von Clairvaux war der Weg des Lichts in und durch die farbigen Glasfenster ein genaues Abbild der Empfängnis und Geburt Jesu durch die Jungfrau Maria. In beiden Fällen, so Bernhard, werde das Materielle durchdrungen, aber nicht verletzt. «Wie ein reiner Strahl in ein Glasfenster eintritt und unberührt daraus hervorgeht, wenngleich er die Farbe des Glases angenommen hat... so kam der Sohn Gottes, der in den keuschen Schoß der Jungfrau einging, rein daraus hervor, nahm aber die Farbe der Jungfrau an, das heißt, die Natur des Menschen und die Anmut seiner Gestalt, in die er sich kleidete.»[3]

Zwei Welten, die körperliche und die geistige, vereinigten sich im sakralen Raum der Kathedrale, und das Licht spielte eine entscheidende Rolle in dieser ganzheitlichen Vorstellung von Gottes Anwesenheit im Reich des Menschen. Otto von Simson, der große Kunsthistoriker der Gotik, schreibt: «Mit seiner sublimen Lichttheologie muß er [der Eingangsabschnitt des Johannes-Evangeliums] den Zuhörern eine Vision der Eucharistie als eines göttlichen Lichtes vermittelt haben, das die Finsternis der Materie erhellt. Im realen Licht, das den Kirchenraum erleuchtete, schien diese mystische Wirklichkeit den Sinnen greifbar zu werden. Die Unterscheidung zwischen physikalischer Natur und theologischer Bedeutung wurde durch die Annahme aufgehoben, daß das wirkliche Licht eine ‹Analogie› des göttlichen Lichtes sei.»[4]

Das Licht kennt verschiedene Ebenen, und in jedem Augenblick kann mehr als eine aktiv sein. Einige Ebenen der Vergangenheit sind uns möglicherweise fremd, und ihre Vereinigung mit anderen, die uns vertrauter sind, könnte Verwirrung stiften. Doch mögen wir auch irritiert sein, die Kultur, die wir untersuchen, begegnet unserem Dilemma offenbar mit Gleichgültigkeit. Ein Merkmal des wissenschaftlichen Fortschritts war die Trennung von einst zusammenhängenden Ebenen, beispielsweise von Wertvorstellung und wissenschaftlicher Erkenntnis, von Photon und Menschwerdung, eine Trennung, die Vor- und Nachteile hatte.

Nach Auffassung des Cambridger Anthropologen Ernest Gellner waren traditionelle Kulturen «mehrdimensional», was auch für frühere Entwicklungsphasen unserer eigenen gilt.[5] Wenn ein Mitglied des Nilotenstammes der Nuer eine Gurke betrachtet und in ihr in allem Ernst einen Stier sieht, dann verwickelt er sich nicht in logische Widersprüche, denn er lebt in einer mehrdimensionalen geistigen Welt. Die Dimension, in der die Gurke ein Gemüse ist, wird mit der Dimension, in der die Gurke ein Totem ist, vermischt, aber nicht verwechselt. Die Geschichte des Abendlandes ist eine Geschichte des fortschreitenden Auseinanderdriftens der Bewußtseinsdimensionen – Trennung der Moral und Religion von der sinnlich faßbaren, physikalischen Welt, Verlust der Einheit, die der Nuer noch erlebt.

Die empfundene Einheit von geistiger und physischer Welt, die noch das Bewußtsein des 13. Jahrhunderts prägte, spiegelt sich in frühen Geschichtsauffassungen. Die äußeren historischen Ereignisse des Alten und Neuen Testaments waren zugleich eine Offenbarung des Geistes. Beim Eintritt in eine gotische Kathedrale ging man durch ein Portal, dessen vielgestalte Steinplastiken die Geschichte des göttlichen Wirkens auf Erden sichtbar machen sollten. In Chartres befindet sich über dem Eingang das Fenster, das Abstammung und Geburt Jesu darstellt, den Anfang der Dinge. Geht man den Gang des Hauptschiffes hinunter, bewegt man sich zwischen Bildern aus der Geschichte der Juden und von den Wundern in Christi Leben. Dort, wo das Querschiff das Hauptschiff kreuzt, unterbricht das Opfer Christi die lineare Achse der Geschichte, durch die man sich soeben bewegt hat. Das Altargitter umgrenzt die Räume der Gegenwart und Vergangenheit, des Schäfers und der Schafe, des Priesters und seiner Herde. Häufig zeigt die Ikonographie der sich über und hinter dem Altar erhebenden Apsis das Jüngste Gericht und das neue Jerusalem, die eschatologische Zukunft des Menschen. Diese Reise durch die Zeit ist zugleich säkular und sakral zu verstehen. Die Auflösung der Einheit ist ein relativ modernes Ereignis.

In jeder frühen Kultur hat man die eigene Entstehung und Geschichte als ein Gewebe aus göttlichen und weltlichen Fäden verstanden, eine vieldimensionale Mythologie der Schöpfung, Zerstörung und Wanderung. Dabei ist das Geschehen zeitlich organisiert. In der Hindukosmologie ist die Weltzeit in «Yugas», bei den Maya in «Katuns» aufgeteilt, während die Azteken viele Zeitalter und fünf «Sonnenepochen» kannten. Für die Griechen unterschied Hesiod das goldene, silberne, bronzene, heroische und eiserne Zeitalter, in dem wir leben. Selbst unser Wort «Welt» leitet sich vom althochdeutschen *weralt* Menschenalter oder -zeit, her. Zu jedem Zeitalter gehörten nicht nur äußere Ereignisse, sondern auch eine moralische Ordnung. Das goldene Zeitalter, schreibt Hesiod, war eine Zeit, in der die Menschen «lebten wie Götter und hatten nicht Kummer im Herzen/Fern von Mühen und frei von Not... vollbrachten in Ruhe und/Gerne und froh ihre Werke, gesegnet mit Gütern in Fülle»[6]. Aber nach diesem gesegneten Zeitalter wächst ein anderes – kindisches und törichtes – Geschlecht heran, gefolgt von einem dritten erzenen Geschlecht der Sterblichen – rauhen, gewalttätigen Menschen voller Zerstörungswut. Dann kommt das «göttliche Geschlecht» der Heroen, zu dem Achill und Odysseus gehören. Das fünfte Geschlecht der Menschen, unser eigenes, ist eine tragische Mischung aus Gerechtigkeit und Ungerechtigkeit in einer Zeit der Unordnung, in der sich der Zusammenhalt von Familie und Freundschaft auflöst und die ausgehöhlten Lebensmuster verlorengehen. Hesiods ‹*Theogonie*› ist eine mythopoetische, vieldimensionale Geschichte des Menschen, nicht nur eine Chronologie äußerer Ereignisse.

Die reiche psychospirituelle Geschichte unserer Ursprünge hat erst in moderner Zeit anderen Vorstellungen Platz gemacht. Seit dem Aufstieg der Wissenschaft im 16. und 17. Jahrhundert haben sich die materiellen Ursprünge der Welt allmählich von den geistig-religiösen abgelöst. Der göttlichen Kosmogonie erwuchs ein Konkurrent in der aufstrebenden materialistischen Kosmogonie der Astronomie und Physik. Als 1859 Darwins Schrift ‹*Die Entstehung der Arten durch natürliche Zuchtwahl*› erschien, rückte die Schlacht uns näher, denn sie verlagerte sich aus dem Bereich der kalten Materie, Planeten und Stern zu den Pflanzen, den Tieren und dem Homo sapiens.

Während wir unsere Geschichte von allen sakralen Zügen reinigten, haben wir, ohne es zu merken, auch aus den Augen verloren, was es in der Geschichte zu erkennen gilt. In unserem Bemühen um eine genaue Chronologie der Ereignisse und um eine Beschreibung der wirksamen Einflüsse haben wir dem Denken und der Mentalität der Personen nicht mehr genügend Aufmerksamkeit gewidmet, die Träger dieser historischen Ereignisse waren. Wir haben die «Seele» der Geschichte vernachlässigt. Bestenfalls liefern wir eine Chronologie der Ideen, einen geistesgeschichtlichen Abriß, lassen aber die Geschichte ihres Denkens (nicht zu verwechseln mit ihren Gedanken) unberührt.

Eingebunden in das Leben jeder Kultur ist ein soziales und symbolisches System, ein implizites Wissen, mit dessen Hilfe zumindest teilweise die Wirklichkeit erschaffen wird. Vor mehr als hundertfünfzig Jahren hat der große italienische Philosoph Giovanni Battista Vico die Verschränktheit von Geist und Gesellschaft erkannt, als er schrieb, daß «die Welt der bürgerlichen Gesellschaft sicherlich vom Menschen geschaffen wurde und daß ihre Grundsätze sich deshalb im Wandel des menschlichen Denkens ablesen lassen»[7].

Das Leben des Lichts zieht sich durch alle Zeitalter, *Yugas* und Gesellschaften. Alle seine Wandlungen belegen eine erstaunliche Entwicklung des Bewußtseins. Was für Völker gilt, gilt auch für das Leben des einzelnen.

## Psychogenese

> Siehst du nicht abermals das Jahr vier Gestalten annehmen in Nachahmung unserer eigenen Lebenszeit? Denn im Frühling ist es zart und voller frischen Lebens, wie ein kleines Kind...
>
> Ovid

Sowohl in Utica, New York, als auch in Washington, D. C., hängt eine allegorische Folge von vier Bildern des amerikanischen Malers Thomas Cole, in denen die «Jahreszeiten des Lebens» vom Säuglings- bis zum hohen Alter dargestellt sind. Im ersten Frühling des Lebens sieht man einen Säugling in einem kleinen Boot, das die Gestalt der Horen hat. Am Ruder steht ein lichtschimmerndes Engelswesen, welches das Fahrzeug und die junge Fracht aus einer dunklen Höhle in eine blühende Landschaft steuert, die in dunstiger Morgendämmerung liegt.

Auf dem nächsten Bild ist der Säugling zu einem Jugendlichen herangewachsen, die Landschaft zeigt einen weiten, exotischen, erregenden Ausblick. Voller Tatendrang und voller Verlangen nach den vielen Träumen, die sich vor ihm ausbreiten, übernimmt der Jüngling das Ruder, während der Engel ihm unbemerkt vom Ufer aus ein Lebewohl zuwinkt. Auf dem dritten Gemälde, *Mannesalter,* treibt das Boot am Rand eines schroffen und gefährlichen Wasserfalls. Das Ruder ist zerbrochen, der Himmel düster, das Licht bedrohlich, und die inzwischen gereifte Seele scheint hoffnungslos verloren. Nur im oberen linken Teil des Gemäldes strömt aus den Höhen ein schwaches Licht der Hoffnung herab, in dem wir zart die Gestalt des Engelsgefährten erkennen. Die letzte Jahreszeit des Lebens, *Hohes Alter,* ist als riesige, leblose Fläche aus Gestein und Wasser dargestellt. Mit den Worten «Der Fluß des Lebens hat jetzt das Meer erreicht, in das alles Leben strebt» hat Cole selbst dieses Bild kommentiert.[8] Die Gestalten der Horen sind zerbrochen und über Bord gegangen. Auf dem Sitz kauernd, erkennt der bärtige, von der Zeit gezeichnete Mensch offenbar, daß seine Reise durchs Leben an ihr Ende gelangt ist. Zum ersten Mal sieht er den Geist, der ihn begleitet hat. Dieser weist in ein strahlendes Gefilde des Lichts, seine leuchtende Zukunft.

In diesen vier Bildern hat sich die Zeit in Raum verwandelt. Wie auf einem Familientreffen oder vielleicht in einem traditionellen Bauerndorf sind alle Altersstufen gleichzeitig anwesend. Man braucht nur den Blick zu wenden und überspringt Jahrzehnte, vom Säugling zur Großmutter, vom sorgenvollen Vater zur jugendlichen Tochter – und das, wie gesagt, mit einer einzigen Augenbewegung. Die ganze Fülle menschlicher Erfahrung ist in die Falten jedes Gesichtes eingeschrieben, in die Linien jeder Hand gegraben. Seite an Seite stehen diese Bilder der Hoffnung und der Liebe, des immerwährenden Strebens und der unerbittlichen Gewißheit unserer Sterblichkeit.

*Die Lebensreise: Kindheit* von Thomas Cole

*Die Lebensreise: Jugend* von Thomas Cole

Coles Bilderzyklus hat die amerikanische Öffentlichkeit tief beeindruckt. Kurz nachdem sie aufgehängt worden waren, habe, so wird berichtet, ein Mann mittleren Alters allein vor ihnen gestanden, um sie zu betrachten, und nach langem Verharren einem Mitarbeiter des Museums melancholisch erklärt: «Ich bin ein Fremder in dieser Stadt und habe großen Kummer. Doch der Anblick dieser Bilder hat mir gut getan. Sie haben mir Trost gegeben. Friedlich gehe ich fort, um mit neuer Kraft meine Pflicht zu tun.» In Coles archetypischen Bildern hatte er sein eigenes Leben erkannt und fühlte sich gewürdigt. Jemand hatte sein Leben gesehen, und das half.

Auch nach hinduistischer Lehre ist das Leben in vier Abschnitte gegliedert. Im ersten besteht die einzige Aufgabe der Jugend darin zu lernen. Im zweiten mischt der Mensch sich aktiv in die Geschäfte des Lebens ein, im dritten zieht man sich zur Meditation in die Wälder zurück, und im vierten schließlich wandert man als weiser Bettler durch die Welt.

Sechs Jahrhunderte vor Thomas Cole, aber lange nach der Entstehung der hinduistischen Lehre, hat ein unbekannter Maler die Kryptadecke der Kathedrale von Agnani in Mittelitalien gestaltet und dabei ebenfalls die vier Alter menschlicher Lebenszeit dargestellt.[9] In wunderbar geometrischer Komposition breiten sich mehrere konzentrische Kreise wie Wellen in einem Teich aus und verbinden so einen peripheren Kosmos mit *homo,* dem Menschen. Nackt und aufrecht steht die menschliche Gestalt, umgeben von den Worten *microcosmos, id est minor mundus,* «Mikrokosmos, das heißt, eine kleinere Welt». Der Mensch ist eine kleinere Welt. Die Ringe sind sauber in vier Quadranten aufgeteilt, und in jeden ist die Büste eines Lebensabschnitts gemalt: Kindheit, Jugend, Reife, hohes Alter. Zu jedem ist außerdem das entsprechende psychologische Temperament genannt: sanguinisch, cholerisch, melancholisch und phlegmatisch. In jeder Einzelheit des Gemäldes kommt eine allgemeine Ordnung zum Ausdruck – des menschlichen Lebens wie des natürlichen Universums.

In Agnani fehlt Coles ausdrucksvolles, dynamisches Wechselspiel von Licht und Farbe; die Figuren sind erstarrte Abbilder, bei denen sich der Betrachter schwer vorstellen kann, daß aus ihnen viel Trost zu gewinnen ist. Jeder Abschnitt ist in sich abgeschlossen, es sind statische Lebensstadien, nicht Augenblicke des Durchgangs. Doch ob in Agnani, in Indien, in Utica oder New York, die Stationen der Lebensreise sind Gegenstand der Besinnung und des Nachdenkens, keine trockene, äußere Chronologie, sondern weitgehend innere Entwicklungsstadien, deren Charakter unmerklich den Charakter unserer Erkenntnis bestimmt. Ich habe versucht, die Geschichte des Lichts in ähnlichen Farben zu malen – von innen wie von außen.

Menschliche Geschichte und Biographie ist zwangsläufig vom Wirken der Psyche durchdrungen. Erst in jüngerer Zeit haben wir erkannt, daß es eine ähnliche Verschränkung der äußeren Natur und des menschlichen Bewußtseins gibt. Die Wandlungen, denen die Kulturen im Laufe der Zeit unterworfen sind, wirken sich nachhaltig auf unsere Erkenntnisse über die Natur aus. Wir haben gesehen, wie sich der Charakter verschiedener Zeitalter in den Vorstellungen widerspiegelt, die sich die Menschen vom Licht machen. Alle diese Auffassungen bilden eine Sequenz, nicht aus unzusammenhängenden Bruchstücken, sondern eines Ganzen, das sich in der Zeit entfaltet – ein immer erneutes Erwachen, das von innerer Entwicklung zeugt. Heraklit hatte recht: «Im Wechsel finden die Dinge Ruhe.» Was ewig zu sein scheint, muß neu gesehen werden. «Tag für Tag ist die Sonne neu.» Die wissenschaftliche und vorwissenschaftliche Erkenntnis des Lichts hat die ständige Metamorphose unserer inneren Erkenntnisorgane sichtbar gemacht. Das bloße Vorhandensein dieses Wandels läßt auf die Möglichkeit weiterer Entwicklung individueller und kultureller Art schließen, auf die Möglichkeit, Moral und Sinneserfahrung, das Physische und das Geistige wieder in einer einheitlichen Vorstellung zu verbinden.

In der Vergangenheit vollzog sich die Veränderung weitgehend unbewußt. Fehler konnten vergessen werden. Die Zeit solch unbewußten Wandels ist vorüber, wie uns die ökologischen und nuklearen Risiken täglich vor Augen führen. Jetzt bewohnen wir den ganzen Planeten und haben gelernt, welche Möglichkeiten unseren Errungenschaften innewohnen. Die künftige Entwicklung muß bewußt vollzogen werden. Wir haben es mit einer neuen und gefährlichen technologischen Situation zu tun.

Welcher Art wird die künftige Erkenntnis sein? Wie werden wir morgen das Licht sehen? Nach allem, was wir erfahren haben, scheint sich eine vielversprechende Richtung abzuzeichnen. Zunächst einmal müssen wir zu der bescheidenen Erkenntnis gelangen, daß wir alle nur mit einem partiellen Sehvermögen ausgestattet sind und daß wir deshalb auch nur einen Ausschnitt der Natur erkennen. Novalis – der zugleich Dichter und Bergbauingenieur war – hat geschrieben: «Aber es ist umsonst, die Natur lehren und predigen zu wollen. Ein Blindgeborener lernt nicht sehen, und wenn man ihm noch so viel von Farben und Lichtern und fernen Gestalten erzählen wollte. So wird auch keiner die Natur begreifen, der kein Naturorgan, kein inneres, naturerzeugendes und -absonderndes Werkzeug hat...»[10]

Wenn wir «kein Naturorgan», kein «naturerzeugendes und -absonderndes Werkzeug» haben, wie Novalis es nennt, müssen wir es kultivieren und ausbilden.

## Hellsicht

Schließlich will ich Dir noch sagen, daß ich als Maler hellsichtiger werde vor der Natur.

Paul Cézanne[11]

Oft hat Cézanne das gleiche Motiv wieder und wieder gemalt. Am Flußufer stehend, berichtet er seinem Sohn, vervielfältigten sich die Motive, die er sehe, so, «daß ich mich, glaube ich, monatelang beschäftigen könnte, ohne den Standort zu wechseln». Was hoffte Cézanne zu erreichen oder zu sehen, indem er die gleiche Ansicht immer wieder auf die Leinwand bannte? Als wollte er auf diese Frage antworten, schrieb er an Émile Bernard: «Durchdringen Sie das, was Sie vor sich haben ... um Fortschritte zu machen, gibt es nur die Natur, und im Kontakt mit ihr wird das Auge erzogen. Es wird konzentrisch kraft seines dauernden Schauens und Arbeitens.»[12]

Das Auge wird konzentrisch, gleichgerichtet mit der Natur durch das dauernde Schauen und Arbeiten des Malers, durch sein Bemühen, eine einzige Geste aus dem unendlich vielfältigen Repertoire der Natur genau zu sehen und sie dann zu malen. Wenn der Maler die Hand über die Leinwand führt, bildet er neue Sinneswahrnehmungen aus, neue geistige Fähigkeiten, die geeignet sind zu sehen, was sich bis dahin dem Auge entzogen hat. Am Ende «durchdringen wir das, was wir vor uns haben». Wie der Alchimist, dessen äußeres Tun nur das Abbild einer inneren Wandlung war, vollzieht der Künstler in seinem äußeren Schaffen eine ebenso wunderbare innere Arbeit – Hellsicht.

Ruhig im Schatten eines Baumes sitzend, meditiert ein buddhistischer Mönch über einen der traditionellen Meditationsgegenstände, die die Grundlage buddhistischer Praxis bilden. Auf Kniehöhe vor ihm befindet sich die Erd-Kasina, eine Erdscheibe, die aussieht wie eine sorgfältig geformte Torte. Während er über die Erd-Kasina meditiert, verschwindet sie allmählich. An ihrer Stelle schwebt ein «Nachbild», das zunächst nur ein paar Minuten Bestand hat, das aber am Ende in seinem Bewußtsein so konkret wird wie die Erdscheibe im Schatten des Baums. Wenn der Mönch der Erd-Kasina durch seine Meditationen folgt, verschwindet sie wiederholt und taucht wieder auf, was für den buddhistischen Adepten den Übergang in Bereiche jenseits des Alltagsbewußseins kennzeichnet. Über Monate und, wenn nötig, Jahre folgt der Mönch den Bildern der Erde von einem Bewußtseinsbereich in den anderen, bis er, wie Cézanne, hinreichend hellsichtig geworden ist, um zum Wesen der Erde vorzudringen. Dann wird das Zeichen der Erde «wie die Scheibe eines Spiegels, eine polierte Muschelschale, der runde Mond, der hinter den Wolken hervorbricht, weiße Kraniche vor einer Regenwolke, und es tritt hervor, als sprenge es das begriffene Zeichen, hundertmal, tausendmal reiner als dieses.»[13]

Zu den neun anderen Kasinas (es sind darüber hinaus Wasser, Luft, Wärme, Blau, Gelb, Rot, Weiß und Raum) gehört auch die Kasina des Lichts. Von ihr schreibt Buddhagosa: «Wer das Licht-Mittel erfaßt, der erfaßt das Zeichen im Licht, das durch einen Mauerriß, ein Schlüsselloch oder einen Fensterspalt dringt.»[14] Das heißt, jede Lichtmanifestation ist eine Gelegenheit zum wahren Erfassen des Lichts, egal ob es sich um die gesprenkelten Lichtscheiben im Schatten eines Baums handelt oder um den Mondstrahl, der sich verstohlen durch einen Riß in der Mauer schleicht, stets bietet sich die Möglichkeit zur Durchdringung, zum Sehen des Lichts.

Sehr entschieden hat William Blake dies ausgedrückt: «Wenn die Pforten der Wahrnehmung gereinigt würden, erschiene dem Menschen alles, wie es ist – unendlich.»

Arthur Schopenhauer berichtet uns von einem aufschlußreichen Gespräch mit Goethe über das Licht. Schopenhauer hatte die plausible Meinung geäußert, das Licht sei ein rein subjektives, psychologisches Phänomen, so daß man ohne Sehvermögen nicht sagen könne, ob das Licht existiere. Goethes heftige Antwort, in Schopenhauers Worten: «Was, sagte er mir einst, mit seinen Jupiteraugen mich anblickend, das Licht sollte nur da sein, insofern Sie es sehen. Nein, *Sie* wären nicht da, wenn das Licht *Sie* nicht sähe.»[15] Als Botaniker wußte Goethe nur zu gut um die lebenspendenden Kräfte des Lichts. Außerdem glaubte er, wie wir wissen, es könne nicht nur Leben erschaffen, sondern durch seine fortwährende Wirkung auch geeignete Organe zu seiner Wahrnehmung hervorbringen. Die Evolution hat sich im Kontext des Lichts vollzogen, und im Laufe der Zeit hat der Organismus mit der Bildung von Sehorganen reagiert. In Goethes Worten: «Das Auge hat sein Dasein dem Licht zu danken. Aus gleichgültigen tierischen Hülfsorganen ruft sich das Licht ein Organ hervor, das seinesgleichen werde, und so bildet sich das Auge am Lichte fürs Licht, damit das innere Licht dem äußeren entgegentrete.»[16] Ununterbrochen wirkend schuf das Licht das Auge. Wie fließendes Wasser die Steine formt, über die es strömt, bildete das Licht ein Organ, das ihm entsprach. Hätte das Licht nicht das Lebewesen «gesehen», so hätten wir niemals das Licht erblickt.

Was Goethe hier auf der Ebene der Physiologie beschreibt, gilt ebenso für die weniger greifbaren Seelenorgane. Cézanne mit seinem Schauen und Arbeiten, der Buddhist in seiner Meditation, Goethe durch seine fortwährenden künstlerischen und wissenschaftlichen Unternehmungen, sie alle waren bemüht, das «Naturorgan», das «innere Werkzeug» auszubilden, das sie brauchten, um tiefer in die Natur hineinzusehen. Und die Gelegenheit dazu ist stets gegenwärtig. «Jeder neue Gegenstand, wohlbeschaut, schließt ein neues Organ in uns auf», schreibt Goethe.[17]

Künstler und Mönch wissen beide, daß sie durch strenge Übung die Natur so verinnerlichen können, daß ihnen neue Bewußtseinsfähigkeiten zuwachsen. Persönliche Entwicklung hängt nicht nur davon ab, daß man heilige Texte auswendig lernt (was der Mönch sicherlich getan hat) oder sich die akademischen Maltechniken aneignet (was Cézanne ebenfalls getan hat), sondern ist auf Übung, tägliches Bemühen angewiesen. Jede Handlung der Hand und des Auges formt die Seele. Piaget nannte den Prozeß Akkommodation, die Entwicklung neuer kognitiver Strukturen. Goethe, Novalis, Emerson, Steiner... sie alle sprachen von neuen Sinnen, die ihnen unbekannte Aspekte des unendlichen Seins der Natur erschlössen.

Künstler und Mönch unterscheiden sich von uns, nicht weil solche Prozesse in ihnen stattfinden, sondern weil sie sich bewußten Wandlungen unterwerfen. Sie bilden sich zu einem Zweck aus, den sie sich selbst gewählt haben. Im Gegensatz dazu werden wir meistens von anderen ausgebildet und für Zwecke, die wir nicht gewählt haben. Traditionell bilden Künstler, Philosophen und Vertreter der Religion jenen kleinen Teil der Gesellschaft, der die wichtige, aber häufig undankbare Aufgabe der Selbstbeobachtung und prophetischen Kritik auf sich nimmt. Diese Menschen empfinden die Gefahren, die in einer gedankenlosen, gewohnheitsmäßigen Sehweise liegen, und erkennen die Notwendigkeit ständiger Erneuerung.

Wenn die einzelnen Kulturen und Epochen so unterschiedlich über das Licht gedacht haben und wenn die Quantentheorie das Licht seiner naiv vorgestellten Eigenschaften beraubt hat, was läßt sich dann am Ende dieser Entwicklungsgeschichte noch mit Gewißheit über das Licht sagen? Alles. Der wahre Künstler, Mönch und Wissenschaftler versteht Erkenntnis nicht als Objekt, sondern als Ereignis. Der Augenblick von entscheidender Bedeutung ist jener, auf den Goethe hinweist, der Augenblick der Erkenntnis, der Einsicht. Jahrtausende können wir die Sonne aufgehen sehen, ohne uns jemals der Erdrotation bewußt zu werden. Jemand kann tausend Steine werfen und niemals ihre parabelförmige Flugbahn bemerken. Sechzig Jahre lang erwachen wir beim Schein der Morgendämmerung und sehen vielleicht niemals das Licht. Warum? Weil wir an den unmittelbaren Daten unserer Sinneswahrnehmung vorbei zu den, wie wir glauben, verborgenen, überdauernden, primären Objekten der Wirklichkeit vordringen wollen. Wir schränken unser Sehvermögen durch die Gewohnheiten unserer Kultur, die Dogmen unserer Erziehung ein. So werden Atome zu unsterblichen Göttern, Photonen zu ihren Sternenboten.

Erkenntnis ist kein Objekt, mit dem man Handel treiben könnte wie mit beweglicher Habe, sondern ein kostbarer Augenblick der Offenbarung. Zu häufig umgehen wir solche Augenblicke für eine Währung, die rascher zur Hand ist – für einen abstrakten Begriff, eine alte Erkenntnis in neuem Gewand, eine Gleichung, deren Zeichen etwas offenbaren könnten, die wir aber ungelesen lassen. Das sind die Steine des Wissens und nicht das Brot. Die Götzen und nicht die Götter. Erkenntnis als Offenbarung setzt Anschauungsorgane, innere Werkzeuge voraus; und neue Erkenntnis verlangt nach neuen Werkzeugen. Wir alle besitzen die Rudimente jedes Organs, aber wir verweigern ihnen die Pflege, die sie brauchen, wir vernachlässigen die Übung, mit der sie wachsen und blühen könnten.

Das Photon ist kein Gegenstand, den man wie einen Erdklumpen in die Hand nehmen könnte. Sein flüchtiger, rätselhafter Charakter lenkt unsere Aufmerksamkeit auf die Wesensmerkmale der Erkenntnis als Anschauung, der Erkenntnis als Ereignis. So verstanden sind die Einsichten in die vielschichtige Natur des Lichts keine besonderen Eigenschaften der Physik des 20. Jahrhunderts. Unsere gegenwärtigen Erkenntnisse erschöpfen den Reichtum des Lichts nicht, sondern ergänzen nur die spezifischen Einsichten der Vergangenheit. Auch die Zukunft ist klarer geworden. Die Experimente der Quantenoptik und die Betrachtungen zeitgenössischer Dichter bieten uns beide die Möglichkeit zu neuer Erkenntnis, doch nur wenn wir die Geduld haben, uns unter dem Einfluß des Lichts selbst zu bilden, mit der Natur konzentrisch zu werden, wie Cézanne es empfohlen hat.

Im Laufe der Jahrtausende haben die Kulturen zahllose Bilder vom Licht entwickelt und wieder verworfen. So haben wir beispielsweise in einer einzigen Lebensspanne mehrere Lichtkonzepte nacheinander entworfen und wieder fallengelassen. In der Forschung, künstlerischen Praxis und stillen Kontemplation entsteht der kapriziöse Charakter des Lichts ständig aufs neue vor unserem geistigen Auge und präsentiert jeder Generation ein zuvor unbekanntes Bild seiner selbst. Erst wenn wir das Licht mit tausend Augen sehen, wird es schließlich in dem Hafen bleiben, den wir für ihn erbaut haben.

Das Licht sehen – das ist eine Metapher für das Anschauen des Unsichtbaren im Sichtbaren, die Entdeckung der feinen Vorstellungsnetze, die unseren Planeten und alle Existenz zusammenhalten. Sobald wir gelernt haben, das Licht zu sehen, könnte sich alles andere von selbst ergeben.

# Anmerkungen

### 1 Das Licht der Natur und das Licht des Bewußtseins

1. Laotse, Tao te king, Diederichs, Düsseldorf/Köln 1957, S. 95, Nr. 52.
2. Zitiert nach: Marius von Senden, Die Raumauffassung bei Blindgeborenen vor und nach ihrer Operation, Inaugural-Dissertation, Kiel 1931, S. 21 f.
3. R. L. Gregory und J. G. Wallace, Recovery from Early Blindness: A Case Study, in: Paul Tibbetts (Hg.), Perception, Quadrangle/New York Times Book, New York 1969.
4. Marius von Senden, Die Raumauffassung, a. a. O., S. 299.
5. David H. Hubel, Auge und Gehirn, Spektrum der Wissenschaft, Heidelberg 1989, Kap. 9.
6. Zitiert nach: Marius von Senden, Die Raumauffassung, a. a. O., S. 145.
7. Majorie Hope Nicolson, Newton Demands the Muse, Princeton University Press, Princeton 1966, S. 75.

### 2 Die Gabe des Lichts

1. John Milton, Das verlorene Paradies, Reclam, Stuttgart 1986, S. 146.
2. Platon, Protagoras, in: Sämtliche Werke, Bd. 1, Rowohlt, Reinbek 1957, S. 61 f. (Protagoras 320 d–321 e).
3. Hesiod, Erga (Werke und Tage), in: Sämtliche Gedichte, Artemis, Zürich/Stuttgart 1970, S. 309–311.
4. Platon, Symposion, in: Sämtliche Werke, Bd. 2, a. a. O., S. 246 (Symposion, 219 a).
5. Novalis, Hymnen an die Nacht, Gesammelte Werke, Bd. 1, Bühl, Herrliberg/Zürich 1945, S. 9.
6. Homer, Odyssee, übersetzt von Wolfgang Schadewaldt, 3. Gesang, Vers 1–3, Rowohlt, Hamburg 1958, S. 29.
7. Ebd., 5. Gesang, Vers 132, S. 66.
8. Goethe, Naturwissenschaftliche Schriften, Bd. 13, S. 525.
9. Eleanor Irwin, Color Terms in Greek Poetry, Hackert, Toronto 1974.
10. Homer, Ilias, übersetzt von Wolfgang Schadewaldt, 22. Gesang, Vers 401–402, Insel, Frankfurt a. M. 1975, S. 376.

11. Ebd., 24. Gesang, Vers 93–95, S. 405.
12. Oliver Sacks und Robert Wasserman, Der farbenblinde Maler – eine Fallstudie, *Lettre International* 2, Herbst 1988, S. 68–74.
13. Benjamin Lee Whorf, Sprache, Denken, Wirklichkeit, Rowohlt, Reinbek 1984.
14. Diogenes Laertius, Leben und Meinungen berühmter Philosophen, Felix Meiner, Leipzig 1921, Bd. 2, 8. Buch, S. 123–125.
15. Erec Robertson Dodds, Die Griechen und das Irrationale, Wissenschaftliche Buchgesellschaft, Darmstadt 1970, S. 80f. und 226.
16. Empedokles, Fragment 112 und 115, in: Hermann Diels (Hg.), Die Fragmente der Vorsokratiker, Rowohlt, Hamburg 1957, S. 68f.
17. Empedokles, Fragment 85–87, a. a. O., S. 66.
18. Empedokles, Fragment 84, a. a. O., S. 65f.
19. Die Bibel, Matthäus 6, 22–23.
20. Empedokles, Fragment 48, a. a. O., S. 63.
21. Platon, Timaios, in: Sämtliche Werke, a. a. O., Bd. 5, 45b, c; David C. Lindberg, Auge und Licht im Mittelalter, Suhrkamp, Frankfurt a. M. 1987, Kap. 1.
22. Es handelt sich um die Paraphrasierung eines neoplatonischen Textes. Vgl. Johann Wolfgang von Goethe, Goethes Werke Bd. XIII, Naturwissenschaftliche Studien, Christian Wegner Verlag, Hamburg 1955, S. 324.
23. Paul Friedländer, Platon I, Walter de Gruyter, Berlin und Leipzig 1928, S. 12f.
24. De Lacy Evans O'Leary, How Greek Science Passed to the Arabs, Routledge & Kegan Paul, London 1964.
25. Zu Ibn Al Heitham oder Alhazen vgl. den Artikel von A. I. Sabra, in: Charles Gillispie (Hg.), The Dictionary of Scientific Biography, Charles Scribner's Sons, New York 1972, Bd. 6, S. 189–210; und Lindberg, Auge und Licht, a. a. O., Kap. 4.
26. Zitiert nach: Gillispie (Hg.), The Dictionary, Bd. 6, a. a. O., S. 190.
27. Lindberg, Auge und Licht, a. a. O., S. 168f.
28. A. C. Crombie, Early Concepts of the Senses and the Mind, *Scientific American,* Bd. 210, Nr. 5 (Mai 1964), S. 108–16; vgl. auch Lindbergs Einwände gegen Crombie in: Auge und Licht, a. a. O., S. 20f.
29. Lindberg, Auge und Licht, a. a. O., S. 129.
30. Wahrscheinlich war die *camera obscura* der Antike in irgendeiner Form bekannt. Hinweise bei Euklid und in der pseudo-aristotelischen Schrift ‹*Problemata*› lassen auf eine gewisse Vertrautheit mit dem Phänomen schließen, doch Alhazen scheint es als erster vollständig beschrieben zu haben. Vgl. John Hammond, The Camera Obscura: A Chronicle, Hilger, Bristol, CT, 1987, S. 1–7.

31. Johannes Kepler, zitiert nach: Lindberg, Auge und Licht, a. a. O., S. 351. Kepler bedient sich hier Felix Platers Erkenntnis, daß die Netzhaut (und nicht die Linse) das sensible Gewebe des Auges ist.
32. Lindberg, Auge und Licht, a. a. O., S. 351.
33. Ebd., S. 346 f.
34. Hubel, Auge und Gehirn, a. a. O., S. 230.
35. Owen Barfield, Saving the Appearances, Harcourt, Brace & World, New York 1965.

### 3 Geteiltes Licht – göttliches Licht und optische Wissenschaft

1. C. S. Lewis, The Discarded Image, Cambridge University Press, Cambridge 1964, S. 222 f.
2. Ahura Masda hat in der parsischen Mythologie die Sonne als Auge. Vgl. M. N. Dhalla, History of Zoroastrianism, Oxford University Press, New York 1938, S. 213.
3. W. Max Mueller, Egyptian Mythology, in: Louis Herbert Gray (Hg.), The Mythology of All Races, Jones, Boston 1943, Bd. 12, S. 70.
4. Veronica Ions, Egyptian Mythology, Paul Hamlyn, New York 1975, S. 41.
5. Mary Boyce (Hg.), Textual Sources for the Study of Zoroastrianism, Barnes and Noble Books, Totowa 1984, S. 75. Einige alte und neue Autoren datieren Zarathustra bis zu 6000 v. Chr. zurück.
6. Mary Boyce, Zoroastrians: Their Religious Beliefs and Practices, Routledge & Kegan Paul, London 1979; und Boyce, Textual Sources, a. a. O.
7. Die Bibel, Genesis 1, 14–19.
8. Die Bibel, Genesis 3, 16–19.
9. Die Bibel, Jesaja 14, 12–13.
10. Jeffery Burton Russell, The Devil: Perceptions of Evil from Antiquity to Primitive Christianity, Cornell University Press, Ithaca 1978, S. 207–209.
11. Die Bibel, Genesis.
12. Die Bibel, Erster Brief des Johannes 1, 5–7.
13. Die Bibel, Johannes 1, 7–9.
14. Jes P. Asmussen, Manichaean Literature, Scholars' Facsimiles & Reprints, Delmar, NY, 1975, S. 88.
15. Samuel N. C. Lieu, Manichaeism in the Later Roman Empire and Medieval China, Manchester University Press, Manchester 1985, S. 210–213.
16. Ron Cameron und Arthur J. Dewey (Hg. und Übers.), The Cologne Mani Codex, «Concerning the Origin of his Body», Scholars Press, Missoula 1979, S. 19.

17. G. van Groningen, First Century Gnosticism: Its Origins and Motifs, E. J. Brill, Leiden 1967, S. 23 ff.
18. Christopher Bamford (Übers.), Two Cathars Tales, *Journal for Anthroposophy,* Nr. 36 (Herbst 1982).
19. Zoe Oldenbourg, Massacre at Montsegur, Weidenfeld & Nicolson, London 1961, S. 50.
20. Steven Runciman, The Medieval Manichee, Cambridge University Press, Cambridge 1982.
21. Denis de Rougemont, Die Liebe und das Abendland, Kiepenheuer und Witsch, Köln/Berlin 1966, S. 96.
22. James McEvoy, The Philosophy of Robert Grosseteste, Clarendon Press, Oxford 1982.
23. Alexandre Koyré, *Diogenes* 4 (1967), S. 421–448; und McEvoy, The Philosophy of Robert Grosseteste, a. a. O., S. 210.
24. Zur Bedeutung von Licht und Maß in der gotischen Architektur vgl. Otto von Simson, Die Gotische Kathedrale, Wissenschaftliche Buchgesellschaft, Darmstadt 1972, Kap. I, 2.
25. Die Bibel, Weisheit Salomos 11, 206, zitiert nach: von Simson, Die Gotische Kathedrale, S. 37; ein Lieblingstext von Grosseteste. Zu seiner Auffassung von Gott als Mathematiker vgl. McEvoy, S. 167 f.
26. Louis Kahn, *Time*-Interview vom 15. Januar 1973.
27. Robert Grosseteste, zitiert nach: A. C. Crombie, Robert Grosseteste and the Origins of Experimental Science, 100–1700, Clarendon Press, Oxford 1953, S. 143.
28. Ebd., S. 10 f.
29. Vgl. Lindberg, Auge und Licht, a. a. O., S. 49.
30. McEvoy, The Philosophy of Robert Grosseteste, a. a. O., S. 372.

### 4 Die Anatomie des Lichts

1. A. J. Milton, Das verlorene Paradies, a. a. O., S. 74.
2. Samuel Edgerton jr., The Renaissance Rediscovery of Linear Perspective, Harper & Row, New York 1976, vor allem die Kapitel 1 und 10; vgl. ferner John White, The Birth and Rebirth of Pictorial Space, Faber & Faber, London 1967.
3. Martin Kemp, The Science of Art, Yale University Press, New Haven 1990, S. 9.
4. Antonio di Tuccio Manetti, The Life of Brunelleschi, Pennsylvania State University Press, University Park, PA, 1970, S. 42–46.
5. Ernst Cassirer, Sprache und Mythos, Teubner, Leipzig/Berlin 1925, S. 7.
6. Jan Deregowski, Pictorial Perception and Culture, in: Image, Object and Illusion, W. H. Freeman, San Francisco 1974, Kap. 8.

7. Suzi Gablik, Progress in Art, Rizzoli, New York 1976, Kap. 6–7.
8. Erwin Panofsky, Die Perspektive als symbolische Form, in: Die Perspektive als «symbolische Form», Bruno Hessling, Berlin 1964, S. 99–167.
9. Zitiert nach: Richard Krautheimer und Trude Krautheimer-Hess, Lorenzo Ghiberti, Princeton University Press, Princeton 1956, S. 14.
10. Leonardo da Vinci, Tagebücher und Aufzeichnungen, List, München 1952, S. 29.
11. Otto von Simson, Die Gotische Kathedrale, a. a. O., Kap. I, 2.
12. Ernst Cassirer, Individuum und Kosmos in der Philosophie der Renaissance, Teubner, Leipzig/Berlin 1927, Kap. 1 und 2.
13. Leonardo, Tagebücher, S. VI.
14. Leonardo, Tagebücher, S. 478.
15. Die Bibel, 2. Chronik 2, 13.
16. Vgl. die Tempellegende der Freimaurer als interessanten Hintergrund in: Charles William Heckethorn, Geheime Gesellschaften, Geheimbünde und Geheimlehren, Rengersche Buchhandlung, Leipzig 1900, Buch 11, S. 389ff.
17. George Ovitt, The Restoration of Perfection, Rutgers University Press, New Brunswick, NJ, 1987; und Lynn White, Medieval Technology and Social Change, Oxford Galaxy Book, New York 1953.
18. Galileo Galilei, Dialog über die beiden hauptsächlichsten Weltsysteme, das ptolemäische und das kopernikanische, Teubner, Leipzig 1891, S. 62.
19. Stillman Drake, Galileo, Hill & Wang, New York 1980, S. 24.
20. Galileo Galilei, Brief an die Großherzogin Christine von Lothringen, in: Discoveries and Opinions of Galileo, übers. von Stillman Drake, Doubleday & Co., Garden City 1957, S. 182.
21. Homer, Odyssee, a. a. O., 6. Gesang, Vers 243.
22. Homer, Odyssee, a. a. O., 8. Gesang, Vers 167–193; als moderner Geist, der er war, wies Odysseus warnend darauf hin, daß das Äußere täuschen kann: «Denn wie mancher erscheint in unansehnlicher Bildung; / aber es krönet Gott die Worte mit Schönheit; und alle / Schaun mit Entzücken auf ihn.»
23. Johannes Kepler, Epitome of Copernican Astronomy, Buch IV, I, 3.
24. Platon, Nomoi, Buch VII. Sämtliche Werke, Band 6, a. a. O.; vgl. auch Francis Cornford, Before and After Socrates, Cambridge University Press, Cambridge 1972.
25. Galileo Galilei, The Assayer, in: Discoveries and Opinions, S. 274.
26. Die technischen Vorgänge sind etwas komplizierter und beruhen auf einer Veränderung in der Polarisation des Lichts, während es das Flüssigkristall durchdringt.

27. Heute würden wir Bariumsulfit sagen.
28. Galileo Galilei, The Assayer, in: Discoveries and Opinions, S. 278.
29. Richard S. Westfall, Never at Rest: A Biography of Isaac Newton, Cambridge University Press, Cambridge 1980, S. 232 ff.
30. Ebd., S. 141.
31. Ebd., S. 154.
32. Ebd., S. 426.
33. Rudolf Steiner, Mathematik und Okkultismus, in: Philosophie und Anthroposophie, Steiner Verlag, Dornach 1984, S. 7–19.
34. Alan E. Shapiro, Newtons Definition of a Light Ray, *Isis,* Bd. 66 (1975), S. 194–210.
35. Isaac Newton, Optik, Vieweg Verlag, Braunschweig/Wiesbaden 1983, S. 5.
36. A. I. Sabra, Theories of Light from Descartes to Newton, Cambridge University Press, New York 1981, Kap. 11; dort wird beispielsweise ein dogmatischer Atomismus des Lichts vertreten.
37. Shapiro, Newtons Definition of a Light Ray, a. a. O.
38. G. N. Cantor, Optics After Newton, Manchester University Press, Dover 1983, Kap. 2.
39. Newton, Optik, a. a. O., S. 25.
40. Newton an Robert Hooke, Brief vom 5. Februar 1676, zitiert nach: Westfall, Never at Rest, a. a. O., S. 274.
41. Marjorie Hope Nicolson, Newton Demands the Muse, Princeton University Press, Princeton 1946.
42. John Hughes, The Ecstasy (1735), zitiert nach: Nicolson, Newton Demands The Muse, S. 11.
43. Vgl. beispielsweise: Zum Andenken Newtons, in: J. J. Thomson, Gedichte, Orell Gessner, Zürich 1765, Bd. 2, Teil 3, S. 5–18; oder Nicolson, Newton Demands the Muse, S. 12.
44. Voltaire, Journal de travaux, E. Ganeau, Paris 1701.
45. Stephen F. Mason, Geschichte der Naturwissenschaft, Verlag für Geschichte der Naturwissenschaften und der Technik, Stuttgart 1991, S. 207.
46. Jacques Maritain, The Dream of Descartes, Philosophical Library, New York 1944; in Kapitel 1 ist eine fesselnde Schilderung des Traums nachzulesen.
47. Frances A. Yates, Aufklärung im Zeichen des Rosenkreuzes, Ernst Klett Verlag, Stuttgart 1975, S. 124–128.
48. René Descartes, Abhandlung über die Methode, Mainz, Internationaler Universum-Verlag, 1948, S. 37, 39.
49. Stephen F. Mason, Geschichte der Naturwissenschaft, a. a. O., S. 205.
50. A. I. Sabra, Theories of Light, a. a. O., S. 48.

51. Cantor, Optics After Newton, a. a. O., Kap. 3.
52. Ebd., S. 33.
53. Descartes, zitiert nach: A. I. Sabra, Theories of Light, a. a. O., S. 60.
54. Bernhard von Fontenelle, Dialogen *[sic!]* über die Mehrheit der Welten, Bey Christian Friedrich Himburg, Berlin 1780, Erster Abend, S. 5–74.

### 5 Die singende Flamme – Licht als Ätherwelle

1. Laotse, Tao te king, a. a. O., S. 51, Nr. 11.
2. Vgl. Bartholomew the Englishman, Concerning the Properties of Things, in: Edward Grant (Hg.), A Source Book in Medieval Science, Harvard University Press, Cambridge 1974, S. 383; ferner Vasco Ronchi, The Nature of Light, Harvard University Press, Cambridge 1970, S. 62; und David C. Lindberg, Auge und Licht, a. a. O., S. 205 und 250.
3. Hier zitiert Leonardo da Vinci John Pecham.
4. René Descartes, paraphrasiert nach: Shmuel Sambursky, Der Weg der Physik, 2500 Jahre physikalischen Denkens, DTV, München 1978, S. 323 und 325.
5. Leonhard Euler, Briefe an eine deutsche Prinzessin über verschiedene Gegenstände aus der Physik und Philosophie, Johann Friedrich Junius, Leipzig 1773, Bd. 1, S. 54.
6. Ebd., S. 63. Die Vorstellung von Licht als Schwingung gab es schon vor Euler, vor allem bei Christian Huygens, aber sie vermochte sich nicht gegen Newtons Korpuskulartheorie zu behaupten.
7. Adolf Katzenellenbogen, The Sculptured Programs of Chartres Cathedral, Johns Hopkins University Press, Baltimore 1959, S. 15–22.
8. Die Bibel, Buch Hiob 37, 7.
9. John Hawkins, General History of the Science and Practise of Music, Dover, New York 1963, Bd. II, Kap. 133; Jocelyn Goodwin, Musik und Spiritualität, Scherz, Bern/München/Wien 1989, S. 28.
10. Francis Bacon, zitiert nach: Dayton C. Miller, Anecdotal History of the Science of Sound, Macmillan, New York 1935, S. VI.
11. Aristoteles, zitiert in: Miller, Anecdotal History of Sound, S. 3.
12. John Leconte, On the Influence of Musical Sounds on the Flame of a Jet of Coal-Gas, *Philosophical Magazine,* 4. Reihe, Bd. 15 (1858), S. 235.
13. Maeterlinck, zitiert nach: Arthur Symons, The Symbolist Movement in Literature, E. P. Dutton, New York 1919, S. 92.
14. Adelard von Bath in: *Beiträge zur Geschichte der Philosophie des Mittelalters,* Bd. 31, Heft 2, S. 30 f. und 83 f.

15. Alexander Wood, Thomas Young, Natural Philosopher (1773–1829), Cambridge University Press, Cambridge 1954; Gillispie (Hg.), Dictionary of Scientific Biography, a. a. O., Bd. 14, S. 562–72.
16. Cantor, Optics After Newton, a. a. O., S. 146.
17. Otto Neugebauer, The Exact Sciences in Antiquity, Brown University Press, Providence 1957.
18. R. J. Gillings, «The So-called Euler-Diderot Incident, *American Mathematical Monthly,* Bd. 61 (1954), S. 77–80.
19. Franz Arago's sämmtliche Werke, mit einer Einleitung von Alexander von Humboldt, Erster Band, Verlag Otto Wiegand, Leipzig 1854, S. 191–234.
20. Robert Greenler, Rainbows, Halos, and Glories, Cambridge University Press, New York 1980, Kap. 6.
21. Schallwellen sind «Longitudinalwellen», womit gemeint ist, daß die Schwingungsrichtung mit der Ausbreitungsrichtung der Wellen übereinstimmt und nicht quer zu ihr verläuft.
22. Sir George Stokes, On the Constitution of the Ether (Mai 1848), in: Kenneth F. Schaffner (Hg.), Nineteenth-Century Aether Theories, Pergamon Press, New York 1972.
23. G. N. Cantor, The Theological Significance of Ethers, in: G. N. Cantor und M. J. S. Hodge (Hg.), Conceptions of Ether, Cambridge University Press, Cambridge 1981, S. 149.
24. Der Spiritismus war um physikalisch nachweisbare Effekte des Geistes bemüht und führte deshalb Experimente zur Erforschung des Übersinnlichen durch. Das galt natürlich auch für die materialistische Vorstellungsweise des 19. Jahrhunderts, selbst wenn sie sich mit dem Immateriellen beschäftigte.

### 6 Strahlungsfelder – Sehen mit dem Licht der Elektrizität

1. Joseph Agassi, Faraday as a Natural Philosopher, University of Chicago Press, Chicago 1971; und L. Pearce Williams, Michael Faraday, Basic Books, New York 1965. In diesem Kapitel habe ich sehr stark auf Williams' Faraday-Biographie zurückgegriffen.
2. John Tyndall, Faraday und seine Entdeckungen, Vieweg, Braunschweig 1870, S. 150.
3. Zitiert nach: G. N. Cantor, Reading the Book of Nature: Relation Between Faradays Religion and His Science, in: David Goodman und Frank James (Hg.), Faraday Rediscovered, Stockton Press, New York 1985, S. 71.
4. Tyndall, Faraday und seine Entdeckungen, S. 145.
5. Michael Faraday, Experimental-Untersuchungen über Elektricität, Bd. 3, Julius Springer, Berlin 1890, S. 413.

6. Faraday, zitiert nach: Cantor, Reading the Book of Nature, a. a. O., S. 74.
7. Michael Faraday, Experimental-Untersuchungen über Elektricität, Bd. 2, S. 261 f.
8. Zur näheren Erläuterung vgl. beispielsweise Frank A. J. L. James, «The Optical Mode of Investigation»: Light and Matter in Faraday's Natural Philosophy, in: D. Goodman und F. James (Hg.), Faraday Rediscovered, a. a. O., S. 149.
9. Faraday, Experimental-Untersuchungen, Bd. 3, S. 410.
10. Vgl. beispielsweise Faradays Aufsatz vom Juni 1852 über die physischen Magnetkraftlinien, in: Experimental-Untersuchungen, Bd. 3, S. 401 ff.
11. Faraday, Experimental-Untersuchungen, Bd. 3, S. 413.
12. Einige Wissenschaftler vertreten die Auffassung, Faraday habe nacheinander zwei Arten von Feldtheorien vorgebracht. Grundlage der einen sei der leere Raum und die Eigenschaften des Feldes oder des Raums selbst gewesen (seine Auffassung aus dem Jahre 1846), während er später, vielleicht unter dem Einfluß von W. Thompson (Kelvin), seine Ansichten grundlegend geändert habe und von einem kontinuierlichen, nichtpartikularen Äther ausgegangen sei (vgl. Barbara Giusti Doran, Origins and Consolidation of Field Theory in Nineteenth-Century Britain, in: Historical Studies in the Physical Sciences, Bd. 6, Princeton University Press, Princeton 1975, S. 133–260). Ich bin da anderer Meinung. Nach meiner Kenntnis der Quellen vermute ich, daß Faraday sich die zweite Auffassung nie wirklich zu eigen gemacht hat. Wenn er den Äther nach 1846 erwähnt, geschieht dies gewöhnlich mit so vielen Vorbehalten, daß er ihn sich im Grunde vom Leibe hält, ohne dabei Kollegen wie Kelvin in ihrer Begeisterung vor den Kopf zu stoßen.
13. Faraday, Experimental-Untersuchungen, Bd. 3, S. 415.
14. Boethius, Trost der Philosophie, Dieterich, Leipzig o. J., S. 82.
15. Ebd., S. 2.
16. Ebd., S. 5.
17. Ebd., S. 158.
18. Alain de Lille (Alanus), De planctu naturae, Leipzig 1494.
19. Vgl. die «Nachtszene», Johann Wolfgang von Goethe, Faust, Christian Wegner Verlag, Hamburg 1949, 1. Teil, S. 22, Vers 428 f.
20. Vgl. «A Vision» in den Gedichten von James Clerk Maxwell, abgedruckt im Anhang von: Lewis Campbell und William Garnet, The Life of James Clerk Maxwell, Macmillan und Co., London 1882.
21. Zitiert nach: Ivan Tolstoy, James Clerk Maxwell, Canongate, Edinburgh 1981, S. 59.

22. Friedrich Hölderlin, Brot und Wein, Verlag Heinrich Ellermann, Hamburg 1938, S. 21 (VII).
23. Paul Arthur Schilpp, Albert Einstein als Philosoph und Naturforscher, W. Kohlhammer Verlag, Stuttgart 1955, S. 14.
24. Richard Feynman, Vorlesungen über Physik, Oldenbourg Verlag, München/Wien 1991, Bd. II, Kap. 1, S. 36.
25. Jed Z. Buchwald, From Maxwell to Microphysics: Aspects of Electromagnetic Theory in the Last Quarter of the Nineteenth Century, University of Chicago Press, Chicago 1985.
26. Zu William Thompson, Lord Kelvin, vgl. Harold Issadore Sharlin, Lord Kelvin: The Dynamic Victorian, Pennsylvania State University, University Park 1979; und David B. Wilson, Kelvin and Stokes, Adam Hilger, Bristol 1987.
27. Willard Gibbs, zitiert nach: Gillispie, Dictionary of Scientific Biography, a. a. O., Bd. 13, S. 386.
28. Sharlin, Lord Kelvin, S. 237.
29. Zitiert nach: Sharlin, Lord Kelvin, S. 226.
30. Percy Bysshe Shelley, «Zeilen: Ist die Lampe zerschlagen», deutsch von Rainer Kirsch, in: Ausgewählte Werke, Insel, Leipzig 1985, S. 189.
31. Tyndall, Faraday und seine Entdeckungen, a. a. O., S. 160.
32. John Stuart Mill, Autobiography, 1924, S. 129, zitiert in: C. J. Wright, The «Spectre» of Science, *Journal of the Warburg and Courtauld Institutes,* Bd. 43 (1980), S. 187.
33. Henry David Thoreau, The Journal of Henry D. Thoreau, Houghton Mifflin, Boston 1906, Bd. III, S. 155f.
34. Zitiert nach: Keiji Nishitani, Religion and Nothingness, University of California Press, Berkeley, CA, 1982, S. 167.
35. Die Bibel, Genesis 9, 13–15.

### 7 Das Tor des Regenbogens

1. Black Elk, Black Elk Speaks, University of Nebraska Press, Lincoln 1988, S. 25.
2. Homer, Ilias, a. a. O., 2. Gesang, Vers 786f.
3. Flutmythen sind weit verbreitet, von Platons Geschichte über den untergegangenen Kontinent Atlantis bis zu den Legenden südamerikanischer Indianer. Der interessierte Leser sei verwiesen auf: Alan Dundes, The Flood Myth, University of California Press, Berkeley 1988.
4. Hesiod, Theogonie, Z. 465ff., in: Hesiod, Sämtliche Gedichte, Artemis, Zürich/Stuttgart 1970, S. 41.
5. Aristophanes, Die Vögel, Z. 575, in: Aristophanes, Komödien, Winkler, München 1968, S. 316.

6. Die Edda, in: Ulf Diederichs (Hg.), Germanische Götterlehre, Diederichs, München 1993, S. 133.
7. Platon, Theaitetos, Sämtliche Werke, Rowohlt, Reinbek 1958, Bd. 4, S. 155 d.
8. Vergil, Aeneis IV 700 ff., in: Vergil, Sämtliche Werke, Heimeran, München 1972, S. 196.
9. Aristoteles, Meteorologie, Wissenschaftliche Buchgesellschaft, Darmstadt 1970, S. 77.
10. Xenophanes, Fragment 32, in: Hermann Diels (Hg.), Die Fragmente der Vorsokratiker, Rowohlt, Reinbek 1980, S. 20.
11. Percy Bysshe Shelley, Die Wolke (deutsch von Rainer Kirsch), in: Ausgewählte Werke, Insel, Leipzig 1985, S. 137.
12. Charles Darwin, Darwins Reise-Tagebuch naturgeschichtlicher und geologischer Untersuchungen über die während der Weltumseglung auf H. M. Schiff Beagle besuchten Länder, 10. Dezember 1834, Chonos-Archipel, Verlag Otto Hendel, Halle 1893, S. 295.
13. Aristoteles, Meteorologie, a. a. O., S. 76.
14. Carl B. Boyer, The Rainbow: From Myth to Mathematics, Princeton University Press, Princeton 1989; Robert Greenler, Rainbows, Halos and Glories.
15. Aristoteles, Meteorologie, a. a. O., S. 83.
16. Boyer, The Rainbow, S. 89 ff.; eine englische Übersetzung von ‹*De iride*› ist enthalten in: Bruce S. Eastwood, Robert Grosseteste on Refraction Phenomena, *American Journal of Physics,* Bd. 38 (1970), S. 196 ff.
17. Grosseteste, zitiert nach: Eastwood, Robert Grosseteste on Refraction Phenomena, S. 196.
18. Ebd., S. 198.
19. Theoderich von Freiberg, zitiert nach: Boyer, The Rainbow, S. 114.
20. Ebd., S. 116.
21. J. J. Thomson, Thomsons Gedichte, Zum Andenken Newtons, S. 11.
22. John Keats, Leben und Werke, Lamia, II. Teil, Niemeyer, Halle 1897, S. 153.
23. Vgl. M. H. Abrams, Spiegel und Lampe, Wilhelm Fink Verlag, München 1978, Kap. XIII, Newtons Regenbogen und der Regenbogen des Dichters, S. 380–392.
24. The Autobiography and Memoirs of Benjamin Haydon, edited from his Journal by Tom Taylor, Harcourt, Brace, New York 1926, Bd. 1, S. 269; eine neue Ausgabe mit einer Einleitung von Aldous Huxley.
25. Laotse, Tao te king, a. a. O., S. 95, Nr. 52.
26. Owen Barfield, Saving the Appearences: A Study in Idolatry, Hartcourt, Brace & World, New York 1965.

27. Johann Wolfgang von Goethe, Goethes Werke Bd. XIII, Zur Farbenlehre, S. 323 f.
28. Michael Polanyi, Knowing and Being, University of Chicago Press, Chicago 1969, S. 148.
29. John Stuart Mill, Mill on Bentham and Coleridge, hg. v. F. R. Leavis, Chatto & Windus, London 1950, S. 99 f.
30. Goethe, Faust, 2. Teil, S. 149, Vers 4715–4727.

## 8 Licht sehen – Wissenschaft beseelen: Goethe und Steiner

1. Edwin Land, Proceeding of the National Academy of Sciences, Bd. 45 (1959), S. 115–129, 639–644; und *Scientific American,* Bd. 200 (Mai 1959), S. 84–99.
2. Michael Wilson und R. W. Brocklebank, *The Journal of Photographic Science,* Bd. 8 (1960), S. 141–50; und *Contemporary Physics,* Bd. 3 (1961), S. 91–111.
3. Goethe, Goethes Briefe, Bd. IV, Christian Wegner Verlag, Hamburg 1967, S. 318, Nr. 1419, Brief an Josef Carl Stieler.
4. Von diesem Vorfall berichtet Goethe in: Konfessionen des Verfassers, Goethes Werke Bd. XIV, S. 258 f.
5. Johann Peter Eckermann, Gespräche mit Goethe in den letzten Jahren seines Lebens, Insel-Verlag, Wiesbaden 1955, 19. Februar 1829, S. 307.
6. Goethe, Goethes Werke Bd. XIII, Einleitung zur Farbenlehre, 330 ff.
7. Erörtert in: Rudolf Magnus, Goethe als Naturforscher, Verlag Ambrosius Barth, Leipzig 1906, S. 186.
8. Novalis, Philosophische Studien, in: Gesammelte Werke, Bd. 2, a. a. O., S. 303.
9. Eckermann berichtet von einem Gespräch mit Goethe vom 1. Februar 1827 und schreibt: «Dieses brachte ein großes Gesetz zur Sprache, das durch die ganze Natur geht und worauf alles Leben und alle Freude des Lebens beruhet. ‹Es ist dieses [das Nachbild]›, sagte Goethe, ‹nicht allein mit allen anderen Sinnen so, sondern auch mit unserem höheren geistigen Wesen; und weil das Auge ein so vorzüglicher Sinn ist, so tritt dieses Gesetz des geforderten Wechsels so auffallend bei den Farben hervor und wird uns bei ihnen so vor allem deutlich bewußt …›» Johann Peter Eckermann, Gespräche mit Goethe, S. 216.
10. Goethe, Werke Bd. XIII, Farbenlehre, S. 340.
11. In der einfachsten Versuchsanordnung verwendet man das Licht aus zwei Taschenlampen (oder Kerzen), das eine eingefärbt, beispielsweise mit rotem Zellophan, und das andere ungefärbt (dieses Licht sollte, wenn möglich, schwächer sein). Rücken Sie die Lichtquellen

auseinander, so daß sich zwei deutliche Schatten bilden können. Der eine wird rot und der andere grün erscheinen. Manchmal sehe ich farbige Schatten am Abend, wenn die Röte des Sonnenuntergangs durchs Fenster dringt und sich mit dem weißen Licht einer Zimmerlampe mischt. Dann treten zwei unterschiedlich gefärbte Schatten auf.

12. Michael Wilson, unveröffentlichter Bericht «Color in Therapy», Referat vor der Color Group of Great Britain, Imperial College, 3. Februar 1971.
13. Goethe, Maximen und Reflexionen 401.
14. Goethe, Werke Bd. XIV, Konfession des Verfassers, S. 251–269; und Denis L. Sepper, Goethe Contra Newton, Cambridge University Press, Cambridge 1988, Kap. 2.
15. Goethe, Werke Bd. XIV, Konfession des Verfassers, S. 254.
16. G. W. F. Hegel, Jenenser Logik, Metaphysik und Naturphilosophie, Meiner Verlag, Hamburg 1967, S. 228 f.
17. Hegel, Brief an Goethe, 24. Februar 1821.
18. Goethe, Werke Bd. XIII, Farbenlehre, S. 315 f.
19. Ebd.
20. Ebd., S. 24.
21. Zitiert nach: Benjamin DeMott, Teaching What We Do, Amherst College Press, Amherst 1991.
22. Goethe, Werke Bd. XIII, Naturwissenschaftliche Schriften, S. 38.
23. Ebd., S. 323.
24. Ebd., S. 37.
25. Ebd., S. 24 f. (Brief an Schiller vom 15. Januar 1798).
26. Ebd., S. 315.
27. Goethe, Maximen und Reflexionen 575.
28. Ebd., 1207.
29. Goethe, Versuch einer Witterungslehre, Artemis-Ausgabe, Bd. 17, S. 639.
30. Eckermann, Gespräche mit Goethe, 18. Februar 1829, S. 298.
31. Gaston Bachelard, Die Flamme einer Kerze, Hanser, München 1988, S. 32.
32. Richard Dobel (Hg.), Lexikon der Goethe-Zitate, Artemis, Zürich/Stuttgart 1968, S. 524 (Eckermann, 4. Januar 1824).
33. Friedrich Müller, in: Dobel (Hg.), Lexikon der Goethe-Zitate, S. 524.
34. Strakosch, zitiert nach: Sixten Ringbom, The Sounding Cosmos, Abo Akademi, Abo (Finnland) 1970, S. 67.
35. Rudolf Steiner, Wahrheit und Wissenschaft, R. Steiner Verlag, Dornach 1958.
36. Rudolf Steiner, Mein Lebensgang, Verlag Freies Geistesleben, Stuttgart 1967, S. 67 und 69.

37. Rudolf Steiner, Das Rätsel des Menschen, R. Steiner Verlag, Dornach 1978, S. 55.
38. Rudolf Steiner, Wahrspruchworte, R. Steiner Verlag, Dornach 1986, S. 274.
39. Rudolf Steiner, Das Johannes-Evangelium, R. Steiner Verlag, Dornach 1981, 3. Vortrag, 20. Mai 1908, S. 51f.
40. Rudolf Steiner, Das Leben im Licht und in der Schwere, in: Das Wesen der Farben, R. Steiner Verlag, Dornach 1980, S. 125–144.
41. Ebd., S. 130f.
42. Ralph Waldo Emerson, Die Natur, Carl Meyer Verlag, Hannover 1868, Kap. IV, S. 19 und S. 24.
43. Steiner, Das Wesen der Farben, a. a. O., S. 131.
44. Rudolf Steiner, Anthroposophie, R. Steiner Verlag, Dornach 1952, S. 82

## 9 Vom Kerzenlicht zur Quantenphysik

1. Gerard Manley Hopkins, Gedichte, Reclam, Stuttgart 1973, S. 65.
2. Michael Faraday, Naturgeschichte einer Kerze, Verlag Barbara Franzbecker, Bad Salzdetfurth 1979, S. 25.
3. Gaston Bachelard, Die Flamme einer Kerze, a. a. O., S. 33.
4. Paul Claudel, Vom Sichtbaren und Unsichtbaren, Prestel, München 1962, S. 168.
5. Novalis, Die Lehrlinge zu Sais, Gedichte, Fragmente, Reclam, Stuttgart 1978, S. 31.
6. Novalis, zitiert nach: Gaston Bachelard, Die Flamme einer Kerze, a. a. o., S. 62f.
7. Thomas Kuhn, Black-Body Theory and the Quantum Discontinuity 1894–1912, Oxford University Press, New York 1978. Eine ausgezeichnete Quelle für alle Ausführungen über Schwarzkörperstrahlung, Max Planck und die Entdeckung des Wirkungsquantums.
8. John L. Heilbron, Max Planck, Ein Leben für die Wissenschaft 1858–1947, Hirzel, Stuttgart 1988.
9. Albert Einstein, Über einen die Erzeugung und Verwandlung des Lichtes betreffenden heuristischen Gesichtspunkt, *Annalen der Physik,* 17, 1905, S. 132–184, dort S. 133.
10. Ebd. und M. J. Klein, The First Phase of the Bohr-Einstein Dialogue, in: Russell McCormmach (Hg.), Historical Studies in the Physical Sciences, University of Pennsylvania Press, Philadelphia 1970, Bd. 2, S. 1–39.
11. Albert Einstein, Über die Entwicklung unserer Anschauungen über das Wesen und die Konstitution der Strahlung, *Physikalische Zeitschrift,* Bd. 10 (1909), S. 817.

12. Klein, Bohr-Einstein Dialogue, S. 7.
13. Einstein, Über die Entwicklung..., a. a. O., S. 818 und 823.
14. Franz Xaver von Baader, Ueber den Blitz als Vater des Lichtes, Gesammelte Schriften, Bd. II, Scientia Verlag, Aalen 1963, S. 27–46.
15. Antoine Faivre, Ténèbre, éclair et lumière chez Franz von Baader, in: Lumière et cosmos, Albin Michel, Paris 1981, S. 268.
16. Robert H. Eather, Majestic Lights, American Geophysical Union, Washington 1980; und Syun-ichi Akasofu, The Aurora, in: Light from the Sky, W. H. Freeman, San Francisco 1980.
17. Werner Heisenberg, Der Teil und das Ganze, dtv, München 1973, Kap. 5, S. 78–80.
18. Albert Einstein, zitiert nach: Abraham Pais, «Raffiniert ist der Herrgott...»: Albert Einstein – eine wissenschaftliche Biographie, Vieweg, Braunschweig/Wiesbaden 1986, S. 422 f.
19. Man bezeichnet sie als halbklassische oder neoklassische Theorie der Quantenmechanik.
20. Gustav Mie, Das Problem der Materie, Öffentliche Antrittsrede vom 26. Januar 1925, Universitätsbuchhandlung Speyer & Kaerner, Freiburg in Baden 1925, S. 24.
21. Robert Delaunay, Über das Licht, in: *Der Sturm*, 1912.

## 10 Von der Relativität und dem Schönen

1. Albert Einstein, Mein Weltbild, Ullstein, Berlin 1955, S. 117.
2. Abraham Pais, «Raffiniert ist der Herrgott...», a. a. O., S. 130.
3. Jeremy Bernstein, Albert Einstein, dtv, München 1975, S. 92.
4. Albert Einstein, zitiert nach: P. A. Schilpp, Albert Einstein, a. a. O., S. 9.
5. Albert Einstein, Äther und Relativitätstheorie, Julius Springer Verlag, Berlin 1920, S. 5.
6. Albert Einstein, Zur Elektrodynamik bewegter Körper, *Annalen der Physik* 17 (1905), S. 891–921, dort S. 892; vgl. auch Arthur Miller, Albert Einstein's Special Theory of Relativity, Addison-Wesley Publishing Co., Reading 1981.
7. Zur Frage von Kausalität und Relativität vgl. David Bohm, The Special Theory of Relativity, W. A. Benjamin, New York 1965, Kap. 28.
8. Es gibt besondere Kombinationen von E und B (elektrischen und magnetischen Feldern), die invariant sind. Vgl. J. D. Jackson, Klassische Elektrodynamik, de Gruyter, Berlin/New York 1981.
9. David C. Lindberg, Medieval Latin Theories of the Speed of Light, in: Roemer et la vitesse de la lumière, Vrin, Paris 1978, S. 45–72.
10. Aristoteles, Über die Seele, Langenscheidtsche Verlagsbuchhandlung, Berlin ca. 1930, Buch II, Kap. 7, S. 68–70.

11. Augustinus, zitiert nach Sabra, Theories of Light, a. a. O., S. 137.
12. Descartes, zitiert nach: Sabra, Theories of Light, a. a. O., S. 48.
13. Marie-Antoinette Tonnelat, Vitesse de la lumière et relativité, in: Roemer et la vitesse de la lumière, S. 282.
14. Albert Einstein, Zur Elektrodynamik bewegter Körper, a. a. O., S. 903.
15. James H. Smith, Introduction to Special Relativity, Stipes Publishing, Champaign 1965, Kap. 2.
16. A. Brillet und J. Hall, Improved Laser Test of the Isotropy of Space, *Physical Review Letters,* Bd. 42 (1979), S. 549–552; vgl. ferner O'Hanian, Classical Electrodynamics, Allyn und Bacon, Boston 1988, S. 157–164.
17. D. Newman, G. W. Ford, A. Rich und E. Sweetman, Precision Experimental Verification of Special Relativity, *Physical Review Letters,* Bd. 30 (1978), S. 1355–1358.
18. Vgl. J. Terrel, *Physical Review,* Bd. 116 (1959), S. 1041 ff.
19. Einstein, Die Relativitäts-Theorie, *Vierteljahresschrift der Naturforschenden Gesellschaft in Zürich* 56 (1911).
20. Einstein, Zur Elektrodynamik bewegter Körper, a. a. O., S. 903.
21. Vgl. John Lobell, Between Silence and Light: Spirit in the Architecture of Louis I. Kahn, Shambhala, Boulder 1979; und Louis Kahn, Light Is the Theme, Kimbel Art Foundation, Fort Worth 1975; Kahn geht dort auf die Architektur von Nell E. Johnson ein.
22. Pais, «Raffiniert ist der Herrgott...», Kap. 9.
23. Einstein, How I created the Theory of Relativity (1922), *Physics Today,* August 1982, S. 45 ff.
24. Einstein, Äther und Relativitätstheorie, S. 15.
25. Einstein, zitiert nach: Emil Wolf, Einstein's Researches on the Nature of Light, *Optics News,* Bd. 5, Nr. 1 (Winter 1979), S. 24–39.
26. Richard Feynman, Vorlesungen über Physik, Bd. II, a. a. O., S. 362.
27. Bruce Eastwood, Metaphysical Derivations of a Law of Refraction: Damianos and Grosseteste, *Archive for the History of Exact Sciences,* Bd. 6 (1970), S. 224–236; und *Journal for the History of Ideas,* Bd. 28 (1967), S. 403–414.
28. Platon, Timaios, Sämtliche Werke, Bd. 5, Rowohlt, Reinbek 1959, 46e, S. 169.
29. Eine sachliche und eingehende Darstellung findet der Leser bei: Wolfgang Yourgrau und Stanley Mandelstam, Variational Principles in Dynamics and Quantum Theory, 3. Aufl., Sir Isaac Pitman & Sons, London 1968.
30. Einstein, Ideas and Opinions, Crown, New York 1956, S. 228.
31. Friedrich Schiller, Schillers Werke, Bd. 4, Insel Verlag, Frankfurt/M. 1966, S. 118.

### 11 Kleinste Lichteinheiten – eine moderne Sicht

1. J. W. von Goethe in: Richard Dobel (Hg.), Lexikon der Goethe-Zitate, S. 524, Z. 18.
2. P. Grangier, G. Roger und A. Aspect, Experimental Evidence for a Photon Anticorrelation Effect on a Beamsplitter: A New Light on Single Photon Interferences, *Europhysics Letters,* Bd. 1 (Januar 1986). Zur allgemeinen Entwicklung des modernen Photonkonzepts vgl. Richard Kidd, James Ardini und Anatol Anton, *American Journal of Physics,* Bd. 56 (1988), S. 27–35.
3. Einstein, zitiert nach: Arthur Fine, The Shaky Game, University of Chicago Press, Chicago 1986, S. 106.
4. P. A. Schilpp, Albert Einstein, Kap. II/7, Niels Bohr: Diskussion mit Einstein über erkenntnistheoretische Probleme in der Atomphysik, S. 115–150.
5. J. A. Wheeler, in: P. C. W. Davies und J. R. Brown (Hg.), Der Geist im Atom, Insel, Frankfurt a. M., 1993, S. 75 ff; A. R. Marlow, Mathematical Foundations of Quantum Theory, Academic Press, New York 1978; C. F. von Weizsäcker, *Zeitschrift für Physik,* Bd. 70 (1931), S. 114.
6. T. Hellmuth, H. Walther, A. Zajonc und W. Schleich, Delayed-Choice Experiments in Quantum Interference, *Physical Review,* Bd. 35 (1987), S. 2532–2541. Vgl. ferner John Horgan, Quanten-Philosophie, *Spektrum der Wissenschaft,* September 1992, S. 82 ff.
7. Wheeler, Der Geist im Atom, a. a. O., S. 85.
8. Fritz Rohrlich, From Paradox to Reality, Cambridge University Press, Cambridge 1987, S. 22.
9. David Bohm, Die implizite Ordnung, Dianus-Trikont, München 1985.
10. J. S. Bell, Speakable and Unspeakable in Quantum Mechanics, Cambridge University Press, Cambridge 1987, S. 27.
11. A. Aspect u. a., Experimental Realization of Einstein-Podolsky-Rosen-Bohm «Gedankenexperiment»: A new violation of Bell's inequalities, *Physical Review Letters,* Bd. 49 (1982), S. 91–94; und: Experimental test of Bell's inequalities using time-varying analyzers, S. 1804–1807.
12. Es handelt sich um die sogenannten Quantum-Beat-Experimente.
13. Erwin Schrödinger, What Is Life? and Other Scientific Essays, Doubleday, Garden City 1956, S. 161 f.
14. Vgl. Ulrich Bonse, Interferometrie mit Röntgen- und Neutronenstrahlen, Westdeutscher Verlag, Opladen 1978.
15. Vgl. Making Waves with Interfering Atoms, *Science,* Bd. 252, 17. Mai 1991, 921 f.
16. Vgl. die Artikel von C. Tesche, S. Washburn und R. Webb, zum

Beispiel in: Daniel Greenberger (Hg.), New Techniques and Ideas in Quantum Measurement Theory, *Annals of the New York Academy of Sciences,* Bd. 480 (1986), Teil II.
17. D. Bohm, B. J. Hiley und P. N. Kaloyerou, An Ontological Basis for the Quantum Theory, *Physics Reports,* Bd. 144, Nr. (1987) S. 321–375.
18. Francis Thompson, zitiert nach: Alan J. Friedman und Carol C. Dorley, Einstein as Myth and Muse, Cambridge University Press, Cambridge 1985, S. 44.
19. Hesiod, Theogonie, a. a. O., S. 33, Vers 116–119.
20. Aristoteles' Physik, Vorlesungen über Natur, Meiner, Hamburg 1987, Erster Halbband, Buch IV, Zeilen 208a.
21. T. D. Newton und E. P. Wigner, *Reviews of Modern Physics,* Bd. 21 (1949), S. 400–406; vgl. ferner E. R. Pike und Sarben Sarkar, Photons and Interference, in: E. R. Pike und Sarben Sarkar (Hg.), Frontiers in Quantum Optics, Adam Hilger, Boston 1986, S. 282–317.
22. Murray Sargent, Marlan Scully und Willis E. Lamb, Laser Physics, Addison-Wesley, Reading 1974, S. 228.
23. J. A. Valdmanis und N. H. Abramson, Holographic Imaging Captures Light in Flight, *Laser Focus World,* Februar 1991, S. 111–117.
24. James Turrell, in: Julia Brown (Hg.), Occluded Front, The Lapis Press, Los Angeles 1985, S. 46.
25. H. G. B. Casimir und D. Polder, The Influence of Retardation of the London-van der Waals Forces, *Physical Review,* Bd. 73 (1948), S. 360.
26. H. G. B. Casimir, On the attraction between two perfectly conducting plates, *Proceeding of the Koninklijke Nederlandse Akademie van Wetenschappen,* Bd. 51 (1948), S. 793.
27. Vgl. I. J. R. Aitchison, Nothing's plenty: The vacuum in modern quantum field theory, *Contemporary Physics,* Bd. 26 (1985).
28. Herder, zitiert nach: Bachelard, Die Flamme einer Kerze, a. a. O., S. 7.

### 12 Licht sehen

1. Vgl. Margaret Miles, Vision, *The Journal of Religion,* Bd. 63 (1984), S. 125–142.
2. Dante Alighieri, Die Göttliche Komödie, Reclam, Stuttgart 1954, 31. Gesang, Vers 22 f. (S. 412).
3. Bernhard von Clairvaux (oder ein Nachahmer), zitiert nach: Millard Miess, Light as Form and Symbol in Some Fifteenth-Century Paintings, *Art Bulletin,* Bd. 27 (1945), S. 175–181.
4. Otto von Simson, Die Gotische Kathedrale, a. a. O., S. 84 f.
5. Ernest Gellner, Pflug, Schwert und Buch. Grundlinien der Menschheitsgeschichte, Klett-Cotta, Stuttgart 1990, Kapitel 2.

6. Hesiod, Erga (Werke und Tage), in: Sämtliche Gedichte, a. a. O., S. 312, Vers 110–119.
7. Vico, zitiert nach: Charles M. Radding, A World Made by Men: Cognition and Society, 400–1200, University of North Carolina Press, Chapel Hill 1985.
8. Louis N. Noble, The Course of Empire, Lamport, Blakeman & Law, New York 1853, S. 289.
9. Vgl. Tafel 5 in: Elizabeth Sears, The Ages of Man: Medieval Interpretations of the Life Cycle, Princeton University Press, Princeton; NJ, 1986.
10. Novalis, Die Lehrlinge zu Sais, Gedichte, Fragmente, Reclam, Stuttgart 1978, S. 36.
11. Paul Cézanne, Ein Traum von Kunst. Der Maler in seinen Briefen, Athenäum, Frankfurt a. M. 1986, Brief an den Sohn vom 8. September 1906, S. 171.
12. Ebd., Briefe an Émile Bernard vom 26. Mai und 25. Juli 1904, S. 155 und 156.
13. Buddhagosa, Path of Purity, Pali Text Society 1975, S. 145.
14. Ebd., S. 200.
15. Johann Wolfgang von Goethe, Goethes Gespräche, Bd. 2, Artemis, Zürich 1969, S. 937 (Nr. 4036).
16. Goethe, Werke, Bd. XIII, Zur Farbenlehre, S. 223.
17. Goethe, Werke, Bd. XIII, Naturwissenschaftliche Schriften, S. 38.

# Dank

Ohne die Hilfe vieler Freunde und Lehrer hätte ich dieses Buch nicht schreiben können. Mein Interesse an Goethe, Steiner sowie den menschlichen und geistigen Dimensionen des Lichts wurde erstmals von den Professoren Ernst Katz und Alan Cottrell geweckt, zwei frühen Mentoren, denen ich zu großem Dank verpflichtet bin. Zur Erforschung des Lichts unter dem Blickwinkel der Quantenphysik veranlaßten mich Forschungsaufenthalte an der École Normale Supérieur bei Marie Anne Bouchiat, am Max-Planck-Institut für Quantenphysik bei Herbert Walther und Marlan Scully, der Universität Hannover bei Jürgen Mlynek und an der University of Rochester bei Leonard Mandel. Von den vielen heimischen Kollegen, die mein Denken in Gesprächen anregten und klärten, möchte ich George Greenstein, Herbert Bernstein, K. Jaganathan, Larry Hunter, Dudley Towne und Bob Krotkov besonders erwähnen. Den Anregungen und dem Interesse von Frederick Amrine, Douglas Patey, Douglas Miller, Christopher Bamford und Joel Upton verdanke ich viel für die Ausführungen über literarische und künstlerische Themen. William Irwin Thompson möchte ich dafür danken, daß er mich bei den Lindisfarne-Versammlungen eingeführt hat, die mir Gelegenheit gaben, einige der Grundgedanken dieses Buches zu entwickeln, und seinem Sohn Evan Thompson schulde ich Dank, weil er mich drängte, noch gründlicher über das Sehvermögen nachzudenken.

Neben den vielen Kollegen, die zur Entstehung dieses Buches beigetragen haben, gilt mein Dank auch dem Amherst College, insbesondere den Mitarbeitern der Bibliothek, und Laurence Rockefeller für die Unterstützung während eines Sabbatical. Ohne diese Hilfe hätte die Niederschrift noch länger gedauert, als sie ohnehin schon gebraucht hat. Natürlich wäre das Projekt ohne die Ermutigung durch meine Familie und das Interesse meiner beiden Söhne August und Tristan undurchführbar gewesen.

Schließlich habe ich Leslie Meredith für ihre begeisterte und sorgfältige redaktionelle Arbeit zu danken, ganz besonders aber Patricia van der Leun, deren ständiger Ermutigung, sicherem Urteil und unermüdlicher

Aufmerksamkeit ich es verdanke, daß das Buch den langen Weg vom ersten Entwurf bis zur Druckfassung geschafft hat.

Alle diese Menschen haben wesentlichen Anteil an den Abschnitten des vorliegenden Buches, die als gelungen zu bezeichnen sind. Die in ihm enthaltenen Fehler und Ungenauigkeiten sind mir anzulasten.

# Bildquellen

S. 49: The Bodleian Library, University of Oxford, Vet. B3.e.105.; p. 125.
S. 78: *Theories of Vision from al-Kindi to Kepler,* by David C. Lindberg, Copyright © 1976 The University of Chicago Press.
S. 81: Duccio, *The Temptation of Christ on the Mountain,* Copyright The Frick Collection, New York.
S. 83: From «Pictorial Perception and Culture», by Jan B. Deregowski, Copyright © 1972 by Scientific American, Inc. Alle Rechte vorbehalten.
S. 85: Aus *The Painter's Manual* von Albrecht Dürer, Abaris Books, 1977, Abb. 67, S. 434.
S. 87: Charles D. O'Malley und J. B. de C. M. Saunders, *Leonardo da Vinci on the Human Body,* Copyright © 1952 by Henry Schuman, Inc., New York.
S. 91: Alinari/Art Resource, New York.
S. 133: Foto mit Genehmigung von M. Cagnet, M. Francon und J. C. Thrierr: *Atlas optischer Erscheinungen,* Berlin–Heidelberg–New York: Springer, 1962.
S. 144: *Fundamentals of Physics,* 3. Aufl., von David Halliday und Robert Resnick, Copyright © 1988 by John Wiley & Sons, Abdruck mit Genehmigung von John Wiley & Sons, Inc.
S. 160: Abbildung aus *Physics: For Scientists and Engineers,* 3. Aufl., Copyright © 1990 by Raymond A. Serway, Abdruck mit Genehmigung von Saunders College Publishing.
S. 171: *Faust in seinem Arbeitszimmer,* Radierung von Rembrandt, B. 270. Abdruck mit Genehmigung des Rijksmuseum-Stichting.
S. 202 und 210: Robert Greenler, *Rainbows, Halos, and Glories,* Cambridge University Press, 1980.
S. 233, 246 und 247: *American Journal of Physics,* vol. 44 (1976).
S. 278: Mit Genehmigung der Niels Bohr Library, American Institute of Physics, New York.
S. 283 und 286: Robert H. Eather, *Majestic Lights: The Aurora in Science, History, and the Arts,* AGU, 1980, Copyright by the American Geophysical Union.

# Register